70年代生成文法再認識
日本語研究の地平

70年代
生成文法再認識

日本語研究の地平

長谷川信子【編】

開拓社

は　じ　め　に

　本論文集に収録の論文はそのほとんどが 2010 年 7 月 1，2 日に神田外語大学で開催された『70 年代「日本語の生成文法研究」再認識──久野暲先生と井上和子先生を囲んで』と題した講演会・研究会で発表された論文からの改訂稿です．21 世紀の現在にあって，また，言語理論（統語論）は日々進化・発展し続けているのに，なぜ「70 年代生成文法」なのか？ という疑問を持たれることでしょう．それについては「序にかえて」でより詳しく述べていますが，簡単に言えば，（編者の私個人の研究歴とも重なりますが）日本語の生成統語研究の「原点」がその時代の研究にあると思えるからです．つまり，80 年代以降，理論が先鋭化し言語一般に通じる普遍性の追求の過程で「日本語的なる言語事実」「日本語からなら得られる重要な一般化」が，少なからず抜け落ちてしまったのではないかとの思いがあり，再度，70 年代の「言語事実を丁寧に拾い上げ，記述的一般化を理論との関わりに目配りしつつ昇華させる」といった姿勢からの考察は，（統語理論そのものが，80 年代の圧倒的な勢いから，多少その求心力が弱まっている今）日本語研究および言語研究の今後を考える機会となるのではないかと思い，上記の研究会を企画し，本書の刊行となった次第です．

　上記の講演会・研究会には，神田外語大学・言語科学研究センター (Center for Language Sciences; CLS) 発足 10 周年記念という「冠」もつけていました．CLS というのは，2001 年に同大学大学院に付置された研究所なのですが，それは，井上和子先生をリーダーに文科省（当時は文部省）COE 補助金を受け遂行したプロジェクト（1996 年から 5 年間）を基盤に発足しました．その設置から 10 年を経ましたので 1 つの区切りとして，COE 当時およびそれ以降に，大学院と CLS で研鑽を積んだ同大学修了生や CLS 研究員の成果，および，10 年にわたる CLS での活動に学内外から貢献して下さった方々の研究を中心に研究会を計画しました．折しも，井上和子先生だけでなくボストンから久野暲先生をお招きすることが叶い，70 年代の日本語生成文法研究の中心にいらっしゃったお二人をお迎えしてその時代の研究を再認識すると同時に，今後の言語研究への方向性を考えるという趣旨が固まったのでした．

本書には，発表論文の全てが収録されているわけではありませんが，上記の趣旨に添った論文が，井上和子先生と久野暲先生からのご寄稿も含め，14本収録されています．各々の論文の要旨は，以下「序にかえて」に続いて記載されていますのでご覧下さい．執筆者の方々には，論文執筆にあたって，研究会での発表以上に，上記の趣旨を意識して改訂いただきました．感謝申し上げます．

　開拓社出版編集課の川田賢氏には，この論文集の意義を研究会当初からご理解いただき，出版へと導いて下さいました．ありがとうございました．

　また，本書の原稿段階での校正や書式統一の作業には，CLSの神谷昇研究員，および長谷部郁子さんに手伝っていただきました．神谷昇さんには，上記研究会の準備・開催にも尽力いただきました．お礼申し上げます．

　最後になりますが，上記研究会で基調となる講演をして下さり，全ての研究発表をお聞き下さり，特に，先生方から直接の指導を受ける機会が限られていた若手研究者に暖かい励ましとご助言を下さった井上和子先生と久野暲先生に，心より感謝申し上げます．若手の方には，研究会での発表や論文執筆以上に今後の研究人生に掛け替えのない貴重な時間となったに違いありません．そして，私にとってもこの研究会と本書の編集作業は，至福の時となりました．私の言語学，日本語研究の土台は，久野暲先生の1973年のご著書『新日本文法研究』（大修館書店），*The Structure of the Japanese Language* (MIT Press)，井上和子先生の『生成文法と日本語（上・下）』（1976年，大修館書店）に大きく負っています．お二人から学生として直接指導を受けるという幸運には恵まれませんでしたが，ご著書から大いに啓発され，80年代初めに学会などでお目にかかりその後個人的にお話しさせていただく機会が多くありました．特に，井上先生には，16年前に神田外語大学へ着任の道を拓いていただき，大学院，COEプロジェクト，CLSでご一緒し，言語学以外のことも含め，大変多くを学ばせていただいております．お二人は（2年前に他界された黒田成幸先生と共に），私の「日本語生成文法」の「恩師」でいらっしゃいます．いつか，その「恩」を形にできたらと思っておりました．私が70年代に先生方の著作から感じた興奮の一端でも，本書の読者に感じてもらえるなら，その「恩」の一部をお返しできることになるでしょうか．それを念じております．

　　2011年　夏　　　　　　　　　　　　　　　　　　　　長谷川　信子

目　　次

はじめに　　　　　v
序にかえて　　　　xv
各論文の要旨　　　xxiii

第1章　モーダルをめぐって
.... 井上　和子　　1

1. はじめに　　　　　　　　　　　　　　　　　　　　　　1
2. 文の基本的構造　　　　　　　　　　　　　　　　　　　2
3. 先行研究と日・英語のモーダルの比較　　　　　　　　　4
   3.1. モーダルの概観　　　　　　　　　　　　　　　　　4
   3.2. 英語と日本語のモーダルの特徴　　　　　　　　　　5
   3.3. 日本語のモーダルの特徴　　　　　　　　　　　　　6
   3.4. 日英語のモーダルの主要対照点　　　　　　　　　　9
4. 先行研究の主要論点　　　　　　　　　　　　　　　　　9
   4.1. Inoue (1989)　　　　　　　　　　　　　　　　　10
   4.2. 安井 (1989) の論点　　　　　　　　　　　　　　10
   4.3. 省略のストラテジー　　　　　　　　　　　　　　13
   4.4. 日英語の対照点　　　　　　　　　　　　　　　　13
   4.5. 結論　　　　　　　　　　　　　　　　　　　　　16
5. 日本語の真正モーダルと擬似モーダルの特徴　　　　　　16
   5.1. 真正モーダルと擬似モーダル　　　　　　　　　　16
   5.2. 2種のモーダルの特徴　　　　　　　　　　　　　17
   5.3. 真正モーダルの構造　　　　　　　　　　　　　　17
   5.4. 予測　　　　　　　　　　　　　　　　　　　　　19
   5.5. (38a) の検証　　　　　　　　　　　　　　　　　19
   5.6. (38b) の検証　　　　　　　　　　　　　　　　　20
   5.7. 残された問題　　　　　　　　　　　　　　　　　21
6. 「そうだ」を用いた応答文　　　　　　　　　　　　　　24
   6.1. 「そうだ」応答文の構造分析　　　　　　　　　　24
   6.2. 意味論からの問題提起　　　　　　　　　　　　　25
7. 擬似, 真正モーダルの統語構造　　　　　　　　　　　　26

7.1.	擬似モーダル	27
7.2.	真正モーダル	29
8.	まとめ	30
9.	モーダルのCP領域内での機能	31
9.1.	CP領域の構造	31
9.2.	CPの内部構造に関する注目点	32
9.3.	時制辞の役割	32
9.4.	終助詞について	33
9.5.	まとめ	34

第2章　二重主語構文の構造
.... 久野　暲　37

1. はじめに　37
2. 二重主語複文構造仮説のパラドックス　42
3. 否定極性表現と主語繰上げ規則　44
4. 「主語繰上げ」構文は移動規則の適用によって派生する　45
5. 主語尊敬形マーキングと否定極性表現ライセンシングとの相違　48
6. 否定極性表現ライセンシングと二重主語構文　50
7. おわりに　56

第3章　副詞のかき混ぜと焦点解釈
.... 藤巻　一真　61

1. 序　61
2. かき混ぜと焦点　65
3. 副詞のかき混ぜ　68
   3.1. 副詞におけるかき混ぜと焦点解釈　68
   3.2. 副詞と述語の分類　69
       3.2.1. 日本語の副詞の分類と語順制限　69
       3.2.2. 総記の解釈と述語の種類　71
   3.3. 副詞の節内のかき混ぜとガ格名詞句の解釈　72
4. 理論的考察　75
5. まとめと今後の課題　80

第4章 「所有者分離」と文構造
——「主語化」からの発展——

                長谷川信子 85

1. はじめに 85
2. 目的語からの所有者分離 91
3. ガ格付与と文構造 97
   - 3.1. ガ格の位置 99
   - 3.2. ガ格の位置と解釈 104
4. 焦点化の可能性と「ガ格局所性条件」 106
5. まとめと示唆 114

第5章 シテイルが持つ継続的状態性と結果の意味
——井上和子『変形文法と日本語』と事象投射理論——

                岩本 遠億 123

1. はじめに 123
2. 井上 (1976) のシテイル分析 125
3. 事象投射理論 131
   - 3.1. 事象投射理論とは 131
   - 3.2. 「動き」と「変化」 134
   - 3.3. 相変換関数 136
   - 3.4. 相強制（解釈規則） 140
4. シテイルの概念構造 142
5. 結論：継続性の含意と結果状態の取り出し 145

第6章 補文標識と Wh 句の共起関係について
——理由を表す Wh 付加詞を中心に——

                桒原 和生 151

1. はじめに 151
2. Wh 句と補文標識の共起関係 153
3. 精緻化された CP 構造による Wh 疑問文の分析 157
   - 3.1. 理由を表す Wh 付加詞とそれ以外の Wh 句に見られる非対称性 157
   - 3.2. 分析の帰結 166
4. Wh 疑問文における FocP の有無と「前提」の解釈 169
5. 結びにかえて——今後の課題 172

第7章　コト節におけるトイウの統語的機能
.... 眞鍋　雅子　177

1. はじめに　177
2. 文法化から見たトイウ　179
   2.1. 文法化とは　179
   2.2. トイウは文法化しているか　182
3. 統語的側面から見たトイウ　185
   3.1. ト節の非叙実性　186
   3.2. 「ト」と「イウ」に見られる統語的特徴　189
      3.2.1. 「が・の」交替　190
      3.2.2. 主語の「は」・モダリティ　192
   3.3. 主語節におけるトイウ　197
   3.4. コト節におけるトイウと叙実性　200
4. 結論　203

第8章　トピックと焦点
　　　　　──「は」と「かき混ぜ要素」の構造と意味機能──
.... 中村浩一郎　207

1. はじめに　207
2. 先行研究　209
3. 「は」の機能　210
   3.1. 対照主題 (CT) の「は」と対照焦点 (CF) の「は」　210
   3.2. 「は」の機能について　211
4. 「は」で示される句の話題化と目的語かき混ぜ　214
   4.1. Rizzi (1997) による精緻な CP 内部構造　214
   4.2. フォーカスは量化に関わるが，トピックは関わらない　216
   4.3. Information focus（情報焦点）と identificational focus（識別焦点）　219
   4.4. 「は」で示される話題化と統語構造　221
   4.5. 網羅的識別焦点移動としての目的語かき混ぜ　222
   4.6. 話題化と目的語かき混ぜの両方が関与する例　223
5. TT, CT, CF とかき混ぜとの共起について　225
6. 結論と残された問題　226

第9章　受益構文と，機能範疇としての「あげる」
　　　　　　　　　　　　　　　　　　　　　　　　　　　　　大倉　直子　231
1. はじめに　231
2. 「てあげる」構文の構造と「に」名詞句の位置　233
3. 「あげる」の機能範疇としてのふるまい　239
   3.1. 「再構造化」現象　239
   3.2. 「あげる」動詞の音韻的・統語的・意味的変化　244
4. まとめと展望　247

第10章　タイ語の関係節構文
　　　　　　　　　　　　　　　　　　　　　　　　　　　　　高橋　清子　253
1. はじめに　253
2. タイ語の関係節構文の特徴　256
3. タイ語の関係節化形式の多義性，多機能性　258
4. タイ語の関係節構文の分類　261
5. 新たな分析　264
   5.1. 関係節の断定性，定形性　265
   5.2. 関係節の主節への統合度　266
   5.3. 関係節化形式の指示機能，名詞性　268
   5.4. 主名詞句の同定性，定性　268
   5.5. 主名詞句の特定性　271
6. まとめ　271

第11章　日本語の空主語とモダリティ
　　　　　　　　　　　　　　　　　　　　　　　　　　　　　上田由紀子　277
1. はじめに　277
2. Kuno (1973)，久野 (1973, 1978) における主語名詞句の省略　278
3. 主語名詞句の解釈と統語位置　283
4. Force の指定部の具現化　287
5. 提案　289
6. まとめ　291

第12章　受益性のない事象における「ていただく」について
　　　　　——「〜にVしてもらう」構文の機能的分析から——
　　　　　　　　　　　　　　　　　　　　　　　　　　上原由美子　295

1. はじめに　295
2. 受益性のない「ていただく」の現象の整理　298
   2.1. 受益性のない「ていただく」の文の語用的な意味・機能　298
   2.2. 受益性のない「ていただく」が使われる場面　301
   2.3. 受益性のない「ていただく」の統語的特徴①　301
   2.4. 受益性のない「ていただく」の統語的特徴②　304
3. 「〜にVしてもらう」構文の機能的分析: 高見・久野 (2002)　306
   3.1. 「てくれる」「てもらう」の基本的機能　306
   3.2. 文の適格性に関わる4つの語用論的要因　309
4. 受益性のない事象における「ていただく」が成立するしくみ　311
5. 「指示」や「許可・可能性の提示」を表す際に，受益性のない「ていただく」が多く使われる理由　314
6. まとめと今後の課題　316

第13章　助動詞「まい」の形態統語的分析
　　　　　　　　　　　　　　　　　　　　　　　　　　漆原　朗子　319

1. 序　319
2. 法要素の解釈と「まい」の分析　321
   2.1. 英語の法助動詞に関する事実　321
   2.2. 法助動詞の解釈と統語構造の対応　322
   2.3. 「まい」の承接と解釈　323
      2.3.1. 「まい」の承接に関する事実　323
      2.3.2. 「まい」の承接と解釈の対応　324
      2.3.3. 「まい」の承接・解釈と統語構造　325
3. 「まい」文と「が」格の共起制限　329
4. 「う・よう」の意味の限定と「だろう(であろう)」の文法化　331
5. 活用と投射に関する考察　332
6. まとめ　334

第 14 章　「が」と文の情報タイプ
　　　　……………………………… ヨフコバ四位　エレオノラ　337
　1.　はじめに　　　　　　　　　　　　　　　　　　337
　2.　情報構造と「新情報」　　　　　　　　　　　　338
　3.　「が」と新情報　　　　　　　　　　　　　　　341
　4.　「が」の特殊な用法　　　　　　　　　　　　　341
　　4.1.　「眼前描写」　　　　　　　　　　　　　　341
　　4.2.　「先行文脈には前提か既出の情報がある用法」　343
　　4.3.　「倒置指定」　　　　　　　　　　　　　　345
　5.　「接続語」　　　　　　　　　　　　　　　　　348
　6.　おわりに　　　　　　　　　　　　　　　　　　351

索　　引 ………………………………………………………… 355
執筆者紹介 ……………………………………………………… 363

序にかえて

長谷川　信子

　本書のタイトルを『70年代生成文法再認識——日本語研究の地平——』としたのには理由があります．それを以下で「序にかえて」述べさせていただきます．

生成文法と日本語研究
　生成文法理論が誕生したのは半世紀余り前に遡ります．[1] その発祥以降，言語学は，それ以前の個別言語や対照言語間の詳細な記述といった人文学的な研究だけでなく，「普遍文法」を視野にヒトの言語能力と高次認知能力の解明，その生物学的脳科学的基盤，ひいては，人工知能や機械翻訳などへの応用，ヒトの誕生につながる言語の誕生への問いなど，従来の学問的垣根を越え，心理学，生物学，脳科学，精神医学，電子工学，考古学といった分野をも巻き込む大きな流れの伏流となっています．それは，言語がヒトの精神認知構造の基盤であるという事実に照らせば，当然の成り行きです．そして，そうした異なる分野それぞれで具体的な問いが追求できるようになったのは，生成文法が，改編を重ねながらも，ヒトの言語体系としての仮説（理論）を提示してきたからです．こうした広範囲の分野にわたる言語研究は，今世紀更に，高度な計測機器の開発や統計手法の発達にも支えられ，各々の分野からの更なる予測や仮説・課題も巻き込み，一層の発展・進化を見せることでしょう．
　翻って，この過去半世紀は，日本語研究（特に，現代日本語の文法研究）

---

[1] 一般には Noam Chomsky の 100 頁余りの小論 *Syntactic Structures* が刊行された 1957 年がその発祥年とされています．

も飛躍的な発展を遂げた時期でもあります．日本語（国語）の研究はそれ以前も多くの研究がなされていましたが，話し言葉を含めた現代語を基盤とし，「日本語」を言語の1つとして考察するという姿勢は，日本の経済成長に伴う非日本語母語話者への日本語教育の必要性と普及にも後押しされ，大きな流れとなりました．学校文法が未だに，古典語教育につながる「国文法」から解放されていないのは残念ですが，大学の概論レベルの言語学や日本語学といった科目で，母語である日本語の体系や規則性，言語事実の面白さに興奮を覚え，言語学，日本語学の分野に足を踏み入れた学生・研究者も少なくないに違いありません．

このように，過去半世紀に大きく飛躍した生成文法（統語理論）と日本語学ですが，その間，この2つの分野は必ずしも常に「手を携えて」きたわけではありません．生成文法から派生した言語一般と関わる広汎な研究の流れの中では，人文的な言語研究でこそ得られ深められる言語事実の面白さや興味が，必ずしも十分に追求されてきたわけではないのです．個別言語を越えヒトの言語知識（「普遍文法」）の解明につながる文法構造と操作の影で，個別言語に特有（と思われる）現象や少数言語間での比較対照が多少なりともないがしろにされてきた，もしくは，相応の重要性や意義が認識されてこなかった可能性も否定できません．それは，2つの分野が目指す「研究目標」，そこへ到る研究手法や問いの立て方が必ずしも同じではないですから，当然と言えば当然です．しかし，両分野は，同じ「言語」を扱い，「言語」の経験的基盤は「個別言語」の詳細な分析・考察から得られ，個別言語も言語一般に関わる知見から自由ではいられないのですから，つかず離れず，言語研究の両輪として進んで行くことが，理想であろうと思います．言語の普遍性を追求する生成文法と個別言語研究としての日本語文法研究のバランスをもう一度考えてみたいと思うのです．

70年代という時代 ──蜜月時代──

過去半世紀における生成文法と日本語学を振り返ると，「70年代」というのは特別な意味を持ちます．生成文法も発祥から10年余りを経て，言語体系への基本的な姿勢，方法論を確立しはじめ，その枠組みで研究を大きく進めるに足る十分な数の研究者が育っていました．当時は，英語が理論構築に大きな役割を果たしていましたが，その同じ理論的枠組みと方法論が，系統

的に異なる日本語にも適用され，日本語統語研究の「古典」とも言える多くの研究が遂行されました．[2] 特に，本書にも寄稿して下さっている久野暲氏，井上和子氏の著書，殊に，日本語で書かれた久野暲『日本文法研究』(1973)，井上和子『変形文法と日本語（上・下）』(1976a, b) は，特筆に値します．生成文法が英語構文研究手法として紹介された余韻が未だ残る中，日本語の様々な現象に，意味や使用法からの記述が中心だったそれまでの国語学的な研究に対し，構造的な視点から，様々な一般化，規則化，体系化，言語一般との共通性を提示し，それらが他の異なる言語現象によって更に検証できることを示したのでした．[3] 日本語の現象に明るい人（例えば，国語学，日本語教育関係者）も，そうでない人（英語学者，他言語の専門家，機械翻訳を目指す電子工学関係者）も，それまでとは異なる視点からの日本語の分析に，新たな可能性と興味を喚起された方は少なくないと思われます．実際，生成統語論や日本語学，日本語教育の分野で現在中心的に活躍している多くの研究者は，上記書物をはじめ，この時代の日本語生成文法研究に大いに触発されたに違いありません．この時代の日本語生成文法研究が，今日の日本語統語研究の礎を築いたと言えるでしょう．

80 年代以降 ——理論研究の先鋭化——

しかし，80 年代以降，この生成文法と日本語研究の「相互に恩恵を与え合う関係」が 70 年代と同様の興奮と熱意で継続されたわけではありません．むしろ，そこを境に，全くお互いに無関係であったわけではありませんが，

---

[2] 以下で言及する久野暲氏，井上和子氏の研究に加え，生成文法の枠組みで日本語を扱い，その画期的で斬新な視点により，当時だけでなく，理論の変遷を越えて，その後半世紀を経ても常に「新しさ」を喚起させ，日本語という言語が持つ普遍性を提示した研究として，1960 年代の S.-Y. Kuroda（故黒田成幸氏）の論考があります．黒田氏の MIT での博士論文 (Kuroda (1965)) は，同時代の久野暲氏，井上和子氏だけでなく，その後の生成文法研究家に多大な影響を与えました．氏の論考には（かなり難解な）英語で書かれているものもありますが (Kuroda (1992))，黒田 (2005) には，氏の長年の研究のうち日本語で書かれた研究がまとめられています．

[3] この 2 冊は，日本語生成文法研究の中で「別格」ですが，柴谷 (1978)，久野 (1978)，井上 (1978) なども，限られた生成文法知識の背景でも十分に日本語で生成文法の醍醐味を味わうことのできるものです．

理論は理論，日本語学研究は日本語学研究として，各々独立して発展することになりました．

　80年代の生成文法（統語理論）は，GB理論（統率束縛理論）またはPP理論（原理とパラメータ理論）と呼ばれ，その発展史上最も充実した理論研究が花開いた時期でした．研究対象となった言語も英語だけでなく，イタリア語，フランス語，ドイツ語などの印欧語，日本語や韓国語，中国語などの東アジア言語，ロシア語やハンガリー語，ヘブライ語，アラビア語，更にはバンツー語族やタガログ語，ケチャ語など，世界中の様々な言語に及びました．英語や他の印欧語からの理論的知見，分析手法が，こうした様々な言語にも適用され，統語の基本構造，構造変換（移動規則）とその制約，名詞句のタイプや格，空範疇とその認可と解釈など，言語共通の「原理」と言語間の違いを可能にする「パラメータ」とそのあり方の研究が矢継ぎ早に提示され，個別言語を越えた言語一般に通じる体系と関わる「抽象的な構造と操作」が追求されました．言語研究の目標としてこの時代に明確に提示された「ヒトの言語に特有の構造や体系」の追求が，冒頭で述べた言語学の他分野への波及を可能にし，ヒトの高度認知活動とその解明に関わる研究基盤の理念を支えることになりました．

　この時期，生成文法枠内の日本語の研究と分析も，言語共通の基盤としての構造や操作の観点から追求することが主流となり，そこから多くの知見が得られ，言語全体の中での日本語の位置づけについての論考が深まりました．しかし，言語普遍性の追求が生成文法理論研究の中核に据えられるに従い，個別言語のみに関わるとされる現象への注目は，理論研究の中心からは外れざるを得ませんでした．つまり，日本語研究において，その醍醐味の一端である「日本語らしさ」「日本語特有」の現象は，残念ながら，研究対象の中心課題となることが少なくなってしまったわけです．70年代に可能だった生成文法と日本語研究の相互に認め合い学び合う関係が崩れてしまいました．日本語の記述的な研究と生成文法の距離が少しずつ開き始め，生成文法および理論研究とは一線を画す姿勢を持つ日本語研究者（あるいは，その逆）も少なからず出てきてしまった時代です．

　こうなった原因には，上述のように理論（普遍文法）研究と個別（日本語）研究という研究目標の違いもあるでしょう．そして，理論が多くの言語に対応可能な体系となるため，必然的に，高度な抽象性を獲得し技術的に複雑な

メカニズムを持つに到ったことも，特定言語の特定現象に具体的な指針を与えるという道筋を見えにくくしてしまいました．そして，もう1つ無視できないのは，日本語を扱った生成文法研究の多くが英語で発表され，そこで想定された読者は必ずしも（日本に在住する）日本語の研究者ではなかったことです．発信は，言語の普遍性と体系を追求している（海外にその多くが在住している）研究者に向けてなされ，それは国際的に意義ある研究として大きな評価を得，理論研究における日本語の重要性を広く認知させることに大いに役立ちました．しかしそれは同時に，皮肉なことですが，英語を通して理論を学ぶ必然性や機会が少ない日本語の研究者や学生には，自分の言語である日本語を理論的観点から考察することを難しくしてしまった側面があったことも否定できないのです．[4] 日本語特有（と思われる）現象に興味がある場合，苦労して理論体系を学び，英語で読んでも，その現象に対する理論的知見が得られない可能性さえあるのです．理論は，それが予測し指し示す言語現象には深遠な分析や洞察へ導くことができる反面，理論化の対象となっていない現象には，ほとんど関心を寄せることがないというのも事実で，それが理論研究の強みであり同時に〈大いなる弱み〉でもあります．

何故今「70年代生成文法」なのか？ ──本書の意義──

　こうして「乖離してしまっている」生成理論研究と日本語研究を再度お互いに学び高め合う関係に戻すことはできないだろうか？　これが70年代の生成文法で育ちその恩恵を受け80年代以降理論研究と日本語研究の両方を追求してきた私が問い続けてきていることです．上述したように，2つの分野の目標は必ずしも一致しているわけではありません．それでも，言語研究として共通して追求し，相互に恩恵をもたらす研究がまだまだ沢山ある筈で

---

[4] 生成文法の枠組みで日本語を体系的に扱ったものに Shibatani (1990)，Tsujimura (2006) があり，共に，日本語についても生成文法理論の考え方についても格好の入門書と言えます．ただ，日本語では書かれていません．また，Miyagawa and Saito (2008) では80年代以降の生成文法内での日本語の研究が GB 理論だけでなく最先端のミニマリストプログラムの枠組みにも通じる形で提示してありますが，それを読みこなし十分な恩恵を受けるには，英語および理論的背景知識が相当程度要求されます．
　生成文法（統語論）の変遷と日本語研究の関係については，長谷川 (2002, 2007, 2009, 2010)，井上 (2009) の論考も参考になります．

す．そして，その鍵は，70年代生成文法研究にあるように思うのです．つまり，理論研究においても，普遍文法解明へと高度に体系化される前の研究の成果や姿勢から学ぶべきことがあるとの認識を新たにし，日本語研究においても，理論研究がその発祥以来指針としてきた統語構造や構造変換のあり方から，対象とする現象の意味や用法を考えるという研究手法です．

幸いと言うべきかもしれませんが，現在（90年代後期以降）の生成文法統語研究は80年代のGB理論（PP理論）の高度に体系化されたシステムとメカニズムでは言語の本質には至ることができないであろうとの認識に至り，理論が守備範囲として扱ってきた現象についても，再度検討をし直す時期に入っています．80年代には見向きもされなかった言語現象やその当時の理論体系では組み入れることのできなかった言語事実に理論研究の新たな方向性を指し示す可能性が生まれてきているのです．つまり，理論研究は，いわば，パラダイムシフトの時期にあると言えるでしょう．このことは，70年代（およびそれ以前）の言語研究での知見・成果の中でも，80年代の理論体系から外れた現象に新たな分析の可能性があることを示し，また，80年代に扱われてきた現象であっても，その時代の体系とは異なる観点からの一般化が求められることを意味しています．再度，統語論の基本（それは，平たく言えば，「文構築の基本」と「構造変換（移動操作）とそれに関わる条件」，「派生の結果の意味」に尽きるのですが）に立ち返って，個別言語が提示する様々な現象に真摯に向き合うことの意義が再度認識されはじめています．[5] つまり，「70年代生成文法研究」は，その成果も手法も含め再認識されるなら，そして，そこにそれ以降に培った理論的視点や言語事実的一般

---

[5] それは，国際的にも，生成文法の初期からの知見を記述的にも，体系的にもまとめるという様々なプロジェクトや本の編纂という形となって表れています．その1つが生成文法研究でのこれまでの様々な成果を網羅的に扱っている *The Blackwell Companion to Syntax* (2006) 総頁4,000（全5巻）で，総勢80名の執筆者による77 Cases（章）にテーマ，構文，現象に応じ，これまでの知見，主要関連論文とそれらの位置づけなどが提示されており，「統語論の研究総まとめ」といった趣です．インデックスも充実しており，研究テーマや個別の現象を分析の変遷や一般化，他言語や他の現象との関わりなど，生成文法の流れの中でどのような研究がなされてきたかを集中的に俯瞰することが可能で，新たにこの分野で研究を始めた研究者にも，これまでの経緯を大筋で把握している研究者にも共に，有用性の高い references となっています．

化を加えることができるなら，理論研究にも日本語研究にもこれまでと異なった可能性・方向性が提示できると思えるのです．本書は，このことを，14編の論文で具体的に示そうというわけです．それは，その壮大な目標に照らせば，小論集に過ぎず，無謀な試みの感は否めませんが，そうした試みの可能性の一部でも垣間見せることができたらとの思いがあります．

本書の論文について

　本書は，日本語の現象を特定理論の枠組みや体系の背景を想定せずとも（つまり，70年代当時の生成文法研究のように）言語分析に対する直感で把握できるような現象と分析を提示すること基本としています．そして，80年代の生成文法（GB理論，PP理論）では中心的ではなかった現象（例えば，モダリティ（モーダル）や話し手や聞き手と関わる現象（アゲル，モラウ，イタダク，尊敬語など），文の状態性（テイル），焦点解釈と関わる文構造，情報構造との関わりなど）が，70年代の知見に加え，今日的な切り口で分析されています．また，80年代（およびそれ以前）に扱われていた現象（例えば，補文標識のタイプ，異なるタイプの疑問詞疑問文，かき混ぜ現象，主語化，ガ格付与，関係節と名詞節など）に対しても，80年代以降の理論研究では考慮の対象とはならなかった意味や機能の違いがあることを指摘し，それを文構造に帰する違いとして分析できることを示しています．また，タイ語やブルガリア語・トルコ語からの知見を得ることで，日本語の現象にもこれまでの視点とは異なる分析の可能性を提示している論文，古文の知見から現代日本語の文構造への提案，日本語教育などの現場で明らかになった現象の分析なども含まれています．具体的にどの論文がそうした研究に該当するかは，以下の「要旨」からくみ取っていただけるでしょう．

　上述したように，70年代生成文法は，当時の日本語研究や他言語の記述研究，生成文法研究，日本語教育分野などの応用研究に大きな波及をもたらしました．本書一冊でできることは限られていますが，その当時と同様の広がりをもつ日本語生成文法の研究が可能であることを示すことはできているのではないかと思います．本書が，日本語研究と理論研究の更なる発展に貢献し，願わくば，70年代同様の「相互恩恵関係」への新たなスタートへとつながるなら，編者としてこれ程嬉しいことはありません．

参照文献

Chomsky, Noam (1957) *Syntactic Structures*, Mouton de Gruyter, The Hague.

Everaert, Martin and Henk van Riemsdijk, eds. (2006) *The Blackwell Companion to Syntax*, Blackwell, Oxford.

長谷川信子 (2002)「日本語生成文法の軌跡」『月刊言語 30 周年記念別冊（日本の言語学，30 年の歩みと今世紀の展望）』66-77.

長谷川信子 (2007)「日本語の主文現象から見た統語論：文の語用機能との接点を探る」『日本語の主文現象：統語構造とモダリティ』，長谷川信子(編)，1-21, ひつじ書房, 東京.

長谷川信子 (2009)「生成文法理論と日本語」『日本語学』(特集: 言語理論と日本語), 4 月号, 4-13.

長谷川信子 (2010)「文の機能と統語構造：日本語統語研究からの貢献」『統語論の新展開と日本語研究：命題を超えて』，長谷川信子(編), 1-30, 開拓社, 東京.

井上和子 (1976a)『変形文法と日本語 上・統語構造を中心に』大修館書店, 東京.

井上和子 (1976b)『変形文法と日本語 下・意味解釈を中心に』大修館書店, 東京.

井上和子 (1978)『日本語の文法規則』大修館書店, 東京.

井上和子 (2009)『生成文法と日本語研究——「文文法」と「談話」の接点』大修館書店, 東京.

久野暲 (1973)『日本文法研究』大修館書店, 東京.

久野暲 (1978)『談話の文法』大修館書店, 東京.

Kuroda, S.-Y. (1965) *Generative Grammatical Studies in the Japanese Language*, Doctoral dissertation, MIT.

Kuroda, S.-Y. (1992) *Japanese Syntax and Semantics: Collected Papers*, Kluwer, Dordrecht.

黒田成幸 (2005)『日本語からみた生成文法』岩波書店, 東京.

Miyagawa, Shigeru and Mamoru Saito, eds. (2008) *The Oxford Handbook of Japanese Linguistics*, Oxford University Press, Oxford.

柴谷方良 (1978)『日本語の分析——生成文法の方法——』大修館書店, 東京.

Shibatani, Masayoshi (1990) *The Languages of Japan*, Cambridge University Press, Cambridge.

Tsujimura, Natsuko (2006) *An Introduction to Japanese Linguistics*, 2nd ed., Blackwell, Malden, MA.

各論文の要旨

以下に本書所収の論文の要旨を示します．要旨はそれぞれ執筆者によるものです．なお，言及された先行研究は各論文末の参照文献をご覧下さい．

モーダルをめぐって

井上　和子

本論文は井上 (2007b) の記述を基に，真正モーダルと擬似モーダルの特徴を精査し，真正モーダルは屈折接辞として機能し擬似モーダルは述語として機能すると仮定する．これは Inoue (1989)「日本語の省略文の研究」の成果を用いて検証した．さらに，真正モーダルは1文に1個しか現れず，擬似モーダルが1文に重出可能であることもこの提案を裏付けるものである．

モーダルは話し手の発話時における心的態度を表わし，発話内容にたいする話し手の認識を表す認識モーダルと発話の伝達に関する話し手の態度を表わす発話行為のモーダルがある．真正モーダルには上記の2種があるが，擬似モーダルは認識モーダルとしてのみ働く．

統語構造としてはミニマリストプログラムの枠組みを用い，VP, vP, TP, CP という階層構造を仮定し，モーダルは CP 領域に位置すると考える．本研究の成果を踏まえて，CP 領域での認識モーダルと発話行為のモーダルの位置を提案し，CP の新しい内部構造を示す．

二重主語構文の構造

久野　暲

「山田先生が恋人が自殺してしまった，山田先生が犬が死んでしまった」のような二重主語構文の第一主語は，「山田先生が恋人がご自分の家で自殺してしまった」の適格性が示すように再帰代名詞の先行詞とはなり得るが，

「山田先生が犬がお亡くなりになってしまった」の不適格性が示すように動詞尊敬形の先行詞とはなり得ない．この事実は，(i) 再帰代名詞規則は同一節内規則ではなく，(ii) 動詞の主語尊敬形マーキングは同一節内規則であり，(iii) 二重主語構文は [$_S$ 主語1 [$_S$ 主語2 述語]] という複文構造を持っているという仮説で説明できる．ところが，「太郎しかお父さんが父兄会に出席しなかった」が適格文であるという事実は，二重主語構文が単文構造であることを示唆しているかのように思われる．なぜなら，否定対極表現ライセンシングは，単一節内規則であるからである．本論文は，このディレンマをどう解決するかを示す．

副詞のかき混ぜと焦点解釈

藤巻　一真

　日本語におけるかき混ぜによる移動は任意の移動か義務的な移動かが1つの争点となっているが，本稿では特に主文における副詞のかき混ぜを中心として，ガ格主語の焦点解釈の有無との関係を議論する．副詞を高い副詞，中間の副詞，低い副詞と3区分した上で，中間と低い位置の副詞を文頭に移動した場合に，ガ格主語の焦点解釈が無くなることを観察し，副詞の移動自身が焦点の解釈を得る位置へ，より具体的には Rizzi (1997) によって焦点・主題等の談話的意味を取り込めるように精緻化された CP における焦点句 (FocP) の指定部への移動ではないかということを論ずる．

「所有者分離」と文構造
―「主語化」からの発展―

長谷川　信子

　日本語には久野 (1973) が「主語化」と名付けた文頭の名詞句内の属格（ノ格）名詞句を名詞句内から取り出しガ格を与える現象が広く観察される．これにより，「象の鼻が長い」は「象が鼻が長い」へと変換される．本論文では，この「主語化」を，「所有者分離規則」へと一般化し，それは，所有者他動詞文（ドルが値を上げた）や所有者受動文（ドアが取っ手を壊された）などにも共通する操作であること，「主語化」要素の「焦点化」（総記解釈）が

分裂文の焦点化と競合すること，など，興味深い事実を指摘し，その上で，「所有者分離」が許される構造的，意味的条件を探り，分離した要素は，ガ格などの構造的認可を受けるだけでなく，「焦点」や「主語」と関わる機能範疇により意味・機能的認可が必要なことを論じる．

シテイルが持つ継続的状態性と結果の意味
―井上和子『変形文法と日本語』と事象投射理論―

岩本　遠億

　日本語のテイルが持つ継続的意味を最初に理論的に分析したのは井上和子（1976）であった．テイルの継続性は，それ以降の諸研究においても仮定されることが多かったが，何故テイルが継続性を持つのかという根源的な問いは発せられたことがなかった．本研究は，状態と動態の関係を次元間の写像として捉える事象投射理論（岩本（2008））の枠組みで，テイルを1次元的時間の断面化，すなわち0次元化と定式化することによって，この継続性に説明が与えられると議論する．さらに，井上の分析では独立の解釈規則で取り扱わなければならなかった，変化動詞から結果の意味を取り出す操作も，事象投射理論では相強制という自動的概念計算によって説明される．本研究は，井上の分析が提起していたが解決の与えられていなかった問題が，この理論の中で自然な解答を与えられていることを論じるものである．

補文標識と Wh 句の共起関係について
―理由を表す Wh 付加詞を中心に―

粟原　和生

　疑問文の節末に現れる補文標識「か」・「の」と wh 句の共起関係について考察する．これらの要素は一般に疑問化辞として分析されるが，この小論では「の」は「か」とは異なり，「発話内の力」の指定には関与しないとする仮説を提示する．そして，その観点から理由を表す wh 付加詞「なぜ・何を」と補文標識「の」の共起関係について考察する．「の」はそれ自体，疑問化辞ではないのだが，「なぜ・何を」は，他の wh 句とは異なり（少なくとも主節では）「の」と共起しなければならない，という一見すると矛盾した特徴

を示す．Rizzi (2001) では，'why' の認可には，（他の wh 句とは異なる）Int という補文標識が関与することが示されているが，日本語の「なぜ・何を」と「の」との共起制限についてもこの仮説に基づく分析が有効であることを論じる．

コト節におけるトイウの統語的機能

眞鍋　雅子

　生成文法ではトイウは一語化した補文標識と考えられている．日本語文法においても，トイウは文法化した一語の言語形式として捉えられている．しかし，本来トイウは助詞「と」と発話動詞「言う」を原義としている．本稿ではコトで終わる名詞節（コト節）に介在するトイウについて統語的観点から検討する．コトとト，コトとトイウを比較することで，コト節におけるトイウの機能を明らかにする．その結果，すでに文法化したと捉えられているトイウが，実際には文法化過程の途上にあると考えられる統語的特徴を持つことを示す．

トピックと焦点：「は」と「かき混ぜ要素」の構造と意味機能

中村　浩一郎

　この論文は，Kuno (1973) 以来談話主題と対照主題として区別されてきた「は」の意味機能が，強勢を伴う対照焦点としての「は」も含めた3種類に分類されることを論じる．更に，かき混ぜ操作の適用を受ける目的語が，網羅的識別焦点として機能することも述べる．統語構造の面では，Rizzi (1997) に従い，節の左端部に精緻な構造を仮定する．具体的には，上位の Topic Phrase (TopP) が談話主題が生じる位置であり，下位の TopP は対照主題が生じる位置であること，更にかき混ぜ操作の適用を受けた要素と，対照焦点の「は」で示される要素は Focus Phrase (FocP) に生じることを議論する．このような議論により，日本語の統語構造がイタリア語，あるいはハンガリー語の統語構造と合致することを示す．

受益構文と,機能範疇としての「あげる」

大倉　直子

　日本語の受益文には,語彙動詞 V の語幹に,授与動詞「あげる」(または「やる」)が「て」を伴って接続される「てあげる」構文がある.例えば,「太郎が 花子に ケーキを 作ってあげた」のような文である.本稿では,この「てあげる」構文を考察し,(i) 自然言語には,受益者のような新たな項を動詞句に導入する機能範疇主要部 "Applicative"(アプリカティブ,適用態)があり,「あげる」は,その具現であること,(ii) アプリカティブである「あげる」と,それに接続される語彙動詞が,非常に「近い」関係にあり,再構造化現象を見せること,(iii) 従って,「てあげる」構文が,形態的には 2 つの述語を含む補文構造のように見えながらも,実際は,主要部-主要部の関係,すなわち,機能範疇-語彙動詞という関係の構造を持っていることを論じる.

タイ語の関係節構文

高橋　清子

　本稿では,タイ語の主要な 3 種類の関係節構文の異同を分析する.先行研究を踏まえつつ,より基本的な分析概念を使って分析することにより,以下の仮説が得られる.① thîi 関係節構文は,特定的な指示物の顕著な特徴(特筆性)を表現する.名詞化形式 thîi を含む thîi 関係節(特筆的内容を添える名詞句)は主名詞句と並列の関係にあり,いわば同格の補足の言い換えと言ってよい.② sûŋ 関係節構文は,主名詞句を主題としてその主題に評言を添える.関係節化形式に特化した sûŋ を含む sûŋ 関係節(評言補文節)は主名詞句に対し弱い従属関係にあり,タイ語の典型的関係節と言ってよい.③裸の関係節構文は,紋切り型の概念を表す.裸の関係節は複合名詞句構成素と同様,常に非定形である.

日本語の空主語とモダリティ

上田　由紀子

　本稿は，主語名詞句に焦点をあて，特に，ある特定の解釈において空でなくてはならない主語（義務的空主語）には，久野 (1973, 1978) 以来討議されてきた日本語における省略現象とは異なる認可システムがあることを論じる．つまり，義務的空主語は文末に現れるモダリティ形式との一致関係で生起されることを明らかにし，その認可システムと日本語の CP 構造を提案する．この日本語の義務的空主語現象には，上田 (2007a) 以来指摘してきた［人称］素性の一致と共に，［題目$_{主語}$］素性の一致と一致する主語名詞句の Force 指定部への移動が関与していることを提案する．また，この義務的空主語化は，Hasegawa (2005) および長谷川 (2008, 2010) の提案する機能範疇素性の音韻形態的具現についての原則が［題目$_{主語}$］素性の具現化に対して適応されたものであることも主張する．

受益性のない事象における「ていただく」について
―「〜に V してもらう」構文の機能的分析から―

上原　由美子

　本稿では，授受補助動詞「ていただく」を含む文について，主動詞が表す事象自体によって話し手が恩恵を受けるとはいえない用法があることを指摘し，この種の文が「指示」「許可・可能性の提示」という語用的意味・機能において用いられていることを示す．その上で，受益性がなくても「ていただく」が使える理由を「ていただく」の非謙譲語の形式である「てもらう」の構文の機能的分析（高見・久野 (2002)）に基づいて検討する．さらに，これらの文がサービス業等の場面で多く使われることについて，日本語における対人的な配慮のしくみの観点から考察する．

助動詞「まい」の形態統語的分析

漆原　朗子

　本稿は，法要素 (modal elements) に関する 1970 年代生成文法における

分析（英語については Jackendoff (1972)，日本語については井上 (1976)　など）をふまえつつ，1990 年代後半以降の機能範疇を仮定した分析，特に Cinque (1999) に代表される「統語構造地図 (cartography of syntactic structures)」の新しい枠組みによって法要素をとらえることにより，より普遍性の高い説明が得られることを示すものである．具体的には，日本語のいわゆる否定推量の助動詞「まい」について，その承接と解釈の対応に関する形態統語的説明を行う．上一段・下一段動詞（母音動詞）について「食べまい」「食べるまい」の 2 形式が可能な話者にとって，前者は根源的 (root)，後者は認識的 (epistemic) な解釈が優勢となるが，それは「まい」が Mod_{root}，$Mod_{epistemic}$ という異なる機能範疇に生じる可能性があり，前者は VP を，後者は TP を補部とすると考えれば説明可能である．さらに，「まい」文と「が」格の共起制限については，統語的説明ではなく，否定文の前提に関する意味論的・語用論的説明を援用することによって説明する．

「が」と文の情報タイプ

ヨフコバ四位　エレオノラ

本稿では，助詞「が」に焦点を当て，主文の主格を示す「が」のあらゆる用法を，「は」との対比のない状況で，包括的に記述でき，かつ日本語教育にも応用性のある意味概念について探る．「が」の意味記述のため，「が」が使われている文の情報タイプに着目し，従来の研究でも検討された「新情報」という概念を提案する．ただし，従来の研究とは違い，「新情報」という概念の意味範囲を見直し，「新情報」の領域には「未知の情報」から「驚き」や「意外性」または話者の「否定的信念」まで幅広い心的態度を位置づける．また，本稿の議論を論拠付けるために，情報の提示の仕方に関しては類似を示しているトルコ語とブルガリア語の言語状況にも言及する．

70年代
生成文法再認識

日本語研究の地平

第 1 章

モーダルをめぐって*

井上　和子

1. はじめに

　モーダルについては，全般的な考察を始め，条件節におけるモーダルなど各論について，すでに Inoue (1989)，井上 (1990, 2006, 2007a, 2007b) において発表してきた．とくに井上 (2007b) はその集大成である．

　本論文では，井上 (2007b) の記述を基に，モーダルの研究に重要な意味をもつ真正モーダルと擬似モーダルの区別を保ちつつ，モーダルの真の姿を追求することを目的とする．

　日本語研究においては，近年モーダルの研究が盛んに行われてきた．その中で，形式を基に真正モーダルと擬似モーダルを区別することが定着している．しかし，意味論では，形式による区別は全く生かされず，意味の観点から 2 種のモーダルを同一に扱っている．それ故に擬似モーダルの統語上の特徴を掘り下げるに至っていない．

　本論文は，文の基本的構造を明らかにした上で，モーダルの特徴を検討し，その統語上の位置について新しい提案を行う．日本語の省略文における

---

　* 本論文は井上 (2007b) の記述を基に，CP 領域におけるモーダルの位置を提案し，CP の新しい内部構造を示したものである．井上 (2007b) および本論文の草稿にたいして，長谷川信子氏から貴重なコメントをいただき，特に Lobeck (1991) と田窪 (1987) の存在を指摘されたことが，大いに参考になった．また，神田外語大学言語科学研究センターの研究会（通称「井上ゼミ」）に参加している諸氏からも種々のコメントが寄せられた．これらは，上田由紀子氏と大倉直子氏からの草稿にたいする細部にわたる質問や意見と共に本論文の考察の対象にした．

モーダルの働きに関する研究を行った Inoue (1989), 井上 (1990) に示された知見をも活かしつつ, 擬似モーダルと真正モーダルの違いを明らかにし, それらを扱う枠組みを提案することを目的とする.

以下, 第2節では, 文の基本的構造を提示し, モーダルの位置についての提案を行う. 第3節では, 各種の先行研究によって明らかにされたモーダルに関する基本的な考えを示すとともに, 英語と日本語のモーダルの特徴の違いについて考察する. 第4節では, Inoue (1989), 井上 (1990) の主要論点を紹介する. 第5節では, 真正モーダルと擬似モーダルの相違点を, それらの形態的, 統語的な違いによるものと仮定して, 実証を試みる. 第6節では, 省略文をもとに論証を続ける. 第7節において2種のモーダルの統語構造を提案する. 第8節は, 以上の論点のまとめに当てる. 第9節では, Rizzi (1997) による Cartographic Approach の枠組みでのモーダルの扱いについて新しい提案を行う.

2. 文の基本的構造

述語にはそれらが補部として如何なる項を何個必要とするかについての情報を含む形式素性が与えられている. 投射の原理 (projection principle) はこの形式素性に従って構造を作り上げていく.

(1) 投射の原理: 述語に与えられた, 項に関する形式素性に従って, 述語の補部を投射せよ. この原理によって VP が生成される.

(2)

構造の主部が補部の前に現れるかどうかに関しては, ［±主部前置］([±head initial]) という媒介変数が関わっている. 日本語はマイナスの値をとるので, 上の図のように主部である動詞が補部 (DP DP) の後ろに来る. (補部の二つの DP は二分枝分かれ構造として下にあげる (5) のように分析される.)

次に拡大投射の原理 (extended projection principle) によって述語の外項が投射される.

(3) 拡大投射の原理
句 (clause) はその構造の外項として主語を含んでいなければならない．

(1) と (3) による投射によって vP が生成される．

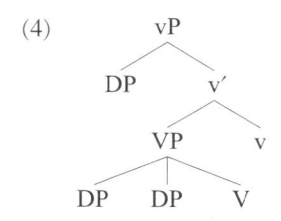

(4)
```
        vP
       /  \
      DP   v'
          /  \
         VP   v
        /|\
       DP DP V
```

以上により生成された構造 vP に支配されている VP は出来事や状態を一般化して表わしたものである．(4) の構造を具体的な個別的出来事として表わすのが時制辞句 (tense phrase = TP) である．

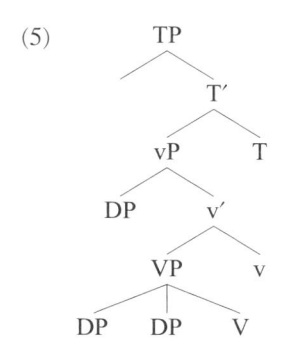

(5)
```
          TP
            \
             T'
            /  \
           vP   T
          /  \
         DP   v'
             /  \
            VP   v
           /|\
          DP DP V
```

さらに談話と統語構造の中間に補文化辞句 (complementizer phrase = CP) が存在し，文の統語構造を談話に繋ぐ仲介役を果たすと仮定する．出来上がった構造は (6) である．

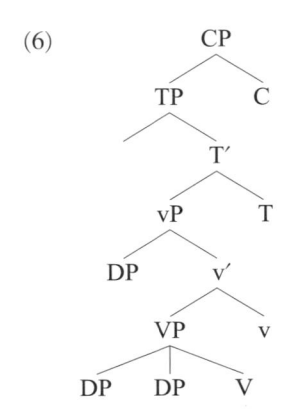

(6)
```
            CP
           /  \
          TP   C
         /  \
             T'
            /  \
           vP   T
          /  \
         DP   v'
             /  \
            VP   v
           / \
          DP DP V
```

　本論文の主要課題であるモーダルは CP に存在すると仮定する．Rizzi (1997) による CP の内部構造を第9節で取り上げるが，Rizzi はそこにモーダルを含めていない．

3. 先行研究と日・英語のモーダルの比較

3.1. モーダルの概観

　モーダルは話者の発話時の心的態度を表わす．従って次の特徴がある．

   (a)　モーダルは「過去」時制を持たない．
   (b)　モーダルには，肯定形に対応する否定形がない．（*「だろうない」）（否定形のみを持つものがある：「（する）まい，（する）な」）
   (c)　モーダルには，発話内容にたいする話し手の認識を表わす認識モーダルと発話の伝達に関する話し手の態度を表わす発話行為[1]のモーダルがある．

---

[1] 一般に「発話・伝達」のモーダルと呼ばれているが，「発話による行為」の意味に用いるために，「発話行為」とした．国語学では，終助詞を発話行為のモーダルから除外しているとはいえない．例えば，仁田 (1989) では，(i) の「ね」が発話・伝達のモーダルであるから，逆接の従属節に現われないとしている．

　　(i) *明日は雨になるだろうねが，遠足は行われるだろう．　　　　　(ibid.: (2))
本論文での「発話行為」のモーダルには，終助詞を含めていない．5節で提案している統語構造に終助詞と本論文のモーダルとの統語上の位置付けの違いを明示している．

(d) 発話行為のモーダルは主文のみに1個現れる．

以上 (a)-(d) の特徴をもつものを，真正モーダルと呼ぶ．

(e) 真正モーダルとは別に，擬似モーダルと呼ばれるものがある．これらは，主として意味の上で真正モーダルに似たものである．
(f) 擬似モーダルはすべて認識モーダルである．
(g) 擬似モーダルは程度を表す修飾句を取ることができる．(例: It is very likely to rain tomorrow.「明日は雨が降る可能性が高い．」)しかも，数値によって程度を示すこともできる．(gradability)(例: It is 70% likely to rain tomorrow.「明日は70% 雨が降る可能性がある．」)

3.2. 英語と日本語のモーダルの特徴

上記のモーダルの特徴に照らして，本節では英語と日本語のモーダルの特徴を概観し，第4節以降の考察の基盤にしたい．

3.2.1. 英語のモーダルの特徴

まず，英語の真正モーダルおよび擬似モーダルの特徴を列挙する．

3.2.2. 英語の真正モーダル

(a) 英語の真正モーダルは根源的モーダル (root modal) と認識モーダルの両義を持つ．例えば，must は「しなければならない」と「するに違いない」，may は「してもよい」「するかもしれない」の二義を持つ．
(b) 英語では，発話行為のモーダル的な意味は平叙文，命令文，疑問文など，文のタイプとして区別されている．従って，発話行為のモーダリティを扱うには，いわゆる Performative Analysis (遂行分析) が提唱するように，遂行動詞 (declare, command, inquire の範疇に入り，発話による行為を表わす動詞) を持ち，「一人称主語，二人称間接目的語を取り，現在時制」で，かつ音形のない遂行文 (performative sentence) を主文と仮定しなければな

らないとする考えがある（Ross (1970)）．この考えでは，抽象的なレベルで，平叙文には I tell you, 命令文には I order you, 疑問文には I ask you という主文が仮定されている．
- (c) 英語のモーダルは時制辞の後続を許さない．
    - a. *John may came to school last Sunday.
    - b. John may have come to school last Sunday.
- (d) 英語のモーダルは主文，従属文を問わず，一文に一つしか用いられない．
- (e) 英語のモーダルには時制の分化が見られる．may: might, can: could, etc. ただし，これらの過去形は必ずしも過去時に直結しているわけではない．

3.2.3. 英語の擬似モーダル

擬似モーダルに属す要素に関して，必ずしも意見の一致があるわけではないが，ここでは，Chapin (1973) に従って，以下のものを擬似モーダルとする：have to, need to, be able to, be about to, be going to, be supposed to, be to. これらは，準助動詞とも呼ばれ，これらについて「本動詞か助動詞か」という議論が続いてきた．しかし，本論文の論点に直接関係するのは，擬似モーダルは，真正モーダルと異なり（3.2.2節 (d)），(7) に見られるように1文に重出する可能性がある点である．

(7) Joe isn't <u>going to</u> <u>have to</u> <u>be able to</u> pay a red cent.

              (Chapin (1973: (12)))

ジョーは1銭たりとも払う<u>能力を持た</u><u>なければならない</u> <u>ようにはならない</u>．

3.3. 日本語のモーダルの特徴

以下に日本語のモーダルについてまとめておく．

3.3.1. 日本語の真正モーダル

- (a) 発話行為のモーダルが範疇として独立しており，認識モーダルと区別される．

認識モーダル:「だろう,(し)よう,² (する)まい」など.
発話行為のモーダル:「(し)ろ」(不規則動詞「する」の命令形),え(命令形式素)(例: 取れ (tor-e),食べ (tabe-e → tabe),(し)よう²(勧誘),(する)な(否定命令)など.

(b) 「だろう」は現在形(「る」)過去形(「た」)の時制辞に後続する. 他のモーダルには,「る」に後続するもの(「(する)まい」「(する)な」),連用形に後続するもの(「(し)ろ,(し)よう」)などがある.

(c) 主文には,認識モーダルと発話行為のモーダルの中の一つだけが音形を持って現われる. 従属節によっては,認識モーダルが現われることがあるが,全般的に真正モーダルは従属節には現われない.(この点については,後に詳述する.)発話行為のモーダルは引用節を除く他の従属節には許容されない.

(d) 日本語のモーダルには時制の分化がない.

(e) 日本語では,英語のようにモーダルが一つの文法範疇を作るのではなく,動詞の語尾変化,助動詞,助詞などがモーダルとして機能する. これらが認識モーダルと発話行為のモーダルの2種類に分けられると仮定する. 英語には認識モーダルは存在するが,発話行為のモーダルはない.

3.3.2. 日本語の擬似モーダル

日本語には,擬似モーダルが多数存在する. これらは (i) 時制の分化を許し(「らしい/らしかった」「のだ/のだった」),(ii) 否定形でも現われ(「ようだ/ようではない」),(iii) 話し手以外の者の見解にたいする認識を表わす(「そうだ」)ことができる. さらに,(iv) (8) が示すように,真正モーダルを加えて重出可能であり,(v) 先行文にも定形時制辞を許す.

(8) a. 佐藤さんの任用が拒否されたのだろう.　　(井上 (1990: (4b)))
 b. 誰かが戸をあけておいたようなのです.　　(ibid.: (5a))
 c. 今日は社長が出てくるはずなんだろう.　　(ibid.: (5b))

---

²「よう」は,母音動詞に続くと,「寝よう」「起きよう」というように,音韻変化はないが,子音動詞に続くと,「切ろう」「待とう」/kiroo, matoo/ のように子音の /y/ が脱落する.

3.3.3. 認識モーダルを許容する従属節

従属接続詞によって主文に繋げられる節を従属節[3]とよぶ．従属節には文としての独立性の強弱に従って段階があると考えられている．南 (1974) は，節の内部構造と意味の点から，従属節を次の3段階に分けている．

(9)

段階	接続詞	内部構造	意味
A	「ながら，つつ」	態,[4] 連用形，尊敬語，*否定，*認識モーダル	描叙
B	「ので，のに」	態，定形，尊敬語，否定，*認識モーダル	判断
C	「が，けれど」	態，定形，尊敬語，否定，認識モーダル	提出

南 (1974) の考察に「だろう」が加えられている．これは本論文の認識モーダルにあたるので，(9) には「認識モーダル」を加えた．

南の内部構造を具体的に示したものに田窪 (1987) がある．[5] これによると，(9) を大枠とし，(10) がAとB段階の具体的内部構造である．

(10)　A＝動詞句　　動作
　　　B＝節　　　　事態
　　　C＝主節　　　判断
　　　D＝発話　　　伝達　　　　　　　　　　　　（田窪 (1987: (2))）

(11)　A類1＝様態・頻度の副詞＋動詞
　　　A類2＝頻度の副詞＋対象主格＋動詞（＋否定）
　　　B類＝制限的修飾句＋動作主格＋A（＋否定）＋時制

　　　　　　　　　　　　　　　　　　　　　　　　（田窪 (1987: 38)）

本論文にとって重要な点は，(12) の例が示すようにC段階の従属節には，認識モーダルが現われるのに，(13) に示すとおりD段階にある発話行

---

[3] 従属節を埋めこみ文全体を指すものとせず，従属接続詞を介するものに限定している．南 (1974) の従属節の3段階区分には，それぞれの段階に現われる従属接続詞および先行文に許される構成素に関して，種々の意見が出ている．

[4] 「態」(voice)＝受動（られ），使役（させ）の派生接辞により表示される．

[5] この点での南 (1974) の論考に対する田窪 (1987) の修正案は，長谷川信子氏（個人談話）により筆者に紹介されたものである．

為のモーダルが許容されないことである．

(12) a. 加藤さんは出席するだろうが，私は出ない．
  b. おそらく雨は降るまいが，傘を持って出かけよう．
  c. ?彼もよく考えようが，結論は変わるまい．
(13) a. *危険物には近寄るなが，この場合は他に方法がない．
  b. *明日は二家族揃ってピクニックに行こうが，天気予報は雨だ．

上田 (2007) は，この点を基準に認識モーダルと発話行為のモーダルを区別している．[6]

3.4. 日英語のモーダルの主要対照点

以下に，3.2 節と 3.3 節で概観した英語と日本語のモーダルの特徴を基にこれらの主要対照点を挙げる．

(14) a. 真正モーダルの時制の分化： 日本語―無し，英語―有り
  b. 真正モーダルの従属節内での生起可能性：
    日本語―発話行為のモーダルには無し，英語―有り
  c. 擬似モーダルに先行する時制辞：
    日本語―定形時制辞，英語―非定形時制辞

4. 先行研究の主要論点

本研究に直結する先行研究として，Inoue (1989)，安井 (1989)，Inoue (1990) の主要論点を以下にまとめる．

---

[6] C 段階の従属節には，「意志」の認識モーダルは現われない．
  (i) *明日は絶対に間食はすまいが，...
  (ii) *部屋を早く片付けようけれど，...
従ってこの基準によれば，上田 (2007) の主張どおり，「意志」のモーダルは発話行為のモーダルの一つになる．しかし，「断定」の認識モーダルが一人称主語を取ると，「意志」のモーダルになること，「断定」のモーダルにゼロの発話行為のモーダルが繋げられて文が成立すること，「ば」条件節の分布に関して，「意志」のモーダルを持つ主文と発話行為のモーダルを持つ主文の間に境界が存在することなどを根拠に，本論文では「意志」のモーダルを認識モーダルに加えている．詳しくは井上 (2006b) を参照されたい．

4.1. Inoue (1989)

　この論文は，安井 (1989) による英語の省略文の分析を概観し，日本語の省略文との違いが一致現象 (agreement) の有無と pro (音形を持たない代名詞) の生起可能性によることを述べている．続いて，久野 (1978) の日本語の省略文派生の方策を紹介し，本論文の主張として，モーダルを考慮に入れてはじめて，日本語の省略文の全貌が見えてくるとしている．そして，日本語には，以下の3種類の省略文があると結論する．

(15) a.　A.　君は今日の朝日を読みましたか．　　　(Inoue (1989: (1)))
　　　　 B.　はい，読みました．
　　 b.　A.　誰が今日学校をやすんでいますか．　　　(ibid.: (2))
　　　　 B.　山田君です．
　　 c.　A.　君は明日学校にくるつもりですか．　　　(ibid.: (3))
　　　　 B.　はい，そうです．

4.2. 安井 (1989) の論点

　安井の省略文に関する研究は，いわゆる GB 理論の枠組みを用いて行われたもので，Fukui and Speas (1986), Fukui (1986) に根拠を置いている．以下に安井の論点を概略する．

4.2.1. 語彙範疇 (A, V, N) と機能範疇 (C, I, D)[7]

　語彙範疇はその補部に種々の範疇を選択し，補部に主題役割 (theta role) を付与する．機能範疇は補部に唯一の範疇しか選択せず，補部に主題役割を付与しない．GB 理論でいう抽象的な格と WH 移動を起こす [WH] 素性を合わせたものを「格の枠」(Kase-grid) と呼び，機能範疇には，Kase-grid を持つもの (AGR, 's, [WH]) と持たないもの (to, 冠詞, 接続詞の that)

---

　[7] 語彙範疇は，固有の意味を持ち，述語や項として働く．機能範疇は，固有の意味をもたず，「一致」(安井によれば「格の枠」) に関する素性を持ちうる．
　　　A = adjective, V = verb, N = noun, C = complementizer, I = inflection,
　　　D = determiner
安井が参照している Lobeck (1987) および Lobeck (1991) も同じ枠組みでの論考である．

がある．前者は指定辞の位置に Kase を放射し，[8] それが主格名詞句，属格名詞句，疑問詞句 (wh 句) として現われる．

4.2.2. 英語の省略文

安井 (1989) は，英語の典型的な省略文の例として (16) を挙げている．

(16) a. The dog buried something in the backyard, but I can't remember what ___ .
　　 b. I like Bill's wine, but Max's ___ is even better.
　　 c. John will go to New York, Mary will ___ , too.
　　 d. You do not believe in me a bit. Never mind, I will force you to ___ .

(Inoue (1989: (6)))

それぞれの省略に関係する部分の構造は次のとおりである．[9]

---

[8] 「放射している」というのは「与えている」と同義と思われる．

[9] Lobeck (1991) は，省略された構成素を空範疇 (e) とし，NP, IP (= S), CP (= S′) における省略構成素 (e) に対して，統一的な認可条件を示している．その主要論点は次の (a)–(c) である．
　(a) 省略構成素を空範疇とするからには，「空範疇は主要部によって適性に統率されていなければならない」という「空範疇原理」(Empty Category Principle = ECP) を満たさなければならない．
　(b) 統率範疇は [+Kase], [+Number], [+Q] のいずれか一つの素性を持つ機能範疇とする．
　(c) 省略認可原理 (Ellipsis Licensing Principle) 　　(Lobeck (1991: (44)))
空範疇は [+Kase], [+Number], [+Q] のいずれか一つの素性を持つ機能範疇によって，正規に統率されていなければならない．(「主要部による適性統率」は語彙項目による統率を意味する．この場合は，機能範疇による統率であるから，「正規」の用語を用いている．)
　Lobeck (1991) では，IP での (e) は次の構造に現われる．

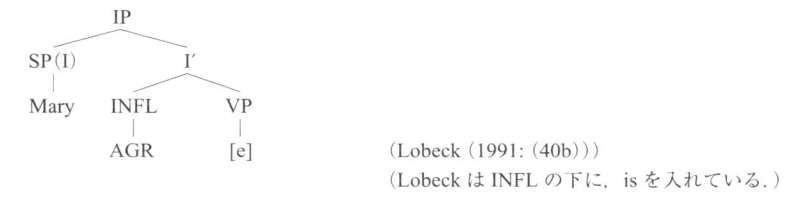

```
            IP
          /    \
       SP(I)    I′
         |    /    \
       Mary INFL   VP
              |     |
             AGR   [e]
```
　　　　　　　　　　　　(Lobeck (1991: (40b)))
　　　　　　　　　　　　(Lobeck は INFL の下に，is を入れている．)

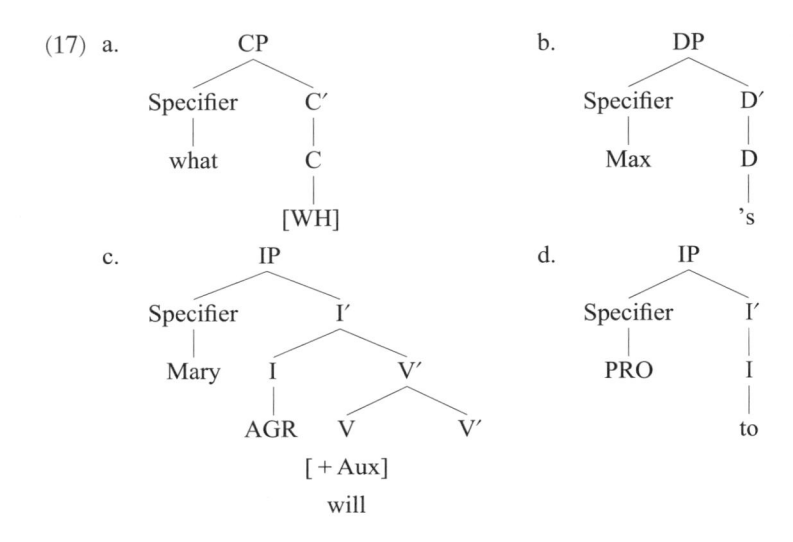

(17) a.
```
       CP
      /  \
Specifier  C′
   |       |
  what     C
           |
          [WH]
```

b.
```
       DP
      /  \
Specifier  D′
   |       |
  Max      D
           |
           's
```

c.
```
         IP
        /  \
  Specifier  I′
     |      / \
    Mary   I   V′
           |  / \
          AGR V  V′
          [+Aux]
           will
```

d.
```
       IP
      /  \
Specifier  I′
   |       |
  PRO      I
           |
           to
```

(17) において，(a), (b), (d) の [WH], 's, to はいずれも指定辞 (Specifier) に格を与えなければならない．(一致 (agreement) を要する．) これらの Specifier の位置にある what, Mary, PRO によってこの要件が満たされる．したがってこれらの省略文は適格文として認可される．上述のように，安井はこれらの主部 ([WH], 's, to) が格枠 (Kase-grid) を持っており，それが格の付与によって飽和 (saturate) 状態[10] にならなければならないとしている．他方，動詞，形容詞などの述語は，主題役割の枠 (theta grid) を持っていて，補語に主題役割を付与し，飽和されなければならない．(17c) の will は助動詞なので，主題役割を付与しない．すなわち，飽和させるべき主題役割の枠を持たない．従って，補語を持たない will が省略文に残っても，その文は適格文として認可される．

以上のように英語の省略に関する限り，安井 (1989) と類似の分析をしている．Lobeck (1991) の分析に関しては，長谷川信子氏 (個人談話) の指摘により付記したものである．

[10] 「飽和する」というのは，格の枠と主題枠に示された条件が満たされるという意味に使われている．

4.3. 省略のストラテジー

次に上げる (18), (19) は久野 (1978) の提案する省略のストラテジーである.

(18) 本動詞反復のストラテジー: 復元可能な要素は省略する. 但し, 本動詞だけは残す.
(19) 「ダ」ストラテジー: (本動詞が復元可能な時にのみ用いる) 復元可能な要素は省略する. 残された要素に文の資格を与えるため, それを「ダ・デス」形の中に埋め込む.　　　　　　　(久野 (1978: 8))

4.4. 日英語の対照点

久野 (1978) のストラテジーは, 格付与に基づく英語の省略文認可の法則と全く異なる原則である. そのため日英語の間に次の例が示すような違いが生じている.

4.4.1. 本動詞反復のストラテジー (18) について

ストラテジー (18) は「復元可能な要素は省略する. 但し, 本動詞だけは残す.」というものであるが, 次の (20B), (21B) はこのストラテジーの適用例である. 対応する英文が非文であることにも, 注目されたい.

(20) A. a. 君は今日の朝日を読みましたか？　 (= (15a))
　　　　b. Did you read today's Asahi?
　　 B. a. はい, 読みました.
　　　　b. *Yes, I read.
　　　　c. Yes, I did.　　　　　　　　　　　　(Inoue (1989: (13)))
(21) A. a. だって, 今棒でぶったじゃないか！
　　　　b. But, you just hit me with a stick, didn't you?
　　 B. a. うん, ぶった.
　　　　b. *Yes, I hit.
　　　　c. Yes, I did.　　　　　　　　　　　　　(ibid.: (15))

上の (B-c) において, did が適格文を作るのは, 安井によれば do が主題枠を持っていないからということになる.

英語の応答文に，主語が必須要素であるのは，時制辞との一致が義務的だからである．日本語には一致現象がないので，応答文の主語は，復元可能な要素として省略される．述語は，日本語も英語同様に主題役割の枠を持っており，補語に主題役割を付与しなければならないのに，(21) においては目的語も省略されている．これは，目的語に pro が選択され，これに主題役割が与えられるからであるとする．目的語の位置に現われる pro については Huang (1982) を参照されたい．

(22)，(23) は (17d) の to を残す場合の追加例である．

(22) A. a. 昨日コンサートに行ったの？
　　　　　b. Did you go to the concert yesterday?
　　　B. a. 行きたかったのだけど，行けなかったの．
　　　　　b. *I wanted to go, but couldn't go.
　　　　　c. I wanted to, but couldn't.　　　　　(ibid.：(16))
(23) A. a. あなたも罰金を払わせられましたか？
　　　　　b. Were you forced to pay the fine?
　　　B. a. ええ，払わせられました．
　　　　　b. *Yes, I was forced to pay.
　　　　　c. Yes, I was forced to.　　　　　　　(ibid.：(17))

4.4.2.　「ダ」ストラテジー (19) について

ストラテジー (19) は「（本動詞が復元可能な時にのみ用いる）復元可能な要素は省略する．残された要素に文の資格を与えるため，それを「ダ・デス」形の中に埋め込む．」というものである．ただし，「ダ」ストラテジーには，次の条件がある．

(24) a. 「だ，です」は補語を 1 個だけ取る．
　　　b. その補語は焦点になっている要素でなければならない．
　　　c. 補語は動詞，形容詞を除く如何なる範疇の要素でもよい．
　　　d. この種の省略文には話題 (topic) が用いられることが多い．

((29a, b) 文)

(25) a. 君はスーパーで何を買いましたか？
　　　b. パンと牛乳です．　　　　　(名詞句)　　　(ibid.：(19))

(26) a. 君はどこから来ましたか？
    b. 仙台からです．
    c. 仙台から来ました．　　　　（後置詞句）　　（ibid.: (20)）
(27) a. 佐藤はどのくらいビールを飲むかねー？
    b. ほんのちょっとです．　　　（数量表現）　　（ibid.: (21)）
(28) a. 先生は毎日大学にいらっしゃいますか？
    b. いや，ときどきです．　　　（時の副詞）　　（ibid.: (21)）
(29) a. 君，昼は何にする？
    b. 僕はうなぎだ．　　　　　　（名詞句）
　　　　　（カッコ内は，省略文に残留している要素範疇を示す．）

4.4.3. 本動詞反復のストラテジーと「ダ」ストラテジーの適用可能性

　本節では，(18), (19) のストラテジーが任意に適用可能かどうかについて検討する．Inoue (1989) は次の例を上げ，(18), (19) の適用による意味の違いを示し，意味を変えずにこれらを任意に適用することが不可能であると述べている．そして，この点に関してモーダルが意味の違いを引き起こすと主張する．

(30) a. 君はあした大学に来るつもりですか？
    b. はい，そうです．
(31) a. 君は今日の朝日を読みましたか．
    b. はい，読みました．
    c.??はい，そうです．

(30) と (31) の違いは，モーダルの有無から来ている．「そうだ，そうです」はモーダルに対する答えである．すなわち，(30) の「そうです」は，「擬似モーダル」「つもりです」にたいする応答である．(30a) では，「つもりです」が先行する文にたいする認識モーダル「意志」として全文を包含している．そして，このモーダルに先行する文にたいする代用形として「そう」が用いられ，「だ」が「断定」のモーダルとして機能していると考えるのである．

　それに対し，(32) には，全文に係るモーダルがない．従って，本動詞反復のストラテジー (18) が適用されなければならない．

(32) a. だって,今棒でぶったじゃないか！
    b. うん,ぶった.
    c. ?うん,そうだよ.

同じく,(32c)が標準的な答えではなく,「横柄な答え」と解釈されるのは,(32a)の文末にはモーダルが現われていないが,「じゃない」を「断定」の「のだ」を含む「のではない」の変異形と分析し,これに「断定」の意味を与えた結果の反応と見られるからである.

4.5. 結論

以上の分析は,真正,擬似のモーダルの区別をせずに行ったものであるが,先行する文に時制の分化があり,モーダル的な要素が先行文を選択するとの仮定がある程度実証されたものとして,モーダルは IP を補部とすると結論している.

5. 日本語の真正モーダルと擬似モーダルの特徴

本節においては,3.3 節で概説した真正モーダルと擬似モーダルの特徴とこれらの相違点を説明するための仮説を設定する.

5.1. 真正モーダルと擬似モーダル

3.3 節で挙げた日本語のモーダルの特徴に真正モーダルと擬似モーダルの違いが出ているので,少し手を加えて (33) として再掲する.

(33) a. 真正モーダル
    (a) 日本語では,発話行為のモーダルが範疇として独立しており,認識モーダルと区別される.
    (b) 日本語の真正モーダルには時制の分化がない.
    (c) 「だろう」は,先行文に時制の分化を許す.「だろう」を除いて,真正モーダルは先行文に時制の分化を許さない.すなわち,先行文は非定形時制辞 (non-finite tense) を持つ.
    (d) 南 (1974) の C の従属節には「推量」の認識モーダル「だろう」「まい」が現われることがある.他の真正モーダルは引

用節を除く他の従属節には許容されない．
- (e) 主文は，発話行為のモーダルが一つ選ばれて始めて文として成立する．定形時制辞で終わる文と認識モーダルで終わる文は，表面上発話行為のモーダルを欠いているように見えるが，音形を持たない発話行為のモーダルが選ばれていると考える．

b. 擬似モーダル
真正モーダルの他に，擬似モーダルが多数存在する．これらは (a) 時制の分化を許し，(b) 否定形でも現われ，(c) 話し手以外の者の見解に対する認識を表わすことができ，(d) 真正モーダルを加えて重出可能であり，(e) 先行文にも時制の分化を許す．

5.2. 2種のモーダルの特徴

(33) (a), (b), (c) に示したように，真正モーダルは，それ自体に時制の分化がなく，先行文にも時制の分化を許さない．つまり，定形時制 (finite tense) を許さず，非定形時制 (non-finite tense) に続く．擬似モーダルは，それ自体に時制の分化があり，定形時制を持つ先行文を選択する．この特徴の説明のために本論文では，(34) を仮定する．

(34) (a) 真正モーダルは活用接辞 (inflectional affix) である．
  (b) 擬似モーダルは述語の一種である．

そして，先行研究で明らかにされた，これら2種のモーダルの統語的振る舞いの違いを用いて，この仮定の実証を試みる．

5.3. 真正モーダルの構造

以下は井上 (2007a) において仮定している真正モーダルの構造である．

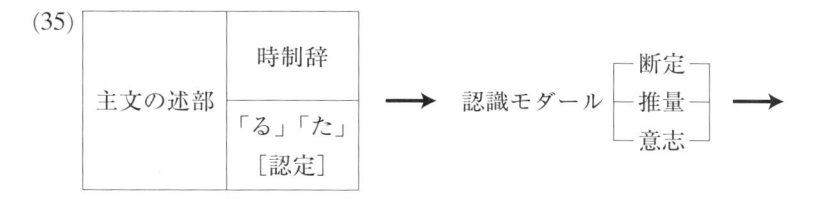

(35)

主文の述部	時制辞 「る」「た」 ［認定］	→	認識モーダル	断定 推量 意志	→

発話行為のモーダル
- 伝達
- 疑問
- 命令
- 禁止
- 勧誘
- 許可

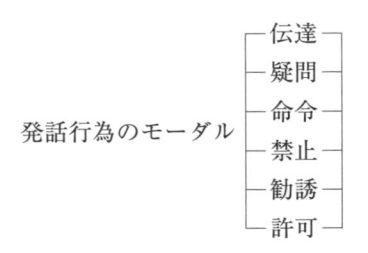

(35) では，Inoue (2006) と異なり，「伝達」という音形を持たない発話行為のモーダルを設定している．これにたいする基本的な考えを (36) として挙げる．

(36) (a) 全ての文は発話行為のモーダル中の一つを選ぶことによって成立する．[11]
(b) 各主文に音形を持つ真正モーダルは一つしか許容されない．
(c) 認識モーダルが選ばれた時には，音形をもたない発話伝達のモーダルに繋げられなければならない．これを発話行為のゼロモーダルとする．
具体例： 時制辞の「る，た」は，話し手による発話内容の認定 (confirmation) というムードを持ち，これに認識モーダルのいずれかが任意に加わり，発話行為のモーダル「伝達」に繋げられて文が成立する．
例えば： 太郎が　走る ＋（だろう）＋ 0
　　　　　　　　　認定　　　推量　　　伝達
　　　　　　　　　　　　　　（任意）

上の例のように認識モーダルが選ばれている場合に，音形を持つ発話行為のモーダルに繋ぐことはできない．各主文に音形を持つ真正モーダルは一つしか許容されないからである．任意要素の認識モーダルを選択せずに，時制辞が発話行為のモーダルに直接繋がれても，(37) の構造が与えられて文が成立する．

---

[11] (36a) は，本論文での基本的な仮定の一つである．

(37)　課長は明日会議に<u>出席する</u>＋　<u>０</u>　＋　<u>０</u>
　　　　　　　　　　　　　　　認定　　断定　　伝達

すなわち，文が成立するには，発話行為のモーダルの中のどれかを一つ選ばなければならないとするのである．

5.4. 予測

　まず，(34a, b) の仮定を再録する．

(34)　(a)　真正モーダルは活用接辞 (inflectional affix) である．
　　　(b)　擬似モーダルは述語の一種である．

上記の仮定から (38) が予測される．

(38) a.　活用接辞 (inflectional affix) は，それ以上の接辞による派生を遮断する．すなわち，一度活用接辞が生じたら，活用接辞も派生接辞ももはやそれに続くことが出来ない．真正モーダルを活用接辞と仮定することは，一つの主文に認識モーダルと発話伝達モーダルの中の 1 個しか音形を持って現われないと予測する．音形を持つ真正モーダルが 2 個現われると，2 つの活用接辞が連なり，活用接辞にたいする分布上の制限を破ることになる．
　　　b.　述語には文頭の主語あるいは補語の位置に埋め込み文を許すものがある．しかも，文頭の主語の位置には多重の埋め込み文が現われる可能性がある．((39) は一例である．) 擬似モーダルを述語とすると，その補部である先行文に循環適用の規則が適用されて，その主要部である述語，すなわち，擬似モーダルが多重に生成されうるとの予測が立つ．(39) はこの予測を支持する例である．

(39)　[[[[学生達が犯人を知っている] というのは自明のことだ] との報告] が彼を抗議行動に駆りたてた]

5.5. (38a) の検証

　本節では，真正モーダルを活用接辞とする仮定にたいする (38a) の予測の検証を行う．

5.5.1. (38a) の予測が成り立つ事象

(38a) の予測どおり，(40) の各文が示すように日本語の真正モーダルは一つの主文に一つしか音形を持って現れない．

(40) a. *この山に登ろうまい．　　　　　　（「まい」意志）（発話行為＋認識）
　　　　（登ろう，登るまい）
　　 b. *明日は大学に行こうな．　　　　　（「な」＝禁止）（認識＋発話行為）
　　　　（行こう，行くな）
　　 c. *今回は会議を欠席しようまい．　　　　　　　　　　（認識＋認識）
　　　　（欠席しよう，欠席するまい）

5.5.2. 追加事象

(38a) を支持する追加事象がいくつかある．

　(a)　真正モーダルを接辞とする仮定の当然の帰結として，真正モーダルに時制の分化がないこと (3.3.1 節 (d)) を説明できる．
　(b)　接辞は機能範疇の一つであるから，一定の補部を選択する．(4.2.1 節)

真正モーダルは非定形時制文を選択するという事実 ((33a)-(c)) も，真正モーダルを接辞とする仮定を支持する．

5.6. (38b) の検証

上記の (38b) の予測をここに再録する．

(38) b. 述語には文頭の主語あるいは補語の位置に埋め込み文を許すものがある．しかも，文頭の主語の位置には多重の埋め込み文が現われる可能性がある．((39) は一例である．)擬似モーダルを述語とすると，その補部である先行文に循環適用の規則が適用されて，その主要部である述語，すなわち，擬似モーダルが多重に生成されうるとの予測が立つ．

まず，この予測を支持する例を次にあげる．

5.6.1. (38b) を支持する例

(38b) の予測を支持する例は多数にのぼる．(41) は，その一部にすぎない．

(41) a. この伝言はオフィスから<u>にちがいない</u>　<u>ようです</u>．

   (井上 (1990: (3b)))

   b. 佐藤さんの任用は拒否された<u>のだ</u>　<u>そうです</u>．　　(ibid.: (4b))

   c. 社長が来る<u>はずだった</u>　<u>のです</u>．

   d. 犯人が現われる<u>にちがいない</u>　<u>わけ</u>だから，もう少しここに居よう．　　(ibid.: (25a))

   e. 彼は我流でやってきた<u>らしい</u>　<u>のです</u>．

   f. あの企業は成功する<u>にちがいない</u>　<u>んだ</u>　<u>（だ）ろう</u>？

(41) が示すように，擬似モーダルに関する限り，重出は珍しいことではない．

5.6.2. (38b) を支持する追加的現象

更に，次の擬似モーダルの特徴は，(38b) を支持する重要な事象である．

(a) 真正モーダルと異なり擬似モーダルは従属節にも現われる．これは重出可能性の当然の帰結である．

(b) 擬似モーダルが否定辞，定形時制辞（「る」「た」）をとることができるのは，これらを述語とする仮定の予測どおりである．

5.7. 残された問題

上記の分析には，幾つかの残された問題がある．本節ではこれらについて考察する．

5.7.1. 擬似モーダルについて

(a) 擬似モーダルはすべて認識モーダルで，発話行為のモーダルを含んでいないという事実がある．他方，擬似モーダルのみで成り立っている文も多い．

(42) a. 男は昨夜研究室に立ち寄った<u>ようだ</u>．

   b. この器具からガス漏れがあった<u>にちがいない</u>．

   c. 私が聞き違えた<u>かもしれません</u>．

この問題に対しては，本論文では，認識の真正モーダルの場合と同じく，擬似モーダルも音形ゼロの発話行為のモーダル「伝達」に繋げられて，文が成立するとする．

以上の真正モーダルと擬似モーダルの統語的，形態的特徴についての論考には，意味の点からは下記 (b) の問題点が残っている．

(b)「モーダルは話者の発話時における心的態度を表わす」というモーダルの定義に照らして，従属節に重出した擬似モーダルの意味についての考察が必要である．

(c)「だろう」の分布上の特徴 (i)，(ii) についても，検討が必要である．

  (i) 認識モーダルは発話行為のモーダルと異なり，南の C 段階の従属節に現われる．中でも，「だろう」は，(43) の各例文が示すとおり，C 段階のみならず，B 段階の従属節 (44a) にも，副詞節 (44b) や名詞節 (44c) の中にも現れ得る．
  (ii) 「だろう」は他の認識モーダルと異なり，先行文に時制の分化を許す．

(43) a. 彼は我流でやってきたわけ<u>だろう</u>から，文句も言えない．
    b. 彼は我流でやってきたと思っている<u>だろう</u>が，他人はそれを認めない．
    c. 子供たちが頻繁に来ると困る<u>だろう</u>けれど，全く来ないのも寂しい．
(44) a. ?彼は我流でやってきた<u>だろう</u>のに，失敗を他人のせいにしている．
    b. ??彼は成功する<u>だろう</u>時に，仕事から手を引いた．
    c. ?役人たちは自分たちに降りかかる<u>だろう</u>批判をいつも気にしている．

5.7.2. 擬似モーダルの位置付け

本研究の仮定するモーダル構造の中で擬似モーダルはどのような位置付けを得ているのだろうか．これについて，擬似モーダルのみの文，例えば (42a) は次のようなモーダル構造を持っていると仮定している．

(45) 男は昨夜研究室に立ち寄ったようだ ＿＿＿ 0 ＿＿＿
　　　　　　　　　　　　　　　擬似　認識　発話行為

　　　　　　　（認識モーダルの位置には語彙が挿入されていない．）

認識モーダルも発話行為のモーダルもゼロで，擬似モーダルが認識モーダルの位置に繰り上げられる．本論文では，擬似モーダルは述語であるから，先行文の述語として生成され，これが認識モーダルに昇格すると考えるのである．

　仁田 (1989) は，この問題を「擬似モーダリティの真正化」として扱っている．しかし，擬似モーダルが真正化しても，上に述べたように真正認識モーダルになるのであって，これがさらに発話行為のモーダルを取って文を完成させることを表わすにはどのような仕組みが必要かを考えなければならない．いずれにしても，特殊な規則の積み重ねになることは避けられない．このような観点から，認識モーダルを発話行為のモーダルに繋ぐという一般性を保つための措置としてゼロの「伝達」を仮定しているのである．

5.7.3. 重出した擬似モーダルの意味

　「モーダルは話し手の発話時の心的態度を表出する形式である」との定義に照らして，重出するモーダルを如何に扱うべきか．井上 (1990) の結論を(46)として再掲する．

(46)　モーダルはそれぞれ特有の心的態度に関する意味をもっており，文末に現われた場合にそれが話し手に属するものと解釈される．先行するモーダルは誰彼ということなしに一般的な判断，推量の表出である．

　真正モーダルの中で，認識モーダルの「だろう」と「まい」は，文としての独立性の高い従属節（南 (1974) の C 段階）に現われるが，発話行為のモーダルは，従属節には全く生起しない．この事実は，真正モーダルはすべて，話し手の発話内容にたいする認識であり，話し手の発話伝達態度の表明であって，これらは，本来的に主文に属する言語現象であることを示している．「文末のモーダルに先行するモーダルは誰彼ということなしに一般的な判断，推量の表出である」ということは，話し手以外の者の認識は主文では

表出できないことの結果であるとすることが出来る．井上（2006a）においては，これを話者以外の者の認定（[−Speaker's Confirmation]）としている．ここで，聞き手（二人称）の認識の意味にならないのは，聞き手の認識について，話し手の断定や推量を直接に表出することが，不自然であるからと考えられる．

5.7.4. 「だろう」の正体

まず，「だろう」の特徴について考えてみよう．

「だろう」の特徴：　(i)　先行文に時制の分化（「る」形「た」形）を許す，

(ii)　B，C 段階の従属節，および副詞節，名詞節に現われる．

これらの特徴は，擬似モーダルと共通のものである．

(i) の特徴については，「だろう」が「である＋ろう」に由来することから，擬似モーダル「(の)だ」に真正の認識モーダル「ろう」が続いたものと考えることで説明できる．従って，先行文に時制の分化を許すのは，擬似モーダルの一般性の現われであるとするのである．(ii) も擬似モーダルと共通の特徴である．結論として「だろう」は擬似モーダルと真正モーダルの複合形式と認めることになる．そして，「だろう」が一語になっているために，擬似モーダル「のだ」は音形を持っていない．従って擬似モーダルと真正モーダルの両方が音形を持って現れることに対する制限はかからないと考える．[12]

6. 「そうだ」を用いた応答文

第 2 節で取り上げた「そうだ」を用いた応答文も，本論文で立てた擬似モーダルと 2 種の真正モーダルに関する仮説を支持する．

6.1. 「そうだ」応答文の構造分析

4.4.3 節では，「本動詞反復」と「ダ」ストラテジーは任意に適用できず，

---

[12] この点は，上田由紀子氏（個人談話）のコメントにより新たに考察した．

構造上，意味上の制約があることを述べた．例えば，(32a) にたいして (32b) が自然な応答文と見られる．

(32) a.　だって，今棒でぶったじゃないか！
　　　b.　うん，ぶった．
　　　c.　?うん，そうだよ．

すなわち，ここでの分析では，(32a) はモーダルを含んでいない．従って，ゼロの「伝達」に繋げられて，文として成立する．音形を持つモーダルが存在しないために，本動詞反復のストラテジーが適用される．従って，(32b) が自然な応答の形である．さらに面白いことに，(32a) に対して「そうだよ」と応答すれば，横柄だという印象を与える．これは，まさに，(32a) の「棒でぶったじゃないか」の「じゃ」を「のでは」の変異形と考え，「のでは」に含まれる「のだ」を「断定」の認識モーダルとし，それが発話行為のモーダルに繋げられたと解釈した結果である．単なる疑問文とせずに，このモーダル構造に反応したために起こった解釈のずれにより，「横柄だ」という解釈が与えられたとするのである．

6.2.　意味論からの問題提起

4.4 節で示した，本動詞反復による応答文と「そうだ」による応答文の違いについて，益岡 (1989) には意味論上の考察がある．

(46) a.　選手達は泣いていますか．　　　　　　　(益岡 (1989: (14)))
　　　b.　選手達は泣いているのですか．　　　　　(ibid.: (15))

益岡によれば，(46a) は「叙述されている事態が存在するか否かを問題にし」（存在判断型），(46b) は「ある事態の存在を前提にした上で，その事態の叙述のし方を問題にする」（叙述様式判断型）としている．そして，存在判断型の疑問文にたいしては，「…述語以外の要素を省略した形式で応えることができる．」と述べている．(同書，p. 204)

Inoue (1989) では，(46a) は，動詞反復による応答「はい，泣いています」を要求し，(46b) は「だ」ストラテジーによる応答「はい，そうです」を必要とすることになる．そして，後者はモーダル「のだ」に対応する返答だとしている．

これに対して，一見反例と見られるものが益岡 (1989) に挙げられている．

(47) a. 君は今日車で来ましたか．
  b. *はい，来ました． (ibid.: (34))
(48) a. あなたは一生懸命働きましたか．
  b. はい，働きました． (ibid.: (35))

(47a) はモーダルがないのに，動詞反復による応答が不適切で，「はい，そうです」が適切な答えである．益岡によれば，(47a) は，「何らかの交通手段により来たこと」を前提にした叙述様式判断型であるために，動詞のみを残して他を省略することができないということになる．

　益岡 (1989) の議論は意味論，語用論の観点に基づくもので，統語的，あるいは形式的観点からモーダルを視野に入れた論考が必要だと思われる．他方，統語論的観点からの論考では足りないことを，例えば (47) は示しているように見える．しかし，(47a) は「君は今日車で来たのですか」から「のだ」が省かれていると考えることができる．上述のように「のだ」は話題を除いて，先行文全体に係る（を支配する）ために「電車でなく車で」に加えて「いつもと異なり今日は」の二義に解釈される．この二義性を排除するために「のだ」を省かなければならないのではないだろうか．

　益岡 (1989) には，叙述判断様式型でありながら，(47a) のように「のだ」が省略される場合についての言及がある（益岡 (1989: 206-208)）．この点に関しては更に研究する必要がある．

　ここで注意すべき点がもう1点ある．それは，「そうだ」を使った応答文は，表面上擬似モーダルを含めて認識モーダルで終わる文に対する答えとして適切なものであった．意味に依拠する文法では，モーダル的な意味に反応しているとしか説明の仕様がない．本論文の主張するところでは，表層では認識モーダルで終わる文も，発話行為のモーダルの一つである「伝達」に繋げられて，文が成立するのであるから，「そうだ」も「伝達」によってまとめられている先行文全体を受けていると説明できるのである．

7. 擬似，真正モーダルの統語構造

　擬似，真正の両モーダルの統語的，意味的特徴の説明のために立てた仮定

(38a, b) を具現する統語構造は次のようなものである．

7.1. 擬似モーダル

擬似モーダルの統語構造については，井上 (1990) の構造表記が参考になる．(49) は井上 (1990) において示した重出モーダルの統語構造を，現在一般化している構造表記に手直ししたものである．この論文では，擬似，真正の区別をつけていなかったが，(49) は正に擬似モーダルに与えるべき構造である．ただし，本研究での真正モーダルは，この構造の上に積み重ねられるべきものである．(5.2 節を参照されたい．)

(49) a.　社長が来るはずのようだった．
　　 b.

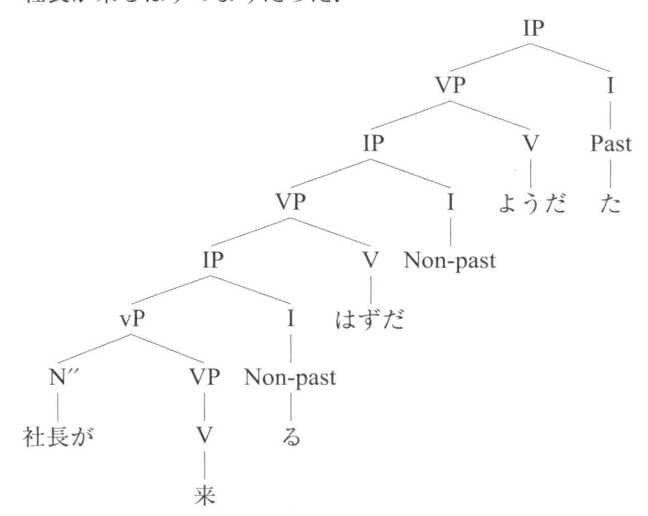

```
                              IP
                          ┌───┴───┐
                         VP       I
                      ┌───┴──┐    │
                     IP      V   Past
                  ┌───┴──┐   │    │
                 VP      I  ようだ  た
              ┌───┴──┐   │
             IP      V  Non-past
          ┌───┴──┐   │
         vP      I  はずだ
       ┌──┴──┐   │
      N″    VP  Non-past
       │  ┌──┴──┐  │
     社長が  V     る
            │
            来
```

(49) において，擬似モーダルを支配している V は，述語 (Predicate) を意味する．3.3.1 節 (c) に示したように，日本語の真正モーダルは，「推量」の認識モーダル「だろう」「まい」を除いて，従属節に生起しない．擬似モーダルが重出可能であることは，これらが述語の補部として cyclic に派生されるとする本論文の主張の根拠である．従って，動詞を含む述語の範疇に擬似モーダルが加えられているのである．そして，擬似モーダルは，3.3.2 節 (v) で述べたようにその補部である先行文に定形時制辞を許す．この点を示すために，(49) のそれぞれの I が [＋定形] ([＋finite]) の素性を持ってい

るとする．(49) では補文に定形時制辞 (Non-past) が二回生じている．さらに，4.4.3 節で明らかになったように，擬似モーダルと先行文にたいして，「そうだ」という代用形式による応答が可能である．「そう」が先行の IP の代用形式で，「だ」が擬似モーダルと分析していることを示す．これらも擬似モーダルは IP を補部とする述語であるという仮説を支持するものである．

益岡 (1989) は，否定，時制，認識モーダルを含めて，次の階層構造を仮定し，疑問と否定のスコープの観点からこの仮説を検証している．(50a) を一般化したものが (50b) である．

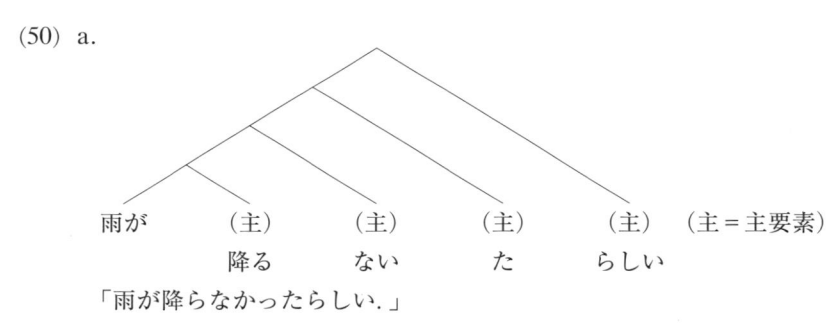

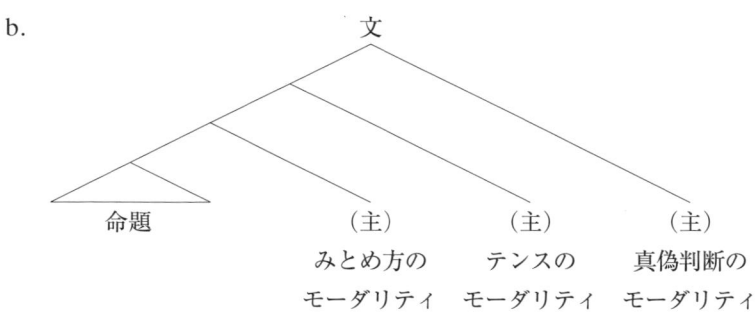

(50) a.

雨が　　（主）　（主）　　（主）　（主）　（主＝主要素）
　　　降る　　ない　　　た　　らしい
「雨が降らなかったらしい．」

b.　　　　　　　　　　　文

　　　　命題　　　（主）　　　　（主）　　　　（主）
　　　　　　　みとめ方の　　テンスの　　真偽判断の
　　　　　　　モーダリティ　モーダリティ　モーダリティ

益岡 (1989) の提案するモーダルの構造も，(49) と同じような階層構造である．しかし，益岡では，擬似モーダルと真正モーダルの区別や，認識モーダルと発話行為のモーダルの区別も，考慮にいれていない．

7.2. 真正モーダル

　全ての文が真正モーダルを1個選ぶことによって成立するというのが，本研究の主張であるから，文の構造は，真正モーダルを含む構造（CP = complementizer phrase）を上位構造とすることになる．その上で，擬似モーダルを選ぶかどうかにより，異なる内部構造を持つに至るのである．

7.2.1. 擬似モーダルを選択した場合

(51) a.　社長が来るはずのようだった．
　　 b.

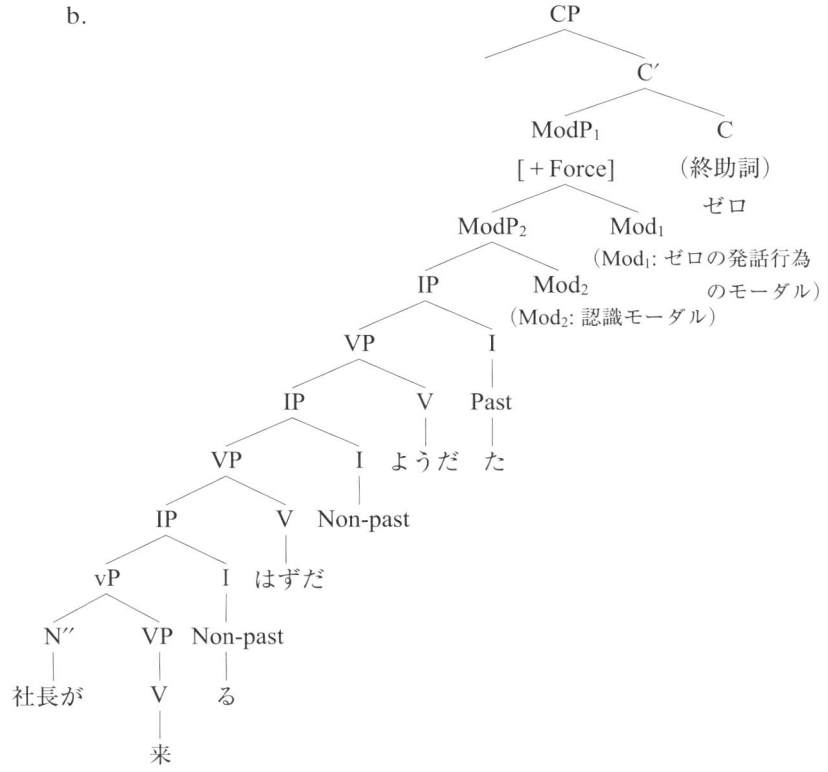

```
                          CP
                          │
                          C′
                         ╱ ╲
                     ModP₁   C
                     [+Force] （終助詞）
                    ╱    ╲    ゼロ
                ModP₂    Mod₁
               ╱    ╲    （Mod₁: ゼロの発話行為
              IP    Mod₂        のモーダル）
             ╱ ╲   （Mod₂: 認識モーダル）
           VP   I
          ╱ ╲   │
         IP  V  Past
        ╱ ╲  │
       VP  I ようだ  た
      ╱ ╲   │
     IP  V Non-past
    ╱ ╲  │
   vP  I はずだ
  ╱ ╲  │
 N″  VP Non-past
 │  ╱ ╲   │
社長が V  る
     │
     来
```

　(51)において，まず「はずだ」「ようだ」が主部移動によりIの位置に繰り上がる．重出する擬似モーダルの中で，右端のもの（すなわち最上位にある「ようだ」）がMod₂の位置に繰り上がり，ゼロの「伝達」に繋げられる．

この場合には，もとの Mod_2 には語彙挿入が行われていず，Mod_1 はゼロの発話行為のモーダル「伝達」でなければならない．

7.2.2. 擬似モーダルを選択しない場合

(52) a.　私たちがこの本を訳そう．

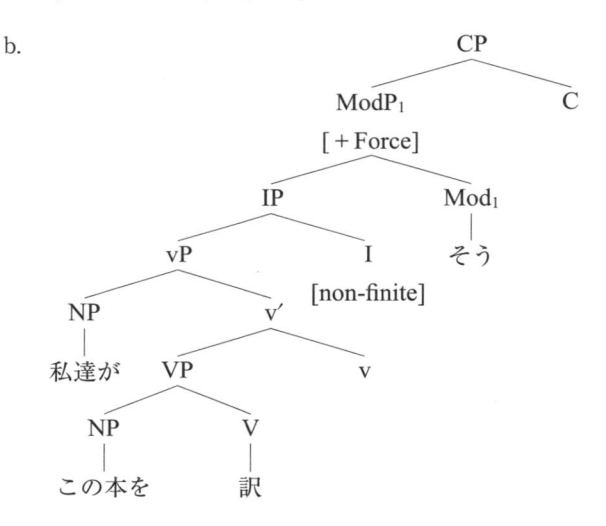

　　　b.

```
                      CP
                    /    \
                ModP₁     C
               [+Force]
                /    \
              IP     Mod₁
             /  \     |
           vP    I    そう
          /  \  [non-finite]
         NP   v'
         |   /  \
        私達が VP   v
            /  \
           NP   V
           |    |
         この本を 訳
```

　(52) の V（訳(す)）は，v を経て I へと主部繰り上げにより移動する．音形を持つ Mod_1 は V の接辞として形態部門で V と結合する．(52) では，認識モーダル (Mod_2) は選ばれていない．

8. まとめ

　従来，形態上の手がかりを基に，真正モーダルと擬似モーダルを区別しながらも，これらを合わせて意味記述を行ってきたために，2種のモーダルの統語上の違いという本質的な問題は気づかれないままであった．一例を挙げれば，擬似モーダルが重出可能であるという点は殆ど顧みられていなかった．本論文は，2種のモーダルの形態的，統語的な違いに焦点を当てて，実証的な研究を試みた．応答文に現われる省略形式からモーダルの統語上の振る舞いを確かめたのも，初めての試みではなかろうか．

9. モーダルの CP 領域内での機能
9.1. CP 領域の構造

5.3 節の (35) の真性モーダルの構造を統語範疇の観点から考えるなら，CP 領域には認識モーダル，発話行為のモーダルが含まれることとなる．

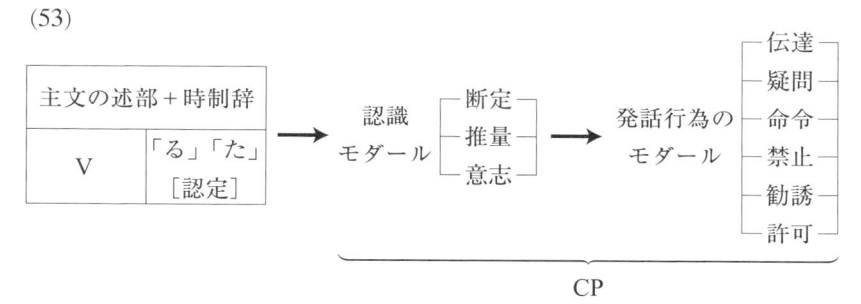

(53)

```
┌─────────────────┐        ┌──断定─┐        ┌─伝達─┐
│ 主文の述部＋時制辞 │        │       │        │─疑問─│
│                 │   →   認識     →  発話行為の─命令─│
│  V  「る」「た」  │      モーダル─推量─    モーダル ─禁止─│
│     ［認定］     │        │       │        │─勧誘─│
└─────────────────┘        └──意志─┘        └─許可─┘
                                    ⏟
                                    CP
```

Rizzi (2004) の提案する CP の内部構造は次の機能辞を主部とする X′ 構造から成り立っている．

(54) Force＞Topic＞Interrogative yes/no＞Topic＞Focus＞Modifier＞Q＞Finiteness　　　　　　　　（英語）　（Rizzi (2004: 47)））

(55) TP＜Finiteness＜Q＜Modifier＜Focus＜Topic＜Interrogative yes/no＜Topic＜Force　　　　　　　　　　　　　（日本語）

(55) に「認識モーダル句」($ModP_1$) と「発話行為のモーダル句」($ModP_2$) を加えたものが (56) である．

(56) TP＜Finiteness Phrase＜Topic Phrase＜$ModP_1$＜Q＜Modifier＜Focus Phrase＜Topic Phrase*＜Interrogative yes/no＜Topic Phrase*＜$ModP_2$＜Force
　　　（以後 Finite Phrase: FinP, Focus Phrase: FocP, Topic Phrase: TopP と略す．*：繰り返し生成可能であることを示す．）（「認識モーダル句」を $ModP_1$,「発話行為のモーダル句」を $ModP_2$ とする．）

以下の (57) は (56) の適用例である．

(57)　太郎が序文を翻訳し　て い　る　だろう　ね．
　　　　　　1　　　　　　2　　3　　4　　　5
　　　　　　文核　　　　　相　時制辞　認識　発話行為の
　　　　　　　　　　　　　　　　　　　モーダル　モーダル

9.2. CP の内部構造に関する注目点

(57) において注目すべき点：(i) 日本語に発話行為のモーダルが存在すること．英語では Force が文型の選択に関わる．(ii) (53) において「る，た」に与えた「認定」の意味である．

本稿では，まず assertion（断定）は FinP の基本的な意味，すなわち「発話時」の状態，あるいは「発話時」に未完了の事態を表すものとする．affirmation（認定）は時制辞の持つ固有の意味と仮定して（仮定1），(58) を提案する．

(58)　(i)　T → [±affirmation]　　Fin = assertion ([+ass])
　　　　　　[−aff] = infinitive
　　　　　　[+aff] → [±Tense]
　　　　　　[+Tense] → [±agreement]
　　　(ii)　[FinP　[TP [+aff] [+Tense] [−agree] = 中立叙述文
　　　　　　　([FinP] は [+ass] の意味素性を持っている．)
　　　(iii)　[FinP　[TP [+aff]] [−Tense] [−agree] = 現象文
　　　　　　　([+agree] → Topic/Focus = 終助詞)
　　　　　　　([−agree] → [−Topic/Focus] → assertion)
　　　　　　　　　　　((58iii) のカッコ内は遠藤喜雄氏（個人談話）による)

9.3. 時制辞の役割

時制辞「る」はその基本的な意味として「認定」(affirmation) という素性が与えられているとする．「認定」とは時制辞句が表示する事態が現存すると話し手が認識している，言い換えれば，事態が実現している，あるいは近未来に実現すると認識しているという意味である．これを井上 (2006) では，「確かなものと認めて伝える」という，寺村の「確言」の意味としている．事態の実現を確かなものと認めてはいるが，それを [±Tense] に分化せずに

CP 領域の FinP に引き上げたものが,「ほら,車が来る」のような典型的な現象文である.(58iii) に [+Tense] が与えられれば,(58ii) のように中立叙述文ができる.

(53) および (56) に示したように,時制辞句 (TP) に認識モーダルと発話行為のモーダルが続くのであるが,文核がこれらを伴って CP 領域に引き上げられるメカニズムは,Rizzi (1997) が主張しているように,CP 領域の FinP は時制辞 T が持つ素性群（人称,数,性）などを簡略して引き継ぐという考えを拡張したものである.

9.4. 終助詞について

遠藤 (2008) は終助詞をモーダルとして扱っている.

(59)   speech act   evaluative   evidential   epistemic
       発話行為   評価的   実証的   認識
       ね,ねー,な,なー   よ   わ
                                                （遠藤 (2008: (55))）

(59) の発話行為と評価的は本論文の発話行為のモーダル,実証的と認識的は認識モーダルに概略当たる.

これらのモーダルが TP 内から CP へ引き上げられるメカニズムを遠藤 (2008) は (60) と仮定している.

(60) a. … Fin … Subj … よ,ね,さ   （遠藤 (2008: (66a))）
                      の
    b. よ,ね,さ … Fin … Subj   （遠藤 (2008: (66b))）
                      の

(60) の「の」は独立した要素ではなく,その存在を何らかの要素によって認可されなければならない.そこで「の」を認可するために,終助詞「よ,ね,さ」などが CP にひきあげられると仮定している.[13]

---

[13] CP は階層構造をなしているが,(44) では関連する部分のみを提示している.そして,この CP の主部 (C) の位置に任意に,「か」「ね」「よ」などの終助詞が現われるのである.

9.5. まとめ

Rizzi (1997) では，affirmation は時制辞句が表示する事態にたいする話し手の談話に基づく認識を表し，assertion は発話行為の一つであるという言及がない．これらは，CP の内部構造は一つの機能に一つの統語範疇という Cartographic Approach の主張に沿わないものであり，ある意味で積み残された問題である．

これに対して，(58) に示したように，affirmation を時制辞の持つ本来の意味として捉え，assertion を CP 領域の FinP および Force に与えられた素性として捉えることにより，これらの機能を TP および CP の必須素性と位置づけることができる．これを仮定 1 とする．

　　仮定 1:　affirmation は，TP の必須素性である．

仮定 2 は，Affirmation Phrase (AffP) を TP と CP の間の位置に生成し，(61) の構造を提案する．

　　仮定 2:　(61)　TP　AffP　CP

(61) の AffP は，(53) の「る」「た」に与えた「認定」という意味素生を統語範疇として独立させたもので，CP は (53) の内部構造をもつのであるから，(61) は (62) として拡張される．

(62)　TP　AffP　認識モーダル　発話行為のモーダル

これにより TP 内の根源的モーダルの肯定・否定が TP の表す真偽値を左右するのに対し，認識モーダルの肯定・否定が TP の真偽値を変えないことが説明できる．その意味で仮定 2 のほうが優れている．

AffP に関してさらに幅広くその統語上，意味上の役割を検討することが望まれる．

参照文献

Chapin, Paul G. (1973) "Quasi-Modals," *Journal of Linguistics* 9, 1-9.
遠藤喜雄 (2008)「話し手と聞き手のカートグラフィー：南 (1974) との接点」未公刊．
Fukui, Naoki (1986) *A Theory of Category Projection and Its Implications*,

Doctoral dissertation, MIT.

Fukui, Naoki and Margaret Speas (1986) "Specifiers and Projections," *MIT Working Papers in Linguistics* 8, ed. by Naoki Fukui, Tova R. Rapoport and Elizabeth Sagey, 128-172, MIT.

長谷川信子 (2007)『日本語の主文現象:統語構造とモダリティ』ひつじ書房, 東京.

Huang, C.-T. James (1982) *Logical Relations in Chinese and the Theory of Grammar*, Doctoral dissertation, MIT.

Inoue, Kazuko (1989) "Three Types of Elliptical Sentences in Japanese," 『研究報告 (5)「日本語の普遍性と個別性に関する理論的及び実証的研究」』, 井上和子(編), 4-20, 神田外語大学.

井上和子 (1990)「日本語のモーダルの特徴」『研究報告 (6A)「日本語の普遍性と個別性に関する理論的及び実証的研究」』, 井上和子(編), 11-35, 神田外語大学.

井上和子 (2006)「日本語の条件節と主文のモダリティ」*Scientific Approaches to Language*, No. 5, 9-28, 神田外語大学.

井上和子 (2007a)「日本語の主文のモダリティと条件節」*Scientific Approaches to Language*, No. 6, 39-74, 神田外語大学.

井上和子 (2007b)「日本語のモーダルの特徴再考」『日本語の主文現象:統語構造とモダリティ』, 長谷川信子(編), 227-260, ひつじ書房, 東京.

久野暲 (1978)『談話の文法』大修館書店, 東京.

Lobeck, Ann (1987) *Syntactic Constraints in Ellipsis*, Doctoral dissertation, University of Washington.

Lobeck, Ann (1991) "Phrase Structure of Ellipsis in English," *Perspectives on Phrase Structure: Heads and Licensing, Syntax and Semantics* 25, ed. by Susan D. Rothstein, 81-103, Academic Press, New York.

益岡隆志 (1989)「モダリティの構造と疑問・否定のスコープ」『日本語のモダリティ』, 仁田義雄・益岡隆志(編), 193-210, くろしお出版, 東京.

益岡隆志 (1997)『複文』くろしお出版, 東京.

益岡隆志 (2000)『日本語文法の諸相』くろしお出版, 東京.

南不二男 (1974)『現代日本語の構造』大修館書店, 東京.

仁田義雄 (1989)「現代日本語のモダリティの体系と構造」『日本語のモダリティ』, 仁田義雄・益岡隆志(編), 1-56, くろしお出版, 東京.

仁田義雄 (1991)『日本語のモダリティと人称』ひつじ書房, 東京.

Portner, Paul (2010) "The Gradability of Modals," lecture given at "The Workshop on 'the Interface between Syntax and Pragmatics/Semantics' with Lectures by Paul Portner," at Kanda Institute of Foreign Languages.

Rizzi, Luigi (1997) "The Fine Structure of the Left Periphery," *Elements of Grammar*, ed. by Liliane Haegeman, 281-338, Kluwer, Dordrecht.

Rizzi, Luigi (2004) "Locality and Left Periphery," *Structures and Beyond: Cartography of Syntactic Structures*, volume 3, ed. by Adriana Belletti, 104-131, Oxford University Press, New York.

Rizzi, Luigi and Ur Shlonsky (2007) "Strategies of Subject Extraction," *Interfaces + Recursion = Language? Chomsky's Minimalism and the View from Syntax-Semantics*, ed. by Hans-Martin Gartner and Uli Sauerland, 115-160, Mouton de Gruyter, Berlin.

Ross, John R. (1970) "On Declarative Sentences," *Readings in English Transformational Grammar*, ed. by Roderick A. Jacobs and Peter S. Rosenbaum, 222-272, Ginn and Company, Waltham, MA.

田窪行則 (1987)「統語構造と文脈情報」『日本語学』6, 37-48.

上田由紀子 (2007)「日本語のモダリティの統語構造と人称制限」『日本語の主文現象: 統語構造とモダリティ』, 長谷川信子(編), 261-294, ひつじ書房, 東京.

Yasui, Miyoko (1988) *Ellipsis in English and the Principle of Full Interpretation*, Doctoral dissertation, International Christian University.

安井美代子 (1989)「普遍文法からみた日本語の省略について」『研究報告 (5)「日本語の普遍性と個別性に関する理論的及び実証的研究」』, 井上和子(編), 56-65, 神田外語大学.

第 2 章

二重主語構文の構造*

久野 暲

1. はじめに

　日本語には，(1a) と (1b) に例示された 2 つの二重主格構文がある．

(1) a.　パターン A
　　　（君たちのうちで）
　　　誰が　　　　フランス語が　　できる　か.
　　　主格名詞句 1　主格名詞句 2
　　b.　パターン B
　　　どの生徒が　父親が　　　殺人を犯した　のか.
　　　主格名詞句 1　主格名詞句 2

直感的に，パターン A の文の主格名詞句 2 は，後続する動詞の目的語の機能を果たしているように感じられるが，パターン B の文の主格名詞句 2 は，後続する述語の主語の機能を果たしているように感じられる．私は，久野 (1973) で，次の仮説を提唱した．

---

* この論文の内容は，2010 年 7 月 1-2 日に開かれた神田外国語大学 CLS 十周年言語学研究会で発表したものに手を加えたものである．その際，井上和子先生，長谷川信子先生を始めとして，研究会参加の方たちから，いろいろ有益なコメントをいただいた．また高見健一先生にこの論文の草稿を読んでいただき，多くの貴重なご助言をいただいた．この論文とほぼ同じ内容の英文論文 "Revisiting the two double nominative constructions in Japanese" が *Journal of Japanese Linguistics* 26, pp. 60-85, 2011 に掲載された．同誌の Editor-in-Chief 中山峰治先生からも，ありがたいコメントをいただいた．ここに皆様のご助言に深く感謝したい．

(2) a. パターン A： 主語・目的語構文
   誰が　フランス語が　できる　か．
   主語　　目的語　　　　動詞
   b. パターン B： 二重主語構文
   どの学生が　父親が　殺人を犯した　のか．
   主語　　　　主語　　　述語

パターン A の「主語・目的語構文」に現れる動詞，形容詞，形容動詞（以後「動形詞」）の例を更にいくつか挙げておく．

(3) a. 動詞
   僕がお金が要る（こと）
   花子がフランス語が話せる（こと）
   b. 形容詞
   僕がもっとお金が欲しい（こと）
   僕がおすしが食べたい（こと）
   c. 形容動詞
   花子が太郎が好きな（こと）
   僕がフランス語がへたな（こと）

パターン A には，「＋状態性」の動形詞しか現れないことから，私は，次の仮説を立てた．

(4) 日本語は「＋状態性」の他動的動形詞の目的語を主格でマークする．

私は，久野（1973）で，二重主語，多重主語構文が，文頭の「の」または「に」でマークされた名詞句に「主語化規則」を適用することによって派生すると仮定した．

(5) 文頭の「名詞句＋の」の主語化
   a. 日本の男性の平均寿命が短い（こと）
   b. (a) の「日本の男性の」の主語化
    日本の男性が平均寿命が短い（こと）
   c. (b) の「日本の」の主語化
    日本が男性が平均寿命が短い（こと）

d.　(a) の「日本の」の主語化
　　　　　日本**が**男性の平均寿命**が**短い（こと）
(6)　　文頭の「名詞句＋に」の主語化
　　　a.　ニューヨーク**に**高層建築**が**多い（こと）
　　　b.　文頭の「ニューヨークに」の主語化
　　　　　ニューヨーク**が**高層建築**が**多い（こと）

　パターン A が主語・目的語構文であるという私の仮説は，柴谷 (Shibatani (1977, 1978)) の2つの構文法的証拠によって支持された．その第一は再帰代名詞「自分」の特徴に基づくものであり，第二は，動形詞の主語尊敬形の特徴に基づくものである．柴谷は，まず (7) の類いの例文によって，「自分」が文の主語をその指示対象とすることはできるが目的語をその指示対象とすることはできないことを示した．

(7)　太郎$_i$ が花子$_j$ を自分$_{i/*j}$ の部屋で叱った．
(8)　私$_i$ が太郎$_j$ が自分$_{i/*j}$ のグループで一番好きだ．

(8) の「自分」が「太郎」をその指示対象とし得ないことは，「太郎（が）」が主語の機能を果たしていないことを示す，というのが柴谷の議論であった．
　柴谷 (1977, 1978) は，(9) の類の例文を用いて，動詞の「お...になる」形が，主語の指示対象をその尊敬対象とはし得るが，目的語の指示対象をその尊敬対象とすることはできないことを示した．

(9)　a.　**先生が**　花子を　**お叱りになった**．　（尊敬対象＝先生）
　　　b.　*花子が　**先生を**　**お叱りになった**．　（意図された尊敬対象＝先生）

パターン A の文も，(9) と同様な現象を示す．

(10)　a.　**先生が**　花子が　**お好きだ**．　（尊敬対象＝先生）
　　　b.　*花子が　**先生が**　**お好きだ**．　（意図された尊敬対象＝先生）

(10b) の形容動詞主語尊敬形「お好きだ」が「先生（が）」を尊敬対象とし得ず，「花子（が）」をその尊敬対象としなければならず，それゆえにこの文が不適格文である，という事実は，パターン A の文の主格名詞句2が主語の

機能を果たしていないことを示す，というのが柴谷の議論である．[1]

　柴谷 (1977) は，次の例文を用いて，パターン B が二重主語構文であるという私の仮説に反論した．

(11)　山田先生$_i$ が息子$_j$ が自分$_{*i/j}$ にうんざりしている．

柴谷によれば，(11) の「自分」は，「息子」を指示対象とすることはできるが，「山田先生」を指示対象とすることはできない．従って，「山田先生 (が)」は主語の機能を果たしていない，よって，パターン B は，二重主語構文ではなく，「主格・主語」構文である，というのが，柴谷の議論である．

　柴谷 (1976) は，動形詞の主語尊敬形マーキングも，パターン B の主格名詞句1が主語でないことを示すものとして，次の例を挙げている．

(12)　*山田先生が犬がお亡くなりになってしまった．

(12) は，私も含めてパターン B が二重主語構文であると主張する人たちがその不適格性を説明できなければならない重要な反例であるにもかかわらず，Shibatani (1977) の preliminary version である Shibatani (1976) には含まれていたが，Shibatani (1977) には含まれていなかった．

　Kuno and Johnson (2004) は，パターン B が二重主語構文ではない，という柴谷の主張に対して，次の反論をした．まず第一に，(11) が「自分 = 山田先生」の解釈を許さないから「山田先生 (が)」は主語ではない，という主張には大きな問題がある．なぜなら，この文の「自分 = 山田先生」の不適格性は，述語「...にうんざりしている」が感情的表現であることと，山田先生を指示対象とするのに「ご自分」ではなくて「自分」が用いられていることに大きく起因しているらしいからである．[2] (13a) に示すように「...

---

　[1] 柴谷 (2001) は，パターン A が主語・目的語構文であるという仮説に対するサポートを撤回して，この構文が「非規範的」二重主語構文であると主張している．しかし，柴谷 (2001) には，パターン A の主格名詞句2が再帰代名詞の指示対象となれない事実と動形詞の主語尊敬形の尊敬対象となれない事実 (例文 (7)–(10) 参照) が「非規範的」二重主語仮説でどう説明されるのかについての言及がない．この仮説に対する反論については，Kuno and Johnson (2004) を参照されたい．

　[2] 「自分 = 山田先生」解釈での (11) が不適格なのは，視点の不一致に起因させることができるように思われる．「うんざりしている」というような感情表現は，話し手がその感情の

にうんざりしている」の代わりに「自殺してしまった」という感情性の薄い表現を用いると，「自分＝山田先生」の解釈が (11) ほど難しくなくなる．更に，(13b) に示すように「自分」を「山田先生が」の直後に移動すれば，「自分＝山田先生」が第一解釈となり，「自分＝主格名詞句 2（＝恋人）」の解釈が極めて弱い第二解釈となる．

(13) a.　山田先生$_i$が　恋人$_j$が　自分$_{?i/j}$の家で　自殺してしまった．
　　　b.　山田先生$_i$が　自分$_{i/?j}$の家で　恋人$_j$が　自殺してしまった．

更に，(13a) の「自分」を「ご自分」にすれば，その指示対象は「山田先生」であって，「恋人」ではなくなる．

(14)　山田先生$_i$が　恋人$_j$が　ご自分$_{i/*j}$の家で　自殺してしまった．

これらの事実は，柴谷 (1977) の主張に反して，パターン B の主格名詞句 1 が主語の機能を果たしていることを示すものである．

　それでは，どうしてパターン B の主格名詞句 1 が再帰代名詞の指示対象となり得るという主語の機能を果たしているのに，動形詞の主語尊敬形の尊敬対象となり得ないのであろうか．Kuno and Johnson (2004) はこの疑問を，パターン B が (15) に示すような複文構造を持っていると仮定して解決した．

(15)　パターン B の構造：[$_S$ 主格名詞句 1 [$_S$ 主格名詞句 2　述語]]

文 (16) は，再帰代名詞規則が同一節内規則 (clause-bound rule) ではないことを示す．

(16)　[$_S$ 太郎$_i$が [$_S$ 花子$_j$が　自分$_{i/j}$の家族の話ばかりした] と言った]

他方，(17) は主語尊敬マーキング規則が，同一節内規則であることを示す．

主体寄りの視点をとったときにのみ可能な表現である．他方，Kuno and Kaburaki (1977)，久野 (1978) で詳述したように，再帰代名詞「自分」は，話し手がその指示対象寄りの視点をとっていることを明示する表現である．従って「自分＝山田先生」解釈での (11) は，「自分」が山田先生寄りの視点を表す．この視点が，「うんざりしている」が表す息子寄りの視点とコンフリクトを起こして，この解釈での (11) が不適格と判断されるものと思われる．

(17) a. [S1 太郎が [S2 山田先生が　手紙を　**お書きになった**] と言った]
　　 b. *[S1 太郎が [S2 山田先生が　手紙を　書いた] と**おっしゃった**]
　　 c. *[S1 **山田先生が** [S2 太郎が　手紙を　**お書きになった**] と言った]
　　 d. [S1 **山田先生が** [S2 太郎が　手紙を　書いた] と **おっしゃった**]

　二重主語構文に話を戻して，(14) は，主格名詞句 1 と主格名詞句 2 の間に節境界線があるものの，埋め込み文中の「自分」は，再帰代名詞規則が同一節内規則ではないから，主文の主語である主格名詞句 1 を指示対象とすることができる．

(18)　[S1 山田先生が [S2 恋人が　自分の　家で自殺してしまった]]

　　　　再帰代名詞規則は同一節内規則ではない

それに反して，主語尊敬形マーキング規則は同一節内規則である．

(19)　*[S1 **山田先生が** [S2 犬が　**お亡くなりになってしまった**]]

　　　　主語尊敬形マーキングは同一節内規則

従って，(19) は，主語尊敬形マーキングの同一節内制約違反で，不適格とマークされることとなる．

2. 二重主語複文構造仮説のパラドックス

　前節で要約した二重主語複文構造仮説は，動形詞の主語尊敬マーキングが同一節内規則であることに基づいて設定された仮説であるが，私の最近の考察で，この仮説が，否定極性表現 (Negative Polarity Items) ライセンシングに関してパラドックスを起こすことが明らかとなった．否定極性表現ライセンシングは，(20) の例文が示すとおり，主語尊敬形マーキング規則と同様，同一節内規則 (clause-bound rule) である．

(20)　a. [S1 太郎が [S2 次郎が　**お金にしか**　興味が　**ない**] と　思っている]

b. *[S1 太郎が [S2 次郎が **お金にしか** 興味がある] と **思っていない**]
c. [S1 **太郎しか** [S2 次郎が お金に 興味がある] と **思っていない**]
d. *[S1 **太郎しか** [S2 次郎が お金に 興味が **ない**] と 思っている]

(20a) は,「しか」表現と「ない」表現が共に埋め込み文の構成要素であり, (20c) は「しか」表現と「ない」表現が共に主文の構成要素であるから適格文である. 他方, (20b) と (20d) は「しか」表現と「ない」表現が同一節内にないから不適格文である.

否定極性表現が二重主語構文でどのような振る舞いをするかを調べるために, まず, 次の文を見てみよう.

(21) a. 太郎のお父さんが父兄会に出席した.
　　 b. 「太郎の」の主語化
　　　　[S1 太郎が [S2 お父さんが父兄会に出席した]]

次に, (21b) の埋め込み文と主文の主語に「しか」を付加してみよう.

(22) a. [S1 太郎が [S2 **お父さんしか** 父兄会に **出席しなかった**]]
　　 b. [S1 **太郎しか** [S2 お父さんが 父兄会に **出席しなかった**]]

(22a) も (22b) も共に適格文である. (22a) は,「しか」表現と「ない」表現が共に埋め込み文内の構成要素であるから, この文が適格文であることに何ら問題はない. 他方, (22b) が適格であることには大きな問題がある. 何故なら,「太郎しか」は主文の構成要素であり,「出席しなかった」は埋め込み文の構成要素であるから, この文は, 否定極性表現ライセンシングの同一節内規則に違反して, 不適格文であるはずであるからである. (22b) の適格性は,「太郎しか」と「出席しなかった」が同一節内要素であると仮定すれば, 自動的に説明できる. つまり, 動形詞の主語尊敬形マーキングは, 二重主語構文が複文構造であることを要求し, 否定極性表現ライセンシングは, 二重主語構文が単文構造であることを要求する, という一見パラドックスと思われる状態が成立してしまったわけである.

3. 否定極性表現と主語繰上げ規則

　問題のパラドックスは，主語尊敬マーキング規則と否定極性表現ライセンシング規則が二つの全く異なる特性を持っていることに由来するものと思われる．主語尊敬マーキング規則が循環規則（cyclic rule）であるのに対して，否定極性表現ライセンシング規則は，主文のサイクルで，すべての循環規則が適用されたあとで適用される表層構造規則（S-structure rule）である．否定極性表現ライセンシング規則が表層構造規則であることを証明するために，まず最初に主語繰上げ規則が埋め込み文の主語を主文の動詞の目的語の位置に繰り上げる移動規則であることを示す必要がある．(23b) は，主語繰上げ文の一例である．

(23) a.　太郎が［山田先生が正直だ］と思っている（こと）
　　 b.　太郎が　山田先生を［t 正直だ］と思っている（こと）

(23b) の「山田先生を」が主文の構成要素であることは，Kuno (2007) の次の例文から明らかである．

(24) a.　太郎が**山田先生をしか**［t **正直だ**］と**思っていない**．
　　 b.　*太郎が**山田先生をしか**［t **正直でない**］と思っている．
　　 c.　太郎が山田先生しか正直でないと思っている．

(24a, b) の「名詞句＋をしか」という表現は会話調の日本語には現れず，書き言葉表現でも「名詞句＋しか」と比べて頻度数が低い表現であるが，「をしか」を用いないと主語繰上げ規則が適用されているのかいないのか分からないので，ここに敢えて用いているものである．「…をしか」が書き言葉でも稀な表現であるにもかかわらず，(24a) が適格文で (24b) が不適格文であるという判断は極めて明瞭である．(24a) の適格性は，「山田先生をしか」と「思っていない」が共に主文の構成要素であると仮定することによって初めて説明できることである．同様，(24b) の不適格性は，「山田先生をしか」が埋め込み文の構成要素であると仮定したのでは説明できない事実である．従って，(24c) は，この文の「山田先生しか」が主語繰上げ規則の適用を受けた派生では不適格文，主語繰上げ規則の適用を受けていない派生では適格文，ということになる．

4. 「主語繰上げ」構文は移動規則の適用によって派生する

「主語繰上げ」構文の深層構造とその派生過程について，2つの代表的な仮説がある．その1つは，(25) に示されているように，この構造の深層構造の主文の構成要素として，埋め込み文の主語に対応する名詞句がすでに存在しているという仮説 (Saito (1983), Hoji (1991), Takano (2002), Takubo (2007) 参照) である．

(25) a. ［太郎　花子ᵢ［花子ᵢ 天才だ］と思っている］　(Equi NP Deletion Structure)
　　 b. ［太郎　花子［PRO 天才だ］と思っている］　(Control Structure)

もう一つの代表的な仮説は，すでに (23) で示したように，「主語繰上げ」構文が，埋め込み文の主語を移動規則の適用によって主文の目的語の位置に繰り上げることによって派生するという仮説 (Kuno (1972, 1976) 参照) である．この仮説によれば，「主語繰り上げ」構文の深層構造 ((23a) 参照) の主文には，動詞の目的語の位置に，埋め込み文の主語に対応する名詞句が存在しない．[3,4]

私は，Kuno (1976) で，「主語繰上げ」構文の，移動規則適用による派生仮説の構文法的証拠をいくつか挙げた．そのうち最も強力な証拠は，(26) に示すような文が適格文である，ということであった．

(26) a.　山田は**逃げるを**最上の策（だ）と考えた．　　　　(Kuno (1976))

---

[3] Horn (2008) に，上記2つの仮説を含めて，問題の構文をいかに派生するかについてのさまざまな仮説の長所短所についての総括的概観がある．

[4] Hiraiwa (2001) も，(23b) のパターンの文が (23a) のパターンの深層構造から，埋め込み文の主語の目的格マーキングと繰上げ規則の適用によって派生するものと仮定するが，移動規則の適用は義務的でなく，目的格マーキングを受けた埋め込み文の主語は，埋め込み文の中に留まることができると主張する．しかし，(i) が，「山田先生を」を主文の構成要素とするフレージングで発音しても，埋め込み文の構成要素とするフレージングで発音しても不適格文であるという事実は，この仮説が維持できないことを示している．

　(i)　*太郎が**山田先生を**しか正直でないと思っている．(= (24b))

　　　　b.　山田は**愛するを**別れの始め（なり）と考えた．　　　（Kuno (1976)）

現代日本語では，動詞の現在形に直接格助詞「が・を」を付加して主語，目的語にすることができない．次の (27a, b), (28a, b) はすべて不適格文で，形式名詞の「の」や「こと」を付加しなければならない．

(27)　a.　***逃げるが**難しい（こと）
　　　b.　*僕は**逃げるを**軽蔑しない．
(28)　a.　***愛するが**必要な（こと）
　　　b.　*人を**愛するを**忘れるな．

ただし，動詞現在形に直接主格助詞「が」か副助詞「は」を付加した表現で始まる格言が少数，古い時代の日本語の名残として現在でも用いられている．

(29)　a.　**逃げるが**最上の策（だ）．
　　　b.　**愛するは**別れの始め（なり）．[5]

この種の格言は，「動詞句現在形＋が・は＋名詞・形容動詞句＋コピュラ」のパターンで，同じパターンを用いて，新しい格言的適格文を作ることができる．

(30)　a.　**苦しむは**心の糧（だ）．
　　　b.　**二歩進んで一歩退くは**退却にあらず．

「動詞句現在形＋を」を含む (26a, b) パターンの文は，その埋め込み文に対応する「動詞句現在形＋が・は」パターンの文が適格文であるときにのみ適格である．すなわち，(26a, b) は，(29a, b) が適格であるから適格である，

---

[5] 日本語の主文現象として，ゼロフォームコピュラ ϕ の使用がある．
　　(i)　これはリンゴ ϕ．あれはオレンジ ϕ．
「主語繰上げ」構文に現れる「と」は引用助詞であるから，埋め込み文は，主文の性格を持っている．従って，(26a, b) の埋め込み文のコピュラに ϕ が自由に使用され得る．「A を B と定義する」，「A を B とみなす」，「A を B とする」などの表現は，埋め込み文に ϕ コピュラが用いられている深層構造に主語繰上げ規則を適用することによって派生するものと考えられる．

ということになる.他方,下に示す(31b)は,それに対応する埋め込み文が(31a)に示されているように不適格文であるから,不適格文であるということになる.

(31) a. *山田は [***逃げるが**難しい] と思った.
　　 b. *山田は**逃げるを**難しいと思った.

上記の現象を構文法的に処理する最善の方法は,(i) 日本語文法の現代日本語文法コンポーネントに動詞現在形の名詞句としての用法を許さず,(ii) (29a, b) や (30a, b) のような「動詞句現在形+が・は+名詞・形容動詞句+コピュラ」パターンの格言,格言的表現の生成を日本語文法の旧式表現コンポーネントでのみ許し,(iii) そのようにして生成された格言,格言的表現を「主語繰り上げ」構文の深層構造の埋め込み文にし,(iv) その深層構造に主語繰り上げ規則を適用して,(26a, b) のような「動詞句現在形+を」を含んだ文を生成することである.そうすれば,(27a, b) や (28a, b) のような非文法的な文の生成をブロックすることができる.「主語繰上げ」構文が深層構造ですでに埋め込み文の主語に対応する名詞句を主文の目的語の位置に持っている,とする仮説 ((25a, b) 参照) は,(27a, b),(28a, b) のような非文法的文の生成をブロックできないという点で,移動規則による「主語繰上げ」構文生成仮説に取って代わり得る仮説とは考えられない.[6]

---

[6]「主語繰上げ」構文を移動規則の適用によって派生する,という仮説にとって最もチャレンジングな事実は,次のような適格文 (すべて,Horn (2008) で (マイナーな修正を加えられて) 引用されているもの) の存在である.

(i) a.　僕は宇野さん$_i$ を [国民が e$_i$ 名前を忘れている] と思う.
　　　　　　　　　　　　　　　　　　　　　　　(Kobayashi and Maki (2001))
　　 b.　ビルがメアリー$_i$ を [ジョンが e$_i$ ほれている] と思っている.
　　　　　　　　　　　　　　　　　　　　　　　(Oka (1988))
　　 c.　IBM は [そこの新しいコンピューターの秘密]$_i$ を明日の記者会見で [日立が (スパイを使って) pro$_i$/それ$_i$ を盗んだ] と発表するつもりだ.
　　　　　　　　　　　　　　　　　　　　　　　(Hoji (1991))

これらの文の主文の目的格名詞句は,埋め込み文の中で主語の機能を果たしていない.主文の目的格名詞句を主格名詞句として埋め込み文中に戻した文は不適格文である.

(ii) a.　*僕は [**宇野さん**$_i$ が国民が e$_i$ 名前を忘れている] と思う.
　　　　　　　　　　　　　　　　　　　　　　　(Kobayashi and Maki (2001))

5. 主語尊敬形マーキングと否定極性表現ライセンシングとの相違

　前節で，主語繰上げ規則が埋め込み文の主語を主文の目的語の位置に移動する規則であることを示した．本節では，動詞・形容詞・形容動詞の主語尊敬形マーキングと，否定極性表現ライセンシングが，まったく異なった性格の規則であることを示す．まず，(32) の例文を参照されたい．

(32) a.　山田は [**田中先生が**　正直だ] と思っている．
　　 b.　山田は [**田中先生が**　正直でいらっしゃる] と思っている．
　　 c.　山田は　**田中先生を** [t 正直でいらっしゃる] と思っている．

埋め込み文の形容動詞「正直だ」の主語尊敬形マーキングは，「田中先生」が埋め込み文の主語でなくなる前，すなわち，埋め込み文のサイクルで行われなければならない．「田中先生」が主語繰上げ規則の適用を受けて「正直でいらっしゃる」の主語の位置から外されても，この主語尊敬形が適格であることになんら影響はない．これに反して，否定極性表現は，主語繰上げ規則の適用の影響を直接的に受け得る．

(33) a.　山田が [**田中先生しか**　正直でない] と思っている．
　　 b.　*山田が　**田中先生をしか** [t 正直でない] と思っている．

---

　　　　b. *ビルが [**メアリー**ᵢ **が** ジョンが eᵢ ほれている] と思っている．

(Oka (1988))

　　　　c. *IBM は [**そこの新しいコンピューターの秘密**]ᵢ が明日の記者会見で [日立が (スパイを使って) proᵢ／それᵢ を盗んだ] と発表するつもりだ．

(Hoji (1991))

私は (ia-c) パターンの文は，主文の目的格名詞句を埋め込み文の「主題」とする深層構造から派生すべきではないかと想定する．すなわち，たとえば (ia) の深層構造は，(iii) の深層構造なのではないかという想定である．

　　　(iii)　[僕は [**宇野さん**ᵢ は国民が eᵢ 名前を忘れている] と思う．

この想定に従えば，「主語繰上げ」規則の「主語」は，広い意味での「主題」に改名されるべきであると考える．この「主題繰上げ」規則は，(ia-c) の埋め込み文の主題に適用するばかりでなく，(23a) の埋め込み文のような主格主語性格付け文 (すなわち主格主語主題文) にも適用する．この「主題繰上げ」規則をいかに正確に定義するべきかは，今後の研究課題として残さなければならない．

(33b) が不適格文であることは，否定極性表現ライセンシングが循環規則 (cyclic rule) ではあり得ないことを示している．否定極性表現ライセンシングは，主文のサイクルですべての循環規則が適用された後，循環後規則 (post-cyclic rule) が適用される前に適用される表層構造規則 (S-structure rule) に違いない．[7]

---

[7] Kato (1991) は，例文 (ia, b) を用いて，否定極性表現が，かき混ぜ規則によって，それを含む否定文から上部の節に文頭移動を受け得ることを示している．
 (i) a. 僕は [花子が 誰にも その秘密を明かして いない] と思う．
    b. 誰にも 僕は [花子が t その秘密を明かして いない] と思う．
(ib) が適格文である事実に基づいて，Kato は，もし否定極性表現ライセンシングが同一節内規則であるなら，否定極性表現の痕跡 t が，同一節内規則を満たすことを許されなければならないと指摘している．しかし，(33b) の不適格性は，この主張が正しくないことを示している．
ここで，(iib, c) のようなパターンの文の適格性をどう説明すべきかについて，述べておく必要がある．
 (ii) a. 看護婦は [S_1 患者が [S_2 水しか 飲みたくない] と言った] と報告した．
    b. 看護婦は [S_1 患者が 水しか [S_2 t 飲みたい] と 言わなかった] と報告した．
    c. 水しか，看護婦は [S_1 患者が t [S_2 t 飲みたい] と 言わなかった] と報告した．
(iib, c) は，(iia) と同義ではない．(iia) は，看護婦の報告によると，患者が「水しか飲みたくない」と言ったと述べているのに対して，(iib, c) は，患者が飲みたいと言ったのは水だけで，他の飲み物で，患者が飲みたいと言ったものはひとつもなかった，ということを表している．私は (iib) が下の (iii) に示す深層構造から「水しか」を S_2 から S_1 に移動することによって派生するものと仮定する．
 (iii) [S_0 看護婦 [S_1 患者 [S_2 pro 水しか 飲みたい] と 言わなかった] と報告した]
この移動規則が S_2 の「水しか」に適用されなければ，「水しか」と「言わなかった」が同一節内の構成要素ではないので，表層構造に適用される否定極性表現ライセンシング規則の違反で，この文が不適格とマークされることになる．他方，この移動規則が適用されれば，(iib) の構造が派生し，「水しか」と「言わなかった」が共に同一節 S_1 の構成要素となり，否定極性表現ライセンシング規則を満たして，適格文とマークされる．この移動規則は，(ia) に適用されたかき混ぜ規則とは異なり，循環後規則 (post-cyclical rule) ではあり得ない．なぜなら，否定極性表現ライセンシング規則が，この規則のアウトプットに適用しなければならないからである．((iic) は，(iib) の「水しか」にかき混ぜ規則を適用して文頭移動することによって派生される．)
(iib) が「水しか」を S_2 の構成要素とする深層構造 (iii) から派生するという上記の仮説に反対して，それが「水しか」をすでに S_1 の主題的構成要素として含む深層構造 (iv) から派生する，という仮説が提案されることが予想されるが，この仮説は，(v) のように，問

6. 否定極性表現ライセンシングと二重主語構文

　動形詞の主語尊敬形マーキングと否定極性表現ライセンシングは共に，同一節内規則である．それにもかかわらずこの2つの規則の間に前節で考察した相違があることは，この2つのライセンシング規則で，何がLicensor（認可する要素）で，何がLicensee（認可される要素）であるかの関係が逆になっていることに起因できると考えられる．主語尊敬形マーキングでは，右端（節末）の動形詞がLicenseeであり，左端（節頭）の主語がLicensorであるのに対して，否定極性表現ライセンシングでは，右端（節末）の動形詞がLicensorであり，右端（節末）にない否定極性表現がLicenseeである．

(34) a.　主語尊敬形マーキング
　　　　先生が　　　　花子を　　　**お訪ねになった．**
　　　　[＋Honorific]　　　　　　　主語尊敬形
　　　　Licensor　　　　←　　　Licensee
　　　（Licenseeは，それを含む最小節内にLicensorを見つけなければならない）
　　b.　否定極性表現ライセンシング
　　　　次郎が　**お金にしか**　　興味が　**ない．**
　　　　　　　　否定極性表現　　　　　動詞否定形
　　　　　　　　Licensee　　　→　　　Licensor
　　　（Licenseeは，それを含む最小節内にLicensorを見つけなければならない）

主語尊敬形マーキングのLicenseeの位置は移動規則の適用によって変わる

題の主題的表現が，S_2の動形詞とのコネクティビティを示すことから，維持することが難しいように思われる．
　　(iv)　[$_{S0}$ 看護婦 [$_{S1}$ 患者　**水しか**$_i$　[$_{S2}$ pro　e$_i$　飲みたい] と　**言わなかった**] と報告した]
　　(v)　a. ok/?被告は，**ABC社からしか**，[pro　t　金を受け取った] と**認めなかった．**
　　　　 b. ok/?被告は，**山田としか**，[pro　t　協議した] と**認めなかった．**

ことはないが，否定極性表現ライセンシングの Licensee の位置は，主語繰上げ規則のような移動規則の適用によって変わることがある．これが主語尊敬形マーキングが循環規則で，否定極性表現ライセンシングが循環規則でない理由であると考えられる．

ここで，今問題としている 2 つの規則の適用のドメインについて，次のようなジェネラリゼーションを立ててみよう．

(35) ライセンシング規則のドメイン： Licensor が Licensee を同一節内でライセンスしなければならない規則がある場合，その規則の適用ドメインは，Licensee を含む最小節である．

(35) のジェネラリゼーションによれば，主語尊敬形マーキングと否定極性表現ライセンシングは (36) に示すように規定することができる．

(36) a. <u>主語尊敬形マーキング</u>（循環規則）
動形詞の主語尊敬形マーキングは，規則適用のドメイン（すなわち，動形詞を含む最小節）の主語が [+honorific] の場合にのみライセンスされる．
b. <u>否定極性表現ライセンシング</u>（表層構造規則）
否定極性表現は，規則適用のドメイン（すなわち，否定極性表現を含む最小節）が動形詞の否定形で終わる場合にのみライセンスされる．

(33a) の否定極性表現「田中先生しか」は，それを含む最小節，すなわち埋め込み文の中でライセンスされなければならない．(33a) の埋め込み文は実際「ない」という動詞否定表現で終わっているから，この文は適格文である．他方，(33b) の否定極性表現「田中先生をしか」を含む最小節は主文であるのに，その主文は「思っている」という動詞肯定表現で終わっているから，この文は不適格文ということになる．同様，(24a)（下に (37a) として再録する）は，否定極性表現ライセンシングが適用する段階で，Licensee である否定極性表現「山田先生をしか」を含む最小節（すなわち主文）が動詞否定形で終わっているからライセンシングが成立して適格文である．

(37) a. ［太郎が **山田先生をしか** ［t 正直だ］と **思っていない**］
$(= (24a))$

b. *[太郎が **山田先生をしか** [t 正直でない] と思っている]

$\qquad\qquad\qquad\qquad\qquad\qquad\qquad\qquad$ (= (24b))

他方，(24b)（上に (37b) として再録）の否定極性表現「山田先生をしか」を含む最小節，すなわち主文は，「思っている」という動詞肯定表現で終わっているから，この文は不適格文ということになる．

それでは，主語の位置に否定極性表現を含む二重主語構文 (22a, b)（下に (38a, b) として再録）に (36b) の否定極性ライセンシングがどのように適用するか，調べてみよう．

(38) a. [太郎が [**お父さんしか** 父兄会に **出席しなかった**]]（= (22a)）
 b. [**太郎しか** [お父さんが 父兄会に **出席しなかった**]]（= (22b)）

(38a) の Licensee「お父さんしか」を含む最小節は埋め込み文であり，その埋め込み文は「出席しなかった」という動詞句否定形で終わっているから，この文は適格文である．同様，(38b) の Licensee「太郎しか」を含む最小節は主文であり，この主文も「出席しなかった」という動詞句否定形で終わっているから，この文も (36b) の制約を充たして正しく適格文と予測される．

上の説明で，(38b) の主文も「「出席しなかった」という動詞句否定形で終っている」と述べたが，「出席しなかった」は埋め込み文の構成要素であって主文の構成要素ではないから，主文が「出席しなかった」で終わっていると言うことはできないのではないか，という疑問が起きるに違いないことと予想できる．この疑問に答えるために，後続する名詞句，形式名詞（こと・の等）と共に名詞句 [$_{名詞句}$ 節＋名詞句・形式名詞]（例えば「太郎が書いた手紙」）を形成する節についての次のジェネラリゼーションを考えてみよう．

(39) [$_{名詞句}$ 節＋名詞句・形式名詞] 構造の節は動形詞句で終らなければならない．

このジェネラリゼーンは，名詞的要素を形容する節が例外なく Verb-Final でなければならないと規定するものであって，異論は出ないものと考えられる．ところが，名詞句 (40) に現れる埋め込み節を参照されたい．

(40) [$_{S0}$ [$_{S1}$ 太郎が書いた] か [$_{S2}$ 次郎が書いた]] 手紙

もし (38b) の「出席しなかった」が埋め込み文の構成要素であって主文の構成要素ではないからこの文の否定極性表現「太郎しか」を含む最小節，すなわち主文は否定形動詞句で終わっていないという議論が成立するとすれば，(40) の「次郎が書いた」は形容詞節 S_0 の中の埋め込み文 S_2 の構成要素であって S_0 の直接構成要素ではないから，この形容詞節が動詞句で終わっているわけではないことになって，(40) は (39) の制約違反で不適格な名詞句表現と予測されてしまう．この予測に反して，(40) はなんの問題もない適格な名詞句表現である．

上記の考察から，日本語に次の仮説を立てることができる．

(41) [S_1 ... [S_2 ... Verbal]] という構造の文が与えられた場合，S_2 の終わりに現れる Verbal は S_1 の終わりにも現れるものと解釈される．

換言すれば，(41) の構造の Verbal は，S_2 の構成要素であるばかりでなく，S_1 の構成要素の機能も果たす，という二重機能を果たしている，という仮説である．同様

(42) [S_1 **太郎しか** [S_2 お父さんが父兄会に **行かなかった**]]

が与えられた場合，否定形動詞句「行かなかった」は，S_2 ばかりでなく S_1 の最後の構成要素でもあるという二重機能を果たす．この機能により，(42) は，「否定極性表現は，規則適用のドメイン（すなわち，否定極性表現を含む最小節）が動詞の否定形で終わる場合にのみライセンスされる」という (36b) の制約を充たして，適格文であると正しく予測されることとなる．ただし，埋め込み文の Verbal に関する規則 (41) は，(42) の否定極性表現ライセンシング規則の適用ドメインが Licensee を含む最小節，すなわち S_1 であるから適用されるのであって，(43) の尊敬形マーキングには適用されない．

(43) *[S_1 **山田先生が** [S_2 **犬が** **お亡くなりになってしまった**]]

(36a) で規定したように，主語尊敬形マーキングの適用ドメインは，Licensee である動詞句を含む最小節，すなわち (43) の場合，埋め込み文 S_2 である．従って，(43) は，S_2 の主語「犬」が [+honorific] ではない，という理由で，不適格文とマークされる．「お亡くなりになってしまった」が S_1 の

終わりの構成要素であるという機能を持っているということは，主語尊敬形マーキングのドメインの外のことであって，主語尊敬形マーキングとは無関係であることに留意されたい．

最後に，「[$_{S1}$ ... [$_{S2}$ ... Verbal]] 構造の Verbal は S_2 だけでなく S_1 の最後に現れる Verbal とも解釈される」という (41) の仮説は，ドイツ語にも適用するものであることを述べておきたい．周知のとおり，ドイツ語の語順は，主文が Verb-Second，埋め込み文が Verb-Final である．以下のドイツ語例文はすべて Kuno (1974) からである．

(44) 主文
    a. Die Erde **ist** rund.
        The earth is round
        地球は丸い．
    b. *Die Erde rund **ist**.

(45) 埋め込み文
    a. Ich glaube [dass die Erde rund **ist**].
        I believe that the earth round is
        私は地球が丸いと信じる．
    b. *Ich glaube [dass die Erde **ist** rund].
        I believe that the earth is round.

ドイツ語は，dass- 節の「中央埋め込み (center-embedding)」を極端に嫌う．(46a) の dass-S_2 = *dass die Erde rund ist* は，S_1 の構成要素である *Maria* と *glaubt* の間に「中央埋め込み」されていることに注目されたい．

(46) a. *Ich denke, dass [$_{S1}$ Maria, dass [$_{S2}$ die Erde rund **ist**], glaubt].
        I think that Maria that the earth round is believes
        (意図された意味) 私は，マリアが地球が丸いと信じていると思う．
    b. *Glaubt* 'believes' の目的節の *Es*-Extraposition (外置)
        Ich denke, dass [$_{S1}$ Maria **es** glaubt, dass [$_{S2}$ die Erde rund **ist**]].
        I think that Maria it belives that the earth round is
        私は，マリアが地球が丸いと信じていると思う．

(46a) は，dass-S_2 が中央埋め込みされているので，完全に不適格な文であ

る．この *dass*- 節の中央埋め込みを回避するために，ドイツ語は，英語の It-Extraposition (*It*- 外置) に対応する *Es*-Extraposition 規則を適用して，*dass*- 節を右端埋め込み節 (right-embedded clause) に変換する．この適用によって派生する (46b) は完全な適格文である．

同様，次の文を参照されたい．

(47) a.　*Ich denke, dass [$_{S1}$ dass [$_{S2}$ die Erde rund　ist] deutlich ist].
　　　　　I　think　that　　that　　the earth round is　clear　　is
　　　　　（意図された意味）私は，地球が丸いことが明らかであると思う．
　　a′.　*I think that that the earth is round is clear.
　　b.　(a) の S_1 の主語節に *Es*-Extraposition を適用
　　　　Ich denke, dass [$_{S1}$ es deutlich ist, dass [$_{S2}$ die Erde rund　ist]].
　　　　I　think　that　　it clear　　is　that　　the earth round is
　　　　私は，地球が丸いことが明らかであると思う．

(47a′) の不適格性が示すように，英語は Complementizer の *that* の並列を極端に嫌う．それと同様，ドイツ語も *dass* の並列を極端に嫌う．(47a) は，*dass*- 節の中央埋め込みと *dass* の並列が理由で完全に不適格な文である．ドイツ語は，主語節 *dass*-S_2 = *dass die Erde rund ist* に *Es*-Extraposition を適用することによって，この窮地を回避する．この適用によって派生する (47b) はなんの問題もない完全に適格な文である．

(46b) と (47b) が適格文である，という事実は，ほうっておけば，「ドイツ語の埋め込み文の語順は Verb-Final である」という広く信じられている大仮説が維持できなくなってしまうほどの重要な問題である．なぜなら，(46b) と (47b) の埋め込み文 S_1 は，それぞれ，*Es*-Extraposition で外置された *dass*- 節で終わっていて，S_1 の主動詞 *glaubt*, (*deutlich*) *ist* で終わっていないからである．

ところが，(46b), (47b) を見ると，これらの文が，次の構造を持っていることが分かる．

(48)　… [$_{S1}$ … [$_{S2}$ … rund ist]]

これこそ，(41) の「[$_{S1}$ … [$_{S2}$ … Verbal]] という構造の文が与えられた場合，S_2 の終わりに現れる Verbal は S_1 の終わりにも現れるものと解釈され

る」という規定とマッチするパターンである．(41) の規定がドイツ語にも適用されると仮定すれば，(46b) と (47b) の埋め込み文 S_1 は，主動詞 (rund) ist で終わっていることになり，「ドイツ語の埋め込み文の語順は Verb-Final である」というジェネラリゼーションが維持できることとなる．

7. おわりに

日本語には，2つの異なった二重主格構文がある．

(49) a. パターン A （主語・目的語構文）
　　　　誰が　　　　　　フランス語が　　できる　か．
　　　　主格名詞句 1　　主格名詞句 2　　他動的動形詞
　　　　主語　　　　　　目的語
　　　　証拠 1： 主格名詞句 1 は「自分」の先行詞となり得るが，主格名詞句 2 はなり得ない．
　　　　証拠 2： 主格名詞句 1 は動形詞の主語尊敬形の尊敬対象となり得るが，主格名詞句 2 はなり得ない．
　　b. パターン B （二重主語構文）
　　　　どの学生が　　父親が　　　殺人を犯した　のか．
　　　　主格名詞句 1　主格名詞句 2　述語
　　　　主語　　　　　主語
　　　　証拠 1： 主格名詞句 1 も，主格名詞句 2 も，「自分」の先行詞となり得る．
　　　　証拠 2： 主格名詞句 2 は，動形詞の主語尊敬形の尊敬対象となり得る．（ただし，主格名詞句 1 は動形詞の主語尊敬形の尊敬対象となり得ない．）

説明を要するのは，パターン B の主格名詞句 1 が「自分」の指示対象となり得るという主語の機能を示しているのに，どうして動形詞の主語尊敬形の尊敬対象となり得ないのか，ということである．Kuno and Johnson (2004) は，パターン B が (50) に示すような複文構造を持っているという仮設を立てた．

(50) パターン B の構造: [$_{S_1}$ 主格名詞句1 [$_{S_2}$ 主格名詞句2　述語]]
(51) *[$_{S_1}$ **山田先生が** [$_{S_2}$ 犬が　**お亡くなりになってしまった**]]　　(= (19))

再帰代名詞化は同一節内規則 (clause-bound) ではないから，主格名詞句1 が S_2 内の再帰代名詞の指示対象となり得るが，主語尊敬形マーキングは同一節内規則であるから，主格名詞句1 が S_2 内の主語尊敬形の尊敬対象になることはできないというのが，(51) の不適格性についての Kuno and Johnson (2004) の説明であった．

　ところが，私の最近の考察で，主語尊敬形マーキング事象に基づいて立てられたパターン B の複文構造仮説が，主語尊敬形マーキングと否定極性表現 (Negative Polarity Items) ライセンシングとの間にパラドックスを起こすことが明らかとなった．否定極性表現ライセンシングは，主語尊敬形マーキング規則と同様，同一節内規則 (a clause-bound rule) であるが，問題となるのは，(51) が不適格文であるのに，(52) が適格文である，ということである．

(52) [$_{S_1}$ **太郎しか** [$_{S_2}$ お父さんが　父兄会に　**出席しなかった**]]
　　　　　　　　　　　　　　　　　　　　　　　　　　　　(= (22b))

(52) の否定極性表現「太郎しか」は主文 S_1 の構成要素であり，否定形動詞「出席しなかった」は埋め込み文 S_2 の構成要素であるから，同一節内規則違反で不適格文であるはずであるが，この文は，何の問題もない適格文である．主語尊敬形マーキングは二重主語構文の複文構造仮説を必要とするが，否定極性表現ライセンシングは，二重主語構文の単文構造仮説を必要とする，というのが，問題のパラドックスである．

　本論文は，このパラドックスを，[$_{S_1}$ … [$_{S_2}$ … Verbal]] 構造の Verbal が，S_2 の最後に現れる構成要素であるばかりでなく，S_1 の最後に現れる構成要素でもある，という二重機能を持っていると仮定することによって解決した．主語尊敬形マーキングは循環規則 (cyclical rule) であり，否定極性表現ライセンシングは，主文のサイクルですべての循環規則が適用されたあとで適用される表層構造規則 (S-structure rule) である．さらに，この2つの規則は何が Licensor で，何が Licensee であるかについて大きな違いを示す．主語尊敬形マーキングの Licensee は節の右端の不動の位置にある

Verbal であるのに対して，否定極性表現ライセンシングの Licensee は，節の可動の位置にある構成要素である．この2つの規則の適用ドメインが，Licensee を含む最小節であると仮定すれば，(51) の主語尊敬形マーキング適用のドメインは「お亡くなりになってしまった」を含む最小節 S_2 であり，(52) の否定極性表現ライセンシング適用のドメインは「太郎しか」を含む最小節 S_1 である，ということになる．そして，「$[[_{S_1} \dots [_{S_2} \dots$ Verbal$]]$ 構造の Verbal が，S_2 の最後に現れる構成要素であるばかりでなく，S_1 の最後に現れる構成要素でもあると解釈される」という仮説により，(52) の S_1 が否定形動詞「出席しなかった」で終わっているということになり，問題のパラドックスが解消する．

参照文献

Hiraiwa, Ken (2001) "Multiple Agree and the Defective Intervention Constraint in Japanese," *MIT Working Papers in Linguistics* 40: Proceedings of HUMIT 2000, 67-80.

Hoji, Hajime (1991) "Raising-to-Object, ECM and the Major Object in Japanese," Handout, Japanese Syntax Workshop at University of Rochester.

Horn, Stephen (2008) *Syntax, Semantics, and Pragmatics of Accusative-Quotative Constructions in Japanese*, Doctoral dissertation, The Ohio State University.

Kato, Yasuhiko (1991) "Negative Polarity in Japanese and the Levels of Representation," *The Tsuda Review* 36, 151-179.

Kobayashi, Keiichiro and Hideki Maki (2001) "Exceptional Case Marking (ECM) Constructions in Japanese: A Preliminary Study,"『科学／人間』30, 89-112, 関東学院大学工学部教養学会．

Kuno, Susumu (1972) "Evidence for Subject Raising in Japanese," *Papers in Japanese Linguistics* Vol. 1, No. 1, 24-51, Japanese Linguistics Workshop, University of California at Berkeley.

久野暲 (1973)『日本文法研究』大修館書店，東京．

Kuno, Susumu (1974) "The Position of Relative Clauses and Conjunctions," *Linguistic Inquiry* 5, 117-136.

Kuno, Susumu (1976) "Subject Raising," *Japanese Generative Grammar*, *Syntax and Semantics* 5, ed. by Masayoshi Shibatani, 17-49, Academic

Press, New York.

久野暲 (1978)『談話の文法』大修館書店, 東京.

Kuno, Susumu (2007) "Revisiting Subject Raising in Japanese," *Current Issues in the History and Structure of Japanese*, ed. by Bjarke Frellesvig, Masayoshi Shibatani and John Charles Smith, 83-105, Kurosio, Tokyo.

Kuno, Susumu and Etsuko Kaburaki (1977) "Empathy and Syntax," *Linguistic Inquiry* 8.4, 627-672.

Kuno, Susumu and Yuki Johnson (2004) "On the Non-Canonical Double Nominative Construction in Japanese," *Studies in Language* 29.2, 283-328.

Oka, Toshifusa (1988) "Abstract Case and Empty Pronouns," *Tukuba English Studies* 7, 187-227.

Saito, Mamoru (1983) "Comments on the Papers on Generative Syntax," *Studies in Generative Grammar and Language Acquisition: A Report on Recent Trends in Linguistics*, ed. by Yukio Otsu, Hans van Riemsdijk, Kazuko Inoue, Akio Kamio and Noriko Kawasaki, 79-89, International Christian University.

Shibatani, Masayoshi (1976) "Grammatical Relations and Surface Cases," Unpublished manuscript, Department of Linguistics, University of Southern California.

Shibatani, Masayoshi (1977) "Grammatical Relations and Surface Cases," *Language* 53.4, 789-809.

Shibatani, Masayoshi (1978) "Mikami Akira and the Notion of "Subject" in Japanese Grammar," *Problems in Japanese Syntax and Semantics*, ed. by John Hinds and Irwin Howard, 52-67, Kaitakusha, Tokyo.

柴谷方良 (2001)「日本語の非規範的構文について」『言語学と日本語教育 II』, 南雅彦・アラム佐々木由紀子(編), 1-37, くろしお出版, 東京.

Takano, Yuji (2002) "Surprising Constituents," *Journal of East Asian Linguistics* 11, 243-301.

Takubo, Yukinori (2007) "An Overt Marker for Individual Sublimation in Japanese," *Current Issues in the History and Structure of Japanese*, ed. by Bjarke Frellesvig, Masayoshi Shibatani and John Charles Smith, 135-151, Kurosio, Tokyo.

第 3 章

副詞のかき混ぜと焦点解釈*

藤巻　一真

1. 序

　日本語はその語順に関して「終助詞以外のいかなる要素も動詞の後ろに現れ得ないという点で，絶対的な SOV 言語」（久野（1973: 3））であり，主語や目的語，副詞類（場所や手段等）の語順は比較的自由であるとされている．例えば，次の文において主語の「太郎が」と目的語の「バナナを」，また手段を表す副詞句の「箸で」の語順を，それぞれの文が表す出来事に関する意味内容を同じくしたまま，変えることができる．

(1) a.　太郎が箸でバナナを食べた．
　　 b.　バナナを太郎が箸で食べた．
　　 c.　箸で太郎がバナナを食べた．

　この語順転換は「かき混ぜ」と呼ばれ，英語の wh 疑問文（疑問詞疑問文）

---

* 本論文は，神田外語大学における井上和子先生主催の研究会，日本言語学会（2009 年 11 月 28, 29 日：神戸大学），CLS ワークショップ『統語と談話のインターフェイス』（2010 年 3 月 5, 6 日：神田外語大学）において発表したものを発展させ，CLS 10 周年言語研究会『70 年代「日本語の生成文法研究」再認識――久野暲先生と井上和子先生を囲んで――』（2010 年 7 月 1, 2 日：神田外語大学）において発表した原稿に加筆修正を加えたものである．貴重なご意見及びご批判を頂いた井上和子氏，久野暲氏，長谷川信子氏，宮川繁氏，遠藤喜雄氏，Ur Shlonsky 氏，佐野まさき氏，上田由紀子氏，中村浩一郎氏，外池滋生氏，栗原和生氏，Anna Cardinaletti 氏，神谷昇氏に感謝申し上げる．また，上記の機会に例文等にご意見・ご判断を頂いた阿部泰明氏，富岡諭氏，西山祐二氏，野田尚史氏，橋本喜代太氏，大倉直子氏，内堀朝子氏，中俣尚己氏に感謝申し上げる．本稿における誤り等の責任は筆者にある．

において wh 語(疑問詞)が節頭に義務的に語順転換されるのとは異なり,任意である.[1] この意味を変えずに行われ得る任意の語順転換という特徴が,これまでかき混ぜを他の語順転換の規則(移動変形,以後単に移動)と一線を画す主な要因となってきた.[2] 例えば,かき混ぜはそもそも変形規則なのかという問題提起がなされ,文体上の語順転換と捉えられ,井上 (1976) はかき混ぜは変形規則である必要はないと主張した.これに対して原田 (1977) は,かき混ぜが変形規則に見られる特徴[3]を示すことから,日本語における受身変形(英語においては典型的な移動変形とされる)とともに,それを変形規則として認めるべきであると主張した.さらに,かき混ぜにより意味解釈(同一指示や数量詞の解釈)が変わる場合があるとして次の例を挙げ,かきまぜ規則が文体論の規則ではないとしている.なぜなら,通常文体論の規則は意味を変えないものが基本であるからということである.

(2) a. 先生は生徒全員に一度説教した.
    b. 先生は一度生徒全員に説教した.   (原田(1977: (76))))

例えば,(2a) において先生が説教をしたのは生徒の人数の回数であり,(2b) では,先生は一回だけ全員をまとめて説教したという解釈である.[4]

その後,かき混ぜは Saito (1985) により,一般的な移動(α移動のひとつ)として捉えられるということが,日本語の階層性とともに議論され,他の移動規則と肩を並べることになった.但し,先ほど見たようにかき混ぜは,数量詞の解釈等に意味変化を及ぼすのであるが,英語の wh 疑問文における wh 語の移動のようには,演算子と変項の関係を義務的に構築する必要がな

---

[1] かき混ぜに関する研究は多数有り,個々言及していないが,Saito (1985), Miyagawa (1997) 及びそれらの参照文献を参照されたい.

[2] 語順転換または並べ替えは,基本語順が存在すると考え,その位置からの移動 (movement) と捉えられる.このある要素が本来の位置にないという特徴(移動現象)は,自然言語の基本的な特徴とされている.

[3] 例えば関係節等の複合名詞句や等位接続構造からの取り出しに関する制約が挙げられる.

[4] かき混ぜと数量詞の解釈の関係については Kuroda (1970) や久野 (1973) も議論している.

いことが，Saito (1989) によって示され，「その意味では文体論的 ("stylistic") であり得る」(p. 183) とされる．(3) はその例である．

(3) a. *誰が [ジョンがその本を買ったか] 知りたがっている（こと）
   b. ?どの本をマリーが [ジョンが図書館から借り出したか] 知りたがっている（こと）

(Saito (1989: 191, (31b), 192, (34b)) 括弧等改変)

(3a) と (3b) では，疑問詞「誰が」「どの本を」の元の位置（基底生成される位置）が異なり，「か」の領域にあるかどうかが異なる．[5] (3a) においては「誰が」が主文の主語であり，そもそも「か」の領域である補文内に存在し得ない．これに対して，(3b) では「どの本を」は補文の目的語なのでもともと「か」の領域である補文内にあり，その上で，かき混ぜにより文頭へ移動している．しかし，この移動が英語の場合のように演算子と変項の関係を作り，疑問のスコープを決めるとすれば，「どの本を … 知りたがっているか」という意味になる筈であるが，そうはならずに，「か」の領域である補文でスコープを取り「どの本を買ったか」という間接疑問文の解釈になる．

もしそうであるとすると，かき混ぜは英語の wh 疑問文のような移動の動機がないことになり，移動には動機が必要であるとされる理論においては，やはり問題となる．[6] つまり，移動には動機が必要であるとする理論上の要請が見つからない以上は，日本語のかき混ぜは日本語の特殊性ということになってしまう．Kuroda (1988) においては，かき混ぜが任意の移動であることを，日本語が主語と動詞等の一致が強制されない言語であることのひとつの帰結と捉えている．

しかし，近年これに対してかき混ぜにも移動の動機があるという分析が提出されるようになってきた．例えば，Miyagawa (1997, 2001) は，かき混

---

[5] (3b) は主文に「の」を付けて Yes-No 疑問文にするほうがより容認性が上がるとされる (Yoshida (1999: 784))．また，「か」の領域とは「か」が構成素統御 (c-command) する領域ということになるが，疑問詞が「か」のある節内にあればその節でスコープを取るとする．詳しくは K. Harada (1972) を参照．

[6] 例えば初期のミニマリスト・プログラム (Chomsky (1995)) は移動に動機付けを要求する．

ぜにも移動の動機があるとし，宮川 (2010) では特に日本語も他の言語と基本的に同様であるとする立場[7]に立てば，「焦点・主題が卓立した言語」である日本語においては，（素性の）焦点 (Focus)・主題 (Topic) が「他の一致が卓立した言語」（例えば英語）における一致と同様の役割を果たすとされる．具体的には，(1) に挙げた，「バナナを」と「箸で」のかき混ぜによる移動は，焦点・主題素性による移動であるということになる．

このかき混ぜと焦点に関して，Saito (1985) では，特に長距離のかき混ぜ (long-distance scrambling) の場合，焦点解釈が節内のかき混ぜ (clause-internal scrambling) より得やすいとされている．[8] 例えば (4b) のような例では，「バナナを」が文頭にかき混ぜされた場合，それが対比焦点の解釈 (contrastive focus) を得て，他のものではなく「バナナ」を食べたという解釈になるということになる．

(4) a.　花子が太郎がバナナを食べたと思っている．
　　b.　バナナを花子が太郎が食べたと思っている．

本稿では，このかき混ぜと焦点解釈の関連について取り上げる．これまで主に述語の項のかき混ぜが中心であったと思われるが，(5) のような単文における副詞のかき混ぜの例を中心に観察し，焦点解釈の中でもガ格名詞句の総記の解釈（久野 (1973)）との関係を議論する．

(5) a.　太郎がバナナをこっそり食べた．
　　b.　こっそり太郎がバナナを食べた．

---

[7] Chomsky (2001) の「統一性原理」(Uniformity Principle) のことを指す．Miyagawa (2010) 及び宮川 (2010) では，これよりも強い立場を取っているが，詳しくはそちらを参照されたい．

[8] Kuroda (1986) において，名詞句移動のひとつとして以下の難易文が取り上げられ，意味役割を与えられない主語位置（述語「やすい」の主語位置）への移動が議論されている．その移動は任意の移動であるが，移動した場合に得られる焦点の解釈について議論されている．例えば以下の例ではそれぞれ「英語が」と「その郵便局からが」が焦点解釈を得ている．

　(i)　正男にとって英語が日本で話しにくい．
　(ii)　正男にとってその郵便局からが小包を送りやすい．

(Kuroda (1986: (36), (14)))

本稿の構成であるが，次の第2節では，述語の項要素（特に目的語）のかき混ぜが，総記の解釈（exhaustive listing）になると主張し，Rizzi (1997) における焦点句（Focus Phrase）への移動であると説明する Nakamura (2008, 2009) を取り上げる．次に第3節では，副詞と述語を分類した上で，ガ格主語の総記の焦点解釈が，ある種の副詞を文頭へ移動した場合に消失することを観察する．次に第4節で，理論的考察を行い，談話やスコープに関連する CP 領域を精緻化した Rizzi (1997) を仮定して，副詞自身のかき混ぜが焦点句の指定部への移動であり，それ故にガ格主語の総記の解釈が消滅するという分析を提出する．第5節は本論のまとめである．

2. かき混ぜと焦点

本節では，かき混ぜが焦点句の指定部への移動であるとする Nakamura (2008, 2009) を取り上げる．そこでは先ず，(6) に挙げる É Kiss (1998) の2種類の焦点を仮定している．[9, 10]

(6) a. 識別焦点： 総記の解釈
　　b. 情報焦点： 前提のない情報

この2種類の焦点の区別は，候補の全てを挙げその他にはないとする「総記」解釈（野田 (1996) の言う「排他焦点」）と，ただ単に文に新情報としての焦点を表す「情報焦点」（所謂，前提とならない新情報としての焦点）の区別である．

---

[9] (6) はそれぞれ É Kiss の Identificational Focus と Informational Focus に対応する．「識別焦点」という用語は北川 (2010) から借用したが，そこでは wh 疑問文のスコープと韻律の関係が議論されている．取り扱われている焦点は「網羅的 (Exhaustive) な焦点」（本稿での「総記」と考えられる）であり，「識別焦点」という用語は用いられていない．本稿と関わるかと思われる点として，2種類の音調と「網羅性」の関係を議論していて，wh 疑問文の答えに与えられる中立的な焦点の韻律（多少は他より強い）と，さらに強く強勢のかかった焦点の韻律があり，後者は「網羅性」と結びついていることが示されている．そうであるとすると，かなり強く読むことにより，ここでの総記の解釈が出てくることになろう．以下では，このかなり強く読む音調は基本的に用いない場合を対象に，総記の解釈が得られるかを考察することにする．詳しくは北川 (2010) を参照されたい．

[10] かき混ぜと焦点を情報構造的な分析を行っているものに青柳 (2010) がある．

さて次の例が Nakamura (2009) の例であるが，目的語のかき混ぜにおいて総記の解釈が生じるというものである．

(7) a. メジャーリーグの球団ではレッドソックスを太郎が応援する．
  b. メジャーリーグの球団では太郎がレッドソックスを応援する．
  c. でも太郎はマリナーズも応援する． (Nakamura (2009: (7)))

(7a) の「レッドソックスを」は総記の解釈になり，(7b) のそれは総記の解釈にならないことを，(7c) の発話が続けるかどうかで試している．(7a) の発話に続いて (7c) を言うことは出来ないが，(7b) に続けて言うことはできる．つまり，(7a) の「レッドソックス」は総記になっていて，太郎が応援している球団の全てのリストを挙げているから，話者自身がそれを否定するような (7c) を続けて言えないということである．[11] 次の例も同様である．[12]

(8) a. ビートルズを太郎がよく聴く．
  b. 太郎がビートルズをよく聴く．
  c. でも太郎はビーチボーイズもよく聴く．

           (Nakamura (2009: (9)))

そして，もし「ビートルズを」が総記の解釈であるとするなら，かき混ぜは

---

[11] 勿論，話者自身がそれが誤りだったことに気付いて訂正することは可能であり，また，同様に聞き手が話者の言及した内容を否定することは可能であるので，(7a) に対して次のように言えるであろう．
 (i) あ，まって，そう言えば太郎はマリナーズも応援していたな．(話者)
 (ii) いや，太郎はマリナーズも応援しているよ．(聞き手)

[12] この例の述語「よく聴く」は，後に見る久野 (1973) によると「習慣的な動作」なので「ガ格が総記の解釈しか受けない」ことになる．つまり，「太郎が」が総記の解釈を義務的に受けるはずであるが，そうはならない．これはかき混ぜにより「ビートルズを」が総記の解釈を得ていることから説明がつく．また，宮川 (2010) では，以下の例において強勢を主語の「太郎が」に置くと目的語の「本を」が，適切な文脈の下で主題と解釈できるとされる．但し，この場合の「太郎が」は，よほど強く読まない限り総記になる必要はないように思われる．
 (i) 本を太郎が買った．
同様に (8) においても，「太郎が」に強勢を置けば「ビートルズを」が主題にとれるであろう．そうであるとすると，(7a) と (8a) の「太郎が」に強勢がない場合に目的語の総記の解釈が得られるということになる．

単なる任意の移動ではなく，それを得られる位置への（義務的な）移動ということになるのではないかというのが Nakamura の主張である．そこで，このことを捉えるために Rizzi (1997) による精緻化された CP による構造を仮定して (8a) に対して次の構造 (Nakamura (2008: (33))) を与えている．

(9)　[$_{FP}$ ビートルズを [$_{TP}$ 太郎が [$_{vP}$ t$_{subj}$ [$_{vP}$ よく [$_{VP}$ t$_{obj}$ 聴く]] v] T] F]
　　　　　　　　　　　(FP＝焦点句　TP＝時制辞句　筆者注)

(9) において，「ビートルズを」が焦点句の指定部に移動して，そこで焦点（総記）の解釈を得るということである．[13]

以上をまとめると，(10) に挙げたようにかき混ぜにより移動された項の要素は義務的に総記の解釈を得るが，かき混ぜが適用されない要素にはその意味はないということである．つまり，そもそも，両者は意味（所謂，談話的な意味も含めて）が異なり，そしてかき混ぜにおいて得られる総記の解釈を焦点句への義務的な移動として説明することができる，ということである．

(10) a.　かき混ぜされた項は総記の解釈を得る．
　　 b.　かき混ぜは焦点句への義務的な移動である．

Nakamura (2008, 2009) が示しているのは，節内のかき混ぜ (clause-internal scrambling) において，項（主に目的語）のかき混ぜは総記の解釈を生じさせるということである．かき混ぜと焦点の関係を簡単にまとめておく．

(11)　かき混ぜと焦点の関係
　　 a.　節内の主文における項（目的語）のかき混ぜ
　　　　　　＝＞　焦点（総記）の解釈　　　　(Nakamura (2008, 2009))
　　 b.　長距離の主文における項のかき混ぜ
　　　　　　＝＞　焦点（対比）の解釈　　　　　　　　(Saito (1985))

この状況を踏まえて，次に付加詞，特に副詞のかき混ぜについて考察することにする．

---

[13] この場合，焦点句の指定部に移動したものは総記の解釈になるということを仮定することになる．

3. 副詞のかき混ぜ

　前節では項のかき混ぜについて見てきたが，本節では副詞のかき混ぜを取り上げる．先ず副詞の長距離かき混ぜの特徴を見る．次に副詞と述語の分類を行った上で，最後に主文における節内の副詞のかき混ぜと焦点解釈の関係を観察する．

3.1. 副詞におけるかき混ぜと焦点解釈

　先ず副詞におけるかき混ぜの例を見ておく．Kuwabara (1994) において，焦点解釈の有無と同時に，かき混ぜによって文頭に移動した要素に強勢 (stress) が置かれるかどうかに関して，長距離のかき混ぜと節内のかき混ぜでは異なった振る舞いを示すということが観察されている．先ず，(12) であるが，文頭の副詞の解釈において，主文と補文の両者が可能である．つまり (12a) で「昨日」が主文の述語の「言った」に係る（短距離の）解釈と，補文の述語の「見かけた」に係る（長距離の）解釈が可能であると言うことである．(12b) の「学校で」も同様である．

(12) a. 昨日太郎が花子が正男を見かけたと言った．
　　 b. 学校で太郎がみんなに正男が花子にキスしたと言った．
　　　　　　　　　(Kuwabara (1994: 171-172, (115c), (116b)))

しかし，両者は異なり，長距離の解釈の時には，「昨日」や「学校で」は焦点であり，音声的に強勢が義務的に置かれる．[14] 強勢がない場合，この位置では主文の述語に係る解釈となるのが自然であろう．一方，節内のかき混ぜにおいてはかき混ぜされた要素，以下の (12) の「学校で」には強勢が置かれる必要はない．

(13)　学校で太郎が先生を殴った．　　　(Kuwabara (1994: 173, (117)))

　この点に関しては，先に見た Nakamura (2008, 2009) における項のかき

---

[14] 筆者には，(12) のように副詞が主文と補文の両方の可能性がある場合，補文の副詞であることを示すために，副詞に強勢を置いた上で，さらに補文内の述語も強勢をおく方がその解釈が得やすいと思われる．

混ぜとは異なり，焦点解釈が (13) の「学校で」にはないということになる．確かに，強勢がない場合は特に「学校で」は総記の解釈がないようにも思えるが，それは「学校で」が場面設定をするような副詞であることが原因かもしれない．[15] その場合は，そもそも移動をしているのか，つまりかき混ぜが関与しているのか，という問題がある．初めから「太郎が」より高い位置に基底生成されている可能性があるということである．そこで，副詞を例えば低い位置にあると想定される（少なくとも動詞句内にある）手段を表す「カバンで」等に変えてみる．そうすると他の手段でなくという解釈が出ると思われる．

(14) a. カバンで太郎が先生を殴った．
b. 教科書の角で先生が太郎の頭を叩いた．

このような状況であるので，以下で扱う副詞は，場面設定の副詞（時や場所を表す副詞，「昨日」「学校で」等）を外した上で，観察に用いる副詞の分類と，総記の解釈に関連する述語の区別を見ておく．

3.2. 副詞と述語の分類
3.2.1. 日本語の副詞の分類と語順制限

先ず，副詞に関して，本稿では野田 (1984) や Endo (2007) に従い，(15) のようにそれが属する階層（構造上の位置）があり，基本的には (16) に示されるようにその階層の語順に従うとする．[16]

---

[15] 長距離かき混ぜにおいては，補文内における場面設定の副詞であっても，節を越えて長距離に移動をしていることには変わりないので，これまでの議論には影響はない．

[16] この副詞の階層に関して，構造的な階層として分析する必要があるのかという問題が指摘されている．例えば，副詞の語順の制約は，それぞれの副詞間の意味的な制約に帰することができないかということである．しかし，副詞の階層に従った語順の制約が，時に破られることがある．詳しくは Rizzi (2004) の素性における相対的最小の原理を用いている Endo (2007) を参照して頂きたいが，先行する文脈において当該の副詞が言及されている場合，下の階層にある副詞が上の階層にある副詞を越えて文頭に移動できる．このような現象は，意味的関係でどのように説明するかという問題が残る．一方，構造的に捉える場合は先行文脈で言及された副詞が上層にある副詞を越えて主題の指定部に移動すると分析される．その際は移動に関わる素性は，主題（+TOPIC）であり，これが相対的に下に

(15)　陳述の副詞「たぶん」「あいにく」「要するに」　―ムードの要素
　　　　時点の副詞「来年」「昔」「2,3日前」　　　　―テンスの要素
　　　　時相の副詞「ときどき」「3ヶ月」「だんだん」　―アスペクトの要素
　　　　能動者の副詞「わざと」「楽しそうに」「大声で」―ボイスの要素
　　　　対象物の副詞「ガタガタ」「きれいに」「まるまると」
　　　　述語
　　　　　　　　　　(野田 (1984) の p.80 と p.81 にある表を合わせたもの)

　例えば，「たぶん」は陳述の副詞であり，文の階層の中でムードの階層の要素であり，その階層にあると考えられている．別の見方をすれば，その階層の要素が現れる時に，同階層に属する副詞も現れ得るということである．そして，この副詞の区分に従って，つまり，階層に従って，副詞が並ぶということになる．(16) において，「たぶん」と「思わず」はそれぞれ，陳述の副詞と能動者の副詞であり，別の階層の要素である．両者は階層の順に従うのであるから，「たぶん」「思わず」の語順は許されるが，「思わず」「たぶん」の語順は許されないということになる．

(16) a.　たぶん　思わず声を出したのであろう．
　　　　　　　　　　　　　　　　　(陳述の副詞―能動者の副詞)
　　　b. *思わず　たぶん声を出したのであろう．
　　　　　　　　　　　　　　　　　　　(野田 (1984: 80, (3)))

　また，それぞれの区分の中においても階層があり，以下のように「陳述の副詞」の中にも，さらに下位区分がある．

(17)　**発話行為の副詞**　　「要するに」「簡単に言えば」
　　　　　　　｜
　　　　価値判断の副詞　　「あいにく」「残念ながら」
　　　　真偽判断の副詞　　「たぶん」「おそらく」
　　　　　　　｜

ある副詞に与えられているので，その上に階層的に上位の副詞が介在しても，移動を妨げないと説明される．これを踏まえ，本稿では副詞間に構造的な階層関係があり，基底生成される位置は，それに従うとする立場を取る．

領域指定の副詞　　「基本的には」「表向きは」

(野田 (1984: 81) 強調筆者付加)

　次に，先ほどの区分に従い，陳述の副詞がどの位置に典型的に生起するかというと，(18) のように「題」と書かれた主題の前後（「—」の位置）に現れるとされ，能動者の後には現れないとされる．そして，(19) にあるように特に発話行為の副詞は，主題の前に置かれることが多いとされる．（題＝主題，能＝能動者，対＝対象物，結＝結果の格（「に」格），述＝述語，「—」の位置は生起可，「×」の位置は生起不可）

(18)　陳述の副詞の位置（典型的な位置）
　　　— 題 — 能 × 対 × 結 × 述　　　（野田 (1984: 83)）
(19)　a.　これ［陳述の副詞］は主題の前におかれることもあり，主題のすぐ後ろにおかれることもある．
　　　b.　陳述の副詞のなかでも発話行為の副詞は主題の前におかれることが多く，領域指定の副詞は主題の後におかれることが多い．

(野田 (1984: 83) 下線及び注筆者付加)

　この野田の分類を踏まえて本稿で使用する副詞を3区分しておく．[17]

(20)　a.　高い位置の副詞（陳述の副詞類）：
　　　　　　要するに，正直言うと，たぶん，幸いなことに
　　　b.　中間位置の副詞（主語指向の副詞類）：
　　　　　　わざと，意地悪くも，意地汚くも，正直にも
　　　c.　低い位置の副詞（様態副詞）：
　　　　　　すぐに，真面目に，こっそり，正直に

3.2.2. 総記の解釈と述語の種類

　次に，これらの副詞とガ格主語の焦点解釈に関して観察する前に，その前

---

　[17] Endo (2007) では，副詞をその形態（例えば「...なことに」「...にも」）に基づいて3段階に分類している．それらは high adverbs, middle adverbs, low adverbs の3つで，それぞれ「話者指向の副詞」，「主語指向の副詞」，そして「様態副詞」である．

提となることを，述語の種類に関して見ておく．久野 (1973) の観察で，述語の種類により，ガ格主語が総記の解釈になる場合と中立叙述の解釈になる場合がある．

(21) a. 「述部が恒常的状態，習慣的動作を表す場合には，「ガ」は，総記の解釈しか受け得ない．」
　　 b. 太郎が学生です．
　　 c. 猿が人間の先祖です．　　　　　(久野(1973: 322, (26a, b)))

例えば (21b) の「太郎が」は述語「学生です」が恒常的状態であるので，全ての候補の中から「太郎だけが学生です」の意味にしかならない．但し，これは主文に限られ従属節においてはこの条件がかからない (p. 33)．一方，以下の (22) にあるように，「青い」のように一時的状態を表す場合，「空が青い」という中立叙述の解釈と「空だけが青い」の両方の解釈が可能である．

(22) a. 「述部が動作・存在・一時的状態を表す場合，「ガ」は，総記と中立叙述の二義をとり得る．」
　　 b. 空が青い．[中立叙述]
　　 c. 何が青いか．空が青い．[総記]　　　(久野(1973: 33, (31)))

本稿では，総記の有無をかき混ぜとの関連で考察する為，ガ格主語が総記と中立叙述を取り得る述語を（特に動作動詞を中心に）用いていく．

3.3. 副詞の節内のかき混ぜとガ格名詞句の解釈

準備が整ったので副詞のかき混ぜとガ格名詞句（主語）の焦点解釈の関係を観察することにする．先ず，次の例を見られたい．

(23) 太郎が花子のバナナを食べました．

この「太郎が」の解釈であるが，述語「食べる」は動作動詞であるので，(22) から総記と中立叙述の両者が可能である．これを踏まえて，次に高い位置の副詞（発話行為の副詞）「正直言うと」を用いた例を見てみると，「太郎が」の解釈がその副詞との位置によって異なるようである．

(24) 高い位置の副詞（発話行為の副詞）
a. 太郎は 正直言うと 花子のバナナを食べました．
[主題] または [対比]
b. 太郎が 正直言うと 花子のバナナを食べました．
[総記] ○ [中立叙述] ×
c. 正直言うと 太郎が花子のバナナを食べました．
[総記] ○ [中立叙述] ○

この (24b) における「太郎が」の解釈であるが，(23) において可能であった中立叙述の解釈がないように思える．[18] つまり，「何があったのだ」の答えとしては (24b) は不適切であり，「誰が花子のバナナを食べたのだ？」に対する答えとして適切であるということである．一方，(24c) における「太郎が」は，多義的で総記と中立叙述の解釈が可能に思える．

先を見越して言うと，「正直言うと」が構造上高い階層にあるとして，(24b) の「太郎が」は (24a) における主題の「太郎は」の位置と同じくらい高い位置にあると考えることが可能である．つまり，主文の主語である「太郎が」がかき混ぜにより「正直言うと」より高い位置に移動しているということに

---

[18] 以後，節内のかき混ぜに関しては，特に音声的に他の要素を強調しない場合の解釈を考える．当然，「バナナを」を音声的に強調することも可能であるが，その場合は，他の派生の可能性を考えることになる．例えば，先行文脈において「太郎が」が言及されている場合である．但し，その場合でも (24a) のように「太郎は」とするのが自然かと思われる．また，久野 (1973: 34) でも指摘されているように，数量詞が付いた名詞句は，総記の解釈を得ることがない．そして，それが高い位置の副詞（例えば「正直言うと」）よりも高い位置にあっても総記の解釈を得ないようである（阿部泰明氏の指摘による）．このことは位置的問題とは独立した数量詞の意味と総記の意味の問題として残る．
(i) 誰かが／2人の子供が（正直言うと）花子のバナナを食べました．
[総記]×[中立叙述]○
ただし，「誰かが」が総記の意味にはなれないとしても，強調としての焦点になっている可能性がある．イタリア語においても次のように全称数量詞の tutto 'everything' が主題にはなれないが，焦点になれるという例がある．
(ii) a. *Tutto, lo ho fatto.
"Everthing, I did it."
b. TUTTO ho fatto t.
"everything I did."
(Rizzi (1997: 290))

なる．そうであるとすると (24b) の「太郎が」は精緻化された CP 内の焦点句の指定部にある可能性が高い．この点は，「を」格のかき混ぜを焦点句の指定部への移動とする Nakamura (2008, 2009) を支持することになる．

　次に中間位置の副詞の場合と低い位置の副詞の場合を観察する．先ず，低い位置の副詞から見てみる．

(25)　低い位置の副詞（様態副詞）
　　　a.　太郎は こっそり 花子のバナナを食べました．
　　　b.　太郎が こっそり 花子のバナナを食べました．
　　　　　　　　　　　　　　　　　　　　　　［総記］○［中立叙述］○
　　　c.　 こっそり 太郎が花子のバナナを食べました．
　　　　　　　　　　　　　　　　　　　　　　［総記］×［中立叙述］○

　先ず，(25b) の「太郎が」の解釈であるが，先ほどの高い位置の副詞が関与した (24b) と異なり，多義的である．この場合は，「こっそり」がそもそも構造上低い位置にあるので，「太郎が」の位置も意味役割の与えられる元位置（vP の指定部）にある可能性から，「太郎は」と同じくらい高い位置の CP 内にある可能性まで含まれる．[19] ところで，興味深いのは (25c) であり，「こっそり」がかき混ぜにより文頭へ移動されてガ格主語の「太郎が」より高い位置にある場合，この「太郎が」の総記の解釈がなくなるようである．（注でも述べたが，かなり強調して読む場合は別である．）

　同様のことが中間位置の副詞（主語指向の副詞）においても観察される．

(26)　中間位置の副詞（主語指向の副詞）
　　　a.　太郎は 意地汚くも 花子のバナナを食べました．
　　　b.　太郎が 意地汚くも 花子のバナナを食べました．
　　　　　　　　　　　　　　　　　　　　　　［総記］○［中立叙述］○
　　　c.　 意地汚くも 太郎が花子のバナナを食べました．
　　　　　　　　　　　　　　　　　　　　　　［総記］×［中立叙述］○

---

　[19] 日本語のガ格主語の位置に関しては GB 理論で英語において想定されていたように主格主語と時制辞の指定部という一対一の関係にないということが主張されてきている．井上 (2009) にそのまとめがあるので参照されたい．

(26b) における「太郎が」は多義的であるが，(26c) における「太郎が」に総記の解釈は難しいようである．この場合も，中間位置の副詞が文頭へかき混ぜにより移動された場合に，「太郎が」の総記の解釈がなくなると考えることができよう．

以上の観察をまとめると次のようになる．

(27) a. ガ格主語が高い位置の副詞（発話行為の副詞）より左に位置する時にはガ格主語が総記の解釈のみとなる．
　　 b. ガ格主語が中間位置と低い位置の副詞より右に位置するとき総記の意味がなく，その文は中立叙述のみの解釈となる．

以上，主文における，節内の副詞のかき混ぜをガ格主語の総記の解釈との関連で観察した．

4. 理論的考察

本節では3節における副詞の分類とかき混ぜによる焦点解釈の有無に関する観察に関して理論的な考察を試みる．

先ず，焦点（Focus）や主題（Topic）をCP領域に想定するRizzi (1997) に従い，精緻化されたCPを仮定する．[20] Forceとはある文が平叙文なのか疑問文なのか等を決める「発話力」のことで，Finとは定形，非定形のことである．この2つの間に，焦点（Foc）や主題（Top）が現れるが，焦点はひとつしか現れず，主題は複数現れ得るとされる．

(28) 精緻化されたCPの構造
　　 Force　Top　Foc　Top　Fin　IP …

次に，副詞に関して第3節でその分類を見たが，ここでは次の仮定を採用

---

[20] 理論的争点として，精緻化されたCP領域を仮定して，談話およびスコープに関する意味を構造と直接繋ぐのがよいのか，それとも，単純なCP構造を仮定して，談話・スコープの意味を他の仕組みから導き，それらを読みとるのがよいのかという問題がある．例えば，Miyagawa (2010) においてはFocPを用いないでFocus/Topicの分析を提示している．本稿では比較する段階にはないので，Rizzi (1997) の精緻化された構造を仮定しておく．

する．[21]

(29) a. 高い位置の副詞： CP 投射内にて認可される．
          要するに，正直言うと，たぶん，幸いなことに
    b. 中間位置の副詞： IP 投射内にて認可される．
          わざと，意地悪くも，意地汚くも，正直にも
    c. 低い位置の副詞： vP 投射内にて認可される．
          すぐに，真面目に，こっそり，正直に

前節で見た野田（1984）は陳述の副詞がムードの階層の要素と捉えているので，文の一番外側の（高い）階層にあると考えている．そうすると，Cinque (1999) の言うように IP 領域にあるというよりは，むしろ CP 領域にあると考える方が，主題（Topic）が CP 領域にあると仮定し，その前後に現れるということを考え合わせれば，自然かと思われる．[22] そこで，本稿においては，今見た副詞の中でも高い階層にある陳述の副詞は，上記のように CP 領域にあると仮定して話を進めることにする．また，中間位置の副

---

[21] GB 理論における分析の Ueda (1993: 17) では文副詞「驚いたことに」は，IP か I' に直接付加され，主語指向の副詞「喜んで」は VP（現在の vP）に，最後に様態副詞「素早く」は V'（現在の v'）に直接付加されていると仮定している．

[22] Cinque (1999) において，IP 領域の精緻化が副詞の階層からなされている．日本語においてなされた野田（1984）と同様に，主にイタリア語における細かい副詞の語順制限に基づき，(i) のような普遍的な階層が提示されている．

(i) The universal hierarchy of clausal functional projections
    [*frankly* Mood$_{\text{speech act}}$ [*fortunately* Mood$_{\text{evaluative}}$ [*allegedly* Mood$_{\text{evidential}}$
    [*probably* Mod$_{\text{epistemic}}$ [*once* T(Past) [*then* T(Future) [*perhaps* Mod$_{\text{irrealis}}$ ...
                                                  (Cinque (1999: 106, (92))) 一部省略)

これらの副詞類は Cinque (1999: 84) においては所謂 IP 領域にある．この点は，日本語にそのまま適用するには，他の証拠および技術的な問題の解決が必要である．本稿では，高い位置の副詞（陳述の副詞）は，主題の前後に現れるが，特に発話行為の副詞は主題の前に置かれることが多いという野田の観察に基づき，そして，陳述の副詞が，文の一番外側の（高い）階層であるムードの階層の要素であると捉えていることから精緻化された CP 領域（Force から Fin の間）にあるという立場を取る．ただし，陳述の副詞の一部，例えば「たぶん」「やはり」には主題の「は」を付加できないことから，Cinque のように IP 領域に陳述の副詞が基底生成され，そこから TopP の指定部に義務的に移動している可能性は残る（Ur Shlonsky 氏からの私信による）．

詞については Endo (2007) に従い，否定辞とのスコープから，主語が基底生成される vP 内にではなく否定辞より高い位置の IP 内にあると仮定する．[23]

(30) 太郎が 意地悪くも 花子を助けなかった．
　　　　　　　　　　意地悪くも＞否定，*否定＞意地悪くも

　そうすると，(24)–(26) の (b) は次のようにそれぞれ (31)–(33) のように分析される．先ず，高い位置の副詞が関与する場合，それが CP 内において認可されると仮定すると次のような構造になる．[24] この場合，「太郎が」も CP 内にあることが，高い位置の副詞の位置から強制される．[25] ガ格が野田 (1996) のいうように主題にならないのであれば，焦点句の指定部に「太郎が」があり，焦点（総記）の解釈になるという説明が得られる．

(31) a. 太郎が 正直言うと 花子のバナナを食べました．(＝(24b))
　　 b. [$_{FocP}$ 太郎$_i$ が **Foc** 正直言うと [… [$_{vP}$ t$_i$ 花子のバナナを食べ] ました]]

---

[23] 加藤 (2003) も，文副詞一般に否定のスコープの外にあるとして，「幸いにも」や「わざと」をその例として挙げている．
　(i) 太郎は，わざと，花子の言うことをきかなかった．
　　　　　　　　　　わざと＞否定，*否定＞わざと

[24] 高い位置の副詞自身が Foc の前後に現れうる Top の指定部の可能性がある．以下の (34) も同様である．

[25] これと同様に，Miyagawa (2010) にあるように英語の場合でも，文副詞が関与した場合とそうでない場合，every と NOT のスコープ関係が異なる．以下の文副詞より高い位置に everyone がある (ii) では，everyone が NOT より広いスコープを取り，NOT の広い解釈は難しいということである（例は Miyagawa (2010: 80-81, (51), (53))）．
　(i) Everyone had not left the party. There were still people talking and drinking.
　(ii) Everyone probably/unfortunately/as far as I know has not done the homework.
(i) のように通常の主語位置（時制辞句 (TP) の指定部にある主語）が否定のスコープ内に入る可能性があることを考えれば，(ii) の everyone の位置はそれとは異なり，否定のスコープに入らないくらいの高い位置（つまり時制辞句 (TP) の指定部より高い位置）に everyone があるということになる．

次に (25b) であるが，この場合は，「こっそり」が低い位置 (vP 内) にあり，構造的に少なくとも次の2つが許される．従って，総記の解釈と中立叙述の解釈がそれぞれから得られる．

(32) a.　太郎が ｜こっそり｜ 花子のバナナを食べました．(= (25b))
　　 b.　[$_{FocP}$　　　　Foc [... [$_{vP}$ 太郎が ｜こっそり｜ 花子のバナナを　食べ] ました]]
　　 c.　[$_{FocP}$ 太郎$_i$ が　Foc [... [$_{vP}$ t_i　　　｜こっそり｜ 花子のバナナを　食べ] ました]]

(26b) も同様であるが，「意地汚くも」が中間位置の IP 内にあると仮定する．そうすると，「太郎が」の位置が，焦点句の指定部にない構造 (33b) と，ある構造 (33c) の少なくとも2つの構造的な可能性がある．

(33) a.　太郎が ｜意地汚くも｜ 花子のバナナを食べました．(= (26b))
　　 b.　[$_{FocP}$　　　　Foc [$_{IP}$ 太郎$_i$ が ... ｜意地汚くも｜ [$_{vP}$ t_i 花子のバナナを食べ] ました]]
　　 c.　[$_{FocP}$ 太郎$_i$ が　Foc [$_{IP}$　t_i ...　　｜意地汚くも｜ [$_{vP}$ t_i 花子のバナナを食べ] ました]]

次に，それぞれの (c) であるが，まず，(24c) は次のようになる．

(34) a.　｜正直言うと｜ 太郎が花子のバナナを食べました．(= (24c))
　　 b.　[... ｜正直言うと｜ [$_{FocP}$ Foc ... ｜正直言うと｜ [... [$_{vP}$ 太郎が花子のバナナを　食べ] ました]]]
　　 c.　[... ｜正直言うと｜ [$_{FocP}$ 太郎$_i$ が　Foc　　　　[... [$_{vP}$ t_i 花子のバナナを　食べ] ました]]]]

先ず，(34b) においては，「太郎が」が元位置にある可能性である．この場合，中立叙述の解釈となる．「正直言うと」は CP 内にあるのであれば，どこにあるかは直接関係ない．次に (34c) であるが，この場合，「太郎が」が焦点を得る構造となる為には，「正直言うと」が焦点 (Foc) より高い位置になければならない．可能性としては，Foc の前後に現れうる主題句 (TopP) の

指定部が挙げられる.[26] この場合,「正直言うと」が文頭にあるのはかき混ぜではなく,そこに基底生成されていると考える.[27] このことは以下に見る他の類の副詞が,移動により文頭にある場合と異なることになる.

次に (25c) であるが,「こっそり」が文頭へ移動されて,そうでない場合に得られる「太郎が」の総記の焦点解釈が無くなるのであった.問題は,これは何故かということである.可能性として,項の移動の場合と同様に,副詞の「こっそり」自身が焦点句の指定部に移動しているというのが挙げられる.そして,仮に Rizzi (1997) の言うように焦点句が CP 領域に一つしかないとすると,既に「こっそり」によってその位置が占められているので,「太郎が」が焦点句の指定部に移動して総記の解釈を得ることができないということになる.[28, 29]

(35) [FocP こっそり$_i$ Foc [... [vP 太郎が t$_i$ 花子のバナナを食べ] ました]]

同様に中間位置の副詞のかき混ぜの (26c) も以下のように分析可能である.

---

[26] 遠藤 (2010: 7-8) では,「高いムードの副詞は「ば」や「は」というトピックの「は／ば」でマークされることが可能」としトピックとムードが同じ類に属し,同様の阻止効果があることを論じている.

[27] 但し,注 22 で述べたように高い位置の副詞が Cinque (1999) のように,IP 内の機能範疇の指定部に基底生成されてから,義務的に主題 (Top) の指定部に移動するという分析の余地は残る.

[28] 移動以外の方法で,例えば,取り立て詞の付加などにより「太郎だけが」とすることは可能であるが,以下のようにあまり良いとは言えない.またその場合は,「こっそり」が既に文脈にて言及されて,主題となっている可能性が考えられ,両者が総記の解釈は難しいといえる.

(i) (?)?こっそり太郎だけが花子のバナナを食べました.

[29] 「太郎が」が先に焦点句の指定部に移動した場合,「こっそり」がどこにあるのかという問題がある.可能性としては,注の 28 同様に,「こっそり」が焦点 (Foc) より上に移動し主題 (Topic) になっているというのが挙げられる.つまり,Endo (2007) にあるような場合で,それが先行文脈において言及されている場合が考えられる.この場合,「太郎が」が中でも相対的に一番強い強勢を負うように思われる.

(i) [TopP こっそり Top [FocP 太郎が Foc ...]]

(36) a. [FocP [意地汚くも]ᵢ Foc [... tᵢ [vP 太郎が 花子のバナナを食べ] ました]]
　　 b. [FocP Foc [... 意地汚くも [vP 太郎が 花子のバナナを食べ] ました]]

(36a) において「意地汚くも」自身がかき混ぜにより焦点句の指定部に移動し，これにより，それ自身が焦点の解釈を受ける．その場合，「太郎が」は元位置に残り，(音声的に強調をしたり，「だけ」等で形態的に表示したりしない限り) 総記の意味を持つことがないということになる．ただし，「こっそり」の場合と異なり，(36b) のように全く何も移動していない場合も考えられる．この場合も同様に「太郎が」は総記の解釈を得ることはない．

　以上，高い位置の副詞を除き，中間位置と低い位置の副詞のかき混ぜ自身を焦点句の指定部への移動と分析することにより，それに伴うガ格主語の総記の解釈の有無を説明することを試みた．高い位置の副詞の場合は，そもそも CP 領域にあり (つまり，かき混ぜによる移動ではなく)，ガ格主語自身がかき混ぜにより焦点句の指定部に移動していることから，その総記の解釈を導いた．

5. まとめと今後の課題

　本稿では，かき混ぜと焦点の関係を取り上げ，文の構造の一部として焦点を想定して，その関係を捉える試みを行った．初期の理論においては焦点を文の構造に入れることが成されていない為，談話的意味として取り扱われていた焦点であるが，今日 Rizzi (1997) 等により文の情報の一部として構造に持ち込まれ，直接構造からその意味を読みとる可能性が産まれたことが契機となった．かき混ぜと焦点解釈の関係について，これまで述語の項のかき混ぜが主に扱われてきたが，副詞を 3 区分した上でそれらの節内のかき混ぜを中心に考察してきた．そして，高い位置の副詞とその他の副詞が，ガ格主語の焦点解釈 (総記) の有無に関して，異なる特性を示すことを明らかにした．つまり，1) ガ格主語が高い位置の副詞より高い位置にある場合に総記の解釈になること，2) 中間位置と低い位置の副詞が節内にて文頭に移動される時に，ガ格主語の総記の解釈がなくなることを観察した．そして，高

い位置の副詞はかき混ぜではなく高い位置に存在し，ガ格主語が焦点句の指定部に移動して総記の解釈を得る．[30] 一方他の中間位置と低い位置の副詞に関しては，それら自身の移動が，Rizzi (1997) の焦点句の指定部への移動であり，それ自身が焦点になることから，ガ格主語の焦点解釈が消滅するのではないかということを論じた．この点を Nakamura (2008, 2009) の議論と合わせると，節内のかき混ぜによる移動は，項も付加詞も，いずれも焦点句の指定部への移動という強い仮説の可能性が出てくるが，Endo (2007) にあるように，副詞の先行文脈での言及による移動は，主題句（TopP）への移動と考えられるとすると，かき混ぜは焦点句または主題句への移動ということになろう．

残る課題として，本稿での分析が長距離のかき混ぜにおいてどうなるのかということがある．これに関して若干の言及をして終えることにする．先に，項の長距離のかき混ぜが焦点の解釈を得やすいという Saito (1985) の観察と副詞の長距離のかき混ぜにおいて焦点解釈があるとする Kuwabara (1994) を取り上げた．次の例を見られたい．

(37) a.　バナナを花子が太郎が食べたと思っている．
　　 b.　箸で花子が太郎がバナナを食べたと思っている．

確かに，それぞれ文頭の「バナナを」「箸で」は焦点の解釈を得やすいと思われる．但し，ここで問題となるのは「と節」である補文内にも焦点句があるとすれば，補文内に残っている要素で，特に節の先頭にある「太郎が」が焦点の解釈を受ける可能性がある．もし「太郎が」が（総記）焦点である場合，主文の先頭にかき混ぜされた要素は，焦点なのかという問題が生じる．主文の要素と補文の要素のひとつずつが焦点になり，つまり，別の節の要素2つに焦点が生じることは可能かと思われる．例えば，次の例では「花子が」と「箸で」がそれぞれの節内の焦点句にあると考えられる場合である．

(38)　花子が正直言うと箸で太郎がバナナを食べたと思っている．

---

[30] Saito (1985) で主語は一般にかき混ぜの適用を受けないと議論されているが，本稿の考察から，主語（ガ格）のかき混ぜの可能性が示唆される．

しかし，(37) においては，同じ補文内の2つの要素である「箸で」と「太郎が」が焦点にはなりにくいと思われるが，詳しい分析は今後の課題としたい．さらに，状況が複雑になるが，IP 内に Focus の位置があるとする分析 (Belletti (2004)) がある．もしこれが日本語にも当てはまるとすると，ここでの分析がどうなるのか検討が必要である．

参照文献

青柳宏 (2010)「日本語におけるかき混ぜ規則・主題歌と情報構造」『統語論の新展開と日本語研究: 命題を超えて』, 長谷川信子 (編), 193-226, 開拓社, 東京.
Belletti, Andriana (2004) "Aspects of the Low IP Area," *The Structure of CP and IP*, ed. by Luigi Rizzi, 16-51, Oxford University Press, New York.
Chomsky, Noam (1995) *The Minimalist Program*, MIT Press, Cambridge, MA.
Chomsky, Noam (2001) "Derivation by Phase," *Ken Hale: A Life in Language*, ed. by Michael Kenstowicz, 1-52, MIT Press, Cambridge, MA.
Cinque, Guglielmo (1999) *Adverbs and Functional Heads: A Cross-linguistic Perspective*, Oxford University Press, Oxford.
É Kiss, Katalin (1998) "Identificational Focus versus Informational Focus," *Language* 74, 245-273.
Endo, Yoshio (2007) *Locality and Information Structure: A Cartographic Approach to Japanese*, John Benjamins, Amsterdam/Philadelphia.
遠藤喜雄 (2010)「ムードとモーダルのカートグラフィー」*Scientific Approaches to Language* 9, 1-23, Kanda University of International Studies.
Harada, Kazuko (1972) "Constraints on WH-Q Binding," *Studies in Descriptive and Applied Linguistics* 5, 180-206, International Christian University.
原田信一 (1977)「日本語に「変形」は必要だ」『言語』6.10, 88-95; 6.11, 96-103.
長谷川信子 (編) (2010)『統語論の新展開と日本語研究: 命題を超えて』開拓社, 東京.
井上和子 (1976)『変形文法と日本語 上』大修館書店, 東京.
井上和子 (1978)『日本語の文法規則』大修館書店, 東京.

井上和子 (2009)『生成文法と日本語研究』大修館書店, 東京.
加藤泰彦 (2003)「否定のスコープと量化」『朝倉日本語講座5 文法I』, 北原保雄(編), 157–180, 朝倉書店, 東京.
北川善久 (2010)「日本語の焦点に関する主文現象」『統語論の新展開と日本語研究: 命題を超えて』, 長谷川信子(編), 269–300, 開拓社, 東京.
久野暲 (1973)『日本文法研究』大修館書店, 東京.
Kuroda, S.-Y. (1970) "Remarks on the Notion of Subject with Reference to Words like *Also*, *Even* and *Only*," Part II, *Annual Bulletin*, Research Institute of Logopedics and Phoniatrics 4, 127–152, University of Tokyo.
Kuroda, S.-Y. (1986) "Movement of Noun Phrases in Japanese," *Issues in Japanese Linguistics*, ed. by Takashi Imai and Mamoru Saito, 229–271, Foris, Dordrecht.［Kuroda (1992) にも収録.］
Kuroda, S.-Y. (1988) "Whether We Agree or Not: A Comparative Syntax of English and Japanese," *Linguisticæ Investigationes* 12, 1–47.［Kuroda (1992) にも収録.］
Kuroda, S.-Y. (1992) "Judgment Forms and Sentence Forms," *Japanese Syntax and Semantics: Collected Papers*, 13–77, Kluwer, Dordrecht.
Kuwabara, Kazuki (1994) *The Syntax of A'-adjunction and Conditions on Chain-formation*, Doctoral dissertation, *Dokkyo Working Papers in Linguistics* No. 8, Dokkyo University.
Miyagawa, Shigeru (1997) "Against Optional Scrambling," *Linguistic Inquiry* 28, 1–26.
Miyagawa, Shigeru (2001) "The EPP, Scrambling, and Wh-in-situ," *Ken Hale: A Life in Language*, ed. by Michael Kenstowicz, 293–338, MIT Press, Cambridge, MA.
Miyagawa, Shigeru (2010) *Why Agree? Why Move? Unifying Agreement-based and Discourse Configurational Languages*, Linguistic Inquiry Monograph 54, MIT Press, Cambridge, MA.
宮川繁 (2010)「一致素性のある言語とない言語の統合」『統語論の新展開と日本語研究: 命題を超えて』, 長谷川信子(編), 129–150, 開拓社, 東京.
Nakamura, Koichiro (2008) "Topic-focus Articulation and DP Scrambling as a Focus Movement in Japanese," *Western Conference on Linguistics 2008 Online Proceedings*, 231–240, University of California.
Nakamura, Koichiro (2009) "Japanese Object Scrambling as an Exhaustive Identificational Focus Movement," *Proceedings of 11th Seoul International Conference on Generative Grammar*, 273–290, Hankuk University

of Foreign Studies.

野田尚史 (1984)「副詞の語順」『日本語教育』52, 79-90.

野田尚史 (1996)『「は」と「が」』くろしお出版, 東京.

Saito, Mamoru (1985) *Some Asymmetries in Japanese and Their Theoretical Implications*, Doctoral dissertation, MIT.

Saito, Mamoru (1989) "Scrambling as Semantically Vacuous A′-Movement," *Alternative Conceptions of Phrase Structure*. ed. by Mark R. Baltin and Anthony S. Krosh, 182-200, University of Chicago Press, Chicago.

Ueda, Masanobu (1993) "On the Phrase Structure of Japanese and English Clause," *Japanese Syntax in Comparative Grammar*, ed. by Nobuko Hasegawa, 9-44, Kurosio, Tokyo.

Rizzi, Luigi (1997) "The Fine Structure of Left Periphery," *Elements of Grammar: Handbook in Generative Syntax*, ed. by Liliane Haegeman, 281-337, Kluwer, Dordrecht.

Yoshida, Tomoyuki (1999) "Economy Considerations and *Wh*-in-situ," *Linguistics: In Search of the Human Mind — A Festschrift for Kazuko Inoue*, ed. by Masatake Muraki and Enoch Iwamoto, 773-799, Kaitakusha, Tokyo.

第 4 章

「所有者分離」と文構造
──「主語化」からの発展──[*]

長谷川　信子

1. はじめに

　日本語の統語的特性の1つに，久野 (1973), Kuno (1973)[1] が「主語化 (Subjectivization)」と名付けた現象がある．(1) は久野の「主題化」規則であり，これにより，(2a) は (2b) と変換される．

(1)　主語化：　文頭の「名詞句＋ノ」を「名詞句＋ガ」に変え，その文の新しい主語とせよ．　　　　　　　　　　(久野 (1973: 41))
(2)　a.　[日本の男性が] 短命です．
　　 b.　[日本が][男性が] 短命です．　　　　　(久野 (1973: 38-39))

「主語化」により派生されたとされる (2b) には，ガ格（主格）が複数可能なことからこうした構文は「複数主格（主語）構文」や「多重主格（主語）構文」，新しくガ格表示された「主語」は，「大主語 (Major Subject)」とも呼ばれ，これまでも多くの論考がなされてきた (Kuroda (1986, 1988), Saito

---

　[*] 本論文は，神田外語大学大学院での「英日対照言語学」の講義内容，言語科学研究センター主催の研究会（2010年7月1-2日『70年代「日本語の生成文法研究」再認識』，同年9月11-12日 The Workshop on "the Interface between Syntax and Pragmatics/Semantics"）などでの発表内容を含む．参加者からのコメントや質問から得るところが大きかった．感謝したい．なお，本論文は科学研究費補助金（基盤研究 (B) 課題番号 21320079 および 23320089）の助成を受けている．

　[1] 以下，久野 (1973), Kuno (1973) の両方の論考に共通する事柄については，特に個別に指定しない限り，「久野」と言及する．両書は，全く同じ内容というわけではないが，本論文が主に言及する「ガ」格，「ハ」格の扱いは，両書に共通する事柄が多い．

(1982), Tateishi (2006) なども参照). この新たなガ格要素は, (2a) のノ格要素とは異なり, 明らかに名詞句から分離して文の構成要素となる. このことは, 文修飾要素「驚いたことに」が2つの「ガ」句の間に生起する (3d) が可能なことからも明白である.

(3) a. 驚いたことに［日本の男性が］短命です.
　　b. *［日本の驚いたことに男性が］短命です.
　　c. 驚いたことに［日本が］［男性が］短命です.
　　d. ［日本が］驚いたことに［男性が］短命です.

こうした「ガ―ガ」構文はさらに, 文頭のガ格がハ格で表示されるなら,「主題」を持つ「ハ―ガ」構文となる. つまり, (2b) の「日本ガ」に (5) の「主題化」を適用すれば, (4) が派生できる.

(4) ［日本は］［男性が］短命です.
(5) 主題化: 文中の「名詞句＋助詞」に「ハ」を附して文頭に移動せよ.

上記の2つの規則,「主語化」「主題化」, を想定するなら, 三上 (1960) の代表的な論考のタイトルとなった「象は鼻が長い」の類の「ハ―ガ」構文 (6) の生成が可能となる.[2]

---

[2] (4) や (6) の派生については, (i) のようなタイプの「ハ―ガ」構文の存在により, 一概に,「主語化」を経て「主題化」により派生されたとする上記の分析が支持されてきたわけではない.
　(i) a. 魚は鯛がいい.
　　　b. 日本は東京が住みよい.
　(ii) a. *魚の鯛がいい.
　　　b.?*日本の東京が住みよい.
　(iii) a. *魚ガ鯛ガいい.
　　　b. *日本が東京が住みよい.
実際, 久野も, (i) の「ハ―ガ」文が, 構造的に対応するノ格文 (ii) や「ガ―ガ」構文 (iii) が, 非文法的であったり, 意味の対応が異なったりすることから, その「ハ」要素は, (ii) の主語内の「ノ」格要素が,「主語化」し (iii) となり, そこから「主題化」により派生したとするのではなく, むしろ派生の最初から「主題」として文に導入すると想定している. そうだとすると, (4) や (6) の「ハ」格も同様,「主語化」(ガ格) を経ずに「主題」となる可能性を否定できないことになる. 本論文では, (2a) と (4), (6) などの「所有者―所有物」関係にあるタイプには, 少なくとも,「主語化」(ガ格) を経て「主題化」される派生があり得

(6) a.　太郎ハ背が高い．(←太郎ガ背が高い←［太郎の背が］高い)
　　b.　花子ハ目が綺麗だ．(←花子ガ目が綺麗だ←［花子の目が］綺麗だ)
　　c.　私ハ頭が痛い．(←私ガ頭が痛い←［私の頭が］痛い)

こうした「ハ−ガ」構文（そしてその前段階の「ガ−ガ」構文）は，日本語に広く観察される基本的な構文であり，子供の言語習得でも格段難しい構文ではないと思われる．[3] しかし，興味深いことに，英語では，これらの文は have を用いた所有文 (7) のような他動詞文が対応し，無理に，構造的に (6) と対応させた文 (8) は，非文法的，もしくは文法的であっても属格代名詞が必要な文となり英語としては落ち着きが悪い．[4]

(7) a.　Elephants have long noses (trunks).
　　b.　Hanako has beautiful eyes.
　　c.　I have a headache.
(8) a.　As for elephants, *(their) noses (trunks) are long.
　　b.　Speaking of Hanako, *(her) eyes are beautiful.
　　c.　My head aches.　As for myself, *(my) head aches.

つまり，「主語化」表現の (2b)（および，そこから派生したと分析できる「主題化」された (4) や (6)）は，日本語に深く根ざした表現なのだが，構造的には，言語に広く観察される現象ではなく，日本語に特徴的な表現と言える．[5]

　生成文法初期の統語研究では，言語規則や一般化は，対象となる現象に則して作られ，その適用範囲は当該の現象に限定されていた．久野の (1) も

るとして論を進める．

　[3] 具体的に，こうした構文の習得についての論考ではないが，格の習得に関し，属格の「ノ」，主格の「ガ」の方が，対格の「ヲ」より早いことが指摘されている．小椋 (2000) 参照．

　[4] 括弧に * をつけた表記は，括弧内要素を省略することができないことを示す．

　[5] 「多重主格構文」は韓国語他にも観察され，日本語のみに限られた現象ではない．以下では，日本語に限って論を進めるが，本論文で提示する主語化を含む所有者分離現象の一般化と分析が韓国語をはじめとした他言語にも同様に有効であるか否かについての検討は今後の課題としたい．

その例に漏れず，(2) の現象に対し，規則の対象は「文頭のノ格要素」であり，その適用結果も「ガ格」を指定し，かつ文法関係的にも「主語」とした．具体的な変化・規制を細かく1つの規則内に指定することの利点は，規則の適用範囲を明確にでき，過剰一般化が防げることである．これにより，語順で文頭にはない目的語からの分離は，分離後の格がガ格であれヲ格であれ，(9b, c), (10b, c) が示すように非文法的な文として排除することができる．

(9) a.　花子が太郎の頭をたたいた．
　　b.　*花子が太郎を頭をたたいた．
　　c.　*花子が太郎が頭をたたいた．
(10) a.　花子がロシア語の単語を覚えた．
　　b.　*?花子がロシア語を単語を覚えた．
　　c.　*花子がロシア語が単語を覚えた．

しかし，規則を細かく規定してしまうことの難点もある．例えば，(11) のような構文・現象である．これらには，名詞句内の属格（ノ格）がそのホスト（所有物，修飾先）から離脱しているという (2) との共通点がある．しかし，その性質を全て，「主語化」操作 (1) に帰することができるわけではない．(11) では，分離した所有者には下線，所有物（ホスト）要素は 囲い で示した．

(11) a.　目的語からの所有者分離　　　　　　　　（長谷川 (1999)）
　　　　恭子がロシア語が 発音が 上手だ．
　　　　(←恭子が [ロシア語の発音が] 上手だ．)
　　b.　目的語からの所有者の焦点化（分裂文）　　（Kuroda (1988)）
　　　　花子が 頭を たたいたのは太郎だ．
　　　　(←花子が [太郎の頭を] たたいた．)
　　c.　所有受動文　　　　　　　　　　　　　　（長谷川 (2007c, 2009)）
　　　(i)　太郎が（誰かに） 足を 踏まれた．
　　　　　(←誰かが [太郎の足を] 踏んだ．)
　　　(ii)　ドアが（子供たちに） 取っ手を 壊された．
　　　　　(←子供たちが [ドアの取っ手を] 壊した．)

d. 所有者（非対格）他動詞文
　　　　　　（長谷川 (2002), Hasegawa (2001, 2004, 2007) など）
　(i) 花子が<u>その出来事に</u> 心 を痛めた．
　　　　（←その出来事が［花子の心を］痛めた．）
　　　　（←その出来事に［花子の心が］痛んだ．）
　(ii) （戦争で）ドルが 値を 上げた．
　　　　（←戦争が［ドルの値を］上げた．）
　　　　（←（戦争で）［ドルの値が］上がった．）

　こうした状況を受けて，考え方は2つある．1つは，(11)で観察された現象は，(2) や (6) の「主題化」現象とは異なる現象・構文として分析することである．そして，もう1つは，これらは様々なタイプではあるが，全て，(2) 同様，「所有者の分離」が観察されることから，(1) の「主題化」を一般的した操作（例えば，(12) のような「所有者分離規則」）が関わっていると想定し，(2) や (11) の構文も，その適用との関わりで分析するというものである．

(12) 所有者分離規則
　　　名詞句内の「ノ」格（属格）要素は，その名詞句から構造的に分離し，文の構成要素となる．

ちなみに，生成文法が歩んできた道は，前者の考え方から後者へであって，規則は，特定の現象に限定したり，その適用を細かく制限するより，一般的な操作として広く適用し，適用結果としてのアウトプットを言語全体および個別言語の一般的特性により制限するという方向である．筆者も，(11a)，(11c), (11d) といった構文に対し，(12) のような「所有者分離規則」を想定し，日本語で広く見られる (2) の「主語化」と共通する現象として分析してきた．[6] そう考える方が，(11) の現象も，(2) 同様日本語では広く観察さ

---

　[6] (11a) の「ガ格目的語からの所有者分離」については長谷川 (1999) に，(11c) の「所有受動文」については長谷川 (1999, 2007c, 2009) に，(11d) の「所有（非動作主・非対格）他動詞文」については，長谷川 (2002), Hasegawa (2001, 2004, 2007) に詳細な分析を提示しているので，参照されたい．

れるが，英語などの言語では限定的であるという事実と合致すると思われる．[7]

以下では，上記の久野の「主語化」(1) をより一般化した (12) を想定した上で，名詞句内から分離した「所有者」が，どういう構造に帰結するなら文法的となるかを考察する．つまり，「所有者分離規則」の一般的な適用を想定しつつ，主語化の (2) や (6) の例，及び (11) のタイプは許すが，目的語からの分離で非文法的な例 (9b, c) や (10b, c) は排除するような体系のあり方を追求する．結論を先取りするなら，分離した「所有者」が許されるか否かは，その要素の構造的な「認可」に関わり，それは，「格付与」(ガ格) によるだけでなく，構文上の特定の機能を持つ位置（例えば，「主語」や「焦点文の焦点」）によっても認可されると主張する．特に，「分離した所有者」が，文のタイプ（構文）と連動する構造上の意味機能により「認可」される（救われる）と主張する部分は，長谷川 (2007a, 2010a) で論じている文法の捉え方に通じる．つまり，文の意味・機能は，(ア) 論理的・事態的意味と

---

[7] 日本語の「主語化」構文が英語では構文的に限定的であると (7), (8) で述べたが，(11) に対応する英語の表現も同様である．たとえ許されるとしても対応する構文は限られている (Hasegawa (2001, 2007) 参照)．

(i) a. *Taro cannot memoraize Russian (its) words.　　　　(Russian は名詞)
 b. Taro cannot memoraize Russian words.　　　　　　(Russian は形容詞)
(ii) a. *It was his head that Hanako hit Taro.
 b. It was on *(his) head that Hanako hit Taro.
 c. Hanako hit Taro on *(his) head.
(iii) a. *Taro was stolen (his) bike (by someone).
 b. *The door was destroyed (its) handle (by children).
(iv) a. *Hanako hurts her heart (because of that incident).
 b. Hanako troubled *(her) heart (about that incident).
 c. *The dollar lowered (its) value.

英語では，(7), (8) でもそうだが，2つの独立した名詞句が所有関係にある場合は，所有物には所有者と対応する代名詞が必要であり，日本語のように裸名詞が生起することはない．この事実は，言語全体の観点から (ア)「所有者分離」の操作は英語には許されないとするか，(イ) 許されるが，分離元には空所（痕跡）ではなく（束縛）代名詞が残るとするか，などを考察する必要がある．たとえ，(イ) であったとしても，「所有者分離」現象は日本語に比べ限定的にしか観察されないことは明記しておきたい．

いずれにしても，「所有者分離」(12) が，何故，日本語に広く観察されるのかについての考察も必要である．おそらく，日本語の名詞句での定性と関わる要素（冠詞などと関わる機能範疇 Det）の働きと関連すると思うが，それについては今後の課題としたい．

関わる意味役割だけでなく，（イ）語用的・発話的機能を持ち，文中に派生段階で放出された要素は，文タイプや発話力（Force）に属する「主題」「焦点」「関係節の主要部」といった（イ）と関わる機能範疇によって認可されるのである．以下では，日本語の「所有者分離」現象を，こうした文の構造構築と派生の有効性を示すケース・スタディとして提示する．「所有者」は，分離前は（ア）の観点からの意味・機能を持つが，分離したなら，（イ）の機能も持つ必要があり，それに応じた位置へ移動するのである．

以下，第2節では，目的語からの所有者分離現象について，上記 (9)，(10)，(11) のような例文に言及して考察し，目的語からの分離が許される条件を「格付与」の観点から一般化する．第3節では，分離した所有者が典型的にガ格を受け焦点化されることから，ガ格付与と意味機能の関係を明確にした文構造を提示する．第4節では，第3節で提示した文構造を基盤に，ガ格焦点化とハ格主題化，分裂文の焦点化の相違点を明らかにし，ガ格焦点化と分裂文の焦点化が競合すること，ハ格主題化と分裂文焦点化がガ格焦点化より自由に観察されることから，ガ格付与焦点化には「局所性条件」が必要なことを論じる．第5節では，この論文で扱った「主語化」を出発点にした統語現象（所有者分離，ガ格焦点化，主題化，分裂文の焦点化，かき混ぜ）と構造，およびその意味機能をまとめ，この分析からの発展の可能性を指摘する．

2. 目的語からの所有者分離

「所有者分離規則」(12) を想定するなら，(11) の例も，「主語化」の例 (2) や (6) 同様，名詞句からの所有者分離を経た構文として考察することができる．しかし，(12) へと分離操作を一般化したことで，久野の「主語化」(1) では排除できた目的語からの分離も可能となってしまうという別の問題が起こる．[8] 関連する例 (9)，(10) を (13)，(14) として再掲する．

---

[8]「主語化」が適用される文頭の名詞句は，その典型例の (2b) や (6) では，ガ格を持つ「主語」だったが，(i) のような存在文のニ格要素内のノ格も「主語化」でき，そのことから，久野の主語化規則 (1) では「文頭」の名詞句の格が指定されていない．

(i) a. ［神戸の郊外ニ］よい住宅地がある．

(13) a. 花子が［太郎の頭を］たたいた．
b. *花子が太郎を頭をたたいた．
c. *花子が太郎が頭をたたいた．
(14) a. 花子が［ロシア語の単語を］覚えた．
b. *?花子がロシア語を単語を覚えた．
c. *花子がロシア語が単語を覚えた．

これらの非文法的な文のうち (b) の例は，「主語化」とは独立して「二重ヲ格の禁止」によっても排除できる．この規則は，(15) の使役文や (16) の「壁塗り交替文」，(17) のサ変動詞の目的語でも観察され，日本語には必要と考えられているものである．

(15) a. 太郎が［花子｛に／を｝東京へ行 k］(s)ase た．（行かせた）
b. 太郎が［花子｛に／*を｝本を読 m］(s)ase た．（読ませた）
(16) a. 花子がペンキを塗った．
b. 花子が壁を塗った．
c. 花子が壁にペンキを塗った．
d. 花子がペンキで壁を塗った．
e. *花子が壁をペンキを塗った．
(17) a. 太郎が英語を勉強する．
b. 太郎が英語の勉強をする．
c. *太郎が英語を勉強をする．

使役文では，被使役者は自動詞ならヲ格が可能だが，他にヲ格が存在する他動詞の場合はニ格しか許されない．また，「塗る」のような動詞はその行為の向く先として「塗る場所」と「塗る材料」のどちらも目的語としてヲ格で

---

　　　　b. 神戸ガ［郊外ニ］よい住宅地がある．　　　　　　（久野(1973: 269)）
ただ，久野は，(ia) の文頭の「ニ格」要素も「ガ格」を受け (ii) のように「主語化」できることを指摘しているが，「主題化」(1) の規則に，それを反映させてはいない．
　　(ii)　［神戸の郊外ガ］よい住宅地がある．
この事実は，「ガ格表示」は，「所有者分離」とは別に考察されるべきことを示しており，その方向性を本論文では追求する．

第4章 「所有者分離」と文構造

標示することができるが，両方を同時にヲ格で標示することはできない．そして，サ変名詞の目的語は，サ変名詞自身がヲ格で標示されるなら，属格ノ格を持つサ変名詞の修飾語の形となり，ヲ格を受けることができない．こうした現象の説明として，「二重ヲ格の禁止」が想定されてきているが，これを「所有者分離」に想定するなら，(13b) と (14b) は排除できる．

この方向性はさらに，文法的な「ガ格目的語からの分離」(11a) ((18b) として再録) や (19b)，および「分裂文」(11b) ((20a) として再録) や (20b) の存在からも支持されよう．

(18) a.　恭子が [ロシア語の発音が] 上手だ．
　　 b.　恭子がロシア語が発音が上手だ．
(19) a.　翔一は [その試合のチケットが] 欲しい．
　　 b.　翔一はその試合がチケットが欲しい．　　　(長谷川 (1999: 126))
(20) a.　花子が頭をたたいたのは太郎だ．　(cf. (13b))
　　 b.　花子が単語を覚えたのはロシア語だ．　(cf. (14b))

これらでは，所有者が目的語から分離しているが，(18), (19) では，分離元の目的語もガ格であり，分離した所有者もガ格を受けることから「二重ヲ格の禁止」は関与しない．また，(20) は，(13b) と (14b) の分離した所有者が分裂文の焦点となっており，やはり，二重にヲ格を受ける構造とはなっていない．このように「二重ヲ格の禁止」を日本語の文法に想定するなら，非文法的な (13b) や (14b) はその制約により排除できるのであるから，所有者分離を文頭の名詞句に限定する必要はないことになる．「所有者分離」は目的語など文頭以外の要素もその対象とする一般的な操作と考えられる．

しかし，「二重ヲ格の禁止」だけで「所有者分離」現象が片付くわけではない．上記の分析では，まだ (13c) と (14c) の説明ができない．どうして「ヲ格目的語」から分離した所有者は，(18) や (19) のようにガ格を受けることができないのだろうか？「所有受動文」(11c) と「所有者（非対格）他動詞」(11d) の例（以下，(21), (22) に再掲）を見るなら，単純に「ヲ格目的語」から分離した所有者にガ格を付与することを禁じるという制約は適当ではないだろう．

(21) a.　誰かが [太郎の足を] 踏んだ．

b.　太郎が（誰かに）足を踏まれた．
　　　c.　［太郎の足が］（誰かに）踏まれた．
(22)　a.　子供たちが［ドアの取っ手を］壊した．
　　　b.　ドアが（子供たちに）取っ手を壊された．
　　　c.　［ドアの取っ手が］（子供たちに）壊された．
(23)　a.　その出来事が［花子の心を］痛めた．
　　　b.　花子がその出来事に心を痛めた．
　　　c.　その出来事に［花子の心が］痛んだ．
(24)　a.　戦争が［ドルの値を］上げた．
　　　b.　（戦争で）ドルが値を上げた．
　　　c.　（戦争で）［ドルの値が］上がった．

　これらの文の詳細な分析は，ここでは立ち入らないが，これらの派生は以下のように考えられる．先ず，「所有受動文」(21b)，(22b) だが，それらは，対応する (a) の能動文の述語に「直接受動文」同様，「られ」が付随し，その主語に「分離した所有者」が移動する．つまり，(b) の「所有受動文」と (c) の「直接受動文」の違いは，「所有者分離」(12) が目的語に適用されるか否かであり，適用されなければ，目的語自身が「られ」の主語になり，適用されれば，分離した所有者が主語位置へ移動しガ格を受けるのである．[9]

　「所有者（非対格）他動詞」の (23b) と (24b) も，「所有者受動文」に似て，ヲ格目的語から分離した所有者が，「主語」として現れている．「所有者分離」が起こらない場合は，主語に「原因」項が来る (23a)，(24a) の他動詞文となる，もしくは，(23c)，(24c) のように「非対格自動詞」が述語であれば，対象項（他動詞の目的語）全体が主語となる．[10]

---

　[9] 詳しくは，長谷川 (2007c, 2009) を参照されたい．そこでは，受動述語「られ」を格付与素性［±目的格］を持つ機能範疇（軽動詞の一種）として扱い，［＋目的格］の場合に「所有受動文」が，［－目的格］の場合に「直接受動文」が導かれるとした．注10参照．

　[10] 詳しくは，Hasegawa (2001, 2004, 2007)，長谷川 (2002) を参照されたい．それらの論考では，外項（動作主）と目的格付与の関係を探り，外項と目的格は各々独立した素性であり，動詞（自動詞・他動詞派生形態素）は，その組み合わせにより，(i) に示した4つのタイプが可能であることを論じ，それらが連動しているとする「プルツィオの一般化」は表層レベルの一般化であるに過ぎないことを示した．

第4章 「所有者分離」と文構造　　　95

　「所有受動文」,「所有者(非対格)他動詞文」いずれの場合も, ヲ格目的語からの所有者の分離が観察されるが, 分離した所有者は,「主語」として機能している. この点が, 非文法的な(13c)と(14c)とは異なるのである. この一般化が正しければ, (21)–(24) の (a) の目的語からの分離でも,「主語」として機能しないなら, (13c) や (14c) 同様非文法的となることが予測される. その予測は正しい.

(25) a. *誰かが太郎が足を踏んだ.
　　 b. *子供たちがドアが取っ手を壊した.
　　 c. *その出来事が花子が心を痛めた.
　　 d. *(戦争が) ドルが値を上げた.

　目的語からの分離に対し, 主語からの分離は, 久野の (1) の規則が示すように, 述語の「論理的主語」として機能する必要はない. そのため「所有者分離」を経ずに対象項そのものが (目的語の位置から)「主語」となった「非対格自動詞」の例 (21)–(24) の (c) では, その主語に「主語化」を適用して, 所有者を分離させることができ, (26) が得られる.

(26) a. <u>太郎が</u>足が (誰かに) 踏まれた.
　　 b. <u>ドアが</u>取っ手が (子供たちに) 壊された.
　　 c. その出来事に<u>花子が</u>心が痛んだ.
　　 d. (戦争で) <u>ドルが</u>値が上がった.

(i)

	＋外項	－外項
＋目的格	(a) (動作主) 他動詞	(b) 非対格非動作主他動詞 　　(原因主語他動詞) 　　(所有者主語他動詞)
－目的格	(c) 非対格動作主自動詞	(d) 非対格自動詞

(i) のシステムでは, (23) や (24) のような「動作主」を持たない場合は, 他動詞であれ自動詞であれ [－外項] の「非対格」となり, (23a, b), (24a, b) は [＋目的格] の「非対格他動詞」(i)–(b) であり, (23c), (24c) は [－目的格] の「非対格自動詞」(i)–(d) となるのである. 「非対格他動詞」(i)–(b) の場合は, (23a), (24a) のように「原因」項を主語とすることができるが, その場合は「所有者分離」は起こらない. 「所有者分離」が起こる場合は分離した所有者が主語となり (23b), (24b) が生起するのである.

しかし，久野も指摘しているが，ヲ格目的語を「かき混ぜ」により文頭に移動して「所有者分離」「ガ格付与」を適用しても，文法性の改善は見られない．

(27) a. ［太郎の頭を］花子がたたいた． (cf. (13))
 b. *太郎が頭を花子がたたいた．
(28) a. ［ロシア語の単語を］花子が覚えた． (cf. (14))
 b. *ロシア語が単語を花子が覚えた．
(29) a. *太郎が足を誰かが踏んだ．
 b. *ドアが取っ手を子供たちが壊した．
 c. *花子が心をその出来事が痛めた．
 d. *ドルが値を（戦争が）上げた．

実は，「かき混ぜ」を受けた要素は，格のタイプによらず，「所有者分離」（もしくは「主語化」）の適用は受けない．「所有者分離」+「ガ格付与」（つまり，(1)と同様の操作）が適用できるのは，「基本語順」で文頭にある要素，もしくは，「所有者分離」により「大主語」化した要素，だけなのである（注8も参照のこと）．

(30) a. ジョンが［ニューヨークの郊外に］住んでいる．
 b. ［ニューヨークの郊外に］ジョンが住んでいる．
 c. *ニューヨークが郊外にジョンが住んでいる． (Kuno (1973: 367))
(31) a. ［神戸の郊外に］よい住宅地がある．
 b. 神戸が郊外によい住宅地がある．
(32) a. ［［日本の男性の］平均寿命が］短い．
 b. ［日本の男性が］平均寿命が短い．
 c. 日本が男性が平均寿命が短い． (久野 (1973: 41))

場所を示すニ格要素でも，(30)のように基本語順で文頭にないなら，(31)の存在文のニ格要素と異なり，「主語化」は受けられない．[11] (32)は久野の

---

[11] 注8でも触れたが，久野は，こうした事実から，日本語の存在文の語順は，ニ格がガ格主語に先行すると論じている．Kuroda (1988) も「ニ−ガ」語順を日本語の基本的格配列の1つとしており，可能文などの「ニ−ガ」についても（例：花子ニ英語ガ分かる），存在

有名な例だが，分離し「主語」となった「大主語」内から，さらに所有者を分離させることができるのである．

上記をまとめると「所有者分離」現象は以下のようにまとめられる．

(33)　所有者分離：　文法的になる場合
　　　a．主語から分離し，<u>ガ格表示</u>を受ける．（久野の「主語化」(1)）
　　　b．ガ格目的語から分離し，<u>ガ格表示</u>を受ける．
　　　c．ヲ格目的語から分離し，<u>主語としてガ格</u>を受ける．
　　　d．ヲ格目的語から分離し，<u>分裂文の焦点</u>となる．
(34)　目的語からの所有者分離：　非文法的になる場合
　　　a．ヲ格名詞句から分離し，<u>ヲ格を受ける</u>．←「二重ヲ格の禁止」
　　　b．「かき混ぜ」による文頭要素から分離し，ガ格を受ける．

つまり，(33d) の分裂文の焦点となる場合を除けば，分離した所有者名詞句は，ガ格を受ける．ただ，ガ格を受ける所有者は，ガ格要素（主語，大主語，ガ格目的語）からの分離，もしくは，分離して，唯一の「主語」となることができる場合に限られる．第3節ではガ格付与のメカニズムと文頭の構造を考察し，第4節で分裂文や主題文など，文のタイプと関わる構文と「所有者分離」について考察する．

3.　ガ格付与と文構造

ガ格は，その基本は「主語」を示すとされるが，(33) で見たように，分離した所有者は，(33d) の分裂文の焦点となる場合を除き，ガ格を受ける．そしてその文中での機能は「主語」となる場合 (33c) もあるが，(33a)，(33b) では「主語」ではない．久野は日本語のガ格には，次の3つの用法があるとする（久野 (1973: 28)）．

文と同様の配列と分析している．本論文では，その配列を持つ構文の分析についてはこれ以上扱わない．

(35) a. 総記を表す「ガ」
太郎ガ学生です.
(「(今話題となっている人物の中では) 太郎だけが学生です」の意味)
b. 中立叙述を表す「ガ」:
雨ガ降っています.
おや,太郎ガ来ました.
c. 目的格を表す「ガ」:
僕は太郎ガ好きだ.

これらの解釈は,概ね,(36)のように一般化出来る.

(36) a. 総記の解釈:「文頭のガ格」(「主語化」(1) 適用後のガ格も含む)に与えられる.
b. 目的語のガ格: 状態を表す述語の目的語
c. 中立叙述の解釈:[12] 「総記」でも「目的語のガ」でもない場合

つまり,ガ格は「主語」「目的語」といった文法関係を示すのではなく,文頭「近辺」の名詞句に与えられる「マーク」であり,その機能は一律ではない.

こうしたガ格の環境を受け,生成文法では様々な試みがなされてきたが,80年代のGB理論以降,共通した認識は,「格」表示を,名詞句の構造的な認可条件とする考え方である.この認識の背後には,文要素の生起に関わる大前提としての「完全解釈 (Full Interpretation)」の原則がある.つまり,当然と言えば当然だが,文中に現れる要素は,「全てその生起が構造的に保証され,意味ある要素として解釈されなければならない」というものである.「格」は,構造的な認可と関わり,構造的に認可されたものは「文中での意味機能」を持つ.そして,(35) や (36) でも明らかなように,同じ「格」でも「異なった意味機能」が可能であるが,このことは,文中の要素の「構造的認可」とその「意味機能」は同じなのではなく,各々が独立し,異なる体

---

[12] 筆者は,長谷川 (2008, 2011),Hasegawa (2010) で日英語の中立叙述文を考察し,文のタイプとしての「中立叙述」と,久野の (36c) におけるガ格解釈としての「中立叙述」とは,異なる概念であることを論じた.本論文では,その違いには立ち入らない.

系を持つことを示している．統語論での大きな課題は，「構造的認可」と「意味機能」の関係を探ることである．

より具体的に，本論文の考察対象の「所有者分離要素」に照らすなら，課題は，「分離した所有者」の「構造的認可」とその「意味機能」の関係を探ることである．そもそも「分離前の所有者」は，名詞句内の属格（ノ格）により構造的に認可され，意味も（大枠で）「所有者」という解釈を受けている．それが「分離」されることで，新たな構造的認可が，ホスト名詞句の外でなされることが必要になる．それが「ガ格付与」であろう．[13] つまり，ガ格は意味とは独立して「構造的な認可」として機能するのである．そして，「分離した要素」の「意味機能」であるが，分離前の「所有者」の意味役割に加え，分離後には，その位置に応じた相応の「意味解釈」や「機能」を受ける必要がある．それが，「総記」であり，「目的語」であり，「主語」である．[14] 以下，3.1節でガ格付与と文構造，3.2節では，文構造位置とその意味機能を考察する．

3.1. ガ格の位置

上述したように，ガ格は特定な機能と結びつかず，久野の「主語化」(1)，および (33) が示すように，「主語」近辺に複数与えられる．このことから，Saito (1982) は，文範疇の IP に支配される位置（(37) の構造の主語位置 (NP_2) や IP 付加の位置 (NP_1)）がガ格付与の位置とした．

---

[13] ガ格だけでなく，焦点化要素 (33d) やハ格を伴う主題も「構造的に」認可される．これについては第4節で扱う．

[14] GB 理論とその後の極小主義で，移動などの構造変換操作の役割について，基本的な考え方が異なる．GB 理論では，規則の適用は「自由」で，そのアウトプットは必ずしも，インプットと異なる意味や機能を導くとは考えられていなかった．しかし，極小主義では，操作の適用は自由ではなく，必要最低限しか許されず，適用結果の構造が意味解釈上妥当でなくてはならない．そうした操作には，意味や機能とは関わらない形式素性による駆動も含まれているので，一概に，全ての操作が「意味や機能」を持つとは言えないが，主語や目的語といった「文法関係」の表示も「機能」の1つと考えるなら，操作の適用の有無で，文中要素が持つ「機能」は異なることになる．

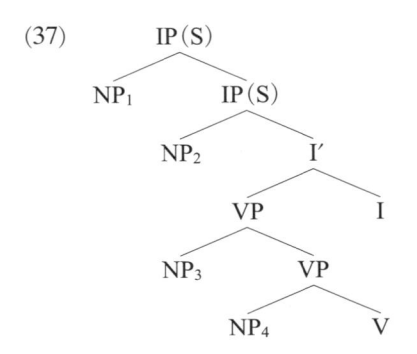

(37)
```
         IP(S)
        /    \
      NP₁    IP(S)
            /    \
          NP₂    I'
                /  \
              VP    I
             /  \
           NP₃  VP
               /  \
             NP₄   V
```

さらに，ガ格付与には時制辞が関わることが，Hasegawa (1984/85) では (38)，Takezawa (1987) では (39) のような例により，指摘された．ガ格は時制要素が述部にない場合は付与されないのである．

(38) a. 花子は [{∅／?自分が／?彼女が} 太郎に会うために] 東京へ行った．
    b. 花子は [{∅／*自分が／*彼女が} 太郎に会いに] 東京へ行った．
(39) a. 太郎が [花子{が／を} かわいいと] 思った．
    b. 太郎が [花子{*が／を} かわいく] 思った．

また，ガ格とヲ格とハ格の構造的位置に関し，岸本は，Kishimoto (2001)，岸本 (2007) で，興味深い議論を提示し，ガ格はヲ格より，ハ格はガ格より上位に位置すると論じている．[15] 先ず，ガ格とヲ格の位置関係を見てみよう．Kuroda (1965) は，日本語の「誰」や「何」といった不定名詞は，疑問詞としてだけでなく，モを伴うと，否定極性表現となり，否定の作用域内で全否定文となるが，不定名詞とモは「誰も」「何も」のように一語となる場合だけでなく，モが離れていても，同様の解釈が得られることを指摘した．

(40) a. 太郎は何も {買わなかった／*買った}．
    b. 何も {壊れなかった／*壊れた}．
    c. 太郎は何を買いも {しなかった／*した}．

---

[15] ガ格目的語の方がヲ格目的語より構造的に上位にあることは，Tada (1992) でも論じられている．長谷川 (1999) も参照のこと．

Kishimoto (2001) は，Kuroda の指摘を発展させ，不定名詞とモが離れた場合は，(40b) のようにヲ格名詞なら否定文として成立するが，ガ格名詞の場合は，主語の場合 (41a, b) でも，目的語のガ格の場合 (41c) でも，非文法的になることを示した．

(41) a. *誰が笑いもしなかった． (Kishimoto (2001: 600))
    b. *何が壊れもしなかった． (ibid.: 604)
    c. 太郎が｛何を／*何が｝分かりもしなかった． (ibid.: 607)

この文法性の違いは，不定名詞とモの構造的位置と関係しており，モが不定名詞より上位にある（束縛する）ことが文法性の条件と考えられる．つまり，ヲ格名詞句は動詞に付随したモより低い位置にあるので，問題ないが，ガ格名詞はモより高い位置にあるために，非文法的になるのである．モ（および述語）との関係性により，ガ格名詞句は目的語であってもヲ格名詞句より高い位置で認可されるのである．

ガ格要素と主題のハ格要素の関係については，岸本 (2007) は (42) や (43) のような例を提示し，ダケの作用域の関係から，ガ格要素はハ格より下位に位置するとした．

(42) a. 鳥が飛ぶだけだ．
    b. 鳥は飛ぶだけだ． (岸本 (2007: (5)))
(43) a. 象が鼻が長いだけだ．
    b. 象は鼻が長いだけだ． (ibid.: (48))

ここで重要なのは，ダケの作用域が当該の名詞句を取り立てる読みが可能か否かという点で，(42) では「鳥だけが飛ぶ」，(43) では「象だけが鼻が長い」という解釈の可能性である．それは，各々 (a) のみで可能であり，(b) での解釈は，ハ格要素を除いた読みしか可能ではない．つまり，ダケとの関係で，ハ格はガ格より上位に位置するのである．

こうした考察から，ガ格は，構造的に，ハ格の「主題」要素より下位の位置で，かつヲ格要素より上位の位置で付与されると想定できるのである．これらの格要素の構造的階層関係はどのような構造で保証されるのだろうか．

文構造については，生成文法の初期から GB 理論（初期）までは概ね (37) のような比較的単純な構造が想定されており，VP 内部に内項（目的語）と

述語，IP（もしくは S）内部に主語位置が基本的な「項」の位置としてあり，副詞などの生起が必要な場合に，IP や VP の位置に付加を許すといったものである．[16] この時代の統語構造の基本は，述語の項を表出させるに十分な位置の確保のみを前提にしており，構造やその位置自体に特定の意味や役割を持たせてはいなかった．

　しかし，GB 理論後期に至り，文の構造および構造内の位置は，文の意味と関わっていることが明らかとなり，2 つの観点から構造の精緻化が図られてきている．1 つは，述語の意味や文が表す事態が構造に取り込まれているという方向であり，もう 1 つは，文の発話の力，文脈と関わる意味や機能が文の構造と対応していると考える方向である．前者は，語彙概念意味の統語構造化を狙い，意味役割と述語のアスペクトを述語（VP）と関わる機能範疇に対応させる試みであり (Hale and Kayser (1993), Hasegawa (1999, 2000) や Pylkkänen (2008), Borer (2005) など参照)，後者は Rizzi (1997) で明確化され，機能範疇 CP を命題的意味（IP の領域）と発話や談話の接点として捉え，談話機能に応じて複層化させる試みである．[17] こうした試みは，現在最も活発に理論化が進められており，IP も含めて考えるなら，文の構造と機能は，「発話の力（Force）」「時制やアスペクト」「述語とその項（文の命題的意味）」の観点を総合的に取り入れて体系化される可能性が高い．文や述語の意味機能や概念のうち，何がどの程度，統語構造化されるのかについては，今後，討議されなければならないが，文構造として (44) のような構造を想定することは，英語やイタリア語の研究 (Rizzi (1997), Cinque (1999), Radford (2004), Borer (2005) など) からも，日本語の研究 (Endo (2007), 遠藤 (2010), 長谷川 (2007b, 2010b, 2011),

---

[16] そうしたことから，長谷川 (1999) では，ガ格付与は，(37) の構造で言うなら，主語位置 (NP_2), IP の付加位置 (NP_1), VP の付加位置 (NP_3) で可能となるという分析を提示した．

[17] 統語構造と意味との関係，その扱いと理論の変遷については長谷川 (2010b, 2011) を参照されたい．特に，CP 構造の精緻化の理論的背景については，Rizzi (1997)（その日本語版は長谷川 (2010a) に収録），長谷川 (2007b, 2010b, 2011) を参照されたい．また，日本語を基盤に，述語の意味と統語構造の関係を考察した論考に外崎 (2005), 山田 (2007), Okura (2009) がある．本書収録の大倉論文も，こうした方向の研究である．

Hiraiwa and Ishihara (2002), 栗原 (2010) など) からも，妥当と思われる.[18] そして，ガ格は，ハ格とヲ格の間の，NP で示した位置で受けられるとする.[19]

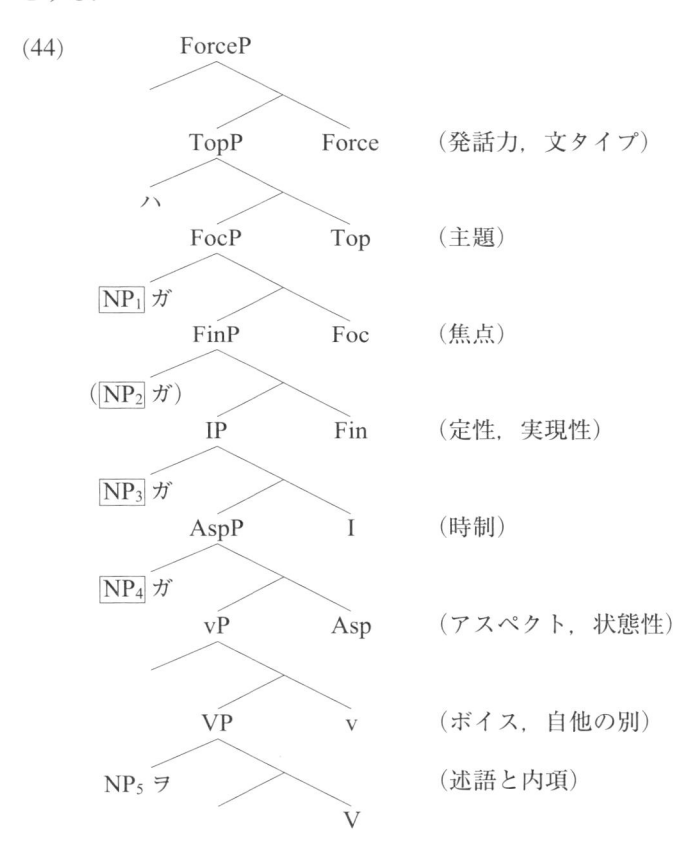

(44)
```
            ForceP
           /      \
        TopP      Force        （発話力，文タイプ）
       /    \
      ハ    FocP     Top       （主題）
           /    \
       NP₁ガ   FinP    Foc     （焦点）
              /    \
         (NP₂ガ)   IP     Fin  （定性，実現性）
                 /    \
              NP₃ガ  AspP    I （時制）
                   /    \
                NP₄ガ  vP    Asp （アスペクト，状態性）
                     /    \
                    VP     v    （ボイス，自他の別）
                   /  \
               NP₅ヲ   V        （述語と内項）
```

---

[18] 長谷川 (2010a) で論じたが，文の構造を複層化して考えるという流れは，日本語学では，南 (1974) の階層構造など，馴染みのあるものである．益岡 (1991, 2007)，野田 (1989, 1995)，田窪 (1987)，仁田 (1991)，など参照．ただ，文構造と構造内の特定の位置と特定の機能や意味を連動させ，その連動を保証する体系を構築するという方向は，統語理論の視点である．日本語の現象から CP 領域の精緻化を扱った井上 (2007)，上田 (2007)，および，本書に収録の井上論文，上田論文も参照されたい．

(44) の構造は，IP 上部については，Rizzi (1997) に準じたが，AspP の位置は野田

従来 CP とされていた領域は，Force — Topic — Focus — Finite という 4 つに複層化されている．これらのうち，Force（文のタイプ，発話力）は Finite（定性，実現性）と連動しており，長谷川（2010b, 2011）でも論じたが，例えば，命令文という Force は Fin に「未実現」を指定し，それが IP の時制とつながり，形態的には日本語では「命令形」，英語では「不定詞」として具現する．Force と Fin は文には不可欠な要素で，それらにより発話は現実の場とつながるのである．ForceP と FinP の間には，文（会話状況）によって，［主題（Topic）］や［焦点（Focus）］が含まれる．また，IP 内部には，時制辞を持つ I に加え，「状態性」を司る Aspect が介在し，述語（動詞句）はその下に位置する．

さて，格付与だが，ヲ格は他動詞を指定する v により NP_5 の位置に与えられ，「二重ヲ格の禁止」の有効性により，1 つの NP にしか与えられない．また，ハ格は「主題」を示し，TopP 指定部で与えられる．そして，問題のガ格は，ハ格もヲ格も与えられない，CP, IP と関わる $\boxed{NP_1}$ から $\boxed{NP_4}$ の位置に与えられるとする．これは，上記の (38) や (39) で指摘した時制との関わり，(40) から (43) で見たヲ格付与より上位でハ格より下位で与えられる，といったガ格についての一般化からの帰結である．

3.2. ガ格の位置と解釈

では，具体的に，各々のガ格付与位置が，上記で考察してきた例とどう関わるか見てみよう．下線の要素は「所有者分離」によりガ格を受けた名詞句である．

(1989) などの論考から，便宜的に vP と IP の間に独立した機能範疇として設定した．しかし，Borer (2005) の主張を取り入れるなら，AspP と vP が融合する可能性もある．今後の課題としたい．

[19] vP 指定部（動作主項の基底の位置）も，(IP 指定部に他の要素が存在するなら) ガ格付与が可能とする論考もある (Miyagawa (2001))．本論文ではその議論には立ち入らないが，その主張は，ガ格がヲ格付与位置とハ格付与位置の間の機能範疇の指定部に与えられるとする本論文の一般化と整合性を持つものである．また，NP_2 の位置がどの程度活性化されているのかについては，本論文で扱う以上の現象からの考察が必要である．注 20 も参照されたい．

第4章 「所有者分離」と文構造   105

(45) a. 日本が男性が短命です．   (2b)
    b. 恭子がロシア語が発音が上手だ．   (11a) = (18b)
    c. ドアが（子供たちに）取っ手を壊された．   (22b)
    d. ドルが値を上げた．   (24b)
    e. ドルが値が上がった．   (26d)

先ず，(45a) だが，これは典型的な「主語化」構文であり，分離前の「日本の男性」は主語位置（NP_3）にあり，そこから分離した「日本ガ」は，「総記」解釈を受けることから焦点句の NP_1 に移動すると考える．[20] (45b) はガ格目的語からの所有者の分離である．主語の「恭子」は NP_3 で，目的語の「発音」は NP_4 と思われる．そうだとすると，分離した「ロシア語」がガ格を受ける位置が (44) にはない．ここでは，AspP への付加も許され，その位置でガ格が付与されると考えたい．[21] (45c) の「所有者受動文」と (45d) の「所有者（非対格）他動詞」文は，共にヲ格目的語を持つが，主語位置（NP_3）は空所である．そこで，ヲ格目的語からの分離であっても，「主語」位置へ移動してガ格を受ける．(45e) は「非対格自動詞」の例である．「ドルの値」は，意味役割の上では，(45d) 同様，VP 内部の NP_5 の位置に生成されるが，

---

[20] (44) に従うなら，主語位置 NP_3 より左でガ格を受けられる位置は焦点（総記）解釈を受ける NP_1 の他に，FinP 指定部の NP_2 がある．Fin と I（FinP と IP）の関係を明確にする必要があるが，主語から離脱した「所有者」は（主文では）「総記」解釈となるのが最も自然である．また，以下第 4 節で述べるが，主語からの「所有者分離」は，分裂文による焦点化も阻止することから，所有者は焦点句の指定部 NP_1 へ移動すると考えるのが妥当であろう．NP_2 の位置が独立して必要か否かについては，(32c)「日本が男性が平均寿命が短い」のような複数ガ格文の考察も含め，今後の課題としたい．Tateishi (2006) に関連する論考がある．注 19 も参照のこと．

[21] ガ格目的語からの「所有者分離」は，主語からの分離ほどには自由ではなく，(i) は，(45b) や (19b) が容認できるのに比べ，非文法的であろう．
  (i) a. *?花子が黒沢明監督が映画が観たい（らしい）．
      (cf. 花子が［黒沢明監督の映画］が観たい（らしい）．)
    b. *誰も花子が気持ちがわからない．
      (cf. 誰も［花子の気持ち］が分からない．)
また，容認できる文であっても，「所有者」要素には「焦点」解釈が必然であると思われる．ガ格目的語については，もう少し考察が必要であるが，ここではこれ以上立ち入らない．

vが自動詞指定のためその位置ではヲ格は受けられず，主語位置（NP₃）へ移動し，そこから「所有者分離」が適用され，「ドル」は，(45a)同様，NP₁へ上昇し「総記」解釈を受けるのである。[22]

このように，複数のガ格付与位置を想定するなら，分離した「所有者」が，ガ格を与えられる位置に応じて，単なる「所有者」以上の「意味・機能」を持つことが説明できる。これにより，「所有者分離」だけでなく，ガ格付与のメカニズムと文構造の位置と機能を明確化したわけである。しかし，ガ格が付与される位置は，ハ格付与の「主題（Topic）」指定部や「かき混ぜ」移動ほどには自由に様々な要素が入り込める位置ではない。次節では，ガ格付与にかかわる制約を考察する。

4. 焦点化の可能性と「ガ格局所性条件」

文の構造(44)にガ格付与が許される複数の位置を想定することで，「所有者分離」により名詞句から解放された要素が，構造的に認可され，各々の場所が持つ「意味」や「機能」を担う形で解釈されることを見た。文中の要素が，位置を変えることで，新たな「意味機能」を担う典型的な例には，ハ格を受ける「主題」があり，(44)の構造に照らせば，それはTopP（主題句）の指定部である。いくつか例を見てみよう。

(46) a. 太郎は車を買った．（←太郎が車を買った．）
　　 b. 花子は太郎が招待した．（←太郎が花子を招待した．）
　　 c. ロシア語は太郎が分かる．（←太郎がロシア語が分かる．）

主語も目的語も，元の格がガ格であれヲ格であれ，主題となって文頭に生起

---

[22] 久野(1973: 41)によると，文頭のガ格の総記解釈は，基本的には随意的だが，主文では「述語が状態又は普遍的・習慣的動作を表し，文頭の「名詞句＋ガ」に数詞，数量詞が含まれていない場合」は，義務的となる。これが正しければ，(45e)の「大主語」は「総記」解釈でなくてもよい（つまり，「中立叙述」解釈）ことになる。しかし，(45e)の「ドルが」は総記と思われ，分離していない「ドルの値が上がった」との間には，意味的な差があると思われる。この「総記」解釈の久野の記述は，論理的主語にはあてはまるが，「所有者分離」により大主語化された要素は，常に「総記」解釈を受けると思われ，その解釈は，FocPの指定部に位置することにより与えられると考えたい。

できる．「所有者分離」によりガ格を受けた名詞句も，(6) で観察した「象は鼻が長い」の類の例同様，ハ格を受け「主題化」できる．つまり，(45) の下線の名詞句は全て，文頭位置でハ格を受けた主題化文 (47) となる．[23]

(47) a. 日本は男性が短命です． (2b)
　　 b. ロシア語は恭子が発音が上手だ． (11a) = (18b)
　　 c. ドアは (子供たちに) 取っ手を壊された． (22b)
　　 d. ドルは値を上げた． (24b)
　　 e. ドルは値が上がった． (26d)

さらに興味深いことに，ヲ格要素から分離した所有者も，それはガ格を受けることはできないのだが，「主題化」は可能である．

(48) a. 太郎は花子が頭をたたいた． (cf. (9))
　　　　(←花子が [太郎の頭] をたたいた．)
　　 b. そのドアは子供たちが取っ手を壊した． (cf. (22b))
　　　　(←子供たちが [そのドアの取っ手] を壊した．)

ヲ格目的語から分離した所有者は，ヲ格もガ格も受けられないことは，(9) で観察したことである．それにもかかわらず，(48) が許されるということは，分離した所有者は，ヲ格やガ格の付与を受けずに，ハ格を受け「主題」

---

[23] 文中のどんな要素でもハ格を付与して「主題化」できるわけではない．所有者分離により残されたホスト名詞句は，所有者を越えて文頭に移動し主題化されることは一般的に許されない．
　(i) a. *?男性は日本が短命です．
　　 b. *発音は恭子がロシア語が上手だ．
　　 c. *取っ手はドアが (子供たちに) 壊された． (22b)
　　 d. *値はドルが上げた． (24b)
　　 e. *値はドルが上がった． (26d)
こうした非文法性は，移動に関わる「一般原則」(移動した要素は，その痕跡 (移動元) より構造的に上位の (C 統御する) 位置でなくてはならない) により説明できる．つまり，ホスト名詞句内 ((i) のハ格要素) には分離した所有者 (下線要素) の痕跡が残っており，それが，下線部より下位の (C 統御される) 位置にないことが非文法性をもたらすのである．逆に言うなら，(i) の例文が非文法的であるという事実は，この原則に照らし，(i) は「所有者分離」操作の適用を受けて派生されたという証拠となるのである．

として機能できることを意味する．そうだとすると，(47)も，ガ格を受ける(45)を経ずして派生されることも許されるということになろう．[24]

上記の(47),(48)の「主題化」の現象は，文中の要素は，移動前の位置（述語の項の位置，名詞句内の属格の位置，主語の位置など）から，発話状況において，新たに「主題」としての機能を受けるなら，TopPの指定部へ移動することができることを示している．これを，もう少し拡張して，「主題」に限らず，CP領域で読み取る「談話的機能，文のタイプと関わる機能」を持つ位置への移動として一般化するなら，第2節の最後に残された問題(33d)が解決できそうである．つまり，ヲ格名詞句からの「所有者分離」は，(48)の主題化同様，焦点表現（分裂文）の焦点となり(49)が得られるが，それは移動した位置が「焦点」という新たな「意味・機能」を持つから許されるとするのである．

(49) a. 花子が頭をたたいたのは太郎だ．
　　 b. 子供たちが取っ手を壊したのはそのドアだ．

つまり，「主題化」が可能な文と「分裂文」が可能な文は対応しているのである．[25] 両方とも，CP領域の「談話的機能」を持つ構文であり，その標的となる要素は，「主題」と「焦点」というように異なる機能のために，CP領域内で関係する主要部がTopicとFocusというように異なるが，移動して「談話的機能」を受けるという点では同じタイプの構文なのである．

分裂文は「…述語のはXだ」という構造を持ち，Xが焦点の位置である．この構文では，焦点位置(X)が述語の右にあるため，文の左端部に生起する「主題」とは異なる構造のように思えるが，Hasegawa (1997)では，概

---

[24] しかし，日本語にはガ格付与が1つはなされなくてはいけないとするなら，(47c)「所有受動文」や(47d)「所有者（非対格）他動詞」では，分離した所有者は「主語位置」((44)のNP₃のIP指定部の位置)を経由していると思われる．

[25] 生成文法では，主題化，分裂文の焦点化，関係節化の可能性が連動していることは広く知られている（久野，井上 (1976)）．GB理論では，これらは全て非項(A′)位置への((空)オペレータ)の移動を示す構文として分析された．本論文では，関係節にまで論を広げる余裕はないが，これらは(44)のような構造を想定するならCP領域と関わる現象として分析できる（Rizzi (1997), Radford (2004)参照）．

略 (50) で示したような派生，つまり，焦点要素 X を主題化同様左方に移動し，その後，残りの文全体を主題化させる派生，を提案したが，この分析に従えば，焦点の X も (50c) の主題化が適用される以前は，文の左端の要素である．

(50) a. 基底構造： [s ... X ... 述語の] だ.
　　　　　　　　　（[花子が 車を 買ったの] だ.）
　　 b. X の左方移動： X_i [s ... t_i ... 述語の] だ.
　　　　　　　　　（ 車（を） [花子が t_i 買ったの] だ.）
　　 c. 内側の S の「主題化」： [s ... t_i ... 述語の] は X_i のだ.
　　　　　　　　　（[花子が t_i 買ったの] は 車（を） だ.）

この分析を提示した当時は，CP 部分の構造的精緻化の方向は打ち出されていなかったために，X の左方移動を「焦点」位置として構造化するには至らなかった．しかし，X は，(50c) の主題化要素（[...の] ハ）に後続する位置であるから，(44) の構造の観点からは，分裂文の機能とも合致し，焦点 (Focus) 位置である．ちなみに，Hiraiwa and Ishihara (2002) では，Rizzi (1997) の CP 構造（基本的には，(44) と同様）を用いて，(50) とほぼ同様の派生を提案している．そこでは，基底構造に現れる文末の「の」は Fin の主要部，「だ」は Focus の主要部とされ，Hasegawa (1997) では明確にしていなかった要素も CP 領域内で構造化されており，(50b) の操作は，X を Focus の指定部へ移動させる操作である．[26] そして (50c) で「主題化」されるのは Fin の主要部「の」に導かれる FinP 全体となる．その構造と派生の概略を (51) に示す．

---

[26] 連体節を導く「の」が Fin の主要部にあるとする主張は，疑問文の「の」と「か」の比較に言及して，本論文集の棗原論文および棗原 (2010) でもなされている．

(51) a.

```
                    TopP
                   /    \
                FocP     Top
               /    \
            FinP     Foc
           /    \     |
          IP    Fin   ダ
         /|\     |
     花子が 車を 買った   ノ
```

b.

```
                    TopP
                   /    \
               FinP ハ   
              /    \      FocP    Top
            IP     Fin    /   \
          /|\      |    車_i   Foc
       花子が t_i 買った  ノ          |
                              ダ
```

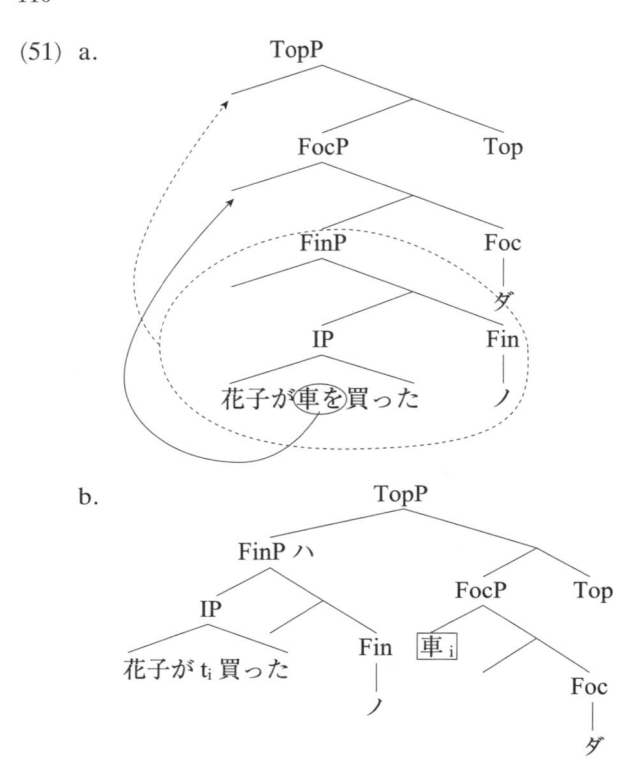

つまり，分裂文の焦点 (X)，(51) では「車」，は Foc の指定部であり，その位置への移動は，「主題」の移動同様，「談話語用的解釈」を持つ位置への移動である．

この分裂文の分析 (51) が正しいとすると，FocP の指定部 ((44) の NP_1 の位置) は「総記」のガ格付与と「競合」することになる．一般に「総記」的な焦点は文中に 1 つだけと考えられており (Rizzi (1997))，総記のガ格と分裂文は共起できないことを予測する．そして，その予測は正しい．

(52) a. ［太郎の息子］がアメリカに留学している．
　　 b. 太郎が息子がアメリカに留学している．
　　 c. ［息子がアメリカに留学しているの］は太郎だ．
　　 d. ［［太郎の息子］が留学しているの］はアメリカだ．
　　 e. ?*［太郎が息子が留学しているの］はアメリカだ．

(53) a. ［この山の木］が害虫のせいで枯れてしまった．
　　 b. この山が木が害虫のせいで枯れてしまった．
　　 c. ［［この山の木］が枯れてしまったの］は害虫のせいだ．
　　 d.?*［この山が木が枯れてしまったの］は害虫のせいた．

　主語名詞句から所有者が分離して「総記」解釈となる (52b) も，分裂文の焦点となる (52c) も共に FocP 指定部への移動である．しかし，(52b) から「アメリカ」を焦点とする分裂文は，所有者移動が適用されていない (52d) と比べて容認度が落ちる．(53) の例も同様である．つまり，(44) の FocP 指定部 (NP_1) 位置は，「総記」読みのガ格付与位置としても使えるし，その主要部が「ダ」なら，ガ格は付与されず，分裂文の焦点となる．

　ただ，ここで「主語化」を「所有者分離」として一般化することで解決しなければならなかった問題に「再度」行き当たる．もし，FocP 指定部が，「特定の語用談話的機能を持つ位置」であるなら，分裂文の焦点および「主題」の場合と同様，ヲ格名詞句から分離した所有者も，その位置でガ格を受けられる筈なのである．しかし，まさに，その「選択肢」がないのが，「所有者分離」の特徴であり，久野の「主語化」操作 (1) が解決を図った事実なのであった．問題の例文を再掲しよう．

(54) a. 花子が［太郎の頭］をたたいた．
　　 b. 主題化：太郎は花子が頭をたたいた．
　　 c. 分裂文での焦点化：花子が頭をたたいたのは太郎だ．
　　 d. ガ格での焦点化：*太郎が花子が頭をたたいた．

　実は，ガ格での焦点化が，主題化や分裂文ほどには自由ではないというこの問題は，「所有者分離」だけの問題ではない．以下で示すように，基底のヲ格要素やニ格要素も，また，ガ格目的語も，ガ格目的語からの所有者も，主題化，分裂文での焦点化は許すが，ガ格での焦点化は許さないのである．以下の例では，(a) は基底の文でその下線の要素に対し，(b) は主題化，(c) は分裂文による焦点化，(d) はガ格による主語化（焦点化）を適用した例である．全て，(d) は非文となる．

(55) a. 太郎がスペイン語を話す．　（ヲ格目的語）
　　 b. スペイン語は太郎が話す．

         c. 太郎が話すのはスペイン語だ．
         d. *スペイン語が太郎が話す．
(56) a. 花子が神戸に住んでいる．　（ニ格要素）
     b. 神戸（に）は花子が住んでいる．
     c. 花子が住んでいるのは神戸だ．
     d. *神戸が花子が住んでいる．
(57) a. 太郎が車が好きだ．　（ガ格目的語）
     b. 車は太郎が好きだ．
     c. 太郎が好きなのは車だ．
     d. *車が太郎が好きだ．
(58) a. 花子がロシア語が単語が覚えられない．（ガ格目的語からの分離）
     b. ロシア語は花子が単語が覚えられない．
     c. 花子が単語が覚えられないのはロシア語だ．
     d. *ロシア語が花子が単語が覚えられない．

　これらの例を観察すると，「ガ格による焦点化」が許されないのは，「意味」の問題ではなく，複数のガ格が関わることによる問題であると言えそうである．そうだとすると，(54d)の「ヲ格要素からの分離」だけを対象に条件をつけるのでは，現象の本質から外れてしまう．(54)から(58)に共通するのは，「主語のガ格を越えて，FocP 指定部でガ格により焦点化する」という操作で，そこに問題がある．(57d)の非文法性については，語順変換（かき混ぜ規則）の条件として，ガ格は移動できないとする分析もある（例えば，久野，Saito (1982)）．しかし，これら全てを包括的に扱う試みではない．

　ここでの一般化「ガ格は主格のガ格を越えられない」は，形式的には，「Xの位置へ移動するのにXを越えてはいけない」とする局所性の条件と酷似している．典型的な「局所性」は，(59)で観察される「Wh の島」や(60)の助動詞要素の主要部移動で観察される制限である．

(59) a. Mary thinks that John bought a car at the store.
     b. Mary wonders what John bought at the store.
     c. What did Mary think that John bought at the store?
     d. *What did Mary wonder whether John bought at the store.
     e. *Where did Mary wonder what John bought?

(60) a. They have been spending a lot of money.
b. They are spending a lot of money.
c. Have they been spending a lot of money?
d. Are they spending a lot of money?
e. *{Are/Been} they have spending a lot of money?

英語では疑問詞は文頭に移動するが，それは (59c) のように，文境界 (that 節) を越えて主文の疑問詞を認可する位置 (X) へ移動することができる．しかし，主文の述語が wonder のタイプで補文の文頭がやはり疑問詞要素を認可できる位置 (X) である場合は，下 (補文) の X を越えて上位の X へ移動することは許されない．同様に，(60) だが，英語の疑問文は助動詞が主語の前に移動するが，そこへ移動できるのは，そこから最も近い助動詞で，左 (上位) にある助動詞を越えてそれより右 (下位) の助動詞が移動することはできない．

日本語のガ格「焦点位置」への移動も同様に考えられよう．つまり，FocP へ移動してガ格を受ける際には，主語位置のガ格を越えることはできないのである．これを，(59) や (60) で観察される「局所性」に倣い，「ガ格」に関わる「局所性条件」(61) とする．繰り返しになるが，これは個別の特定な現象に向けての条件ではなく，(59) や (60) にも共通する「言語一般の局所性条件」の 1 つの例と位置づけたい．[27]

(61) 「ガ格局所性条件」
(FocusP 主要部での) ガ格は，IP 主要部のガ格付与位置を越えて付与することはできない．

---

[27] 構造変換や構造内の関係性において「局所性」を要求する要素 (素性) とは如何なるものかについては，現在，盛んに議論されており，該当する素性に応じ「基準 Criterion」とそれと関連する現象が考察されている (例えば，Rizzi (2009))．そうした局所性を要求する素性には，意味機能と関わるものが一般的であり，(61) の「格」もそうした素性の 1 つと見なすことが妥当か否かについては，今後検討を要する．

5. まとめと示唆

　日本語は，名詞句内の属格所有者が名詞句から分離して文中に生起することを許す．久野では，そうした現象の内，文頭の主語名詞句からの分離や「大主語」を「主語化」(1) という操作で分析したが，それでは「所有受動文」や「所有者（非対格）他動詞文」，分裂文での焦点化などでも観察される現象は「主語化」とは異なる現象となり，これらに共通の「所有者分離」操作が関わる現象として包括的に捉えることはできない．本論文では，久野の「主語化」を基盤として，「所有者分離」を規則 (12) のように一般化した上で，分離した要素の認可を統語的一般原則に照らして認可する方向を提案した．その一般原則とは，「完全解釈の原理」に準じるもので，文中に生起する要素は全て，構造的に認可され，意味機能上も解釈されなくてはならないとするものである．つまり，分離した所有者は，構造的には他の名詞句同様「格」を受けるか繋辞「ダ」により認可され，意味機能上は，通常の「主語」として機能するもしくは「焦点」(「総記」) 解釈を担うことが求められるのである．

　本論文では，殊に，「所有者」が名詞句から分離することで新たに獲得する意味機能に着目し，それは，「所有者受動文」「所有者他動詞文」などでは「主語」として機能するが，既に「主語」が存在する場合は，「焦点」(総記)の解釈を受けることを指摘し，それは，「焦点」という語用的な意味を担う CP 領域内の構造的位置 (FocP 指定部) に移動することで可能となるとの分析を提示した．そして，1 文中に許される「焦点」は 1 つとされていることから，ガ格の「焦点」と分裂文の「焦点」は FocP 指定部をめぐって競合する．つまり，本分析では，両方の要素が同時に生起する文は許されないことを予測するが，その予測が正しいことを，(52e), (53d) の非文法性により検証した．

　生成文法初期から，ガ格焦点 (総記) 要素 (大主語) と「主題」は，「象 {は／が} 鼻が長い」などのように，共に，述語との主述関係とは独立して生起が可能なことから，似たような構造や派生が想定されてきた．しかし，その 2 つで大きく異なる点は，「主題」は，文中のどんな要素も「主語」を飛び越えて文頭へ移動しハ格を受けることが可能だが，ガ格を受ける「焦点」要素は，主語 (ガ格) を越えることができないという点である．しかし，ガ格を

受けない分裂文の焦点は，主語（ガ格）の存在により制限されない（つまり，ガ格を越えて FocP 指定部に移動できる）ことから，「ガ格」付与に関わる「局所性」として (61) の「ガ格局所性条件」を提案した．「局所性」と関わる素性は通常，疑問などの意味解釈素性が想定されており，格素性をそこに含めることが適当か否かについては，今後さらに検討が必要であるが，このような制約は，「かき混ぜ」規則には（これまでも本質的な説明がなされないまま）ガ格要素が対象外であるとされていることから，どのみち日本語では必要な制約である．裏を返せば，「所有者分離」と「ガ格焦点化」に見られる「ガ格局所性条件」は，「かき混ぜ」操作にも関係する一般的な制約として位置づけられるのである．

　最後に，上記ではまだ解決されていない問題について討議したい．それは，「かき混ぜ」要素からの「焦点化」の可能性についてである．関連する例文は (27)–(30)（それらは以下に再録）で，既に，(34b) で，「かき混ぜ」要素からの所有者が分離してガ格を受けることは許されないことを観察した．

(62) a.　［太郎の頭を］花子がたたいた．
　　 b. ＊太郎が頭を花子がたたいた．
(63) a.　［ロシア語の単語を］花子が覚えた．
　　 b. ＊ロシア語が単語を花子が覚えた．
(64) a. ＊太郎が足を誰かが踏んだ．
　　 b. ＊ドアが取っ手を子供たちが壊した．
　　 c. ＊花子が心をその出来事が痛めた．
　　 d. ＊ドルが値を（戦争が）上げた．
(65) a.　ジョンが［ニューヨークの郊外に］住んでいる．
　　 b.　［ニューヨークの郊外に］ジョンが住んでいる．
　　 c. ＊ニューヨークが郊外にジョンが住んでいる．

　この現象の説明には，2 つの可能性が考えられる．1 つは，「かき混ぜ」操作を受けた要素の内部からの移動を阻止するというもの，もう一つは，「かき混ぜ」も FocP への「焦点化」操作の 1 つと考え，FocP 指定部が競合するため，そこからさらにガ格焦点化は許されないとするものである．前者による制約は，より一般的には，移動した要素を「凍結」するといった制約が考えられるが，(66) のような例文が容認されることから，単純に「移動要

素」を凍結させるわけにはいかない．

(66) a. ［みんなが［太郎が［花子がその本を買ったと］言ったと］思っている］
　　 b. ［みんなが［［花子がその本を買ったと］$_i$［太郎が t_i 言ったと］］思っている］
　　 c. ［［その本を］$_j$［みんなが［［花子が t_j 買ったと］$_i$［太郎が t_i 言ったと］］思っている］］

(66c)で「かき混ぜ」された「その本を」は，(66b)で既にかき混ぜの対象となった補文「花子がその本を買ったと」から移動しているわけで，「かき混ぜ」された要素の内部からの移動は許されると思われる．[28]

　2つ目の可能性については，「かき混ぜ」要素の移動先をどのように捉えるかという問題と関係している．GB 理論では移動操作の適用は自由とされており「かき混ぜ」は意味とは関わらないタイプの移動との考え方が主流であった（Saito（1985, 1992））が，極小主義の元では，「完全解釈」の原則とも関わるが，移動には相応の理由があり，その結果には相応の意味解釈が伴うとされ，「かき混ぜ」においても「焦点化」の可能性が指摘されている．[29]「かき混ぜ」と関わる構造的位置については，詳細な検討が必要で，本論文では紙幅が十分ではないが，(62)-(65)で観察された非文法性に加え，分裂文においても，以下の例文で見るように，文頭に「かき混ぜ」で移動した要素からの「所有者」の焦点化（(b)の例）は，「かき混ぜ」操作を受けない場合（(a)の例）に比べ容認度が落ちることから，焦点化位置の競合（もしくは，1文中での多重焦点化に関わる制約）が関係していると思われる．

---

　[28] 英語でも，容認度は高くはないが，疑問詞として補文の文頭に移動した要素からの更なる取り出し（主文の文頭への移動）は許されるとされている．(ib) は Lasnik and Saito (1992: 102) による．
　　(i) a.　I am wondering [which picture of who(m)]$_i$ Mary bought t_i.
　　　　b.??Who$_j$ do you wonder [which picture of t_j] Mary bought t_i.
　[29] 詳しくは，Ishihara (2003)，青柳 (2010)，奥 (2010)，宮川 (2010)，Miyagawa (2010) などを参照されたい．本書に収録の中村論文にも関連した論考がある．

(67) a. 花子が頭をたたいたのは太郎だ．
b. ?*頭を花子がたたいたのは太郎だ．
(68) a. 花子が単語を覚えたのはロシア語だ．
b. ?*単語を花子が覚えたのはロシア語だ．
(69) a. 子供たちが取っ手を壊したのはそのドアだ．
b. ?*取っ手を子供たちが壊したのはそのドアだ．

　本論文では，久野が扱った「主語化」の現象を，「所有者分離」現象の一部と捉え，ガ格付与の構造，焦点化，分裂文，さらに「かき混ぜ」現象と関連させることで，文構造の位置と意味を考察する上で重要かつ興味深いケーススタディとなることを示した．本論文での分析には更なる検討を要する部分も少なくないが，生成文法研究の初期から指摘されてきたこの日本語に特有の現象は，日本語の統語構造の基幹と関わると同時に，今後の理論の進展や新たな方向性の検証に，重要な役割を果たすと思われるのである．

参照文献

青柳宏 (2010)「日本語におけるかき混ぜ規則・主題化と情報構造」『統語論の新展開と日本語研究: 命題を超えて』，長谷川信子(編)，193-225，開拓社，東京．

Borer, Hagit (2005) *The Normal Course of Events*, Oxford University Press, Oxford.

Cinque, Guglielmo (1999) *Adverbs and Functional Heads: A Cross-Linguistic Perspective*, Oxford University Press, Oxford.

Endo, Yoshio (2007) *Locality and Information Structure: A Cartographic Approach to Japanese*, John Benjamins, Amsterdam/Philadelpia.

遠藤喜雄 (2010)「終助詞のカートグラフィ」『統語論の新展開と日本語研究: 命題を超えて』，長谷川信子(編)，67-94，開拓社，東京．

Hale, Kenneth and Samuel J. Keyser (1993) "On Argument Structure and the Lexical Expression of Syntactic Relations," *The View from Building 20*, ed. by Kenneth Hale and Samuel Keyser, 53-109, MIT Press, Cambridge, MA.

Hasegawa, Nobuko (1984/5) "On the So-called Zero-Pronouns in Japanese," *The Linguistic Review* 4, 289-341.

Hasegawa, Nobuko (1997) "A Copula-based Analysis of Japanese Clefts:

Wa-Cleft and Ga-Cleft,"『先端的言語理論の構築とその多角的な実証 (1-A) 平成9年度 COE 形成基礎研究費研究成果報告 (1)』, 井上和子(編), 15-38, 神田外語大学.

長谷川信子 (1999)『生成日本語学入門』大修館書店, 東京.

Hasegawa, Nobuko. (1999) "The Syntax of Resultatives," *Linguistics: In Search of the Human Mind*, ed. by Masatake Muraki and Enoch Iwamoto, 178-208, Kaitakusha, Tokyo.

Hasegawa, Nobuko (2000) "Resultatives and Language Variations: Result Phrases and VV Compounds," *Japanese/Korean Linguistics* 9, 269-282, CSLI Publications, Stanford.

Hasegawa, Nobuko (2001) "Causatives and the Role of v: Agent, Causer, and Experiencer," *Linguistics and Interdisciplinary Research: Proceedings of the COE International Symposium*, ed. by Kazuko Inoue and Nobuko Hasegawa, 1-35, Kanda University of International Studies.

長谷川信子 (2002)「非動作主主語構文の分析」『「東西言語文化の類型論」特別プロジェクト研究成果報告書』801-833, 筑波大学.

Hasegawa, Nobuko (2004) "'Unaccusative' Transitives and Burzio's Generalization: Reflexive Constructions in Japanese," *Proceedings of the Workshop on Altaic Formal Linguistics* 1, 300-314, MITWPL, MIT.

Hasegawa, Nobuko (2007) "The Possessor Raising Construction and the Interpretation of the Subject," *Phrasal and Clausal Architecture: Syntactic Derivation and Interpretation*, ed. by Simin Karimi, Vida Samiian and Wendy K. Wilkins, 62-99, John Benjamins, Amsterdam.

長谷川信子(編) (2007a)『日本語の主文現象: 統語構造とモダリティ』ひつじ書房, 東京.

長谷川信子 (2007b)「日本語の主文現象から見た統語論——文の語用機能との接点を探る」『日本語の主文現象: 統語構造とモダリティ』, 長谷川信子(編), 1-21, ひつじ書房, 東京.

長谷川信子 (2007c)「日本語の受動文と little *v* の素性」*Scientific Approaches to Language* 6, 13-38, 神田外語大学, 言語科学研究センター.

長谷川信子 (2008)「提示文としての中立叙述文」『言語研究の現在: 形式と意味のインターフェース』, 金子義明・菊地朗・高橋大厚・島越郎(編), 62-80, 開拓社, 東京.

長谷川信子 (2009)「直接受動文と所有受動文: little-*v* としての「られ」とその素性」『語彙の意味と文法』, 由本陽子・岸本秀樹(編), 433-454, くろしお出版, 東京.

長谷川信子(編) (2010a)『統語論の新展開と日本語研究: 命題を超えて』開拓社,

東京.

長谷川信子 (2010b)「文の機能と統語構造: 日本語統語研究からの貢献」『統語論の新展開と日本語研究: 命題を超えて』, 長谷川信子 (編), 1-30, 開拓社, 東京.

Hasegawa, Nobuko (2010) "Thetic Judgment as Presentational," *Journal of Japanese Linguistics* 26, 3-23.

長谷川信子 (2011)「統語構造と発話の力: 日本語の CP 領域現象から」『発話と文のモダリティ』(神奈川大学言語学研究叢書 1), 武内道子・佐藤裕美 (編), 89-114, ひつじ書房, 東京.

Hiraiwa, Ken and Shin-ichiro Ishihara (2002) "Missing Links: Cleft, Sluicing, and 'no da' Construction in Japanese," *MIT Working Paper in Linguistics* 43, 34-54.

井上和子 (1976)『変形文法と日本語 上・統語構造を中心に』大修館書店, 東京.

井上和子 (2007)「日本語のモーダルの特徴再考」『日本語の主文現象: 統語構造とモダリティ』, 長谷川信子 (編), 227-260, ひつじ書房, 東京.

Ishihara, Shin-ichiro (2003) *Intonation and Interface Conditions*, Doctoral dissertation, MIT.

Kishimoto, Hideki (2001) "Binding of Indeterminate Pronouns and the Clause Structure in Japanese," *Linguistic Inquiry* 32, 597-633.

岸本秀樹 (2007)「題目優位言語としての日本語: 題目と Wh 疑問詞の構造位置」『日本語の主文現象: 統語構造とモダリティ』, 長谷川信子 (編), 25-71, ひつじ書房, 東京.

Kuno, Susumu (1973) *The Structure of the Japanese Language*, MIT Press. Cambridge, MA.

久野暲 (1973)『日本文法研究』大修館書店, 東京.

Kuroda, S.-Y. (1965) *Generative Grammatical Studies in the Japanese Language*, Doctoral dissertation, MIT.

Kuroda, S.-Y. (1986) "Movement of Noun Phrases in Japanese," *Issues in Japanese Linguistics*, ed. by Takashi Imai and Mamoru Saito, 229-271, Foris, Dordrecht. [Kuroda (1992) にも収録.]

Kuroda, S.-Y. (1988) "Whether We Agree or Not: A Comparative Syntax of English and Japanese," *Linguisticæ Investigationes* 12, 1-47. [Kuroda (1992) にも収録.]

Kuroda, S.-Y. (1992) "Judgment Forms and Sentence Forms," *Japanese Syntax and Semantics: Collected Papers*, 13-77, Kluwer, Dordrecht.

栗原和生 (2010)「日本語疑問文における補文標識の選択と CP 領域の構造」『統語論の新展開と日本語研究: 命題を超えて』, 長谷川信子 (編), 95-127, 開

拓社, 東京.
Lasnik, Howard and Mamoru Saito (1992) *Move α: Conditions on Its Application and Output*, MIT Press, Cambridge, MA.
益岡隆志 (1991)『モダリティの文法』くろしお出版, 東京.
益岡隆志 (2007)『日本語モダリティ研究』くろしお出版, 東京.
南不二男 (1974)『現代日本語の構造』大修館書店, 東京.
三上章 (1960)『象は鼻が長い』くろしお出版, 東京.
Miyagawa, Shigeru (2001) "The EPP, Scrambling, and *Wh*-in-Situ," *Ken Hale: A Life in Language*, ed. by Michael Kenstowitz, 293–338, MIT Press, Cambridge, MA.
Miyagawa, Shigeru (2010) *Why Agree? Why Move?: Unifying Agreement-Based and Discourse Configurational Languages*, MIT Press, Cambridge, MA.
宮川繁 (2010)「一致素性のある言語とない言語の統合」『統語論の新展開と日本語研究: 命題を超えて』, 長谷川信子(編), 129–150, 開拓社, 東京.
仁田義雄 (1991)『日本語のモダリティと人称』ひつじ書房, 東京.
野田尚史 (1989)「文構成」『講座日本語と日本語教育Ⅰ 日本語学要説』, 宮地裕 (編), 67–95, 明治書院, 東京.
野田尚史 (1995)「文の階層構造からみた主題ととりたて」『日本語の主題と取り立て』, 益岡隆史・野田尚史・沼田善子(編), 1–35, くろしお出版, 東京.
Okura, Naoko (2009) *Applicative and Little Verbs: In View of Possessor Raising and Benefactive Constructions*, Doctoral dissertation, Kanda University of International Studies.
奥聡 (2010)「統語, 情報構造, 一般認知能力」『統語論の新展開と日本語研究: 命題を超えて』, 長谷川信子(編), 227–267, 開拓社, 東京.
小椋たみ子 (2000)「マッカーサー乳幼児言語発達質問紙の標準化」『平成10年度〜11年度科学研究費補助金 (基盤研究 (C) (2)) 研究成果報告書』神戸大学.
Pylkkänen, Liina (2008) *Introducing Arguments*, MIT Press, Cambridge, MA.
Radford, Andrew (2004) *Minimalist Syntax: Exploring the Structure of English*, Cambridge University Press, Cambridge.
Rizzi, Luigi (1997) "The Fine Structure of the Left Periphery," *Elements of Grammar: Handbook of Generative Syntax*, ed. by Liliane Haegeman, 281–331, Kluwer, Dordrecht.
Rizzi, Luigi (2009) "The Cartography of Syntactic Structures: Locality and Freezing Effects on Movement," 第138回日本言語学会公開シンポジウム

『文の周縁部の構造と日本語』にて発表（於：神田外語大学）．

Saito, Mamoru (1982) "Case Marking in Japanese: A Preliminary Study," ms., MIT.

Saito, Mamoru (1985) *Some Asymmetries in Japanese and Their Theoretical Implications*, Doctoral dissertation, MIT.

Saito, Mamoru (1992) "Long Distance Scrambling in Japanese," *Journal of East Asian Linguistics* 1, 69–118.

Tada, Hiroaki (1992) "Nominative Objects in Japanese," *Journal of Japanese Linguistics* 14, 91–108.

Takezawa, Koichi (1987) *A Configurational Approach to Case-marking in Japanese*, Doctoral dissertation, University of Washington.

田窪行則（1987）「統語構造と文脈情報」『日本語学』6, 37–48.

Tateishi, Koichi (2006) "Double Nominatives in Japanese," *The Blackwell Companion to Syntax, Vol. 2*, ed. by Martin Everaert and Henk van Riemsdijk, 56–72, Blackwell, Malden, MA.

外崎淑子（2005）『日本語述語の統語構造と語形成』ひつじ書房，東京．

上田由紀子（2007）「日本語のモダリティの統語構造と人称制限」『日本語の主文現象：統語構造とモダリティ』，長谷川信子（編），261–294，ひつじ書房，東京．

山田昌史（2007）『アスペクト転換と統語構造―結果性を統語構造から予測する―』博士論文，神田外語大学．

第 5 章

シテイルが持つ継続的状態性と結果の意味
── 井上和子『変形文法と日本語』と事象投射理論 ──

岩本　遠億

1. はじめに

　日本語のシテイルの意味をどのように決定するかということは，半世紀以上に亘って日本語研究の中心的問題であり続けた．シテイルには，以下のように少なくとも 6 つの意味があるとされるが（藤井 (1966)，工藤 (1995) など），これらは 1 つのテイルの意味から予測可能なものなのであろうか，あるいはテイルには 2 つ以上の基本的な意味があり，それらからこれらの意味が定義されているのだろうか．

動作継続	走っている／流れている／開けている／壊している
結果継続	壊れている／開いている／倒れている／死んでいる
維持	（先週から機械を）止めている／座っている／飾っている
反復	叩いている／毎朝走っている
経験・記録	去年オーストラリアに行っている／一度会っている
単なる状態	聳えている／似ている

シテイルの研究史を鳥瞰すると，文の意味とただ 1 つのテイルの意味からシテイルの多様性を記述，あるいは，説明しようとした研究は少ない．[1]

　近年のシテイルの意味研究では，シテイルが 2 つのアスペクト的意味を内包するとの見方をするものが多い．「動作継続」を一端とする継続相，「経

---

[1] 本稿では状態化形式素をテイル，テイルを含む文をシテイルと使い分けることにする．

験・記録」をもう1つの端とするパーフェクト相の2つである（工藤 (1995, 2004), Ogihara (1998), Shirai (2000) など）．表面的な事実観察としては，シテイルが2つのアスペクトクラスを内包するというのは確実であるように思われる．しかし，これは，状態化形式素テイルそのものが2つの意味を持つということを必ずしも含意しない．70年代から80年代にかけてシテイルの意味決定に関わる動詞，項，付加詞の種類についての研究が進展し，シテイルの意味は恣意的に決まるのでないということが明らかにされている（吉川 (1971), 工藤 (1982a, b), 高橋 (1985), 森山 (1984), 竹沢 (1991) など）．すなわち，シテイルの意味は，テイルが持っている唯一の意味と動詞句の意味情報との計算によって大きく2つのアスペクトクラスが派生するということも，もう一方では確実なのである．しかし，これまでのほとんどの研究がそれに成功していない．それは，これらの研究がJackendoff (1997, 2002) がその問題を指摘する「統語的に透明な意味合成」(syntactically transparent semantic composition) を明示的，あるいは暗黙の前提としているからだと思われる．

「統語的に透明な意味合成」とは，統語表現の意味は，それに含まれる構成素の意味の総和によってのみ決定されるという厳密な合成性の原理を前提とするものである．ところが，近年の生成語彙論研究 (Pustejovsky (1995, 2000), 小野 (2005), 影山 (2005) など) や概念意味論研究 (Jackendoff (1997, 2002), 岩本 (2008) など) によって，言語表現には，それが含む語や形態素の意味だけでは埋めることができない様々なタイプの意味の隙間があり，「強制」や「共合成」，「指示転移」などの意味修正によってその隙間を埋めなければならないことが知られるようになった．Jackendoff (1997) は，このような修正を含んだ意味合成を「富化合成」(enriched composition) と呼んでいる．

シテイルの意味の多様性が単一の規則や原則によって記述することが困難なことは，これまでそのような試みがほとんど行われていないことからも推察されることであるが，岩本 (2008) は，シテイルの意味の多様性は，まさにこの富化合成による意味の修正によって派生されるものであると議論している．動詞句の意味とテイルの意味を合成する単一の規則，あるいは原則によって与えられる構造に一定の修正が加えられることによって多様な意味構造が派生的に定義されるのである．しかし，富化合成という理論的立場に

立ってシテイルの分析をしたのは岩本 (2008) が初めてではない．井上 (1976) は，富化合成という概念がまだ存在しない 1970 年代に一般合成原則とそれを修正する解釈規則の組み合わせによってシテイルの意味の多様性に説明を与えようと試みたのである．

本稿は，井上 (1976) が捉えようとした一般化がどのようなものであったのか，その分析が投げかける問題がどのようなものであったのかを示し，富化合性による最新のシテイル分析である岩本 (2008) において，それがどのように解決されているかを論じるものである．なお，ここでは紙幅の都合上，シテイルの全ての意味については取り扱わず，その中心的意義とされる，動作継続（進行）と結果継続（結果残存）のみに焦点を当てることとする．また，ここで提示する井上の素性構造や岩本の事象投射構造も部分的である．より完全な構造は，井上 (1976)，岩本 (2008) によって確認されたい．

2. 井上 (1976) のシテイル分析

井上のアスペクト分析の特徴の 1 つは，テイルと述語のアスペクト特徴を合成可能なものとするため，両者のアスペクト的意味を表すためにアスペクト素性という共通の概念を仮定したことである．これまでのアスペクト研究の中には，アスペクチュアリティを構成する 3 要素，すなわち内的アスペクト (Aktionsart)，局面 (phase)，（非）完結性 ((im-)perfectivity) は異なったアスペクト概念であるとし，これらを別のアスペクト的概念によって定義しようとするものもある (Depraetere (1995)，Smith (1997)，Shirai (2000)，McDonald (2008)，浜之上 (1997)) が，そのようなアプローチでは，動作継続が持つテクスト的同時性と経験・記録が持つパーフェクト性の両者を表し得るシテイルの事実を統一的に捉えることはできない．これらがアスペクト素性という共通の概念によって定義されるからこそ，動詞句のアスペクト素性とテイルのアスペクト素性の計算が可能になり，前者のタイプに従った様々なアスペクト解釈が派生されるのである．このように，内的アスペクト，局面，（非）完結性を同一のアスペクト的概念によって定義するものに Hendrichs (1986)，De Swart (1998)，岩本 (2008) などがある．井上 (1976) がこの論考をまとめた 1970 年代前半においては，このような観点による体系的先行研究は存在せず，井上は独自の観点によってアスペクト

研究を行ったのだが，アスペクト的多義性の計算のためには，それぞれの構成素のアスペクト特徴は，アスペクト素性という共通のアスペクト概念によって定義されなければならないと考えたのである（井上和子氏個人談話）．

井上 (1976) は，アスペクト記述に必要な素性として［±状態］［±継続］［±動作］［±完結］［±主観］の5つを仮定した．［±状態］は状態と動態を二分するものである．［±継続］は「継続動詞」と「瞬間動詞」を二分するもの (cf. 金田一 (1950))，［±動作］は動作動詞と心理動詞を区別するもの，［±完結］は，継続的動作のうち，論理的終局点を含意しない「(雨が) 降る」「働く」「通る」など (Vendler (1967) の「動作」に相当) と，「作る」「植える」「切る」のような論理的終局点のある動作 (Vendler の「達成」に相当) を区別するものである．なお，これらのうち，動作動詞と心理動詞を区別する［±動作］は，現在のアスペクト論で用いられている「動作」(activity) とは異なるので，注意を要する．これらの組み合わせにより「(雨が) 降る」「働く」「通る」などシテイルが動作継続を表す動詞は (1) のような素性構造を，「死ぬ」「結婚する」「直る」などシテイルが結果継続を表す動詞は (2) のような素性構造を持つことになる．

(1)　「(雨が) 降る」「働く」「通る」
　　　［−状態，＋動作，＋継続，−完結］
(2)　「死ぬ」「結婚する」「直る」
　　　［−状態，＋動作，−継続］

次にテイルの素性であるが，井上 (1976) はこれに (3) のような素性を仮定する．これにより，テイルの基本的意味を「継続的状態」と捉えるのである．

(3)　テイル
　　　［＋状態，＋継続］

井上は，述語のアスペクト素性とテイルのアスペクト素性を上記のように定義し，統語構造の上に働くアスペクト計算の一般法則を提案した．[2] その要

---

[2] 井上 (1976) は，シテイルだけでなく，テシマウやシツヅケルなど他のアスペクト形式素と動詞のアスペクト計算を行っており，より包括的なアスペクト計算理論を目指していた．

第5章　シテイルが持つ継続的状態性と結果の意味　　127

点は，以下のようにまとめることができる．

(4)　i.　テイルのアスペクト素性が，述語のアスペクト素性に優先する．したがって，両者が同じアスペクト素性を持つ場合には，＋または－の指定にかかわらず，補文の素性が消去される．
　　 ii.　主文の述語が持っていないアスペクト素性が補文述語にある場合に，これは消去されずに残る．

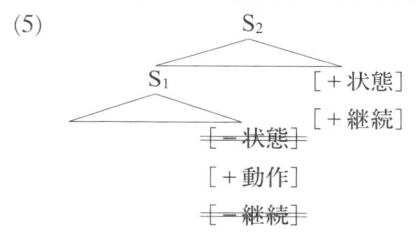

(5)
```
              S₂
         ／    ＼
       S₁      ［＋状態］
     ／  ＼    ［＋継続］
   ⟨－状態⟩
   ［＋動作］
   ⟨－継続⟩
```

このアスペクト素性計算の一般法則は，次のような結果を得るために考案されたものである．すなわち，シテイル全てが持つアスペクト特徴を［＋状態，＋継続］と固定しつつ，述語が持つ［±状態］［±継続］以外の素性を文全体のアスペクト構造の中に取り込む．この一般法則は，形態論における右側主要部の制約（Williams (1981), Selkirk (1982)）や素性浸透（Lieber (1980, 1992)）に見られる直感を共有するとともに，単一化による意味解釈（Shieber (1986)）を試みたとも言えるであろう．

　この一般法則によると (1)，(2) のそれぞれの動詞クラスとテイルの素性の計算結果は次のようになる．

(6)　降っている，働いている　　［＋動作，－完結，＋状態，＋継続］
(7)　結婚している，死んでいる　［＋動作，＋状態，＋継続］

しかし，一見して分かるように，述語のアスペクト素性とテイルのアスペクト素性を一般法則によって計算したものは，述語の種類によって意味が分化するシテイルの事実を捉えてはいない．「結婚する」「死ぬ」の［－継続］素性がテイルの［＋継続］素性によって上書きされるため，「進行」と「結果」の違いがこれによっては区別できないのである．そこで井上 (1976) は，一般法則を補完する解釈規則によってこの欠点を補い，シテイルの多義性を派生しようとした．以下は，井上の解釈規則のうち，結果の意味を派生するも

のみを取り出したものである.

(8) ［－継続］ → ［＋結果］／[＿＿＿＿＿][＋状態]
                              ［＋動詞］

井上によると,この解釈規則は一般法則の前に適用するので,(2) の［－継続］は,テイルの持つ［＋継続］に上書きされる前に［＋結果］と変更され,そのままシテイル全体の素性として残ることになる.その結果,「死んでいる」「結婚している」は,以下のような素性構造を持つこととなり,進行の意味と区別されることになるのである.[3]

(9) 結婚している,死んでいる ［＋動作,＋状態,＋継続,＋結果］

我々は,以上のような井上 (1976) によるシテイルの分析をどのように評価すべきであろうか.井上は,動作継続と結果継続の共通したアスペクト的意味を［＋状態,＋継続］とする一方,両者を［＋結果］の有無で区別したことになる.テイルの素性を［＋状態,＋継続］と仮定した訳だから,井上は「動作継続」をシテイルの基本的意味とし,「結果継続」を解釈規則によって定義される派生的な意味と理解していたということになるだろう.だが,この解釈規則は,決してその場限りの思いつきで提案されたものではない.

先にも述べたとおり,井上は［±継続］によって「継続動詞」と「瞬間動詞」を区別しようとした.［－継続］は後者にあたるが,［－継続］動詞としてリストされている動詞(「死ぬ,結婚する,曲げる,折る,取る,冷える,直る,寄る,知る,分かる,わきまえる」)を見ると,これらは,変化を含むものである.つまり,井上は,テイルは変化から結果状態を引き出すということを,この解釈規則によって表そうとしたのである.では,テイルはどのようにして変化から結果状態を引き出すのか.井上の分析には,このこと

---

[3] 井上 (1976: 165) の記述では,「結婚している」「死んでいる」の素性は［＋動作,＋状態,＋結果］となっており,［＋継続］が削除されているが,彼女の規則を厳密に適用するとテイルが持っている［＋継続］がこれらのアスペクト素性構造の中に加えられることになるので,［＋動作,＋状態,＋継続,＋結果］が正しい.テイル［＋状態,＋継続］の接辞化によって解釈規則が発動して,変化動詞の［－継続］は［＋結果］に変更されるが,テイルそのものの［＋状態,＋継続］がシテイルの素性構造に含まれることになるからである.

についての答えは示されていない．

　井上 (1976) の分析の特徴は，テイルの持つ継続的状態性を［＋継続］と表す一方で，変化と非変化との区別を同じ［±継続］という素性によって表そうとしたところにある．[4] 奥田 (1977) 以降，動作継続と結果継続を区別する動詞のアスペクト特徴は事象が継続する時間的長さではないということが言わば定説となっているが，その区別は 1 つのアスペクト的弁別素性によって表されなければならない．次の例に見られるような結果継続から動作継続への移行は，その素性の値を変化させることによって説明されるべきだからである．

(10)　a.　木が倒れている
　　　b.　木がゆっくり倒れている　　　　　　　　　　　（吉川 (1971)）

井上の［±継続］は，このような対立と移行を捉えるためには有効なものであろう．しかし，［±継続］素性が動作動詞と変化動詞を区別するための有効であるとしても，同じ素性がシテイルの継続性を表すとはどういうことなのであろうか．

　ここで，シテイルが持つ継続性を確認しておこう．Comrie (1976) は，いろいろな言語で進行相が位置的状態構文によって表されることを指摘しているが，日本語もこの例外ではなく，テイルのイルは，位置的状態構文に用いられるイルの同根語である．ところが，両者の間には継続性の含意に関して明確な違いが見られる．有生物の位置を表す状態文 (11a) は，12 時丁度の一瞬に太郎がドアの前にいたということを意味するだけで，その前後に太郎がそこにいたという含意はない．(11b) も同様である．

(11)　a.　12 時丁度に太郎がドアの前にいた．
　　　b.　12 時丁度に時計が金庫の中にあった．

これらには継続性の含意はなく，時間的一点における状態が成立すれば良い

---

　[4] シテイルが「結果継続」の意味を生じる動詞のアスペクト特性は「瞬間」か「変化」かという問題については，奥田 (1977) を参照のこと．なお，瞬間性と変化は対立概念ではないので，両者が動詞のアスペクトを交差分類するという議論もある．金水 (2000) を参照のこと．

のである．では，シテイルもその時点の一点だけで状態が成立すれば良いのだろうか．[5]

(12) a. 12時丁度に太郎が運動場で走っていた．
　　 b. 12時丁度に太郎がドアの前に倒れていた．

(12a) では12時丁度に太郎が運動場で走っているためには，太郎はその一瞬だけでなく，その前後のある一定の時間走り続けていなければならない．(12b) も太郎が倒れたのは12時よりも前であり，太郎が倒れている状態は12時丁度を挟んだ一定の期間成立していなければならない．シテイルには継続性の含意があるのである．

　位置的状態構文にはない継続性の含意が，シテイルにはあるのは何故だろうか．井上 (1976) は，テイルの意味を [＋状態，＋継続] と同定することによってシテイルに継続性を与えたが，これは事実の言い換え以上のものではない．我々は，「何故」シテイルには継続性の含意があるのか，また，その継続性は動作と変化を区別する [±継続] と同じ素性によって与えられるのか否かを知りたいと思う．なお，シテイルの中心的意味を「継続」とする研究には，他に奥田 (1977)，工藤 (1995)，竹沢 (1991)，Ogihara (1998) などがあるが，これにおいても，何故シテイルが継続的な意味を持つのかという根本的な問いには取り組んでいない．

　井上 (1976) がシテイルの意味を捉えるために考案した一般法則と解釈規則は，我々が解決すべき次の問題を明らかにしていると言えるであろう．

　　［1］　シテイルが含意する継続性はどのように保証されるのか．
　　［2］　どのように変化から結果状態が引き出されるのか．

以下，井上の分析を検討することによって明らかにされたこれらの問題が，概念構造 (Jackendoff (1983, 1990, 2002)) に大幅な修正を加えた「事象投射理論」という計算理論 (岩本 (2008)) によってどのように説明されるか見

---

　[5] シテイルの継続性の含意に関しては，「経験・記録」が問題になると考える読者もおられることだろう．だが，工藤 (1995) が述べるように，これらの「動作パーフェクト相」は相対過去に発生した事態が参照時に効力を持っている，あるいは関連性があるということを表す．事態の発生時から参照時までの間，効力／関連性が継続しているのである．

3. 事象投射理論

この節では，事象投射理論の概要を簡単に説明する．

3.1. 事象投射理論とは

事象投射理論とは，事象に関わる時間，空間，物体が互いにどのような関係を持っているのかを明示的に表示することによって，そのアスペクト特性を定義するものである．まずは感覚的にその特徴を捉えるために，「留まる」や「滞在する」が表す滞留と「歩く」や「泳ぐ」などが表す推進の意味的共通点と相違点を考えてみよう．

滞留とは，ある物体 X が Y という場所に存在し，その状態が一定の時間継続する事象のことである．上で見たように，物体が場所に存在するという事象は，ある瞬間に成立することが求められるだけである．概念構造を用いると，これは以下のように表示される．

(13) 物体 X が場所 Y に瞬間的に存在する
 　　[BE ([$_{Thing}$ X], [$_{Space}$ Y], [$_{Time}$ 0d])]

BE は存在関数と呼ばれ，物体，場所，瞬間的時間を項とする．Time の中の 0d は，0 dimensional すなわち「0 次元」である．[6] 0 次元時間，すなわち瞬間において X が Y に存在するということをこの概念構造は表示する．

---

[6] 状態のアスペクト特徴について，諸研究は，状態を継続的事象と捉えるものと，非継続的事象と捉えるものの 2 つに大別される．前者には Carlson (1981), Galton (1984), Kearns (2000), McDonald (2008) など，後者には Vendler (1967), Mourelatos (1978), Dowty (1979), Verkuyl (1993), Jackendoff (1996), 岩本 (2008) などがある．前者は，状態が一定の時間の幅持続し得ること，for 期間句によって限定され得ることなどから，これに継続的特徴を認めようとする．一方，後者は，動態の定義には必ず時間の進行が必要なのに対し，状態の定義はそれを必要としないことから，状態を本質的に非継続的事象と捉える．なお，日本語学の中で行われている叙述類型論においては，時間句による限定が可能な一時的状態とそれが不可能な恒常的状態についての議論はあるが（益岡 (1987, 2000, 2004, 2008)，影山 (2008)，真野 (2008)），状態内部の時間構造をどのように表示するかということについての詳細な議論はまだ行われていない (cf. 岩本 (2011))．

滞留は，瞬間的時間を継続的時間に変換することによって表すことができる．継続的時間は，0次元時間を1次元的に写像することによって得られる．

(14) 滞留（ステップ1）
$$\begin{bmatrix} & & & [\text{1d}] \\ & & & \uparrow \\ \text{BE}([\text{Thing } X], [\text{Space } Y], [\text{Time } 0\text{d}]) & \end{bmatrix}$$

このように点的0次元時間を線的1次元時間に変換する関数を「投射」(Projection) と呼び，これを〈PR〉で表すことにすると，(14) は以下のように修正される．なお，PR の下の「1d」は1次元的に投射することを表す PR 関数の素性である．

(15) 滞留（ステップ2）
$$\begin{bmatrix} & & & [\text{1d}] \\ & & & \left\langle \begin{array}{c} \text{PR} \\ \text{1d} \end{array} \right\rangle \uparrow \\ \text{BE}([\text{Thing } X], [\text{Space } Y], [\text{Time } 0\text{d}]) & \end{bmatrix}$$

さらに，この構造には情報を加える必要がある．それは，時間の連続性と非有界性である．井上 (1976) は，事象が時間的に継続するか否かを［±継続］で表したが，「継続」という概念は時間のみに当てはまるものである．次に見るように，推進事象の場合は，時間が経過すると共に，経路のほうも伸びる．空間には「継続」という概念は当てはまらないので，両者を共通に扱うことができる［±連続］という素性によって，これを表示することにする．また，滞留や推進などは内在的な限界点を持たない事象なので，これを［−限界］で表すと，滞留は，以下のような事象投射構造を持つことになる．

(16) 滞留の事象投射構造（最終版）
$$\begin{bmatrix} & & & [\text{1d}] \\ & & & \left\langle \begin{array}{c} \text{PR} \\ \text{1d}, +\text{連続} \\ -\text{限界} \end{array} \right\rangle \uparrow \\ \text{BE}([\text{Thing } X], [\text{Space } Y], \quad [\text{Time } 0\text{d}]) & \end{bmatrix}$$

第5章　シテイルが持つ継続的状態性と結果の意味　　133

　次に「推進」を表す動詞の事象投射構造がどのようになるか見てみよう．「歩く」や「走る」などの連続的な空間移動は，移動の様態を捨象すれば，Xが t_i 時に l_i に存在するという位置的状態が，t_j 時には l_j に，t_n 時には l_n にといったように実数上に順序づけられた無限の位置的状態の連続と捉えられる．それを直感的に表したものが (17) である．

(17)　→ X の連続的動き

X	X	X	X	（＝物体）
l_1	l_2	... l_{k-1}	l_k	（＝位置）
l_1	l_2	... l_{k-1}	l_k	（＝時間）

各々の位置的状態は，「動き」の 0 次元的な断面を構成する．それぞれの断面における時間の次元性は 0 次元，同様に空間の断面も 0 次元である．従って，推進の断面は以下のようになる．

(18)　推進の断面
　　　[BE ([$_{Thing}$ X], [$_{Space}$ 0d], [$_{Time}$ 0d])]

推進は，時間の経過と相同的に空間が 1 次元的，連続的，非限界的に伸長するする事象である．これを投射構造で表すと次のようになる．時間項の投射は滞留と同様である．滞留との違いは，0 次元的空間が時間項と同様に投射されていることである．時間項と空間項との間に相同的関係が成立することが関数に付与されたギリシャ文字（ここではα）によって示されている．このような相同的関係を構造的に表示したものを構造保持束縛と呼ぶ (Jackendoff (1996))．

(19)　推進の事象投射構造

$$\begin{bmatrix} & \begin{bmatrix} 1d, +連続 \\ -限界 \end{bmatrix} & \begin{bmatrix} 1d, +連続 \\ -限界 \end{bmatrix} \\ & \left\langle \begin{matrix} PR \\ 1d, +連続 \\ -限界 \end{matrix} \right\rangle^\alpha \uparrow & \left\langle \begin{matrix} PR \\ 1d, +連続 \\ -限界 \end{matrix} \right\rangle^\alpha \uparrow \\ BE([_{Thing} X], & [_{Space} 0d], & [_{Time} 0d]) \end{bmatrix}$$

滞留は時間だけが投射し，推進は時間と空間が相同的に投射する構造を持つが，逆に，物体と空間が相同的に投射し，時間は投射しないという組み合わせも可能である．

(20)　1次元的伸長状態，2次元的拡張状態，3次元的充溢状態

$$\begin{bmatrix} & \begin{bmatrix} 1/2/3d \\ +連続 \end{bmatrix} & \begin{bmatrix} 1/2/3d \\ +連続 \end{bmatrix} \\ & \left\langle \begin{matrix} PR \\ 1/2/3d \\ +連続 \end{matrix} \right\rangle \begin{matrix} \alpha \\ \uparrow \end{matrix} & \left\langle \begin{matrix} PR \\ 1/2/3d \\ +連続 \end{matrix} \right\rangle \begin{matrix} \alpha \\ \uparrow \end{matrix} \\ _{Sit}BE(& [_{Thing}0d], & [_{Space}0d], [_{Time}0d]) \end{bmatrix}$$

「この道は東京から横浜に延びる」においては，道に含まれる全ての点が，東京から横浜という線的空間上の点に分配的に対応している．それが物体項と空間項の投射と構造保持束縛 α によって示されている．一方，時間の進行によって動きや変化が生じているわけではないので，時間項は投射しない．[7] 2次元的拡張状態や3次元的充溢状態を表す文は，「平野一面に畑が広がっている」や「タンクに水が満ちている」のようなものによって代表されるものである．

このように，事象投射理論とは，事象が内包する時間，空間，物体の特徴を投射という概念をもって定義し，投射される項や構造保持束縛の組み合わせによって事象の類型を表示しようとする理論である．

3.2.　「動き」と「変化」

では，この事象投射理論では，動態の基本的下位区分である「動き」と「変化」はどのように表示されることになるのであろうか．奥田 (1977) は，シテイルの解釈において重要なのは，「継続性」「瞬間性」の対立ではなく，「動き」「変化」の対立だということを明らかにした．また，Vendler (1967) を

---

[7]「この道は東京から横浜に延びる」のような恒常的状態を表す文の事象投射構造には，そもそも時間項そのものが含まれないのかもしれない．詳しくは岩本 (2011) を参照のこと．

発展させた Dowty (1979)，空間移動の2タイプを区別した Jackendoff (1990) や，事象構造がアスペクト解釈に果たす役割を明らかにした Pustejovsky (1991, 1995, 2000)，さらに日本語の空間移動のタイプをアスペクト対立によって表示しようとした影山 (1997, 2001) においても，「動き」と「変化」が事象のアスペクト分類の基礎的対立であることが明らかにされている．

　Jackendoff (1990)，Pustejovsky (1991, 1995, 2000)，影山 (1997, 2001) は，これらを異なった概念関数で表示して区別することを提案している．例えば，前者には MOVE，後者には BECOME などである．しかし，既にのべたように，結果継続（「木が倒れている」）から動作継続（「木がゆっくり倒れている」）への移行を記述するためには，「動き」と「変化」に異なった概念関数を付与することは妥当ではない．両者を1つの対立的素性によって定義することが必要なのである．その他のタイプの移行やラベルとしての概念関数付与の不適切性については，詳しい議論が岩本 (2008) に展開されているので，そちらを参照されたい．先に我々は，「動き」と「変化」の二大対立と後者から前者への移行を表すのに井上 (1976) が提案した［±継続］が有効であると示唆した．その後，時間に限定されたこの素性を［±連続］と変更し，時間だけではなく空間や物体の連続性と非連続性を表示することを提案した．もっとも，そこでは［＋連続］の例だけしか提示していなかった．ここで我々は，［－連続］が変化事象を定義するのに有効な素性であることを明らかにしよう．

　事象が内包する時間や空間に連続的なものと非連続的なものがあることを指摘したのは Jackendoff (1983) であった．所有領域という意味領域は空間領域などと異なり，始局点と終局点の間に中間的な点が存在しない，すなわち，ある所有物は元の所有者かあるいは新しい所有者のどちらかに必ず属し，どちらの所有物でもないような，中間的な場所や時間はない．そのように所有領域における移動は，非連続的（あるいは瞬間的）である．それを受け，Iwata (1999) は，［±dense］という素性を導入し，所有領域とほかの意味領域を区別しようとした．ただ，移動や変化が非連続的なのは，所有領域に限ったことではなく，空間領域，時間領域，同定領域など他のどの意味領域においても見られるもので，「連続 vs 非連続」の対立はどの概念領域にも見られる基本的対立である．［±dense］という素性は「連続 vs 非連続」を

表示するためのものであるが，一般には馴染みがないので，ここでは［±連続］として，動き（連続的）と変化（非連続的）がこれによってどのように定義されるか見ることにしよう．[8]

［−連続］投射は，終局点，あるは始局点，もしくはその両方への投射を表すものである．［＋連続］投射が非限界的であったのに対し，［−連続］投射によって定義されたものは，終局点や始局点を含むという点で，「＋限界」となる．die のような英語の到達動詞や，それに対応する日本語の「死ぬ」などは，[0d] の特徴項が終局点である [DEAD] という特徴に非連続的に投射される事象投射構造を持つことになる．この場合，対応する時間項も，[0d] から [0d] に非連続的に投射される．それぞれの投射関数が構造保持束縛されているからである．

(21)　到達（一点的変化）　e.g. 死ぬ die

$$\left[\begin{array}{l} \quad\quad\quad\quad\quad\quad [\text{DEAD}] \quad\quad\quad\quad\quad\quad [0d, t_i] \\ \left\langle\begin{array}{l}\text{PR}\\ 1d, -連続, +限界\\ 終局点([\text{DEAD}])\end{array}\right\rangle^{\alpha}\uparrow \left\langle\begin{array}{l}\text{PR}\\ 1d, -連続, +限界\\ 終局点([t_i])\end{array}\right\rangle^{\alpha}\uparrow \\ _{\text{Sit}}\text{BE}([X], \quad\quad\quad [_{\text{Prop}}\,0d], \quad\quad\quad [_{\text{Time}}\,0d])\end{array}\right]$$

［±連続］素性の導入によって，「動き」と「変化」の二大対立を構造的に表示することができるようになった．これによってシテイルの多義的解釈を派生させる動詞の基本的アスペクト構造が根本的に異なっていることが示されたのである．続く2つの小節では，相変換関数と相強制について述べ，シテイルの解釈を行う理論装置を説明する．

3.3. 相変換関数

　事象の基本的構造は動詞や形容詞などの述語の概念構造（事象投射構造）によって決定されるが，項や付加詞，さまざまなアスペクト形式素との結合によってその概念構造は修正を受ける．例えば，「走る」や「歩く」などの動詞は，非限界事象を表すが，これらを「800 m」や「10 分間」などによって

---

[8] ［±dense］を用いた表記法や詳しい議論は岩本 (2008) を参照されたい．

外的に限界づけることができる．また，*John is running to the station* や *John is dying* など，限界点を含む事象の進行相においては，これらがその限界点まで達したという意味は取り除かれ，限界点に向かう行路や変化の道筋を進んでいるという意味になる．このように，元の事象投射構造に変更を加える関数を相変換関数と呼ぶ（岩本 (2008)）．上の限界化関数，非限界化関数はそれぞれ，COMP，GR と呼ばれ，互いに逆関数の関係になっている (Jackendoff (1991))．

　Jackendoff (1991) によれば，1 つの相変換関数には，必ず逆関数が存在することになる．このことの理論的意義は大きい．Jackendoff は，COMP，GR 以外に 4 つの相変換関数を提示し，それらが 2 組のペアになっていることを示しているが，彼が見落とした相変換関数がある．それは「投射」である．本稿では，議論を単純化するために Jackendoff (1996) の構造保持束縛構造を提示せず，その問題点を指摘することもしなかったが（岩本 (2008) 参照），投射関数 PR として導入された関数は，そもそも Jackendoff の構造保持束縛理論には存在していない．Jackendoff は，「投射」を関数とは捉えず，「投射軸」という幾何学的な概念によって事象を定義しようとした．0 次元的な空間，時間，状態がこの 1 次元的「投射軸」によって投射されて 1 次元的な事態になるというのである．しかし，この「投射軸」は 0 次元的実体を 1 次元的実体に変換させるわけであるから，紛れもない相変換関数なのである．我々は，これを PR と呼んだ．すると，この PR にも逆関数が存在することになる．投射関数の逆関数だから，断面化関数である．これを CRS と呼ぶことにする（岩本 (2001, 2008, 2009)）．後に詳述するが，この CRS こそが，テイルの概念構造に含まれるもので，それが事象投射構造のどの項に適用するかによってシテイルの多義的構造が定義されることになるのである．ここでは，CRS の投射構造を以下のように提示しておく．

(22)　CRS
$$\begin{bmatrix} \quad\quad [0d] \\ \langle CRS \rangle \uparrow \\ [1d, -限界] \end{bmatrix}$$

　次に，構造保持束縛構造における相変換関数の適用に関する原則について

述べておきたい．構造保持束縛とは，動きや変化における時間と空間（あるは特徴）の相同性を構造的に保証するものである．時間が進むに従って位置も動き，また位置が動くに従って時間も進む．このような構造保持束縛理論においては，相同項の一方に相変換関数が適用したら，特にその関数の他の相同項への適用を阻害する要因がない限り，同じ相変換関数が適用することになる．これを「相同項への相変換関数並行適用の原則」と呼ぶ（岩本(2008)）．

(23) 「相同項への相変換関数並行適用の原則」
　　　相同的に投射された複数の項の1つにある相変換関数が適用する場合，他の項にも，その適用を阻害する理由がない限り，適用する．

具体的には，(24) を見てみよう．

(24) a.　太郎は10時まで走った．
　　 b.　太郎は駅まで走った．

「XまでY」は，Yという非限界事象を基に構成される事象であり，XがYの終点を定めるという機能を持つものであるから終局点Xを含むCOMPが関数となる．ここでは，これは(25)のように表記される．

(25)　XまでY

$$\begin{bmatrix} \begin{bmatrix} Y, 1d, +連続 \\ +限界, 終局点([X]) \end{bmatrix} \\ \left\langle \begin{matrix} COMP \\ 終局点([X]) \end{matrix} \right\rangle \uparrow \\ [Y, 1d, +連続, -限界] \end{bmatrix}$$

これによると，(24a), (24b) は以下のような概念構造を持つことになる．

第5章 シテイルが持つ継続的状態性と結果の意味　　　139

(26) a.　太郎は10時まで走った．

$$\begin{bmatrix} & \begin{bmatrix} \text{1d, +連続} \\ \text{+限界} \\ \text{終局点}([1_i]) \end{bmatrix} & \begin{bmatrix} \text{1d, +連続} \\ \text{+限界} \\ \text{終局点}([10\text{時}]) \end{bmatrix} \\ \left\langle \begin{matrix} \text{COMP} \\ \text{終局点}([1_i]) \end{matrix} \right\rangle^{\beta} \uparrow & \left\langle \begin{matrix} \text{COMP} \\ \text{終局点}([10\text{時}]) \end{matrix} \right\rangle^{\beta} \uparrow \\ & \begin{bmatrix} \text{1d, +連続} \\ -\text{限界} \end{bmatrix} & \begin{bmatrix} \text{1d, +連続} \\ -\text{限界} \end{bmatrix} \\ \left\langle \begin{matrix} \text{PR} \\ \text{1d, +連続} \\ -\text{限界} \end{matrix} \right\rangle^{\alpha} \uparrow & \left\langle \begin{matrix} \text{PR} \\ \text{1d, +連続} \\ -\text{限界} \end{matrix} \right\rangle^{\alpha} \uparrow \\ \text{BE}([_{\text{Thing}} X], & [_{\text{Space}} 0d], & [_{\text{Time}} 0d]) \end{bmatrix}$$

b.　太郎は駅まで走った．

$$\begin{bmatrix} & \begin{bmatrix} \text{1d, +連続} \\ \text{+限界} \\ \text{終局点}([駅]) \end{bmatrix} & \begin{bmatrix} \text{1d, +連続} \\ \text{+限界} \\ \text{終局点}([t_i]) \end{bmatrix} \\ \left\langle \begin{matrix} \text{COMP} \\ \text{終局点}([駅]) \end{matrix} \right\rangle^{\beta} \uparrow & \left\langle \begin{matrix} \text{COMP} \\ \text{終局点}([t_i]) \end{matrix} \right\rangle^{\beta} \uparrow \\ & \begin{bmatrix} \text{1d, +連続} \\ -\text{限界} \end{bmatrix} & \begin{bmatrix} \text{1d, +連続} \\ -\text{限界} \end{bmatrix} \\ \left\langle \begin{matrix} \text{PR} \\ \text{1d, +連続} \\ -\text{限界} \end{matrix} \right\rangle^{\alpha} \uparrow & \left\langle \begin{matrix} \text{PR} \\ \text{1d, +連続} \\ -\text{限界} \end{matrix} \right\rangle^{\alpha} \uparrow \\ \text{BE}([_{\text{Thing}} X], & [_{\text{Space}} 0d], & [_{\text{Time}} 0d]) \end{bmatrix}$$

(26a) では非限界，連続の時間項が COMP 関数の適用を受け，(26b) では，同様の素性を持つ空間項が COMP 関数の適用を受けているが，それぞれ前者では空間項，後者では時間項も同様に COMP 関数の適用を受ける．これは，「相同項への相変換関数並行適用の原則」によるものである．

3.4. 相強制（解釈規則）

井上 (1976) によるシテイルの意味決定法を検討した時，一般原則だけでは派生することができない意味の派生のために解釈規則が用いられたことを見た．それは，動詞とテイルのアスペクト素性の計算では出て来ない「結果」の意味を生み出すために設定された非常に強力なものであった．言うまでもなく，このように制限されていない解釈規則が存在することは望ましくない．概念意味論や生成語彙論などの研究分野では，語彙の持つ情報の修正方法として強制，共合成などが認められているが (Pustejovsky (1995, 2000)，Jackendoff (1997, 2002)，小野 (2005) など)，以前解釈規則と呼ばれていたものは，この中の強制に課せられる一定の形式的条件を満たさなければならないことが指摘されている．その中でも Jackendoff (1997) は〈強制〉に〈相強制〉(aspectual coercion) と〈指示転移関数〉(reference transfer functions) を認め，前者は次のような一般的な規則の型に従わなければならないと述べている (ibid.: 52-53)．

(27) F(X) という関数-項構造 (function-argument structure) において，X が F の項として不適である場合，「強制関数」G を導入し，F(G(X)) という構造を作り出せ．この場合，X は G の適切な項，G(X) は F の適切な項でなければならない．

具体的な例として (28) を参照されたい．

(28) 太郎は教室に 6 時までいる

事象投射理論では，時間的投射を持たない事象，すなわち時間項が 0 次元のものを状態，1 次元のものを動態と定義する．前述のように，存在動詞「いる」は時間投射を持たない 0 次元事象である．しかし，期間句「6 時まで」は，非限界的 [1d] 時間を限界づけるもので，[0d] 時間とは相いれない．そこで「いる」と「6 時まで」を単一化 (unify) するためには，[0d] 時間を [1d] に変更する強制関数 PR が導入されることになる．これが相強制である．これを構造的に表示したものが (29) である．上の (27) に当てはめると，F が COMP，X が [$_{\text{Time}}$ 0d]，G が PR である．

第 5 章　シテイルが持つ継続的状態性と結果の意味　　　141

(29)　太郎は 6 時まで教室にいる

$$\begin{bmatrix} \left\langle \begin{matrix} \text{COMP} \\ \text{終局点}([6\text{時}]) \end{matrix} \right\rangle \begin{bmatrix} 1\text{d}, \\ +連続, +限界 \\ 終局点([6\text{時}]) \end{bmatrix} \uparrow \\ \left\langle \begin{matrix} \text{PR} \\ 1\text{d}, +連続 \\ -限界 \end{matrix} \right\rangle^{\alpha} \begin{bmatrix} 1\text{d}, \\ +連続, -限界 \end{bmatrix} \uparrow \\ _{\text{Sit}}\text{ BE}([\text{TARO}], [_{\text{Space}}\text{INSIDE}([教室])], [_{\text{Time}}\text{0d}]) \end{bmatrix}$$

←「6 時まで」

←相強制によって導入

←「太郎が教室にいる」

　このような相強制の存在は，状態を継続的なものと捉えるか，それとも非継続的なものと捉えるかという問題に一定の解決を与える．期間句との共起可能性が状態の継続的特徴の根拠とする研究もあるが，[9] 状態を非継続的事象と仮定しても，相強制が期間句との整合性を与えることになるので，両者が共起するという事実は，状態を継続的事象とする分析の根拠にはならない．このように，富化合成を基礎とする意味理論においては，共起制限だけに頼って語の意味を決定することにはならないのである．影山 (2008) は，叙述分類の基準として様々な時間要素との共起可能性を使っているが，単に共起可能かどうかということだけではなく，時間要素によるタイプの修正が可能であるかどうかという点をさらに明確にして，分類の議論を行わなければならない（岩本 (2011)）．

　このような点から考えると，強制はさらに厳しく制限されなければならないということにもなるであろう．岩本 (2008) は次のような強制に関する制約を提案している．

---

　[9] 注 6 を参照のこと．

(30) 「解釈規則（強制）による投射構造の空虚化を禁ずる制約」
解釈規則（強制）は，それが適用する投射構造の一部あるいは全部を取り消すことはできない．

この制約により，以下のような文の不適格性に説明が与えられる．

(31) ＊太郎がコンビニに歩いた
(32) a. ＊太郎が新幹線で3日間京都に行った
　　 b. ＊太郎がゆっくり3日間京都に行った（「太郎がゆっくり京都に行って3日間留まった」という意味では不可）
(33) ＊太郎が800 m 10分間走った

これらの不適格文がどのようにして(30)によって排除されるかは，本稿の議論には直接的に関わらないので，詳しい議論は岩本(2008)に譲る．ここでは，相強制を含む富化合成に基づく意味理論をどのように制限するかということが，この理論が説明理論であるためには避けて通ることができない課題だということを指摘するにとどめることにする．

4. シテイルの概念構造

　この節では，前節で概要を示した事象投射理論によってシテイルの概念構造を示し，井上(1976)の分析を検討した時に明らかになった問題がどのように解決されるか議論する．
　事象投射理論（構造保持束縛理論）では，事態と状態の区別は時間項が1次元的に投射されているか，あるいは0次元かという違いに還元されるため，状態化とは1次元的時間項の0次元化ということになる．従って，事象投射理論におけるテイルの投射構造は以下のようになる．

(34)　テイルの投射構造
$$\begin{bmatrix} & [0d] & \\ & \langle CRS \rangle \uparrow & \\ & \begin{bmatrix} 1d, +連続 \\ -限界 \end{bmatrix} & \\ Time & & \end{bmatrix}$$

この構造は,「連続的時間から 0 次元的断面を取り出す」ということを表す.[10] 1 次元的時間の断面化は,シテイルの多義的意味の説明に止まらず,状態化構文や不完結相の類型論に新しい観点からの分析を可能にすることになる.

まず,これがシテイルの二大義である「動作継続」と「結果継続」をどのように定義するか見ることにしよう.動作動詞と変化動詞の例として「流れる」と「死ぬ」を取り上げる.これらの事象投射構造は (19) と (21) に示したように,以下のとおりである.

(35) a. 流れる

$$\begin{bmatrix} & \begin{bmatrix} 1d, +連続 \\ -限界 \end{bmatrix} & \begin{bmatrix} 1d, +連続 \\ -限界 \end{bmatrix} \\ & \left\langle \begin{matrix} PR \\ 1d, +連続 \\ -限界 \end{matrix} \right\rangle^{\alpha} \uparrow & \left\langle \begin{matrix} PR \\ 1d, +連続 \\ -限界 \end{matrix} \right\rangle^{\alpha} \uparrow \\ _{Sit} BE([X], & [_{Space} 0d], & [_{Time} 0d]) \end{bmatrix}$$

b. 死ぬ

$$\begin{bmatrix} & [DEAD] & [0d, t_i] \\ & \left\langle \begin{matrix} PR \\ 1d, -連続 \\ +限界 \\ 終局点([DEAD]) \end{matrix} \right\rangle^{\alpha} \uparrow & \left\langle \begin{matrix} PR \\ 1d, -連続 \\ +限界 \\ 終局点([t_i]) \end{matrix} \right\rangle^{\alpha} \uparrow \\ _{Sit} BE([X], & [_{Prop} 0d], & [_{Time} 0d]) \end{bmatrix}$$

これらの事象投射構造とテイルの LCS を単一化すると,それぞれ以下のような概念構造が定義される.

---

[10] 工藤 (1995) は,継続的なシテイルのテキスト的機能を同時性としているが,その際,シテイルが「時間を止める」という表現を用いている.この時間を止めるという表現は,「1 次元的時間の 0 次元化」を直観的に述べたものかもしれない.岩本 (2008) では,工藤に従って「時間を止める」を用いたが,ここではより厳密に「1 次元的時間の断面化」「1 次元的時間の 0 次元化」と述べることにする.

(36) a. 流れている

$$\left[\begin{array}{l} \qquad\qquad\qquad\qquad [0d] \qquad\qquad\qquad\qquad [0d] \\ \text{相変換関数並行適用}\Rightarrow \langle CRS \rangle^{\beta}\uparrow \quad\quad \text{テイル}\Rightarrow \langle CRS \rangle^{\beta}\uparrow \\ \qquad\qquad\qquad\qquad \begin{bmatrix} 1d,\ +連続 \\ -限界 \end{bmatrix} \qquad\qquad \begin{bmatrix} 1d,\ +連続 \\ -限界 \end{bmatrix} \\ \qquad\qquad\qquad\qquad \left\langle \begin{matrix} PR \\ 1d,\ +連続 \\ -限界 \end{matrix} \right\rangle^{\alpha}\uparrow \qquad \left\langle \begin{matrix} PR \\ 1d,\ +連続 \\ -限界 \end{matrix} \right\rangle^{\alpha}\uparrow \\ _{Sit}\ BE([X],\qquad\qquad [_{Space}\ 0d]);\qquad\quad [_{Time}\ 0d]) \end{array}\right]$$

b. 死んでいる

$$\left[\begin{array}{l} \qquad\qquad\qquad\qquad\qquad\qquad\qquad [0d] \\ \qquad\qquad\qquad\qquad\qquad\qquad \langle CRS \rangle\uparrow \qquad\qquad \Big\}\text{テイル} \\ \qquad\qquad\qquad\qquad\qquad\qquad \begin{bmatrix} 1d,\ +連続 \\ -限界 \end{bmatrix} \\ \qquad\qquad\qquad\qquad\qquad\qquad \left\langle \begin{matrix} PR \\ 1d,\ +連続 \\ -限界 \end{matrix} \right\rangle\uparrow \qquad\qquad \Leftarrow\text{相強制} \\ \qquad\qquad\qquad [DEAD] \qquad\qquad [0d,\ t_i] \\ \qquad \left\langle \begin{matrix} PR \\ 1d,\ -連続 \\ +限界 \\ 終局点([DEAD]) \end{matrix} \right\rangle^{\alpha}\uparrow \quad \left\langle \begin{matrix} PR \\ 1d,\ -連続 \\ +限界 \\ 終局点([t_i]) \end{matrix} \right\rangle^{\alpha}\uparrow \\ _{Sit}\ BE([X],\qquad\qquad [_{Prop}\ 0d]);\qquad [_{Time}\ 0d]) \end{array}\right]$$

(36a) では,時間項に適用された CRS が空間項にも適用されているが,これは,先に提示した「相同項への相変換関数並行的適用の原則」に基づくものである.「流れる」のような非限界的「動作動詞」の場合,時間項と空間項は共に〈PR | 1d, +連続, -限界〉によって相同的に [1d, +連続, -限界] に投射されている.テイルの CRS は時間項に適用するが,それが空間項に適用するのを阻害する要因はない.従って,CRS は時間項,空間項の双方に適用するのである.

第5章　シテイルが持つ継続的状態性と結果の意味　　　　　　　145

　一方「死ぬ」の場合，時間項は，[0d] を〈PR｜1d,－連続，＋限界，終局点 (t_i)〉によって投射し，[0d, t_i] を定義する．これにテイルを接辞化した場合，[0d, t_i] に CRS を直接適用することはできない．0 次元項を 0 次元化することはできないからである．そこで，相強制により〈PR｜1d,＋連続，－限界〉が導入され，[0d, t_i] を [1d,＋連続，－限界] に投射する．これに CRS が適用して 0 次元化するのである．ところが，特徴項に関しては，時間項と同相的に CRS を適用することはできない．[DEAD] は定項であるため，これを PR によって投射することはできないからである．PRによる投射がなければ CRS の適用もない．(36b) によって表示された構造は，非連続的投射によって現れた DEAD という特徴を，そのまま継続的に存在した状態にしている連続的時間を 0 次元化したということを表している．すなわち，死んだ状態のままにあるものを時間的一点において描写したということである．これは，結果継続の意味として我々が直感的に捉えているものと合致するものであろう．

　このように，事象投射理論においては，標準語のテイルの概念構造を時間軸に適用する CRS と仮定するだけで，いわゆる動作継続と結果継続の意味が自動的に定義されるのである．

5. 結論：継続性の含意と結果状態の取り出し

　井上 (1976) の分析を検討した際，我々は解決しなければならない問題として次の二点を確認した．

　　［1］　シテイルが含意する継続性はどのように保証されるのか．
　　［2］　どのように変化から結果状態が引き出されるのか．

上で展開した事象投射理論の分析により，これらの問題にどのような解決が与えられたか確認しよう．

　まず，シテイルが含意する継続性であるが，これは，テイルの概念構造に含意されている．ただし，これは「テイルが継続性を表す」ということではない．時間を 0 次元化するためには，その時間が非限界連続構造を持たなければならない．動作動詞に関しては，それ自体が持つ時間項（と空間項）の連続的非限界投射が断面化関数 CRS の入力となる．一方，変化動詞に関

しては，時間項に CRS が適用するために相強制によって連続的非限界時間が導入される．井上 (1976) がテイルの意味として仮定した継続性は，CRS 関数の入力 [＋連続] として表示されるものなのである．井上は，テイルのアスペクト素性を [＋状態，＋継続] としたが，事象投射理論ではこれを「断面化」(＝0 次元化) と規定するだけで，継続性，すなわち我々の理論では [$_{\text{Time}}$＋連続性] の存在が含意されることになるのである．

次に，変化からどのように結果が取り出されたか見る．非連続的投射は必ず始局点か終局点（あるいはその両者）を含む．変化や結果という概念が存在するわけではない．ある特徴への非連続的投射があるだけなのである．従って，変化から結果を取り出すという概念的操作は必要ない．むしろ，非連続的投射によって出現した特徴がテイルの接辞化によって，時間的に継続することになるのである．

このように事象投射理論は，井上 (1976) の分析から導きだされた継続性と結果性の問題に明示的で原則的な解決を与えることに成功した．しかし，ここでは，これまでのアスペクト研究で用いられてきた「動作」「変化」「動態」「状態」「継続」「瞬間」「結果」などの概念は全く用いられていない．ここにあるのは，物体，空間，時間，次元，連続，非連続，境界点（終局点），投射関数，断面化関数，といった物理・数学的概念である．これまで直感的に用いられてきた継続性や結果といった概念がこれらによって構造的に定義され，より曖昧性や恣意性を排除した分析を行うことができるようになったのである．

これは，アスペクトが空間，時間，物体の幾何学的特徴をさらに抽象化した代数的概念によって定義されるということを意味している．代数的抽象化が行われているからこそ，非連続的投射，すなわち局面への投射という幾何的には表現できないものを概念構造の中に取り入れることができるのである．井上 (1976) が捉えようとしたシテイルの継続性（時間的連続性）に対する説明もこのような代数的抽象化のもとにはじめて可能となるのである．

参照文献

Carlson, Lauri (1981) "Aspect and Quantification," *Tense and Aspect, Syntax and Semantics* 14, ed. by P. J. Tedeschi and A. Zaenen, 31–64,

Academic Press, New York.
Comrie, Bernard (1976) *Aspect*, Cambridge University Press, Cambridge.
Depraetere, Ilse (1995) "On the Necessity of Distinguishing between (un)Boundedness and (a)Telicity," *Linguistics and Philosophy* 18, 1-19.
De Swart, Henriëtte (1998) "Aspect Shift and Coercion," *Natural Language and Linguistic Theory* 16, 347-385.
Dowty, David (1979) *Word Meaning and Montague Grammar*, Reidel, Dordrecht.
藤井正 (1966)「「動詞＋ている」の意味」『国語研究室』東京大学．［金田一春彦（編）(1976)『日本語動詞のアスペクト』97-116, むぎ書房に所収．］
Galton, Anthony (1984) *The Logic of Aspect: An Axiomatic Approach*, Clarendon Press, Oxford.
浜之上幸 (1997)「朝鮮語のアスペクト──日本語との対比の観点から──」『平成9年度COE形成基礎研究費研究報告 (1B)：先端的言語理論の構築とその多角的な実証──ヒトの言語を組み立て演算する能力を語彙の意味概念から探る──』359-380, 神田外語大学．
Henrichs, Erhard (1986) "Temporal Anaphora in Discourses of English," *Linguistics and Philosophy* 9, 63-82.
井上和子 (1976)『変形文法と日本語(下)』大修館書店, 東京．
岩本遠億 (2001)「進行相とニ格後置詞句の認可について──概念意味論による接近法──」『平成13年度COE形成基礎研究費研究報告(1A)：先端的言語理論の構築とその多角的な実証──ヒトの言語を組み立て演算する能力を語彙の意味概念から探る──研究成果報告5』, 33-60, 神田外語大学．
岩本遠億 (2008)『事象アスペクト論』開拓社, 東京．
岩本遠億 (2009)「経路移動事象の両義的限界性と増分性」『レキシコンフォーラム』No. 5, 53-98, ひつじ書房, 東京．
岩本遠億 (2011)「事象投射理論と叙述類型」『言語科学研究』神田外語大学．
Iwata, Seizi (1999) "Thematic Parallels and Non-Parallels: Contribution of Field-Specific Properties," *Studia Linguistica* 531, 68-101.
Jackendoff, Ray (1983) *Semantics and Cognition*, MIT Press, Cambridge, MA.
Jackendoff, Ray (1990) *Semantic Structures*, MIT Press, Cambridge, MA.
Jackendoff, Ray (1991) "Parts and Boundaries," *Lexical and Conceptual Semantics*, ed. by Beth Levin and Steven Pinker, 9-45, Blackwell, Cambridge, MA.
Jackendoff, Ray (1996) "The Proper Treatment of Measuring Out, Telicity, and Perhaps even Quantification in English," *Natural Language and*

Linguistic Theory 14, 305-354.

Jackendoff, Ray (1997) *The Architecture of the Language Faculty*, MIT Press, Cambridge, MA.

Jackendoff, Ray (2002) *Foundations of Language*, Oxford University Press, New York.

影山太郎 (1997)「単語を超えた語形成」『語形成と概念構造』，影山太郎・由本陽子(著)，3章，128-197，研究社出版，東京．

影山太郎(編) (2001)『日英対照　動詞の意味と構文』大修館書店，東京．

影山太郎 (2005)「辞書的知識と語用論的知識——語彙概念構造とクオリア構造の融合にむけて——」『レキシコンフォーラム No. 1』，影山太郎(編)，65-101，ひつじ書房，東京．

影山太郎 (2008)「属性叙述と語形成」『叙述類型論』，益岡隆志(編)，21-43，くろしお出版，東京．

Kearns, Kate (2000) *Semantics*, Palgrave Macmillan, Houndmills.

金田一春彦 (1950)「国語動詞の一分類」『言語研究』15号．［金田一春彦(編) (1976)『日本語動詞のアスペクト』，5-26，むぎ書房に所収．］

金田一春彦 (1976)『日本語動詞のアスペクト』むぎ書房，東京．

金水敏 (2000)「時の表現」『日本語の文法2　時・否定ととりたて』岩波書店，東京．

工藤真由美 (1982a)「シテイル形式の意味記述」『人文学会雑誌』第13第4号，51-88，武蔵大学．

工藤真由美 (1982b)「シテイル形式の意味のあり方」『日本語学』第1巻第2号，38-47．

工藤真由美 (1995)『アスペクト・テンス体系とテクスト——現代日本語の時間の表現』ひつじ書房，東京．

工藤真由美(編) (2004)『日本語のアスペクト・テンス・ムード体系——標準語研究を超えて』ひつじ書房，東京．

Lieber, Rochelle (1980) *On the Organization of the Lexicon*, Doctoral dissertation, MIT.

Lieber, Rochelle (1992) *Word Formation in Syntactic Theory*, University of Chicago Press, Chicago.

益岡隆志 (1987)『命題の文法』くろしお出版，東京．

益岡隆志 (2000)「属性叙述と事象叙述」『日本語文法の諸相』，益岡隆志(編)，39-53，くろしお出版，東京．

益岡隆志 (2004)「日本語の主題——叙述の類型の観点から——」『主題の対照』，益岡隆志(編)，3-17，くろしお出版，東京．

益岡隆志 (2008)「叙述類型論に向けて」『叙述類型論』，益岡隆志(編)，3-18，

くろしお出版, 東京.

真野美穂 (2008)「状態述語文の時間性と叙述の類型」『叙述類型論』, 益岡隆志 (編), 67-91, くろしお出版, 東京.

McDonald, Jonathan (2008) *The Syntax of Inner Aspect*, John Benjamins, Amsterdam.

森山卓郎 (1984)「アスペクトの意味の決まり方について」『日本語学』第3巻第12号, 70-84.

Mourelatos, Alexander P. D. (1978) "Events, Processes and States," *Linguistics and Philosophy* 2, 415-434.

Ogihara, Toshiyuki (1998) "The Ambiguity of the *-te iru* Form in Japanese," *Journal of East Asian Linguistics* 7, 87-120.

奥田靖雄 (1977)「アスペクトの研究をめぐって──金田一的段階──」『宮城教育大学国語国文』8.［奥田靖雄 (1985)『ことばの研究・序説』, 85-104, むぎ書房に所収.］

小野尚之 (2005)『生成語彙意味論』くろしお出版, 東京.

Pustejovsky, James (1991) "The Syntax of Event Structure," *Cognition* 41, 47-81.

Pustejovsky, James (1995) *The Generative Lexicon*, MIT Press, Cambridge, MA.

Pustejovsky, James (2000) "Events and the Semantics of Opposition," *Events as Grammatical Objects*, ed. by Carol Tenny and James Pustejovsky, 445-482, CSLI Publications, Stanford.

Selkirk, Elizabeth (1982) *The Syntax of Words*, MIT Press, Cambridge, MA.

Shieber, Stuart (1986) *An Introduction to Unification-based Approaches to Grammar*, CSLI Publications, Stanford.

Shirai, Yasuhiro (2000) "The Semantics of the Japanese Imperfective *-teiru*: An Integrative Approach," *Journal of Pragmatics* 32, 327-361.

Smith, Carlota S. (1997) *The Parameter of Aspect*, 2nd ed., Kluwer, Dordrecht.

高橋太郎 (1985)『現代日本語動詞のアスペクトとテンス』秀英出版, 東京.

竹沢幸一 (1991)「受動文, 能格文, 分離不可能所有構文と「ている」の解釈」『日本語のヴォイスと他動性』, 仁田義雄 (編), 59-81, くろしお出版, 東京.

Vendler, Zeno (1967) *Linguistics in Philosophy*, Cornell University Press, Ithaca, NY.

Verkuyl, Henk (1993) *A Theory of Aspectuality — the Interaction between Temporal and Atemporal Structure*, Cambridge University Press, Cam-

bridge.
Williams, Edwin (1981) "Argument Structure and Morphology," *The Linguistic Review* 1, 81–114.
吉川武時 (1971)「現代日本語のアスペクトの研究」Monash 大学日本語科修士論文.［金田一春彦(編) (1976)『日本語動詞のアスペクト』, 155–323, むぎ書房に所収.］

第 6 章

補文標識と Wh 句の共起関係について
——理由を表す Wh 付加詞を中心に——*

棗原　和生

1. はじめに

　(1) の例文が示すように，日本語の疑問文は節末に現れる「か」，「の」のいずれによっても標示され得ることから，特に日本語生成文法研究の標準的な分析では，「か」と「の」は疑問化辞の異形体とされ，これによれば，(1a)，(1b) の wh 疑問文は (2) に示した同じ統語構造を持つと分析されてきた．[1]

(1) a.　太郎は何を買いましたか？
　　b.　太郎は何を買ったの？
(2)　[CP [IP 太郎は何を買いました／買った] [C か／の]]

---

　* 本稿は『統語と談話のインターフェイス』(2010 年 3 月 5 日神田外語大学) と『70 年代「日本語の生成文法研究」再認識——久野暲先生と井上和子先生を囲んで——』(2010 年 7 月 2 日神田外語大学) の 2 つのワークショップで発表した内容に基づくものである．これらのワークショップで発表する機会を与えてくださった遠藤喜雄氏，長谷川信子氏にお礼申し上げる．ワークショップでは，討論者として Ur Shlonsky 氏から詳細かつ貴重なコメントを頂戴した．これらのワークショップでは，井上和子氏，漆原朗子氏，遠藤喜雄氏，大竹芳夫氏，久野暲氏，斉藤衛氏，佐野まさき氏，杉崎鉱司氏，富岡諭氏，野田尚史氏，宮川繁氏に貴重なコメントやアドバイスを頂戴した．また，本研究をすすめる過程で，石居康男氏，岸本秀樹氏，千葉修司氏，Guglielmo Cinque 氏，Liliane Haegeman 氏，長谷川信子氏，Luigi Rizzi 氏から貴重な助言を頂いた．特に長谷川信子氏には，本稿を執筆する段階で有益なご指摘を頂いた．この場を借りて感謝の意を表したい．

　[1] yes-no 疑問文にも「の」で終わるものと「の」を伴わないで「か」で終わる 2 種類があるが，この小論では yes-no 疑問文は扱わない．yes-no 疑問文と補文標識の共起関係については，Kuno (1980)，棗原 (2010) を参照されたい．

151

この小論では，wh 句と補文標識の共起関係について考察し，(1) のような wh 疑問文に現れる「の」は補文標識の一種ではあるものの，「か」とは異なり「発話内の力 (illocutionary force)」の指定には関与しないとする仮説を提示する．そして，その仮説の観点から (1) のような wh 疑問詞と，(3), (4) の例に示した理由を表す wh 付加詞の「なぜ・何を」と補文標識「か」・「の」との共起制限の違いについて検討し，[2] これまでの標準的な (2) の分析ではなく，(1a), (1b) はそれぞれ異なる統語構造をもつとする分析を提案する．

(3) a. ??*太郎はなぜ怒りましたか？
　　 b.　　太郎はなぜ怒ったの？
(4) a. ??*太郎は何をそんなに怒りましたか？
　　 b.　　太郎は何をそんなに怒ったの？

以下で詳述するように，疑問文の節末に現れる「の」はそれ自体疑問を表す補文標識ではない．それにも拘らず，「なぜ・何を」は，他の wh 句とは異なり，「の」を要求するという点で特異な振る舞いをする．この小論では，Rizzi (1997) の提唱する精緻化された CP 構造を仮定することによって，補文標識との共起制限について見られる理由を表す wh 付加詞とそれ以外の wh 句の非対称性が説明されることを論じる．Rizzi (2001) は，イタリア語の perché 'why' とその他の wh 句と焦点との相対的順序に関する非対称性をもとに，perché はそれ以外の wh 句とは異なる機能範疇によって認可されるとする分析を提案している．この分析が日本語の「なぜ・何を」と補文標識の共起制限を説明するのにも有効であることを論証する．
　第 2 節では，理由を表す wh 付加詞は，補文標識の「の」と共起しなけれ

---

　[2] (1) と (3)-(4) の対比は，一見すると述語の必須要素である文法項の wh 句と付加詞の wh 句との対比のように見えるが，「いつ」，「どこで」のように付加詞であっても「の」・「か」のいずれとも共起可能な wh 句もあるので，ここでの対比は理由を表す wh 付加詞とそれ以外の wh 句の対比を表している．

(i) a.　いつ東京に来ましたか？
　　b.　いつ東京に来たの？
　　c.　どこでその人に会いましたか？
　　d.　どこでその人に会ったの？

ばならないのに対して，それ以外の wh 句にはそのような共起制限は見られないことについて様々な例文を提示して詳述する．同時に疑問文の節末に生起する「の」は，疑問化辞の「か」とは異なる機能範疇の具現形であることを示す．

第 3 節では，Rizzi (1997, 2001) の提唱する精緻化された CP 構造に基づく wh 疑問文の分析を提示し，その帰結のいくつかについて考察する．「なぜ・何を」を伴う wh 疑問文とそれ以外の wh 句を含む「の」を伴わない疑問文は異なる統語構造を持つのだが，第 4 節ではその異なる統語構造と関連すると思われる wh 疑問文の意味特徴について考察する．第 5 節では今後の課題について述べる．

2. Wh 句と補文標識の共起関係

日本語生成文法研究の標準的な分析では，疑問文の文末に現れる「の」と「か」は，いずれも「発話内の力（この場合「質問」）」を指定する補文標識であるとされる．[3] ところが，すでに述べたように「なぜ」を伴う疑問文では「か」ではなく「の」が選択されなければならない（野田 (1995, 1997)，Yoshida and Yoshida (1996)），(5) と (6)–(7) の対比を見られたい．

(5) a.　誰が来ましたか？
    b.　誰が来たの？
    c.　あの本はどこに置きましたか？
    d.　あの本はどこに置いたの？
(6) a. ??*太郎はなぜまだそんなことを言っていますか？
    b. ??*警察はなぜそのことを調べていますか？
    c. ??*君はなぜいつも遅れてきますか？
    d. ??*なぜまた会議を開きましたか？

---

[3] 国語学の研究では，例えば，時枝 (1950) が (1b) のような文末の「の」を (1a) の「か」と同様に，「感動を表す助詞」と分類している．また，『広辞苑』のような権威ある国語辞典でも文末の「の」を疑問を表す「終助詞」と規定している．一方，三浦 (1975) は，(1b) のような文末の「の」を「終助詞」とする立場を批判し，「の」の後には零記号の判断辞が存在すると主張している．これは記述的には，以下で述べることとほぼ等価である．

　　　　e.　??*なぜ麻生さんは若者に人気がありましたか？
(7)　a.　太郎はなぜまだそんなことを言っているの？
　　　b.　警察はなぜそのことを調べているの？
　　　c.　君はなぜいつも遅れてくるの？
　　　d.　なぜまた会議を開いたの？
　　　e.　なぜ麻生さんは若者に人気があったの？

　(8) に示したように，ヲ格を持つ wh 句「何を」が理由を表す付加詞として用いられることがある．

(8)　a.　彼らは何を騒いでいるの？
　　　b.　君は何をそんなにメアリーばかり責めているの？
　　　c.　太郎は何をそんなに急いでいたの？

理由を表す付加詞の「何を」も，「の」を伴わない疑問文には生起できない．

(9)　a.　??*彼らは何を騒いでいますか？
　　　b.　??*君は何をそんなにメアリーばかり責めていますか？
　　　c.　??*太郎は何をそんなに急いでいましたか？

当然のことながら目的語の「何を」は，「の」を伴わない疑問文に生起することができるので，(8) と (9) の対比は，理由を表す「何を」が補文標識の「の」を要求することを示していると言うことができる．

(10)　a.　レストランで何を注文しましたか？
　　　 b.　そこに何を置きましたか？
　　　 c.　パーティーには誰を招待しますか？

　疑問文には上で見た以外に文末に「か」，「の」のいずれも伴わないで，(11) のように動詞で終わるものもある．

(11)　a.　誰が来ました？
　　　 b.　誰が来た？
　　　 c.　あの本はどこに置きました？
　　　 d.　あの本はどこに置いた？

(11) とは対照的に「なぜ・何を」は，動詞で終わる疑問文には生起できない．[4]

(12) a. ??*太郎はなぜまだそんなことを言っている？
    b. ??*警察はなぜそのことを調べている？
    c. ??*君はなぜいつも遅れてくる？
    d. ??*なぜまた会議を開いた？
    e. ??*なぜ麻生さんは若者に人気があった？
(13) a. ??*彼らは何を騒いでいる？
    b. ??*君は何をそんなにメアリーばかり責めている？
    c. ??*太郎は何をそんなに急いでいた？

(11) と (12)–(13) の対比も「なぜ・何を」は，それ以外の wh 句とは異なり，「の」を伴う疑問文に生起しなければならないことを示している．

このような「なぜ・何を」と補文標識の共起制限に関する事実は，理由を表す wh 付加詞が，一見すると補文標識の「の」によって認可されなければならないことを示しているように思われるが，「の」を「なぜ・何を」の認可子と考えるわけにはいかない．以下，そのように考える根拠について述べることにしよう．

「の」は，疑問文の節末に現れることから，通常「か」と同じ統語的位置を占めるとされるが，「の」で終わる疑問文は，(14)–(15) に示したように「のですか」で終わる疑問文に言い換えることができる．

(14) a. 誰が来たの（ですか）？
    b. あの本はどこに置いたの（ですか）？
(15) a. 太郎はなぜまだそんなことを言っているの（ですか）？
    b. 警察はなぜそのことを調べているの（ですか）？

---

[4] 野田 (1997: 124) が指摘するように「の」を伴わない疑問文であっても「なぜ」が許容される (i) のような例があるが，(i) のような例は相手を非難したり詰問したりする場合に用いられる．
　　(i)　話してみないで，なぜわかる．
実際，(i) の例は下降調に読まなければ不自然な文となる．このような例の「なぜ」は以下の議論では除外して考えることにする．

c. 君はなぜいつも遅れてくるの（ですか）？
d. なぜまた会議を開いたの（ですか）？
e. なぜ麻生さんは若者に人気があったの（ですか）？
(16) a. 彼らは何を騒いでいるの（ですか）？
b. 君は何をそんなにメアリーばかり責めているの（ですか）？
c. 太郎は何をそんなに急いでいたの（ですか）？

「の」で終わる疑問文は，実は「のですか」で終わる疑問文の省略形であるとすると，「の」で終わる疑問文は，IP の上部に音形を持たないコピュラの「です」とさらにその上部に疑問化辞を持つ，(17) に示したような表面上よりは複雑な CP の構造を持つと考えることができる．

(17) [$_{CP3}$ [$_{CP2}$ [$_{CP1}$ [$_{IP}$ 太郎はなぜ...言っている] [$_{C1}$ の]] [$_{C2}$ 0]] [$_{C3}$ Q]]

((= (7a))

「の」で終わる疑問文において，「の」の上部には音形を持たない疑問化辞があるとすると，「の」はそれ自体「発話内の力」の指定に関与する補文標識ではないということになる．そうだとすると，(7)-(8) の例文では，あたかも「の」が「なぜ・何を」の認可子であるかのように見えるが，これらの wh 句を認可するのは「の」以外の要素であると推定される．

「の」と「か」を区別するもう1つの根拠として (18) の例を挙げることができる．(18) に例示したように，wh 句のいずれに拘らず，「の」で終わる疑問文は埋め込み文としては許容されない．

(18) a. 太郎は［誰がパーティーに来たの *(か)］知らない．
b. 太郎は［花子がなぜ泣いているの *(か)］聞いた．
c. 太郎は［花子が何をそんなに怒っているの *(か)］知りたがっている．

このように間接疑問文を導くことができるのは，「か」のみであることから，「の」は疑問化辞の異形体ではなく，したがって，「なぜ・何を」の認可子ではないと言うことができる．

以上述べた wh 句，特に「なぜ・何を」と補文標識の共起制限に関する事実群は，(19) に示した問題を提起するように思われる．

(19) a. 理由を表す wh 付加詞の「なぜ・何を」が,「発話内の力」を指定する補文標識ではない「の」を要求するように見えるのはなぜか.
b. 「なぜ・何を」以外の wh 句を伴う疑問文で「の」の生起が義務的でないのはなぜか.

3. 精緻化された CP 構造による Wh 疑問文の分析
3.1. 理由を表す Wh 付加詞とそれ以外の Wh 句に見られる非対称性

(17) で示したように,「の」で終わる疑問文の「の」は定形動詞の上部に位置し,さらにその上に音形を持たないコピュラと疑問化辞が位置すると考えられる.そうだとすると通常仮定されている単一の補文標識を主要部とする CP 構造では不十分で,それよりも精緻な CP 構造が必要になる.以下では,Rizzi (2001) で提案されている精緻化された CP 構造による日本語 wh 疑問文の分析を提案し,その帰結のいくつかについて検討するが,その前に Rizzi (2001) で設定されている CP 構造について述べることにしよう.Rizzi は,節左周辺部に現れる要素の相対的順序などに関する事実に基づき,従来仮定されてきた CP の構造は,正確に言えば (20) のようなより精緻化された構造を持つとしている.[5]

---

[5] TopP の * は,それが繰り返し現れ得る範疇であることを示す.本論では日本語との関連で (20) の TopP については検討しない.精緻化された CP 構造の観点からの日本語の話題化に関する議論については,栗原 (2010) を参照されたい.

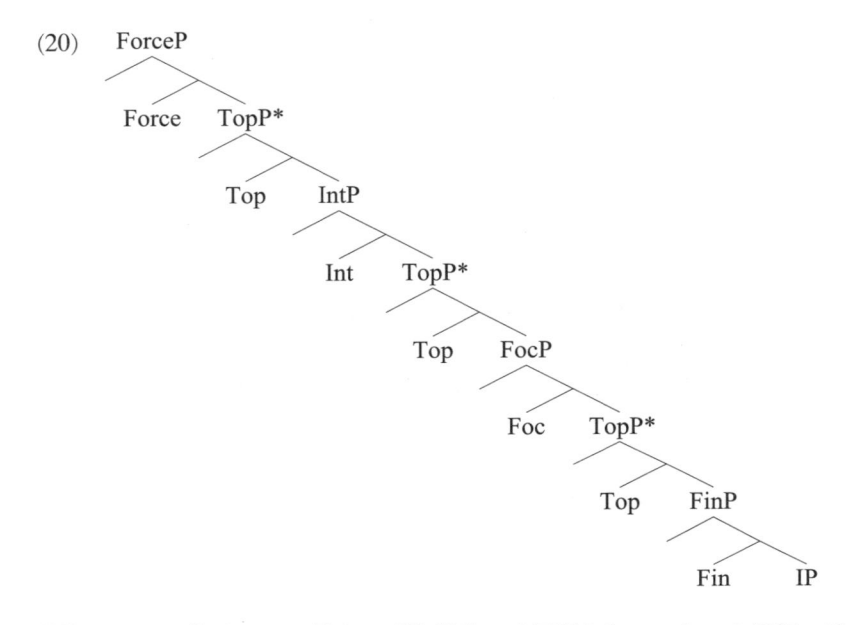

(20)
```
           ForceP
          /      \
       Force    TopP*
              /      \
            Top      IntP
                   /      \
                 Int      TopP*
                        /      \
                      Top      FocP
                             /      \
                           Foc      TopP*
                                  /      \
                                Top      FinP
                                       /     \
                                     Fin     IP
```

　(20) に示した構造では，従来の CP 構造では区別されていない 2 種類の補文標識 Force と Fin(iteness) があり，それぞれ上方と下方で C の投射を閉じる役割を担っている．CP 領域の最上部に位置する Force には，文の表す「発話内の力（「断定」，「質問」，「命令」など）」が指定される．一方，Fin には文の定形・非定形に関する素性が指定される．この 2 つの補文標識の間に話題，'why'，焦点を認可する機能範疇が随意的に現れる．[6]

　Rizzi (2001: 290) は，イタリア語の perché 'why' と焦点との共起関係に関する事実に基づき，Force と Fin とは別に，perché を認可する補文標識 Int(errogative) を設定することが必要であるとしている．次の例文を見られたい．

---

　[6] ここでは詳細に立ち入る余裕はないが，Force と Fin の 2 種類の補文標識を仮定する根拠として，Rizzi (1997) はイタリア語における定形 (che)・非定形 (di) の補文標識と話題の相対的順序に関する事実を挙げている．

第6章　補文標識とWh句の共起関係について　　159

(21)　a.　*A chi　　QUESTO hanno detto (non qualcos'altro)?
　　　　　　to whom this　　　have said　 (not something else)
　　　　　'To whom THIS they said (not something else)?'
　　　b.　*QUESTO a chi　　 hanno detto (non qualcos'altro)?
　　　　　　THIS　 to whom have　said　 (not something else)
　　　　　'THIS to whom they said (not something else)?'

イタリア語では，(21)に例示したようにwh句は焦点と共起することはできない．したがって，wh句はFocP指定部への移動であると考えられる．これに対して，perchéは焦点と共起することができるが，その場合，perchéは焦点に先行しなければならない (Rizzi (2001: 294))．

(22)　a.　Perché QUESTO avremmo dovuto dirgli, 　non
　　　　　 why　　THIS　　had　　　should say.him not
　　　　　qualcos'altro?
　　　　　something else
　　　　　'Why THIS we should have said to him, not something else?'
　　　b.　*QUESTO perché avremmo dovuto dirgli, 　non
　　　　　　this　　 why　　had　　　should say.him not
　　　　　qualcos'altro?
　　　　　something else
　　　　　'THIS why we should have said to him, not something else?'

節左周辺部に位置する焦点はFocP指定部への移動であることからすると，(22)の対比は，perchéを認可する補文標識は，FocPよりも上位に位置することを示している．このような事実に基づき，Rizzi (2001) は，perchéとそれ以外のwh句は異なる機能範疇，前者はInt，後者はFocによって認可されるとしている．一方，日本語のように顕在的wh移動を持たない言語では，'why'とそれ以外のwh句の認可子が異なるにしても，その違いが文頭要素の語順の違いとして現れることはないので，Rizziの一般化はwh句が節左周辺部へ移動しない言語では成り立たないと考えられるかもしれない．しかしながら，第4節で述べるように日本語では，'why'とそれ以外のwh句の認可子の違いがwh疑問文の「前提」の解釈とそれに関連する

統語構造の違いとして顕現すると考えられるので，'why'とそれ以外の wh 句には異なる認可子が関与するという Rizzi の一般化は顕在的 wh 移動を持たない言語にも成り立つ特徴であるということができる．[7]

さて，日本語の wh 疑問文に話を戻そう．第 2 節で述べたように，疑問文の節末に現れる「の」と「か」は，補文標識ではあるがそれぞれ異なる統語的位置を占める．これを精緻化された CP 構造を用いて捉えるならば，「の」と「か」はそれぞれ Fin, Force に位置すると考えることができる．(23) を見られたい．[8]

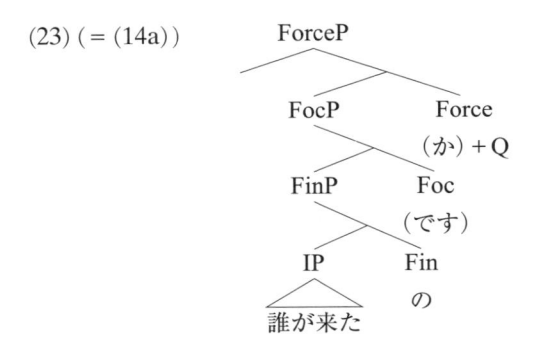

(23) (= (14a))

```
              ForceP
              /    \
           FocP    Force
           /  \   (か)+Q
         FinP  Foc
         /  \ (です)
        IP   Fin
        |     の
       誰が来た
```

(23) に示したように，「の」と「か」の間に現れる「です」は，Foc の具現形であると仮定する．[9]「なぜ・何を」以外の wh 句は，「の」を要求しないことから，「か」すなわち，Force によって認可されると考えることにしよう．すでに述べたように「なぜ・何を」は，「の」を伴わずに「か」で終わる疑問文には生起できないことから，その認可子は Force ではないことが分かる．したがって，「なぜ・何を」は，イタリア語の perché 同様，Int によっ

---

[7] この点については，Ko (2006) も参照されたい．

[8] Hiraiwa and Ishihara (2002), Endo (2007) もそれぞれ独自の観点から「の」を FinP の主要部とする分析を提案している．

[9] 疑問文に現れる「です」を Foc の主要部とする根拠については，第 4 節の議論および栗原 (2010) を参照されたい．Hiraiwa and Ishihara (2002) も分裂文に現れる「です」を Foc に位置する焦点化辞とする分析を提案している．

第6章　補文標識と Wh 句の共起関係について

て認可されると仮定することにしよう.[10]

　日本語の wh 句は元位置に現れるので，以下に図示したように wh 句は非顕在的統語部門で wh 移動により，ForceP, IntP 指定部へ移動し，素性照合を受けるとする (Chomsky (1995)).[11, 12]

(24) a.　[$_{ForceP}$ 誰が$_i$ [$_{IP}$ t$_i$ 来ました] [$_{Force}$ か]]　（= (5a)）
　　　　　　　[wh]　　　　　　　　　　　　　　[Q]

　　 b.　[$_{ForceP}$ 誰が$_i$ [$_{FocP}$ [$_{FinP}$ [$_{IP}$ t$_i$ 来た] [$_{Fin}$ の]] [$_{Foc}$ (です)]]
　　　　　　　[wh]　　　　　　　　　　　　　　　　　　　　　　　[$_{Force}$ (か)]]　（= (14a)）
　　　　　　　　　　　　　　　　　　　　　　　　　　　　　　　　[Q]

(25) a.　[$_{ForceP}$ [$_{IntP}$ なぜ$_i$ [$_{FocP}$ [$_{FinP}$ [$_{IP}$ 太郎は t$_i$ …] [$_{Fin}$ の]] [$_{Foc}$ (です)]]
　　　　　　　　　　[wh]　　　　　　　　　　　[Int+Op]] [$_{Force}$ (か)]]　（= (15a)）

　　 b.　[$_{ForceP}$ [$_{IntP}$ 何を$_i$ [$_{FocP}$ [$_{FinP}$ [$_{IP}$ 彼らは t$_i$ …] [$_{Fin}$ の]] [$_{Foc}$ (です)]]
　　　　　　　　　　[wh]　　　　　　　　　　　[Int+Op]] [$_{Force}$ (か)]]　（= (16a)）

　さて，このような wh 疑問文の分析が正しいとすると，「なぜ・何を」があたかも「の」を要求するように見えるのは，Force と Fin の間に現れる随意的な機能範疇である Int が統語構造に場を得るには，何らかの理由で Fin の具現形である「の」が生起しなければならないからである，と言うことが

---

[10]「の」の上部には Foc の具現形である「です」あるいは音形を持たない「です」が生じるので，佐野まさき氏が指摘するように「なぜ・何を」は Foc によって認可されるという可能性もある．この分析の可能性については稿を改めて検討したい．

[11] ここで言う素性照合というのは，wh 要素が必ずそれを認可する要素との共起関係によってのみ解釈されるといったやや記述的な述べ方に留めてある．詳しくは，Chomsky (1995) を参照されたい．

[12] Force が Q 素性を持つとすると，Int はこれとは別の素性を持つことになる．ここでは，Int は演算子素性を持ちこれが「なぜ・何を」の素性を照合すると仮定する．以下では，「何を」を含む例文は提示しないが，特に断りのない限り「なぜ」と同じ説明が「何を」についても成り立つものとする．

できる.以下ではその理由について検討する.

(20) は Force と Finiteness がそれぞれ別個の補文標識として具現した場合の CP 構造を示したものであるが,Rizzi (1997) によれば,このように Force と Fin が分離して現れるのは,Force と Fin の間の随意的な機能範疇 (Topic, Foc, Int) が活性化されている場合である.つまり,英語の that 節を例にとると,話題,焦点などの要素が現れなければ,(26) に示したように Force と Finiteness は1つの補文標識に融合した融合的補文標識を主要部に持つ CP の構造が具現する.

(26) I think [$_{ForceP}$ [$_{Force}$ that/0] [$_{IP}$ John will win the prize next year]]
  +decl, +fin

一方,例えば,話題化が適用し TopP が活性化されると (27) のように Force と Finiteness は別々の補文標識,すなわち分析的補文標識に分離した CP の構造が具現する.

(27) I think [$_{ForceP}$ [$_{Force}$ that] next year Top^0 [$_{FinP}$ [$_{Fin}$ 0] [$_{IP}$ John will win the prize t]]]   +decl   +fin

ForceP の主要部には「発話内の力」が指定され,FinP の主要部には,定形・非定形に関する素性が指定される.ForceP は,上部の述語によって選択され,Fin は IP を選択するので,(27) のように Top の投射が活性化されている場合には,Force と Fin は分析的補文標識として具現しなければ,それぞれの異なる選択制限を満たすことはできない.

以上の観点からすると,「か」は「の」を伴って現れる場合と伴わないで現れる場合があることから,「か」には force と finiteness の素性が融合した融合的補文標識と force のみを担う分析的補文標識の2種類があることになる.これに対して,「の」は finiteness のみを担う分析的補文標識であるということができる.

(28) a. か = +interrogative,(+fin)
  b. の = +fin

さて,日本語には顕在的統語部門で適用する移動は存在しないと思われるので,英語やイタリア語とは異なり,Force と Fin の間の随意的機能範疇が

移動によって活性化されることはない.[13] したがって，日本語のように顕在的移動を持たない言語では，CP 領域に随意的機能範疇がある場合，それが活性化されていることを示す何らかのシグナルが必要であると仮定することにしよう．

多くの言語において，force と finiteness が 1 つの補文標識に融合していることからすると，日本語の補文化辞「か」のように融合的補文標識と分析的補文標識の 2 種類がある場合，前者が無標の選択肢であると考えられる．つまり，「か」には 2 種類あるのだから，「か」が選択されているだけでは，随意的な機能範疇を挟んだ分析的な CP の構造が具現していることを示すシグナルにはならないと考えられる．したがって，分析的補文標識である「の」を選択することによって，その上部の随意的機能範疇がいわば間接的に活性化されると考えることができる．具体的には，「なぜ・何を」の認可についてであるが，(25) に示したように「なぜ・何を」は，Int によって認可されなければならない．しかし，日本語では IntP が顕在的移動によって活性化されることはないので，「の」を選択することによってその上部の IntP が活性化されていることを示すことになるのである．したがって，「なぜ・何を」が疑問化辞ではない「の」を要求するように見えるのは，Int が随意的機能範疇であり，なおかつ日本語には顕在的 wh 移動が存在しないことに由来すると考えることができる．

「なぜ・何を」とは対照的に，それ以外の wh 句は，「の」を要求しないが，これは (24) に示したようにそれらの wh 句が Force によって認可されるからである．ForceP 主要部は文タイプを指定する機能範疇であり，したがって，随意的な Int とは異なり，常にその投射は CP 領域に存在すると考えられる．

以上のように「の」と「か」を区別すると，第 2 節で述べた「の」も「か」も伴わない疑問文における「なぜ・何を」とそれ以外の wh 句の生起可能性

---

[13] 顕在的統語部門で適用する節左周辺部への移動には，唯一「かき混ぜ」があるが，これは Saito (1989) で議論されているように LF において「演算詞・変項」の関係を構築するような移動ではない．節左周辺部への移動ではないが Spell-Out 以前の段階で適用している可能性のある移動としては V 移動があるが，この可能性については菜原 (2010) の議論を参照されたい．

に関する違いについても説明することができる．(11)のように,「か」を伴わない疑問文であってもwh句が許容されるのは，Bošković (2000) に従うならば，非顕在的統語部門において補文標識を併合することができるからである．つまり，(11a) のようなwh疑問文は，S構造においてIPまでの構造を持ち，これにLFでForceが併合され，「発話内の力」が指定され，wh句はForcePへ移動しその位置で素性照合を受ける．

(29) a. S-structure:
    [IP 誰が来ました]
  b. LF: covert insertion of Force + wh-movement
    [ForceP 誰が i [IP t i 来ました] [Force Q]]
      [wh]

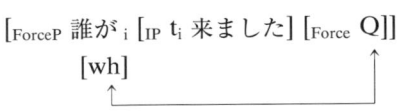

このようにLFで併合される補文標識は，Forceに限られると仮定しよう．[14] そうすると理由を表すwh付加詞がなぜ動詞で終わる疑問文に生起できないのか説明することができる．「なぜ・何を」を含む動詞で終わる疑問文も (30a) に示したようにS構造ではIPまでの構造を持つと考えられる．「なぜ」はIntによって認可されなければならないが，LFではIntは併合されないため，動詞で終わる疑問文では「なぜ・何を」は認可されない．

(30) a. S-structure:
    [IP 君はなぜいつも遅れてくる]
  b. LF: covert insertion of Force
    [ForceP [IP 君はなぜいつも遅れてくる] [Force Q]]

---

[14] これは「派生の経済性」によると考えられる．例えば，(29a) のS構造に対して，仮にFinとForceをそれぞれLFで併合したとすると (i) のLF表示が派生される．この場合，文の「発話内の力」が指定されたLF表示を派生するのに2度併合が適用しなければならないが，(29b) のようにforceとfinitenessが1つに融合した融合的補標識であれば，1度の併合で (27b) のLF表示が派生される．

  (i) [ForceP 誰が i [FinP [IP t i 来ました] [Fin 0]] [Force Q]]

Rizzi (1997) はFinとForceの間に随意的な機能範疇がない場合には，「表示の経済性」によって (i) のようなForceとFinに分離したCP構造は排除されるとしている．

LF において Force が併合されるので文の「発話内の力」は指定されるが，「なぜ」の素性を照合する Int がないため (30) の派生は破綻する．

　第 2 節で述べたように「の」で終わる疑問文は，従属節としては許容されないが，この主節・従属節の非対称性についても「の」と「か」を区別すれば上で述べた Bošković (2000) の仮説によって説明することができる．繰り返し述べてきたように分析的な補文標識の「の」が選択されている場合には，その上部に随意的な機能範疇が存在する．したがって，「なぜ・何を」を含む文では，「の」があればその上部に IntP があり，LF において「なぜ・何を」は IntP 指定部へ移動し，Int によって素性照合を受ける．この分析によれば，「なぜ・何を」を含む「の」で終わる疑問文は Spell-Out 以前の段階では，(31a) に示した IntP までの構造を持ち，これに LF で Force が併合され，文の「発話内の力」が指定される．(7a) の例は次のように派生される．

(31) a.　S-structure：
　　　　[IntP [FinP [IP 太郎はなぜまだそんなことを言っている] [Fin の]] [Int + Op]]
　　 b.　LF: covert insertion of Force + wh-movement
　　　　[ForceP [IntP なぜ$_i$ [FinP [IP 太郎は t_i … 言っている] [Fin の]]
　　　　　　　　[wh]　　　　　　　　　　　　　　　　　　　　　[Int + Op]] [Force Q]]

これに対して，「の」で終わる疑問文は従属節としては生起することができないので，次の派生は許されない．

(32) a.　S-structure：
　　　　太郎は [IntP [FinP [IP 花子がなぜ泣いている] [Fin の]] [Int + Op]] 聞いた．
　　 b.　LF: covert insertion of Force + wh-movement
　　　　太郎は [ForceP [IntP なぜ$_i$ [FinP [IP … t_i …] [Fin の]] [Int + Op]] [Force + Q]] 聞いた．

(32b) において，「なぜ」は IntP 指定部へ移動し，素性照合を受けるのだが，LF において音形を持たない Force を併合し，主節動詞の選択制限を満たす

ことはできない.[15] したがって,「か」を伴わなければ (18b) の従属節は疑問文であることが指定されない構造となり,非文法的となる.

3.2. 分析の帰結

以下では 3.1 節で提案した分析の帰結のいくつかについて考察する.疑問文の節末に現れる「の」は FinP の主要部であり,したがって「発話内の力」の指定には関与しないことを述べた.この分析が正しければ,補文標識の「の」は疑問文以外にも様々な文タイプに生起し得ることが予測される.次の例文はこの予測が正しいことを示している.

(33) 平叙文
    a. 雪が降ったから遅れたの(です).
    b. もうお腹一杯なの(です).
    c. 彼は子どもの頃にニューヨークに住んでいたの(です).

(34) 命令文
    a. ご飯を食べたら歯を磨くの.
    b. もっとゆっくり歩くの.
    c. 明日の朝は早いからもう寝るの.

(35) 感嘆文
    a. あの子どもはなんて賢いの(だ/だろう).
    b. なんてひどいことをしたの(だ/だろう).
    c. 今年の夏はなんて暑いの(だ/だろう).

このように補文標識の「の」は疑問文以外の文タイプにも生起し得ることから,「の」は疑問化辞「か」の異形体ではないことが分かる.

すでに述べたように,日本語のように節左端部への顕在的な移動のない言語では,CP 領域内にある随意的な機能範疇は,分析的補文標識の「の」を

---

[15] 句構造は順次下から積み上げられるようにして構築されるのだが,これは併合などの統語操作が常に句構造の根 (root) を標的とするからである.したがって,(32) の派生において,すでに主節まで構造が構築されている段階で従属節に Force を併合することはできない.この条件(「拡張条件 (Extension Condition)」)については,Chomsky (1995) を参照されたい.

選択することによってそれが活性化されていることが示されると考えた．「なぜ・何を」があたかも「の」を要求するように見えるのは，それらの wh 付加詞が Int によって認可されなければならないからである．この分析が正しければ，Int 以外の Top, Foc などの随意的な機能範疇がある場合にも，その活性化を示すためには「の」が生起しなければならないことになる．[16] ここでは，Foc の活性化について検討する．

「の」と「か」の間に現れる「です」は，FocP の主要部であるとしたが，まずそのように考える根拠について見ておくことにしよう．「です」には，(36) のようなコピュラとしての用法に加えて，(37) に例示したように文中の要素に付加してその要素を焦点化する用法がある．

(36) 田中さんはこの学校の先生です／でした．
(37) a. その大学院生は指導教授の論文をですね批判しました．
    b. 5歳の男の子がですよショパンの幻想即興曲をみごとに弾きました．
    c. その学生たちは授業中にですよいつもおしゃべりばかりしています．

(37) で用いられている「です」は，(36) のそれとは異なり，(38) に示したように過去形にすることはできない．したがって，(37) の「です」はコピュラとして用いられているのではないことが分かる．

(38) a. *その大学院生は指導教授の論文をでしたね批判しました．
    b. *5歳の男の子がでしたよショパンの幻想即興曲をみごとに弾きました．
    c. *その学生たちは授業中にでしたよいつもおしゃべりばかりしています．

疑問文の「の」と「か」の間に現れる「です」も過去形にするとかなり容認度

---

[16] 話題は「の」の有無とは関係なく現れることができる．これは話題が「ハ」によって標示されるからであろう．TopP の活性化については，棗原 (2010) の議論を参照されたい．話題は一般に文頭位置に現れるが，話題が CP 領域内で認可されているかどうかに関する議論については，岸本 (2007) を参照されたい．

の落ちる文になる.[17]

(39) a. ??*誰が来たのでしたか？
b. ??*あの本はどこに置いたのでしたか？
c. ??*太郎はなぜまだそんなことを言っているのでしたか？
d. ??*警察はなぜそのことを調べているのでしたか？
e. ??*彼らは何を騒いでいるのでしたか？

容認可能性判断に差はあるものの，疑問文に現れる「です」も (37) のそれとほぼ同じ振る舞いをすることから，焦点化辞として用いられており，Foc に位置すると考えられる．3.1 節で述べたように Foc は随意的な機能範疇であることから，Int 同様「の」によってその活性化が示されなければならないことになる．その予測通り，(40) に示したように「の」がなければ Foc の具現形である「です」を用いることはできない．

(40) a. 誰が来た *(の)ですか？
b. あの本はどこに置いた *(の)ですか？
c. 太郎はなぜまだそんなことを言っていた *(の)ですか？
d. 彼らは何を騒いでいる *(の)ですか？

(41a) のようないわゆる「のだ」文も (41b) の事実を客観的に述べた文と比べると文の表す命題内容が真であることが断定されており，(41a) の「です」も Foc 主要部を占めると考えられるが，この場合も「の」がなければならない．[18]

---

[17] (39) の例文は，文末の「か」を省略するとさらに容認度の落ちる文になるように思われるが，現時点ではその理由は不明である．(39a) のような例文は，(i) のような文にすれば容認可能な文となる．

(i) a. 誰が来たのでしたかね．
b. 誰が来たんでしたっけ．

但し，(i) のような文は話し手の記憶が曖昧で回想しているような場合に用いられるのであり，相手に wh 句の値を求める質問をしているのではない．したがって，(i) のような例はここでは疑問文とは区別しておく．

[18] 「のだ」文と焦点の関係については，Kuwabara (2000) を，精緻化された CP 構造に基づく「のだ」文の分析については，Hiraiwa and Ishihara (2002) を参照されたい．

(41) a. 太郎はその秘密を知っているのです．
　　 b. 太郎はその秘密を知っています．
(42) 　太郎はその秘密を知っている *(の)です．

4. Wh 疑問文における FocP の有無と「前提」の解釈

　第2節では「なぜ・何を」を伴う「の」で終わる疑問文は，「のですか」で終わる疑問文の省略形であり，また第3節では，「です」は Foc に位置する焦点化辞であることを述べた．前節で提案した分析によれば，「なぜ・何を」を伴う疑問文では，FocP が活性化されているのに対して，「の」を伴わない wh 疑問文では活性化されていない．Rizzi (1997) は，FocP が活性化されている場合，Foc の補部は「前提 (presupposition)」と解釈されるとしている．これによれば，(15a) のような「なぜ」を含む疑問文は，LF では次の構造を持ち，Foc の補部である FinP がこの文の「前提」と解釈されることになる．

(43) [ForceP [IntP なぜ_i [FocP [FinP [IP 太郎は t_i … 言っている] [Fin の]]
　　　　　　　　　　　　　└─→ presupposition　　　　 [Foc (です)]] [Force (か)]]

一方，(5a) のような wh 疑問文は force と finiteness が1つの補文標識に融合しており，FocP の投射は存在しない．

(44) [ForceP 誰が_i [IP t_i 来ました] [Force か]]

このように「なぜ・何を」伴う疑問文と「の」を伴わない wh 疑問文は異なる統語構造を持つのだが，これら2種類の wh 疑問文にはその統語構造の違いに応じて意味上の違いも観察されるのだろうか．以下ではこの点について検討してみたい．一般に (45a) のような wh 疑問文は (45b) のような前提を持つとされる．

(45) a.　What did John buy?
　　 b.　John bought something.

しかしながら，Romero and Han (2004)，Tomioka (2009) で議論されて

いるように，(45a) のような疑問文が用いられる場合，通常話し手は (45b) が正しいことを期待するのだが，これはいわば話し手の認識的バイアス (epistemic bias) であり，聞き手が (45b) の命題が真であることを信じているとは限らない．したがって，聞き手は John bought nothing. と答える可能性もある．これに対して，(46a) のような why を伴う疑問文が成り立つためには，(46b) は単に話し手の認識的バイアスではなく，前提であり，聞き手もそれが真であることを共有していなければならない．

(46) a. Why did Sue leave early?
　　 b. Sue left early.

日本語の「の」を伴わない wh 疑問文と「なぜ」を伴う疑問文についても同様な違いが観察される．(47a) のような wh 疑問文では，「聞き手が何かを買ったであろう」という話し手の想定は，話し手の認識的バイアスであり，それが正しくない可能性も残されている．したがって，(47a) の疑問文に対して，(47b) のように答えたとしても不自然ではない．

(47) a. スーパーでは何を買いましたか？
　　 b. 何も買いませんでした．

これに対して，「なぜ」を含む疑問文では，「なぜ」を除いた命題部分を前提として話し手・聞き手の双方が共有していなければならないと思われる．したがって，(48a) のような疑問文に対して，その前提を (48b) のように覆すのはかなり不自然な答えとなる．[19]

(48) a. 田中さんはなぜ怒っているの（ですか）？
　　 b. #田中さんは怒っていません．

「なぜ」を伴う疑問文では FocP が活性化されており，したがって，その補部である FinP は「前提」と解釈される．一方，「の」を伴わない wh 疑問文

---

[19] (48a) に対して (48b) のような答えが許容されるとすれば，例えば，(i) のような先行発話に異議を唱えるメタ言語否定の場合であり，これは命題の否定に関わる演算詞とは区別される．

(i) 田中さんは怒ってはいませんよ．悲しがっているんです．

には，FocP の投射はなく，したがって，一見「前提」と思われる命題は，話し手の認識的バイアスに過ぎないことを見た．このような 2 種類の wh 疑問文に見られる意味上の違いはそれぞれに異なる統語構造を設定する本論の分析を裏打ちしていると思われる．

以上「なぜ」を伴う疑問文と「なぜ」以外の wh 句を伴う疑問文の解釈上の相違点について述べた．第 2 節で述べたように「なぜ・何を」以外の wh 句を伴う疑問文には，「の」を伴うものと「の」を伴わないものの 2 種類がある．上で述べた議論が正しければ，「の」を伴う「なぜ」以外の wh 句を含む疑問文には，Foc の投射が活性化されているのだから，「の」を伴わない wh 疑問文とは異なる意味的特徴が観察されるはずである．以下では，FocP の有無に関連すると思われる「の」を伴う wh 疑問文と「の」を伴わない wh 疑問文の意味上の違いについて考察することにする．この点に関して田野村 (1990) は，「の」を伴う疑問文について興味深い観察をしている．田野村は，「の」を伴う疑問文は一般にその答えが定まっている状況でなければ用いることができないとしている．このことから相手が知っていることや相手の既定の内心を聞き出そうとするときには「の」を伴う疑問文が用いられるが，まだ定まっていないことについて，考慮の上返答するよう求めるという状況では「の」を伴わない疑問文が用いられる．田野村は，この違いを McGloin (1980) の指摘する次の例文を用いて説明している．

(49) 今日はどこへ {行く／行くの}？

(49) の「〜行く？」で終わる疑問文は，どこに行くかを一緒に決めようと相談を持ちかけている際に用いられるのに対して，「〜行くの？」では聞き手は予め行くところを決めており，話し手はそれを知った上でそのうちのどこに行くのかと尋ねているのである．このような「の」を伴う wh 疑問文の意味的特徴は，それが「前提」を伴うということと無関係ではないと思われる．wh 疑問文の答えがすでに定まっているという特徴が成り立つには，wh 疑問詞の変項を存在量化詞に変えた命題が真でなければならないからである．

第 3 節で提示した分析によれば，「の」を伴う wh 疑問文では，FocP が活性化されており，したがって，統語構造において「前提」が明示されている．「の」を伴う wh 疑問文と「の」を伴わない wh 疑問文には，「前提」の有無に関連する異なる意味的特徴が見られる．そのような意味特徴はそれぞ

れの wh 疑問文に異なる統語構造を設定する分析を支持するものと考えられる．

5. 結びにかえて──今後の課題

　この小論では，wh 句と補文標識の共起関係に見られる「なぜ・何を」とそれ以外の wh 句の非対称性について，Rizzi (1997, 2001) の提唱する精緻化された CP 構造に基づく説明を試みた．

　以下では，結びにかえて今後検討すべき課題として，理由を表す wh 付加詞の「の」との共起制限が緩和される環境について述べることにする．「なぜ・何を」は，次の例文が示すように埋め込み文では，「の」を伴わなくても生起することができる．

(50) a. 山田は［なぜ彼女が出て行ったか］分からなかった．
　　　b. 僕には［彼らが何を騒いでいるか］見当もつかなかった．

但し，埋め込み文であっても (51) のような付加部として生じる節では，主節同様「の」が必要になる．

(51) a. ［なぜいつも遅れてくる *(の) か］あの学生は今日も遅刻だ．
　　　b. ［何をそんなに騒いでいる *(の) か］外が随分騒がしい．

第 3 節で提示した分析からすると (50) のような補部として生じる節では「の」が要求されないことから，Int とは異なる機能範疇，恐らくは Force によって「なぜ・何を」が認可され得ると考えられる．述語によって選択されない節と補文では，なぜこのような認可子に関する違いが見られるのか，この問題については今後さらに検討する必要がある．

　「の」との共起制限が緩和されるもう 1 つの統語環境として多重 wh 疑問文がある．(52a) と (52b) の対比は，すでに述べたように「なぜ」が単独で現れる場合には，「の」が必要になることを示しているが，(52c) のような多重 wh 疑問文では，「の」がなくても容認性が高くなるように思われる．

(52) a. 　山田さんはなぜ会社を首になったの（ですか）？
　　　b. ??*太郎はなぜ会社を首になりましたか？
　　　c. 　?誰がなぜ会社を首になりましたか？

第 6 章　補文標識と Wh 句の共起関係について　　　　　　　　　　173

(52c) のような例は，Watanabe (1991)，Saito (1994) で議論されている "additional wh effect（追加 wh 語効果）" と呼ばれる現象であるが，[20] 問題はなぜ多重 wh 疑問文では「の」がなくても「なぜ」が生起できるのか，ということである．(52b) と (52c) の対比は，別の wh 要素が追加されることにより，「の」がなくても「なぜ」が認可され得ることを示していると考えられる．第 3 節で述べたように，「なぜ」以外の wh 句は Force によって認可される．そうだとすると，(52c) のような多重 wh 疑問文では，「なぜ」は Int 以外の機能範疇，つまり Force によって認可されていると考えることができる．このような考え方は Saito (1994) が考察している別の現象によっても支持される．「なぜ」は，(53) に示したように複合名詞句などの統語的な島の内部には生起することはできない．しかしながら，(54) に例示したように，「なぜ」の上部に文法項である wh 句を追加すれば容認度が上がる．[21]

(53) *ジョンは [NP [IP その本をなぜ買った] 人] を探しているの？
(54) ??ジョンは [NP [IP 何をなぜ買った] 人] を探していますか？

Saito (1994) は，(54) について概略 (55) に示した分析を提案している．すなわち，(54) の例では LF において「なぜ」が上位の wh 句に付加し，複合的な wh 句が形成されこれが移動する．したがって，(55) における複合的な wh 句の移動は，文法項の「何を」の移動であるので「下接の条件」には抵触するが，「なぜ」の移動に関わる条件には違反しない．[22] そのため，

---

[20] (i) のように「なぜ」が他の wh 句に先行する場合は容認不可能な疑問文となる．
  (i) *なぜ誰が会社を首になりましたか？
したがって，「追加 wh 語効果」とは (52c) のように「なぜ」の上部に wh 句が追加されることにより容認可能な疑問文となる場合を言う．

[21] Watanabe (1991)，Saito (1994) では「追加 wh 語効果」を示す例文としてすべて「の」で終わる疑問文が用いられているが，(54) のように「の」を伴わない例でも同じ容認性であると思われる．

[22] 「なぜ」の移動に関わる条件というのは，「空範疇原理 (Empty Category Principle/ECP)」のことである．(53) において，「なぜ」が文法項の「何を」に付加し，その位置から「なぜ」の痕跡を先行詞統率するので，ECP を満たすとされる．詳細については，Saito (1994) を参照されたい．

(54) は容認性が上がるとされる．

(55)　…．[NP [IP [VP [NPi [AdvPk なぜ] [NPi 何を]] [VP t_k [VP t_i 買った]]]] 人] を …

　　Saito (1994) の分析によれば，(52c) においても LF で wh 移動の適用を受けるのは，「なぜ」ではなく，「なぜ」の付加した上部の文法項である wh 句（「誰が」）である．したがって，(52c) のような多重 wh 疑問文では，「の」が現れなくても「なぜ」が生起できると考えられる．つまり，Saito (1994) 分析の直感に沿った述べ方をするならば，多重 wh 疑問文では，「なぜ」が上部の wh 句に「便乗」して，Force によって認可され得ると言うことができよう．このような多重 wh 疑問文における補文標識の選択の問題と上で述べた方向性については，今後さらに検討する必要がある．

参照文献

Bošković, Željko (2000) "Sometimes in [Spec, CP], Sometimes in Situ," *Step by Step: Essays on Minimalist Syntax in Honor of Howard Lasnik*, ed. by Roger Martin, David Michaels and Juan Uriagereka, 53–87, MIT Press, Cambridge, MA.

Chomsky, Noam (1995) *The Minimalist Program*, MIT Press, Cambridge, MA.

Endo, Yoshio (2007) *Locality and Information Structure: A Cartographic Approach to Japanese*, John Benjamins, Amsterdam.

Hiraiwa, Ken and Shinichiro Ishihara (2002) "Missing Links: Clefts, Sluicing, and "No da" Constructions in Japanese," *The Proceedings of HUMIT 2001*, MIT Working Papers in Linguistics 43, ed. by Tania Ionin, Heejeong Ko and Andrew Nevins, 35–54, MIT.

岸本秀樹 (2007)「題目優位言語としての日本語——題目と Wh 疑問詞の階層位置」『日本語の主文現象』，長谷川信子（編），25–71，ひつじ書房，東京．

Ko, Heejeon (2006) "On the Structural Height of Reason *Wh*-Adverbials: Acquisition and Consequences," *Wh-Movement: Moving On*, ed. by Lisa Lai-Shen Cheng and Norbert Corver, 319–349, MIT Press, Cambridge, MA.

Kuno, Susumu (1980) "The Scope of the Question and Negation in Some

Verb-final Languages," *CLS* 16, 155–169.

Kuwabara, Kazuki (2000) "A Note on Some Aspects of Copular Sentences and Cleft Sentences in Japanese: A Preliminary Study," *Grant-in-Aid for COE Research Report (4): Researching and Verifying an Advanced Theory of Human Language*, ed. by Kazuko Inoue, 113–130, Kanda University of International Studies.

桒原和生 (2010)「日本語疑問文における補文標識の選択と CP 領域の構造」『統語論の新展開と日本語研究: 命題を超えて』, 長谷川信子 (編), 95–126, 開拓社, 東京.

McGloin, Naomi H. (1980) "Some Observations concerning No Desu Expression," *The Journal of the Association of the Teachers of Japanese* 15, 117–149.

三浦つとむ (1975)『日本語の文法』勁草書房, 東京.

野田春美 (1995)「～ノカ?, ～ノ?, ～カ?, Ø?」『日本語類義表現の文法(上): 単文編』, 宮島達夫・仁田義雄 (編), 210–219, くろしお出版, 東京.

野田春美 (1997)『「の (だ)」の機能』くろしお出版, 東京.

Rizzi, Luigi (1997) "The Fine Structure of the Left Periphery," *Elements of Grammar: Handbook of Generative Syntax*, ed. by Liliane Haegeman, 281–337, Kluwer, Dordrecht.

Rizzi, Luigi (2001) "On the Position "Int(errogative)" in the Left Periphery of the Clause," *Current Studies in Italian Syntax: Essays Offered to Lorenzo Renzi*, ed. by Guglielmo Cinque and Giampaolo Salvi, 287–296, Elsevier, London.

Romero, Maribel and Chung-hye Han (2004) "On Negative Yes/No Questions," *Linguistics and Philosophy* 27, 609–658.

Saito, Mamoru (1989) "Scrambling as Semantically Vacuous A′-movement," *Alternative Conceptions of Phrase Structure*, ed. by Mark R. Baltin and Anthony S. Kroch, 182–200, University of Chicago Press, Chicago.

Saito, Mamoru (1994) "Additonal-*WH* Effects and the Adjunctions Site Theory," *Journal of East Asian Linguistics* 3, 195–240.

新村出 (編) (2008)『広辞苑 (第 6 版)』岩波書店, 東京.

田野村忠温 (1990)『現代日本語の文法 I:「のだ」の意味と用法』和泉書院, 大阪.

時枝誠記 (1950)『日本文法 口語篇』岩波書店, 東京.

Tomioka, Satoshi (2009) "Why Questions, Presuppositions, and Intervention Effects," *Journal of East Asian Linguistics* 18, 253–271.

Watanabe, Akira (1991) "Wh-in-situ, Subjacency, and Chain Formation," ms., MIT.

Yoshida, Keiko and Tomoyuki Yoshida (1996) "Question Marker Drop in Japanese," *ICU Language Research Bulletin* 11, 37–54.

第 7 章

コト節におけるトイウの統語的機能*

眞鍋　雅子

1. はじめに

　久野 (1973) は，日本語の節形式の「目的語」(以下では「目的語節」) をマークする形式[1]である「コト」と「ト」の違いを，そうした節をとる動詞の性質によることを明らかにした．

(1) a. 　私は日本語が難しいことを (*と) 学んだ．
　　 b. 　太郎は日本語が難しいと (*ことを) 言った．
                                        (久野 (1973: 137, (1b), (1c)))

すなわち (1a) の「コト」で終わる名詞節は，「その節が表わす動作，状態，出来事が真であるという話者の前提を含んでいる」が，(1b) の「『ト』で終わる名詞節にはそのような前提が含まれていない」と述べた (久野 (1973: 137))．

　さらに，名詞節が主語節の場合，主語節をマークする形式として「コト」と「トイウコト」をあげ，述部の意味からいずれの形式を取るかを予測でき

---

* 本稿は筆者執筆の神田外語大学大学院修士論文『連体修飾節におけるトイウの機能——文法化プロセスに見られる統語的特徴——』(2007 年 1 月提出) の一部に加筆修正を加えたものである．ご指導くださった長谷川信子先生に心より感謝申し上げたい．また井上和子先生，井上ゼミの先輩諸氏，言語科学研究センターの神谷昇さんから示唆に富む貴重なコメントをたくさんいただいた．この場借りて改めてお礼申し上げる．

[1] 久野 (1973) は，コトとノとトを挙げているが，本稿ではコトとノを区別せずにコトで代表させて取り扱うこととする．

ると述べた．

(2) a. 太郎が結婚直後死んでしまった｛こと／ということ｝は悲劇だ．
    b. 太郎が花子を殴った｛*こと／ということ｝は嘘だ．

(久野 (1973: 139, (11a), (12a)))

久野 (1973) は，(2a) のように，主語節の表す命題が真であるという前提を述部が含む場合（悲劇だ）は「コト」と「トイウコト」の両形式を取ることができ，述部が前提を含まない場合（嘘だ）は「トイウコト」を取り得るが「コト」を取り得ないという事実を示した．

しかし，久野 (1973) は (2a) のように述部が前提を含む場合であっても，(2b) のように述部が前提を含まない場合であっても，なぜ主語節にトイウを介在させた「トイウコト」を取り得るのかについては言明していない．そこで本稿は，トイウの統語的側面を考察し，「コト」を取る名詞節（以下コト節と呼ぶ）に介在するトイウはどのような機能を持つのかを明らかにすることを目的とする．

トイウという言語形式は，生成文法では一語化した補文標識として捉えられており，日本語学・日本語教育学においても，一語の表現形式として認識されている．しかし，本来トイウは，助詞の「と」および発話動詞「言う」を原義（中右 (1973)）とし，そこから派生して様々な用法を持つと考えられる．

そこで本稿では，まず文法化という視点からトイウについて考察する．次に，文法化の視点からだけでは捉えきれないトイウの本質を「ト」および「イウ」の統語的特徴から論じる．トイウの中に「ト」および「イウ」の統語的機能がどの程度生きているかを検証し，コト節におけるトイウの機能を明らかにする．その結果，トイウは完全に文法化している一語化した言語形式というわけではなく，文法化の中間的な段階にある可能性を持つことを示す．

本稿の構成は次のとおりである．第 2 節では文法化から見たトイウについて論じる．第 3 節では，トイウが保持していると考えられる「ト」及び「イウ」について統語的特徴を検証し，コト節におけるトイウの機能を明らかにする．第 4 節では本稿の結論を述べる．

2. 文法化から見たトイウ

日本語においてトイウは，次のような文や名詞節の中に表れる．[2]

(3) a. 太郎は将来アメリカに留学してみたいと言う．
    b. 花子はいつも家族に感謝していると言う．
(4) a. 日本人はかつて「東京」を「江戸」と言った．
    b. 最近の若い人は「おいしい」と言わずに「ヤバイ」と言う．
(5) a. 先月長野で大きな土砂災害があったという．
    b. うつ病患者に励ましの言葉は禁物であるという．
(6) a. この海域が危険だということは誰もが知っている．
    b. 私は明日の講演が中止になったということを学生に伝えた．

(3)，(4) では，主文述語「言う」の発話主体が主語として表れているが，(5) では「いう」の発話主体が主語として表れていない．また (6) では，コト節の中にトイウが介在しており，トイウは文とコト（形式名詞）をつなぐために生起している．

(3)–(6) にみられるように，日本語の中で使われているトイウは，複数の関連した意味を持つ語として表れる．本稿では，(3) に見られる引用を表す助詞「と」および発話動詞としての「言う」を，様々な用法を持つトイウの基本と考え，それがその他のトイウとどのように関わり，統語的・意味的に変容していくのかを示す．そのためには，文法化という視点からトイウについて考察することが重要となる．2.1 節では文法化の基本概念を概観する．その上で，2.2 節でトイウの文法化は起こっているのかを共時的に考察する．

2.1. 文法化とは

大堀 (2005) は，文法化 (grammaticalization)[3] とは自立性をもった語彙

---

[2] トイウは (3)–(6) 以外にも，「教師という仕事」のように名詞と名詞をつなぐ場合や「太郎が結婚したという噂」のように名詞修飾節と被修飾名詞をつなぐ場合などがある．これらのトイウの機能については「トイウの例示機能」として眞鍋 (2008) で論じている．

[3] 文法化 (grammaticalization) については Hopper and Traugott (1993) にも詳しく定義されている．

項目が付属語となって，文法機能を担うようになることであり，「それまで文法の一部ではなかった形が，歴史的変化の中で文法体系（形態論・統語論）に組み込まれるプロセスと言える」（大堀 (2005: 1)）と述べた．また河上 (1996) は，「文法化とは，もともと内容語だったものが次第に機能語としての文法的な特質，役割を担うようになる現象」（河上 (1996: 179-180)）と定義している．[4] 様々な言語について文法化は通時的および共時的に研究されているが，ここでは通時的な文法化についてはふれずに，英語と日本語における具体的な文法化の例を共時的にみることにする．

(7) は英語の動詞 consider にみられる文法化の一例である．

(7) a. We considered his suggestion. （我々は彼の提案を考慮した）
    b. Considering his age, he looks young. （彼は年のわりには若く見える）
    c. It's not bad considering. （そのことを考えれば悪くない）

(7a) の consider は「考慮する」という語彙的意味を保持しており，consider は動詞として機能している．しかし (7b) では，分詞句を完了形にして Having considered とすることはできず，consider が動詞としてのカテゴリーからは逸脱して，「条件」という文法的意味を有する前置詞の用法を獲得しているといえる．さらに (7c) は，話し言葉の文末で considering the circumstance (all things) を省略した表現と考えられる．consider の動詞カテゴリーからの逸脱が進み，consider は副詞としての用法に拡張したと考えられる．

次の (8) は日本語の「てくる」にみられる文法化の例である．

(8) a. 太郎は次郎との約束の場所へ歩いてきた．
       (cf. ?*太郎は次郎との約束の場所へ歩いた．)
    b. 家でもう夕食は食べてきた．

---

[4]「内容語」とは，名詞，動詞，形容詞などを指し，モノや行為や属性などを記述し，「機能語」は，内容語に付いたり（格助詞，前置詞，接辞等），文と文を接続したり（接続助詞等），文法的に文を構成する役割を果たす（河上 (1996: 179)）．三宅 (2005) は，前者は実質的な意味を持ち，自立した要素になり得る語であり，後者は自立性が希薄で専ら文法機能を担う要素，と述べた．

c. あたりが暗くなり，太郎はだんだん不安になってきた．

(8a)は着点項「約束の場所へ」が生起しているが，これは動詞「歩く」のみでは生起できないため，「くる」によって認可された項であるといえる．すなわち(8a)の「くる」は移動を表す動詞本来の性質を保持しており，この点から(8a)は本動詞「来る」であるといえる．しかし，(8b)では文中に着点項が生起していないことから，「くる」が本来的に持つ移動動詞としての機能が希薄化している．さらに(8c)では着点項が存在しないだけでなく，「くる」が移動動詞「来る」としての移動の意味を持たず，「てくる」という1つのアスペクトとして機能している．この点から，(8c)における「くる」はすでに動詞のカテゴリーの範囲から逸脱し，「てくる」としてアスペクトの用法に転じたと考えられる．

(7)，(8)の考察から，文法化について，少なくともの次の3点を文法化の特性として表すことができる[5]（河上(1996)）．

① 実質的な意味を持ち，自立した文法要素であった語（内容語）について，その実質的な意味が希薄化する．
② 統語的な変化により，ある文法カテゴリーに属していた語が，本来帰属していたカテゴリーから逸脱し，別の文法カテゴリーを獲得する．
③ ①，②により内容語から機能語へと語用論的に強化していく．

①・②・③は意味的側面だけでなく，統語的側面からもその変化が認められる．つまり(7)，(8)において観察できるように，文法化では①のような意味的変化を認める際に，必ず意味変化に対応して何らかの統語的現象の変化が起こっていると考えるほうが自然である．

また(7)，(8)の例から，文法化では①，②，③にみられる特性が重複的

---

[5] 認知言語学の立場（河上(1996)，大堀(2002)）では，①を意味の漂白化（semantic bleaching），②を脱範疇化（decategorization），③を語用論的強化（pragmatic strengthening）と呼ぶことがある．しかし①については，機能語としての意味を新しく獲得するという考え方もあり，漂白化という語は現象の一面のみを捉えたものであるという批判もある（河上(1996)）．

に観察できる場合が多い．しかし(7), (8) において，文法化による意味変化は a→b→c の順に起こり，逆に変化が進むことはない．つまり，機能語が内容語へ転化するという過程はないのである．このように文法化では，変化の方向性が一定の方向に向かって起こり逆行することはないという「一方向性仮説 (hypothesis of unidirectionality)」が存在し，文法化にみられる①・②・③の特性は，この仮説を支持する個別現象である（河上 (1996))．したがって，共時的に文法化現象を考察することは，内容語としての用法から機能語としての用法へ変化する過程を捉え，その変化の過程を提示することが可能になる．

2.2. トイウは文法化しているか

2.2 節では，2.1 節の文法化の観点からトイウの文法化は起こっているといえるのかを検証していく．((9) は (3) の再掲)

(9) a. 太郎は将来アメリカに留学してみたい<u>と言う</u>．
    b. 花子はいつも家族に感謝している<u>と言う</u>．

(9) の動詞「言う」は実際に声に出して言語を発する発話動詞であり，主格「は」は発話者（動作主）を表し，与格「に」は誰に対する発話かを明示する．また (9) にみられる発話動詞「言う」は，(10) のように時制をとることができ，(11) のように「ている」を用いてアスペクトの変化が可能になる．

(10) a. 太郎は私に将来アメリカに留学してみたいと言った．
     b. 花子は家族にいつも感謝していると言った．
(11) a. 太郎は私に将来アメリカに留学してみたいと言っている／言っていた．
     b. 花子は家族にいつも感謝していると言っている／言っていた．

(9) にみられるように主格，与格をとることができ，(10) において時制，(11) においてアスペクトの変化がみられることから，(9) における動詞「言う」は本動詞として機能しているといえる．

これに対して (12) ((= (4) の再掲) は，発話者（動作主）が表れているが，特定の発話者を主格で表しているわけではない．発話者（動作主）が (12a) では日本人というもの，(12b) では最近の若い人という範疇に属する人を指

しており，随意的（arbitrary）な発話者に限定される．

(12) a.　日本人はかつて「東京」を「江戸」と言った．
　　 b.　最近の若い人は「おいしい」と言わずに「ヤバイ」と言う．

　また(12)は，(13)のように時制・アスペクトの分化が見られるが，(14)のように誰に対する発話であるかを与格で表すことができない．

(13) a.　昔の日本人は「東京」を「江戸」と言った／言っていた．
　　 a'.　今の日本人は「江戸」を「東京」と言う／言っている．
　　 b.　最近の若い人は「おいしい」と言わずに「ヤバイ」と言う／言っている．
　　 b'.　昔の人は「おいしいです」と言わずに「おいしゅうございます」と言った／言っていた．
(14) a.　*日本人はかつて私に「東京」を「江戸」と言った．
　　 b.　*最近の若い人は太郎に「おいしい」と言わずに「ヤバイ」と言う．

(14)より(12)は与格が自由にとれず，(9)に比べて(12)にみられる「言う」は具体的な発話動詞の機能が若干希薄化している．意味的にも，(12)の動詞「言う」は「表現する」という意味に制限されると考えられる．
　次に(15)（=(5)の再掲）では，発話者（動作主）が生起していない．

(15) a.　先月長野で大きな土砂災害があったという．
　　 b.　うつ病患者に励ましの言葉は禁物であるという．

(15)において動作主が省略されていると考えるならば，動作主は随意的（arbitrary）で一般的な「人々」が想定される．

(16) a.　人々は先月長野で大きな土砂災害があったという．
　　 b.　人々はうつ病患者に励ましの言葉は禁物であるという．

また(15)は(17)のように情報源（「新聞」「医学書」）を明示することが可能である．しかし(17)にみられるように，情報源が明示されている場合はどのような動作主も主語として生起できない．

(17) a.　新聞によると，*人々は先月長野で大きな土砂災害があったとい

　　　　b.　医学書によると，*人々はうつ病患者に励ましの言葉は禁物であるという．

(17)の事実から，(15)では主格の動作主が省略されているというより，むしろ存在しないと考えられる．さらに(15)は，(18)のように与格をとれず，(19)のように時制，アスペクトの分化もみられない（時制，アスペクトを変化させた場合，文意が変わる）．

(18)　a.　*先月長野で大きな土砂災害があったと私にいう．
　　　b.　*うつ病患者に励ましの言葉は禁物であると太郎にいう．
(19)　a.　*先月長野で大きな土砂災害があったといった／いっていた／いっている．
　　　b.　*うつ病患者に励ましの言葉は禁物であるといった／いっていた／いっている．

また(15)は，(20)のように「という」を「も」，「さえ」などの助詞の挿入によって分断することができない．[6]

(20)　a.　先月長野で大きな土砂災害があったと*さえいう／と*もいう．
　　　b.　うつ病患者に励ましの言葉は禁物であると*さえいう／と*もいう．

　(15)-(20)における考察から，(15)の「いう」はもはや発話動詞としての機能は希薄化し，動詞カテゴリーからも逸脱しており，「という」として一語の助動詞的な要素に変化していると考えられる．これは(15)における「という」が「らしい」「そうだ」など伝聞のムードを表す助動詞と置き換えられるという事実からも確認できる．

(21)　a.　先月長野で大きな土砂災害があったらしい／ようだ．
　　　b.　うつ病患者に励ましの言葉は禁物であるらしい／ようだ．

---

[6] 助詞の挿入による「という」の分断は，(9)，(12)の用法では可能である．
　　(i)　太郎は私に将来アメリカに留学してみたいとさえ言う．
　　(ii)　日本人はかつて「東京」を「江戸」とも言った．

(15) が (21) とほぼ同義であるということは,「という」はすでに一語化しており,本来の動詞のカテゴリーから逸脱しているだけでなく,話者の捉え方を述べるムード的な表現へと拡張しているといえる.

さらに (22)（= (6) の再掲）の「という」はコト節の文末に表れ,補文をコトと連結させて名詞節を形成している.

(22) a. この海域が危険だということは誰もが知っている.
b. 私は明日の講演が中止になったということを学生に伝えた.

(22) の用法の「という」も (9), (12), (15) の「という」との関連性,連続性を想定するならば,もともと実質的な語であったものが文と語（コト）を連結する接続詞的な役割を果たす語へと変化したということになる.実際,日本語文法の立場では,(22) の「という」を連体修飾節と形式名詞（コト）をつなぐ一語の名詞修飾表現として捉えている（庵他 (2001)）.また生成文法の立場では,名詞節における「という」を補文標識とする考え方（Nakau (1973), Kuno (1973), 井上 (1976)）が一般的である.つまり,日本語文法においても,また生成文法においても,名詞節の「という」は一語として機能語的な役割を果たすと考えられている.したがって (22) の「という」は,(9), (12), (15) よりさらに意味の希薄化,脱範疇化は進んでいると考えられる.

以上の考察から,(9), (12), (15), (22) にみられるトイウの変化は,1.2 節で示した文法化の特性①〜③をすべて備えており,一方向性仮説にかなった変化が観察できる.すなわち,トイウについて文法化は起こっていると考えることが妥当であると思われる.

3. 統語的側面から見たトイウ

第2節では,コト節におけるトイウは文法化しており,一語の言語形式として捉えられることを観察した.しかし,トイウはもともと「ト＋イウ」であり,補文に続く「と」と動詞「言う」を原義としている（中右 (1973)）.そこで第3節では,統語的側面からトイウについて考察し,その本質について論じる.トイウの本質を知る手がかりとして補文を導く「ト」の統語的機能を,補文標識の「コト」と対比させ明らかにする.

3.1. ト節の非叙実性

日本語の「ト」が導く補文（以下ト節）をとる典型的な例は (23) のような場合である．

(23) a.　息子は私に［アメリカに留学したい］と言った．
　　 b.　太郎は［花子が試験に合格した］と思った．

(23) に見られるような日本語のト節に対応するのは，(24) における英語の that 節である．

(24) a.　My son said that he would like to go to study in America.
　　 b.　Taro thought that Hanako had passed the entrance examination.

しかし，すべての英語の that 節が日本語のト節に対応するわけではない．Kiparsky and Kiparsky (1971) は，that 節と共起する主文動詞の違いに着目し，述語を叙実的 (factive) 述語と非叙実的 (non-factive) 述語に分けた．

(25) a.　主語節をとる場合
　　　　　叙実：　be significant, be odd, be tragic, be exciting, matter
　　　　　非叙実：be likely, be sure, be possible, be true, seem, appear
　　 b.　目的語節をとる場合
　　　　　叙実：　regret, be aware of, grasp, comprehend, ignore, make clear
　　　　　非叙実：suppose, assert, allege, assume, believe, conclude, claim

叙実述語はその叙実述語がとる that 節の内容が真であることを前提 (presupposition) とし，非叙実述語は that 節の内容が真であることを前提として含まない．両者の違いは文全体を否定すると明確に表れる．

(26) a.　John {regrets / doesn't regret} that the door is closed.
　　　　　It {is / isn't} odd that the door is closed.
　　 b.　John {thinks / doesn't think} that the door is closed.

It {is / isn't} likely that the door is closed.

(26a) の叙実述語は主文が肯定であっても否定であっても補文の内容「ドアが閉まっていた」が真であることを保持するが，(26b) の非叙実述語は主文を否定すると補文の内容までが否定される．

Kiparsky and Kiparsky (1971) はこのほかにも①〜③にみられる両者の統語的相違を指摘した．

① (27a) のように叙実動詞は 'the fact that 〜' で書き換えることができるが，(27b) の非叙実動詞は書き換えられない．

(27) a.　I want to make clear the fact that I don't intend to participate.
　　　b.　*I assert the fact that I don't intend to participate.

(Kiparsky and Kiparsky (1971: 347))

② 叙実動詞は (28a) のように動名詞を目的語にとることができるが，(28b) の非叙実動詞は動名詞を目的語にとることができない．

(28) a.　Everyone ignored Joan's being completely drunk.
　　　b.　*Everyone supposed Joan's being completely drunk.

(ibid.)

③ (29b) の非叙実動詞は不定詞対格構文 (accusative and infinitive construction) をとることができるが，(29a) の叙実動詞は不定詞対格構文をとることができない．

(29) a.　*I resent Mary to have been the one who did it.
　　　b.　I believe Mary to have been the one who did it.

(ibid.: 348)

Kiparsky and Kiparsky (1971) は非叙実動詞の基底構造は単純な that 節であるが，叙実動詞の基底構造は 'the fact that 〜' からなる同格節であると分析した．したがって，叙実動詞の (27a) は 'the fact that 〜' で書き換えられる．また同格節は全体で名詞句であるため，(28a) のように同じ名詞句である動名詞と交替することもできる．さらに同格節内の主語は the fact

を飛び越えて，主文に上がることはできないので，(29a) では不定詞対格構文が生じない．

日本語では久野 (1973) が動詞の目的語節をマークする3つの形式として，「コト (ヲ)，ノ (ヲ)，ト」について考察し，「コト／ノで終わる名詞節はその節が表す動作，状態，出来事が真であるという話者の前提を含むが，トで終わる名詞節には，そのような前提が含まれていない」(久野 (1973: 137)) と述べた．このことから「コト」で終わる名詞節を伴う述語は叙実述語，「ト」で終わる名詞節を伴う述語は非叙実述語であり，英語の that 節と日本語のト節はすべて対応しているわけではないことがわかる．

(30) a. 太郎は花子が結婚している<u>こと</u>を忘れていた．
　　 b. *太郎は花子が結婚している<u>と</u>忘れていた．
(31) a. *太郎は花子が交通事故で死んでしまった<u>こと</u>を思った．
　　 b. 太郎は花子が交通事故で死んでしまった<u>と</u>思った．

(30) の主文述語「忘れる」は話者の前提を含む叙実述語であり，補文を示す要素として「コト」をとることはできるが「ト」をとることができない．反対に (31) の主文述語「思う」は前提を含まない非叙実述語であるため，「コト」をとることができず，「ト」を選択する．

しかし述語の中には (32)，(33) で示すように「ト」と「コト」の両方をとることができる述語もある (久野 (1973))．

(32) a. 太郎は花子が落第した<u>と</u>嘆いた．
　　 b. 太郎は花子が落第した<u>こと</u>を嘆いた．
(33) a. 太郎は花子が結婚した<u>と</u>信じていた．
　　 b. 太郎は花子が結婚した<u>こと</u>を信じていた．

(32a)，(33a) では主文述語「嘆く」「信じる」が「ト」をとるが，(32b)，(33b) では同じ主文述語が「コト」をとる．しかし，久野 (1973) も指摘しているように，同じ主文述語が「ト」と「コト」の両方をとることができる場合も，「ト」または「コト」のどちらを選択するかによって話者が補文内容に対して持つ前提は変わる．すなわち，(32a)，(33a) では話者が補文内容について真であるかどうかの前提は持たないが，(32b)，(33b) では補文内容が真であることを話者は前提とする．このことは次の例からも観察でき

(34) a. 太郎は花子が落第したと嘆いたが，実際花子は落第していなかった．
b. *太郎は花子が落第したことを嘆いたが，実際花子は落第していなかった．
(35) a. 太郎は花子が結婚したと信じていたが，実際花子は結婚していなった．
b. *太郎は花子が結婚したことを信じていたが，実際花子は結婚していなかった．

主文述語が「ト」をとる (34a)，(35a) では，「実際花子は落第していなかった」，「実際花子は結婚していなかった」という文が自然につながるが，「コト」をとる (34b)，(35b) ではつながりが悪くなり容認できない．このように，「ト」と「コト」の両方を選択できる述語であっても，主文の述語が「ト」を選択するか「コト」を選択するかによって文の意味は変わる．

以上の考察から，補文内容の決定は，明らかに主文述語 (e.g. 忘れる，思う) の性質が関係している．また主文述語 (e.g. 嘆く，信じる) が「ト」と「コト」の両方を選択する場合は，「ト」または「コト」が補文の叙実性の違いを産み出し，補文の意味を決定しているといえる．[7] 本稿では，このような「ト」と「コト」の性質を「トの非叙実性」および「コトの叙実性」と呼ぶこととする．

3.2. 「ト」と「イウ」に見られる統語的特徴

3.1 節では「ト」の非叙実性について述べた．3.2 節では，「が・の」交替，

---

[7] 例外的に補文内容についての前提を話者が持つにもかかわらず，「コト／ノ」だけでなく，「ト」をとることができる述語も存在する (久野 (1973))．久野 (1973) は唯一の例外として「知る」を挙げているが，「知る」以外にも「わかる」などがこのタイプの動詞として存在する．
  (i) a. 太郎は花子が結婚していることを知らなかった．
      b. 太郎は花子が結婚していると知らなかった．
  (ii) a. 太郎は次郎にだまされていたことがわかった．
       b. 太郎は次郎にだまされていたとわかった．

主語の「は」，モダリティの観点から，ト節とコト節，コト節とトイウ節（コト節にトイウを介在させた節）を対比させながら，「ト」および「イウ」の統語的特徴について考察する．

3.2.1. 「が・の」交替

日本語では名詞節において，「が」格が「の」格に交替できることが先行研究 (Harada (1971), 井上 (1976)) で指摘されている．(36) は関係節における「が・の」交替の例である．

(36) a. 太郎は [花子 {が・の} 指定した] 場所へ出かけた．
b. 太郎は [花子 {が・の} 書いた] 手紙を読んだ．

井上 (1976) は (36) のような関係節だけでなく，(37a) の名詞化構造[8]においても「が・の」交替は可能だが，(37b) の同格名詞句構造の内容節では「が・の」交替が適用できないと述べた．

(37) a. [ジョン {が・の} 来ない] ことは，公表されなかった．
b. [彼ら {が・*の} 無事だった] という知らせが，家族を元気づけた．

(井上 (1976: 228))

また井上 (1976) は (38) は同格名詞句構造を持たないが，(37b) と同様の内容節を含むことから，「が・の」交替は起こらないことを指摘した．

(38) [彼ら {が・*の} 無事だった] と知らせてきた． (ibid.)

本稿では，井上 (1976) の名詞句構造の分類とは異なる視点で，コト節とト節において「が・の」交替が起こるかどうかを考察する．(39) はコト節を，(40) はト節を目的語節にとった文である．

(39) a. 太郎は [次郎 {が・の} 結婚した] ことを知らなかった．

---

[8] 井上 (1976) は「こと」「の」「との」「という」を補文標識とし，1つの文法要素としている．そしてこのいずれかの補文標識をとり，埋め込み文が名詞化したものを「名詞化構造」と規定している．

b. 気象庁は [台風 2 号 {が・の} 接近している] ことを伝えた．
c. 太郎は [その交渉 {が・の} まとまる] ことを信じた．
(40) a. 太郎は [次郎 {が・*の} 結婚した] と知らなかった．
b. 気象庁は [台風 2 号 {が・*の} 接近している] と伝えた．
c. 太郎は [交渉 {が・*の} まとまる] と信じた．

(39)，(40) にみられるように，(39) のコト節では「が・の」交替が起こるが，(40) のト節では「が・の」交替が起こらない．

では次に，ト節がコト節のなかに埋め込まれた場合について検証する．コト節の中に埋め込まれたト節の中では「が・の」交替が起こるのであろうか．

(41) a. 私は [太郎が [次郎 {が・*の} 無事だった] と知らせてきた] ことを忘れていた．
b. 花子は [気象庁が [台風 2 号 {が・*の} 接近している] と伝えた] ことを知らなかった．
c. 太郎は [[その交渉 {が・*の} まとまる] と信じた] ことを後悔した．

(41) にみられるように，コト節の中にト節が埋め込まれた場合も，ト節の中で「が・の」交替は起こらない．

「が・の」交替については，埋め込み文の名詞が補文から移動し，名詞の主要部と関わるとする分析がある (Bedell (1972))．[9] Bedell (1972) は，「が」が「の」に交替する現象は，(42a) の名詞句に埋め込まれた文の中から，(42b) のように「月」が埋め込み文の外へ移動し，名詞句の主要部との関係で「月」の後ろに「の」が挿入されるために起きると述べた．

(42) a. [[月が出る] 頃]
b. [月$_i$ の [t$_i$ 出る] 頃]

このような Bedell (1972) の観点から考えると，(41) において「が・の」

---

[9] 埋め込み文からの名詞の移動については，統語上具体的に移動しているのかまたは LF での移動なのかについて議論があるが，ここではこれ以上この問題に立ち入らない．

交替が起こらないという事実は,たとえト節が埋め込まれたコト節の中にあったとしても,ト節内の「が」格要素がト節の外へ出ることはなく,名詞主要部とは関われないことを示す.ト節の中の「が」格要素がト節の外へ出ることがなく,ト節が埋め込まれたコト節(名詞節)の主要部と関係を持てないということは,ト節はコト節(名詞節)の中にあっても文としての独立した統語的機能を保持していると考えられる.

次に,トイウをコト節に介在させたトイウ節における「が・の」交替を考察する.トイウ節は,井上 (1976) のいう同格名詞句(同格名詞構造の内容節)にあたり,(37b) で示したように同格名詞句では「が・の」交替が適用できない(井上 (1976))はずである.(43) はトイウが「コト」との間に介在するトイウ節の例である.

(43) a.　[冥王星{が・*の}惑星だ]ということは間違いだった.
　　　b.　新聞は[犯人{が・*の}逃走している]ということを伝えた.

井上 (1976) が指摘したように,(43) のトイウ節では「が・の」交替が起こらない.つまり,トイウが介在することでコト節内での「が・の」交替は許されなくなる.

すでに (41) でみたように,「ト」は文としての統語的機能を,ト節が埋め込まれたコト節の中にあっても失わず保持していた.この観点からいうと,トイウ節の中で「が・の」交替が許されないのは,トイウが「ト」の統語的機能をコト節の中でも保持しているためであると考えられる.すなわち,トイウの中に存在する「ト」の統語的機能が「が・の」交替を許さず,この事実からトイウは完全に一語化した文法的要素としては扱えない部分がある.したがって,トイウは名詞節における単純なつなぎの補文標識ではなく,一語化していても「ト+イウ」の「ト」の統語的機能を保持していると考えられるのである.

3.2.2 節ではさらに「ト」の持つ別の統語的特徴を考察し,トイウの中にこれらの「ト」の統語的特性が生きていることを検証する.

3.2.2.　主語の「は」・モダリティ

3.2.2 節 では,主題の「は」および文のモダリティ要素がト節に表れるかついて,コト節と対比させながら考察する.日本語学では南 (1974) が日本

語の文の重層的な統語構造を4段階に分けて示した．(44)は南による日本語の文構造を田窪 (1987)[10] が統語構造にも配慮して改訂したものである．

(44)　A＝様態・頻度の副詞＋補語＋述語
　　　B＝制限的修飾句＋主格＋A＋(否定)＋時制
　　　C＝非制限的修飾句＋主題＋B＋モーダル
　　　D＝呼掛け＋C＋終助詞

(田窪 (1987: 38))

南 (1974) は，日本語の文は中心に文の内容の素材となる事柄を描く要素があり，そこから離れるほど話者の主観に関する要素が中心の部分を前後から包み込むように存在する，いわば重層的な構造を持つと述べた．

　益岡 (1997) は南 (1974) に部分的な修正を加え，(45) のような「文の概念レベル」を提示した．

(45)　A＝事態命名のレベル
　　　B＝現象のレベル
　　　C＝判断のレベル
　　　D＝表現伝達のレベル

(益岡 (1997: 38))

益岡 (1997) は(45) のA類とB類を合わせて「命題のレベル(対象領域のレベル)」，C類とD類を合わせて「モダリティのレベル(主体領域のレベル)」と呼んだ．[11]

　生成文法の立場では，井上 (1976) が日本語の典型的な文の成り立ちを (46) のように表した．また，井上 (2006) では (46) のd・eにあたるモダリティ形式を (47) のように示した．

---

[10] 田窪 (1987) は，南の分類ではB類に含まれる「から」「ので」をC類に含めるなど，南の文構造に修正を加えることで統語構造と文脈情報の相関について考察した．

[11] 益岡 (1997) は連体修飾節を「ゼロ」「という」「との」の3つの接続パターンによって分類し，(45) に表した文の概念レベルと接続パターンの関係を述べている．

(46) 太郎が序文を翻訳し　てい　　る　　だろう　ね．
　　　　a（文核）　　b（相）　c（時制辞）　d　　e

(井上 (1976: 5))

(47) d＝認知的モーダル—E モーダル　　（断定，推量，伝聞など）
　　　e＝発話・伝達のモーダル—D モーダル

（命令，依頼，疑問，意志など）

(井上 (2006: 16))

(47) の E モーダルは，断定，推定など文の命題に対する特定の人物の判断を表すモダリティであり，「だろう」「はずだ」「かもしれない」などがこれに属する．これに対して (47) の D モーダルは疑問，命令，禁止など文の命題に対する発話者の伝達態度を決定するモダリティであり，命令「しろ」，疑問「か」などがこれに属する．(47) のモダリティ階層である E モーダル・D モーダルは，南 (1974) の文構造に基づく (44)，および南 (1974) の修正説である益岡 (1997) の (45) の分類では C 類・D 類に該当すると考えられる．

　本節では以上の先行研究にみられる文構造の構成要素の中から，主題の「は」および井上 (2006) による E モーダル，D モーダルの要素が，ト節，コト節およびトイウ節に表出させられるかを考察していく．まず主題の「は」はト節に表出できるかを見る．

(48) a.　花子は［将来夫｛は・が｝昇進する］と期待していた．
　　　b.　太郎は［昨日次郎｛は・が｝パーティに来た］と報告した．

(48) にみられるように，ト節の主語は「が」でマークできるだけではなく，主題の「は」でマークすることも可能である．また「は」は，主題の「は」だけでなく対比を表す「は」も存在するが，対比の「は」についても (49) のようにト節に表出させられる．

(49) a.　花子は［将来自分は派遣社員のままだろうが，夫は昇進する］と
　　　　期待していた．
　　　b.　太郎は［昨日花子は来なかったが，次郎はパーティに来た］と報
　　　　告した．

次に南 (1974) の分類の C 類に属し，井上 (2006) のいう E モーダルについて検討する．ト節の中に井上 (2006) の E モーダルを置くことは可能であろうか．

(50) a. 母親は［いつか息子が家へ帰るはずだ］と信じていた．
　　　b. 太郎は花子に［今朝九州で地震があったらしい］と話した．
　　　c. 花子は［太郎が次郎を殴るかもしれない］と恐れた．

(50a) のト節内に表れる「はずだ」は命題の内容を当為的に捉える話者の心情を表し，(50b), (50c) のト節内に表れる「らしい」「かもしれない」は命題の真偽に対する話者の認識を表す．したがって，これらの E モーダルはいずれもト節の中に問題なく表出させることができる．

さらに南 (1974) の分類の D 類に属し，井上 (2006) のいう D モーダルをト節に表出させられるかを考察する．

(51) a. 母親は小さな子供に［静かにしてね］と言った．
　　　b. 裁判所は被告に［賠償金を支払え］と命じた．
　　　c. 客は店員に［もっと安くならないか］と尋ねた．

(51a) のト節内に表れる「ね」は呼びかけの終助詞，(51b) のト節内に表れる「払え」は命令，(51c) のト節内に表れる「か」は疑問を表すモダリティである．(51) にみられるように，これらの D モーダルはすべてト節に表出可能であることが観察できる．

しかし，すべてのト節にこれらの要素が表出させられるわけではない．

(52) a. *次郎は［太郎が花子と結婚したね］と信じた．
　　　b. *花子は［夢をあきらめるな］と思った．

(52) のト節には D モーダルの終助詞や命令を表出させることができない．(52) からは，D モーダルがすべてのト節に表出させられるわけではないことがわかる．では，(51) と (52) の文法性の差は何によって生じるのであろうか．

2.1 節で述べたように，「ト」をとる動詞は非叙実的な述語であり，「信じる，思う，忘れる，伝える，話す，命じる，尋ねる」などが挙げられる．これらの非叙実述語の中で (51) の「言う，命じる，尋ねる」は発話に関する

述語である．これに対して (52) の「信じる，思う」は思考に関する述語である．したがって，同じ非叙実述語であっても，(51) と (52) は述語が持つ意味タイプが異なる．(52) の思考動詞がとるト節には D モーダルを表出できないが，(51) の発話動詞がとるト節には D モーダルを表出させることができる．この理由は，ト節と発話動詞の強い関係性にあると考えられる．すなわち，ト節と発話動詞の関係性は，他の動詞とト節との関係に比べて極めて強い．そのため「言う」に代表される発話動詞がとるト節の中では，E モーダルだけでなく D モーダルまで表出可能であると説明できる．このようなト節と発話動詞の強い関係性は，「と」と「言う」を原義とするトイウの機能にも影響を与えていると言える．これについては 3.4 節で再び論じる．

では，これまでに考察してきた主題の「は」および井上 (2006) の E モーダル・D モーダルのモダリティ要素を，コト節に表出できるかを見てみよう．(53) はコト節に主題の「は」を置いた場合，(54) はコト節に E モーダルを置いた場合，(55) はコト節に D モーダルを置いた場合である．

(53) a. 花子は [将来夫 {*は・が} 昇進する] ことを期待していた．
　　 b. 太郎は [昨日次郎 {*は・が} パーティに来た] ことを報告した．
(54) a. *母親は [いつか息子が家へ帰るはずだ] ことを信じていた．
　　 b. *太郎は花子に [今朝九州で地震があったらしい] ことを話した．
　　 c. *花子は [太郎が次郎を殴るかもしれない] ことを恐れた．
(55) a. *母親は小さな子供に [静かにしてね] ことを言った．
　　 b. *裁判所は被告に [賠償金を支払え] ことを命じた．
　　 c. *客は店員に [もっと安くならないか] ことを尋ねた．

(53)–(55) にみられるように，主題の「は」，E モーダルおよび D モーダルのモダリティ要素は，コト節の中には表出できない．

そこで，(53)–(55) のコト節において，コトと補文の間にトイウを介入させると文の容認度は変化するのかを検証する．次の (56)–(58) は (53)–(55) のコト節にトイウを介在させた場合である．

(56) a. 花子は [将来夫 {は・が} 昇進する] ということを期待していた．
　　 b. 太郎は [昨日次郎 {は・が} パーティに来た] ということを報告した．

(57) a. 母親は［いつか息子が家へ帰るはずだ］ということを信じていた．
　　 b. 太郎は花子に［今朝九州で地震があったらしい］ということを話した．
　　 c. 花子は［太郎が次郎を殴るかもしれない］ということを恐れた．
(58) a.?*母親は小さな子供に［静かにしてね］ということを言った．
　　 b. 裁判所は被告に［賠償金を支払え］ということを命じた．
　　 c. 客は店員に［もっと安くならないか］ということを尋ねた．

(53)–(55)のコト節では表出できなかった文の要素のほとんどが，(56)–(58)のトイウの介在したコト節では表出可能になる．つまりト節の中に表出できるレベルの文要素と同じ要素が，(56)–(58)のトイウが介在したコト節では表出できることがわかる．

このように，ト節に表出可能なレベルの文要素が，トイウの介在によりコト節でも表出できるようになったことが観察された．その理由は，トイウに「ト」+「イウ」の統語的特性が生きていると考えることにより説明できる．つまり，トイウの中の「ト」および「イウ」が持つ本来の機能が働き，コト節の文レベルをト節の文レベルに引き上げたと考えられる．トイウは一語化していても，その中に「ト」の統語機能，および「イウ」の発話動詞としての機能が保持されていると考えれば，トイウのないコト節では表出が許されなかった文の要素が，トイウが介在することにより許されるという事実が説明できるのである．

3.3. 主語節におけるトイウ

3.1節では「コトの叙実性」「トの非叙実性」について述べた．主文述語が選択する補文の叙実性の違いにより，目的語節に「ト」または「コト」が選択され補文内容が決定することをみた．また「ト」と「コト」がどちらも使える場合であっても，「ト」と「コト」の叙実性の違いが補文の解釈に違いを生じさせることを確認した．さらに3.2節では，ト節における「が・の」交替の現象をはじめ特徴的ないくつかの現象を観察し，これらの統語的現象はトイウ節の中でも同様に観察できることを検証した．

そこで3.3節では，これらの「ト」の統語的機能を押さえた上で，さらに「ト」がどのような特性を持ちトイウとの関係性を持つのかについて考察し

ていく．

まずト節を用いた典型的な文である (59) を見てみよう．

(59) a.　花子は［太郎が無実である］と信じた．
　　　 b.　次郎は［花子が一人でアメリカへ出発した］と伝えてきた．

(59) の補文は目的語節であるが，補文が主語節となることもある．例えば英語では，補文を形成する that 節は，目的語節にも主語節にもなれる．

(60) a.　Mary believes that John's innocent.　　(non-factive)
　　　 b.　John regrets that Mary has gone to America.　(factive)
(61) a.　That John's innocent is false.　　(non-factive)
　　　 b.　That Mary has gone to America is odd.　(factive)

英語の場合は，3.1 節でみたように補文内容の叙実性にかかわらず that 節が使え，同時に (60) のような目的語節にも (61) のような主語節にもなれる．

では英語の that 節のように，日本語においても目的語節と同様に，主語節にト節を使えるのであろうか．

(62) a.　*［太郎が無実である］と（は）明らかだ．
　　　 b.　*［花子が一人でアメリカへ出発した］と（は）確かだ．
(63) a.　*［太郎が無実である］と（は）嘘だ．
　　　 b.　*［花子が一人でアメリカへ出発した］と（は）疑わしい．

(62), (63) は非文法的であり，ト節は主語位置に置くことができない．ここでト節を使えない理由は，主文述語の叙実性とは関係がない．なぜなら (62) の「明らかだ」，「確かだ」は補文に叙実性を要求するタイプの述語（叙実述語）であるが，(63) の「嘘だ」，「疑わしい」は補文に叙実性を要求しないタイプの述語（非叙実述語）であり，非叙実的なト節をとる後者においても主語節でト節は使えないからである．すなわちト節は主文述語の叙実性に関わらず，主語位置に置くことができない．事実 Kuno (1976) も，日本語ではト節で表される目的語節を持つ述語を受動化してもその目的語節が主語

節を形成することはない[12]と論じ，ト節は主語節にならないというト節の統語的特徴について述べている．

　では日本語において，ト節を使えない主語節はどのような形で表されるのであろうか．まず叙実述語の (62) の場合をみる．

(64) a.　［太郎が無実である］ことは明らかだ．
　　 b.　［花子が一人でアメリカへ出発した］ことは確かだ．

(62) は，(64) にみられるように補文に「コト」を用いることで，主語節を形成することができる．すなわち目的語節のト節を主語位置に置くためには，ト節ではなくコト節を使わざるを得ないことが (64) によってわかる．本稿では，このように「コト」が主語節を形成することを可能にする機能を「コトの名詞性」と名づけることにする．

　次に，すべての文において「コト」を使うことで主語節を形成することが可能かどうかを検証するために，非叙実的述語の (63) の場合をみてみる．(65) は，(63) の主語節をト節からコト節に換えた文である．

(65) a.　*［太郎が無実である］ことは嘘だ．
　　 b.　*［花子が一人でアメリカへ出発した］ことは疑わしい．

(65) は，「コトの名詞性」を用いて主語節を形成しているにもかかわらず，非文である．英語では，(61a) でみたように，非叙実的な補文も that 節を主語節として表すことができる．したがって，日本語の (65) も英語と同じように表現できることが予測され，意味的な不整合は無いはずである．しかし，それにもかかわらず (65) は非文と判断される．

　(64) と (65) を比べると，文法性の相違点は主文述語の叙実性にあると考えざるをえない．(64) の「明らかだ」「確かだ」は叙実述語である．これに対して，(65) の「嘘だ」「疑わしい」は，非叙実述語である．つまり英語では，前述したように目的語節，主語節ともに主文述語の違いにかかわらず that

---

[12] 例えば (59a) のト節で表される目的語節を持つ述語を受動化した文は，英語では容認される (i) が日本語では容認されず (ii)，ト節である目的語節は主語節を形成できない．
　　(i)　　[That Taro was innocent] was believed by Hanako.
　　(ii)　*［太郎が無実である］と（は）花子に信じられた．

節を使うことができる．一方，日本語は少なくとも目的語節では主文述語の叙実性の違いによって，「コト」を選択できるかどうかが決まる．

このとき問題になるのが，(63) で見たように，目的語節では非叙実述語と共起する「ト」が主語節では使えないという事実である．日本語の主語節にも，目的語節と同様に叙実性の条件が関わるとすれば，(65) では「コトの叙実性」と主文述語の非叙実性が矛盾をおこす．その結果 (65) は容認されないと説明できる．そこで (65) を文法的な文にするためには (66) のようにする必要がある．

(66) a. ［太郎が無実である］ということは嘘だ．
　　 b. ［花子が一人でアメリカへ出発した］ということは疑わしい．

(65) を文法的にするためには，(66) のようにコト節にトイウの生起が必要となる．非叙実述語と共起する「ト」が「コト」を用いて主語節を形成する際に，主語節においてトイウの生起が義務的であることは先行研究 (Kuno (1973), Nakau (1973)) でも指摘されている．

(66) は「コトの名詞性」と「コトの叙実性」を用いると次のように説明できる．(66) は，Kuno (1973) が指摘したように，主語節であるため目的語節には使用できる「ト」を主語節の形成に使えない．したがって，主語節には「コト」を使わざるをえない．これは「コトの名詞性」による．「コト」は「名詞性」と同時に「叙実性」を持つが，(66) の述語は非叙実述語であり非叙実的な主語節を要求する．そのため，主語節のコトが持つ「コトの叙実性」と非叙実述語の要求が矛盾する．その結果，コト主語節にトイウを生起させる必要が生じる．つまり，主語節の形成には「名詞性」を持つコトを要求するが，同時に主語節に非叙実的な要素を置きたいという要求はコトの「叙実性」と相容れない．このような2つの相反する要求を満たすため，コト主語節にトイウを生起させる必要があると説明できる．したがって，非叙実述語を持つ文のコト主語節におけるトイウの生起は，「コトの叙実性」を非叙実的なものに転換させ得る機能を持つと考えられるのである．

3.4. コト節におけるトイウと叙実性

3.3 節では，非叙実的な主語節を要求する述語を持つ文は，主語節にトイウが生起したコト節を必要とすることを，「コトの名詞性」と「コトの叙実

性」「トの非叙実性」によって論じた．この観点からコト節にトイウが必要な文と必要でない文を比較してみると，何らかの意味の差が出てくるはずである．そこで本節では「コト」と「トイウコト」を比較し，トイウの生起の有無による差が，どのような意味の違いを文にもたらすかを考察する．

まず「コト」および「トイウコト」が主語位置にある (67) をみてみよう．

(67) a.　［太郎が無実である］ことは明らかだ．
　　　a′.　［太郎が無実である］ということは明らかだ．
　　　b.　［花子が一人でアメリカへ出発した］ことは確かだ．
　　　b′.　［花子が一人でアメリカへ出発した］ということは確かだ．

(67) は主文述語が叙実的な補文を要求するため，(67a), (67b) のように「コト」を用いて主語節を形成するが，同時に (67a′), (67b′) のように，トイウが生起した「トイウコト」節を主語位置に置くことも可能である．つまり (67) にみられるように，叙実述語の主語節はトイウの生起が任意であるといえる．(67) のように「コト」と「トイウコト」が両方使える場合は，主語節以外にもみられる．

(68) a.　花子は［太郎が無実である］ことを知っている．
　　　a′.　花子は［太郎が無実である］ということを知っている．
　　　b.　次郎は［花子が一人でアメリカへ出発した］ことを忘れていた．
　　　b′.　次郎は［花子が一人でアメリカへ出発した］ということを忘れていた．

(68) は，目的語節に「コト」を選択していることからも明らかなように，主文述語は叙実的である．しかし，目的語節には「コト」だけではなく，「トイウコト」も表れる．つまり (67) の主語節だけでなく，(68) の目的語節においてもトイウの生起は任意である．

しかし，主文述語が叙実的である (67) の主語節や (68) の目的語節において，トイウがある場合とない場合の構造上の差は，当然文の意味に違いを生じさせると予測できる．主文述語が叙実的である場合，主語節のトイウの生起の有無が文の意味にどのような違いをもたらすのか．Josephs (1976)

は次の文を例に挙げている。[13]

(69) a. 昨日の新聞で［田中さんが離婚した］ことが報告された．
The fact that Mr. Tanaka got divorced was reported in yesterday's newspaper.
b. 昨日の新聞で［田中さんが離婚した］ということが報告された．
In yesterday's newspaper it was reported that Mr. Tanaka got divorced (but is it true?).

(Josephs (1976: 356, (65)))

Josephs (1976) は英語の訳が示すように，叙実的な (69a) と非叙実的な (69b) のパラダイムによってその意味的な差を捉えようとした．(69) にみられる主文述語「報告される」は叙実的であり，(69a) では話者は補文内容が事実であるという前提を前もって（新聞で報道される前に）持っている．しかし，(69b) では話者が前もって（新聞で報道される前に）補文内容が真であるという前提を持っておらず，話者は報道された後でさえ，補文内容が真である確信を持っていない．したがって Josephs (1976) は，(69b) に見られるトイウの存在は，話者の補文内容に対する「ある程度の疑いの気持ち」，「弱い確信」を表していると述べた．そして，これがトイウの持つ本質的な意味機能であると結論付けた．

これは 3.2 節でみたように，トイウ節はト節と類似した統語的特徴を持ち，トイウの中に「ト」の機能が生きていると考える本稿の主張とも重なる．すなわち，トイウの中に「ト」の統語的機能が保持されているとするならば，「ト」の持つ「非叙実性」がトイウの中にも内在すると考えられる．したがって，(67)，(68)，(69) の叙実述語と共起するコト節の中のトイウは，補文内容の叙実性の軽減をもたらすといえる．

しかし，コト節におけるトイウの存在は，補文内容の叙実性の軽減だけではその本質をまだ捉えきっていないと思われる．そこで，本稿ではコト節に表れるトイウについて次のような考え方を提案する．

---

[13] Josephs (1976) の原文では，(69) の例文の「こと」の後ろは「は」格が使われていたが，論旨は変わらないため，ここでは「は」を「が」に替えた．

(70) 〈コト節におけるトイウと叙実性〉
コト節に生起するトイウは，コト節の補文の叙実性（「コトの叙実性」）をトイウが満足させる．その結果，コトは叙実性と無関係になり，統語上の要請，すなわち名詞節を形成するという「コトの名詞性」のみが機能として残る．

　すでに述べたようにトイウは，「ト」+「イウ」に由来し，トイウの中には「ト」の持つ統語的機能が生きていると考えられる．しかしトイウは，「ト」と同時に発話動詞「イウ」の機能も保持している．(67a′, b′), (68a′, b′) はトイウが生起することで，補文内容（「太郎が無実である」「花子は一人でアメリカへ出発した」）を少なくとも誰か一人が発話しており，話者は第三者が発話した補文の情報を受け取ったことを含意する．しかし，この時，第三者から受け取った情報である補文の叙実性は問題とはならない．つまり，コト節におけるトイウの介在は，「補文が真であるか否か」という叙実性の問題をトイウが満足させると考えられる．言いかえれば，コト節にトイウが介在することで，補文の叙実性は不問に付すことができる．その結果，補文を名詞化する「コトの名詞性」のみが，トイウコトのコトに要求される．すなわち，コト節に存在するトイウは，「ト」の持つ統語的機能により補文の叙実性を軽減するだけでなく，「イウ」の発話動詞としての機能により，補文の叙実性を満足させ，「コト」と叙実性を無関係にする．

　先行研究（Nakau (1973)，Kuno (1973)，Josephs (1976) など）の多くはトイウを補文標識と考えるが，単純な補文標識であれば「叙実性を軽減」し，「叙実性を満足させる」というような素性は持っていないはずである．したがって，コト節に介在するトイウは，トイウ自体が一語化した言語形式であるとはいえ完全に文法化しているわけではなく，文法化の中間的な段階にある可能性があり，「ト」および「イウ」が持つ元来の統語的機能を保持しているのである．

4. 結論

　本稿は，形態的に文法化しており，一語であると考えられているトイウの機能について，統語的側面から考察した．コト節に介在するトイウの果たす

機能を，トイウの原義である「ト」＋「イウ」の統語的特徴から検証し，明らかにすることを試みた．

　従来，トイウは生成文法の立場において，補文標識の一つとして分析されてきた．また日本語学・日本語教育学の立場においても，文法化し一語化した言語形式として捉えられている．しかし，本稿ではト節とコト節，コト節とトイウ節の比較検証を行うことで，トイウの中に「ト」および「イウ」の統語的機能は生きており，トイウは完全に文法化した言語形式であるとは言い切れないと主張し，トイウが文法化の過程の中間的な段階にある可能性を示した．

　このような文法化の過程における言語形式の統語的独立性についての研究は，より広いさまざまな言語研究につながるものと考える．例えば言語教育の立場においては，文法化しているとみなされている言語形式の統語的な独立性を分析することで，統語と意味の対応関係を明らかにできるという有用性がある．具体例を挙げる．中上級学習者に対する日本語教育の場では，本稿で取り扱ったトイウのように形態的に文法化したと考えられている言語形式は表現文型として学習者に教えられる場合が多い．学習者はこれらの表現文型を固定化したものとしてそのまま覚えて，発話や文の産出において使用することを要求される．しかし，このように固定化，文法化していると思われる語や表現の持つ統語的特徴が文法化の過程においてどの程度生きているかを検証することは，その語や表現の本質的な意味と統語の関係を明らかにする．その結果，研究の知見は日本語教育に携わる教育者の指導面や上級日本語学習者の日本語習得の一助にもなるのではないかと思われる．

　なお，本稿で扱ったトイウは「というと」「といった」「といっても」「ということだ」など関連する多彩な表現の用法を持つ．また，日本語にはトイウ以外にも文法化していると考えられる「について」「によって」などのニ格複合辞が豊富にある．トイウの拡大した用法における語としての形態的固定性[14]と文法化の関係については，いくつかのニ格複合辞と比較しながら拙稿（眞鍋（2007））で論じているので参照にされたい．

---

[14] ここで言う形態的固定性は，morphological integrity の意味であり，語の緊密性を含むがそれより広い概念で使用している．

参照文献

Bedell, George (1972) "On *No*," *UCLA Papers in Syntax* 3, 1-20.［長谷川松治（1981）『長谷川松治教授古希記念論文集』コトバの会，に再録．］
Harada, Shin-Ichi (1971) "*Ga-No* Conversion and Idiolectal Variations in Japanese,"『言語研究』60, 25-38.
Hopper, Paul J. and Elizabeth C Traugott (1993) *Grammaticalization*, Cambridge University Press, Cambridge.
井上和子（1976）『変形文法と日本語 上・下』大修館書店，東京．
井上和子（2006）「日本語の条件節と主文のモーダリティ」*Scientific Approaches to Language* No. 5, 9-28, 神田外語大学言語科学センター．
庵功雄・高梨信乃・中西久美子・山田敏弘（2001）『中上級を教える人のための日本語文法ハンドブック』スリーエーネットワーク，東京．
Josephs, Lewis (1976) "Complementation," *Japanese Generative Grammar, Syntax and Semantics* 5, ed. by Masayoshi Shibatani, 307-369, Academic Press, New York.
河上誓作（編）（1996）『認知言語学の基礎』研究社出版，東京．
Kiparsky, Paul and Carol Kiparsky (1971) "Fact," *Semantics: An Interdiscriplinary Reader in Philosophy, Linguistics, and Psychology*, ed. by D. Steinberg and L. Jakobovits, 345-369, Cambridge University Press, New York.
Kuno, Susumu (1973) *The Structure of the Japanese Language*, MIT Press, Cambridge, MA.
Kuno, Susumu (1976) "Subject Raising," *Japanese Generative Grammar, Syntax and Semantics* 5, ed. by Masayoshi Shibatani, 17-49, Academic Press, New York.
久野暲（1973）『日本文法研究』大修館書店，東京．
益岡隆志（1997）『新日本語文法選書2 複文』くろしお出版，東京．
眞鍋雅子（2007）「連体修飾節におけるトイウの機能——文法化プロセスに見られる統語的特徴——」修士論文，神田外語大学．
眞鍋雅子（2008）「意味と統語から見たトイウの機能」『言語科学研究』14, 49-68, 神田外語大学大学院．
南不二男（1974）『現代日本語の構造』大修館書店，東京．
三宅知宏（2005）「現代日本語における文法化——内容語と機能語の連続性をめぐって——」『日本語の研究』1.3（『国語学』222），61-76.
中右実（1973）「日本語における名詞修飾構造」『言語』2.2, 107-116.
Nakau, Minoru (1973) *Sentential Complementation in Japanese*, Kaitakusha,

Tokyo.
大堀壽夫 (2002)『認知言語学』東京大学出版会, 東京.
大堀壽夫 (2005)「日本語の文法研究について」『日本語の研究』1.3 (『国語学』222), 1-17.
田窪行則 (1987)「統語構造と文脈情報」『日本語学』6.5, 37-48.

第8章

トピックと焦点
――「は」と「かき混ぜ要素」の構造と意味機能――*

中村　浩一郎

1. はじめに

　日本語の「は」の統語的意味的振る舞いに関しては，Kuno (1973)，久野 (1973)，Kuroda (1965, 1972) 以来様々な研究がなされている．[1]「は」は，(1a-d) の例文で示されるように，1文中に複数生じる可能性があり，その意味解釈は一様ではない．

(1) a.　太郎はフランス語は話せる．
　　b.　フランス語は太郎は話せる．
　　c.　太郎がフランス語は話せる．
　　d.　フランス語は太郎が話せる．

＊ この論文は，2010年7月1-2日神田外語大学で開催された言語学研究会『70年代「日本語の生成文法研究」再認識――久野暲先生と井上和子先生を囲んで――』に於ける口頭発表を修正したものである．当日にコメントや意見を頂いた方々，特に阿部泰明，北川善久，宮川繁，富岡諭，漆原朗子の諸氏に感謝する．更に，ワークショップで発表する機会を与えて下さり，しかも提出原稿に対して綿密なコメントを下さった長谷川信子氏に深く感謝する．また，この論文の一部を2010年8月20日ソウル建国大学に於いて開催された12th Seoul International Conference on Generative Grammar でも発表した．当日コメントを頂いた方々，特に Marcel den Dikken 氏に感謝申し上げる．本研究は，2010年度広島女学院大学学術研究助成（個人研究）を受けている．

[1] Kuroda (1992) には，「は」や「が」も含め，黒田氏の60年代後半からの日本語の現象を扱った論文が含まれているので，そちらも参照されたい．

本論文の目的は4つある．1つ目は，対比を示すとされる「は」の一部は（フォーカス（焦点）ではなく）ある種のトピックを示すことを提示することである．2つ目は，トピックの「は」でマークされる句は Topic Phrase (TopP) に生じる（移動する）ことを示すことである．更に，3つ目は，Endo (2007) でも指摘されているように，TopP が1文中に複数生じる可能性があり，上位の TopP が thematic topic（談話主題）(Kuno (1973)，久野 (1973) の言う Theme，主題，以下 TT)，下位が contrastive topic（対照主題，以下 CT）として機能し，各々異なる位置であることを論じることである．更に，4つ目は，日本語の目的語のスクランブリング（かき混ぜ操作）が，exhaustive identification（網羅的焦点）を示す焦点句 (Focus 句) への移動である，ということを主張することである．

　本論文は以下のように構成されている．第2節では，「は」の考察に関し，Kuno (1973)，久野 (1973) をはじめとする先行研究を概観し，「は」が1文中に複数表れる場合の振る舞いと解釈を見る．第3節では，「は」の用法について考察する．この際，従来の「主題」と「対比」という2つの「は」の捉え方に対し，「対比」の「は」には，フォーカスとしての強勢を受けるとされる「**は**」（以下では，太字・下線で表示）と，（対照的な）トピックを示す「は」の区別があることを示し，結果として，「は」は3つの意味機能，つまり，談話主題 (TT)，対照主題 (Contrastive Topic; CT)，および強い強勢を受ける対照焦点 (Contrastive Focus; CF) を示すことを論じる．第4節では，Rizzi (1997) により提示された文構造に言及し，(ア)「は」でマークされる TT と CT は，各々異なる TopP 指定部に移動すること，(イ) かき混ぜ操作を受け文頭に移動した目的語は，フォーカスとして解釈され Focus Phrase (FocP) 指定部に移動することの2点を論じ，それを受け，(ウ) 2つのトピック (TT と CT) は，FocP 指定部へ移動した要素との関わりで，異なる TopP と関わることを示す．第5節では，TopP と FocP の複数生起に関わる意味的制約の観点から，CF としての「**は**」がどのように分析できるか考察する．第6節は，本論文のまとめと今後の課題となる点を提示する．

2. 先行研究

　久野 (1973),[2] Kuno (1973) は,「は」に関して以下のような説明をしている. (2a) における「は」は文の主題を表し, (2b) では「は」は対照を示す.

(2) a. 主題を表わす「は」
　　　　太郎は学生です.
　　b. 対照を表わす「は」
　　　　雨は降っていますが, 雪は降っていません.

(久野 (1973: 27-28))

また, 久野 (1973) は,「は」が複数生じる場合は, (3) のような例文を提示し, 最初の「は」が主題を表し, 残りは対照を表す, と述べる.[3]

(3)　私は週末には本は読みますが, 勉強はしません.　(久野 (1973: 31))

このように, Kuno (1973), 久野 (1973) では,「は」を主題と対照に分類してはいるが, 対照を示す「は」がトピックであるかフォーカスであるかは論じていない. これに対し, Yanagida (1995) では,「は」が複数生じる場合, 2つ目の「は」は CF であると述べる.

---

[2] ワークショップ当日のハンドアウトでは Kuno (1973) の説明を引用したが, 本論文では久野 (1973) の説明を引用する.

[3] 久野 (1973), Kuno (1973) では,「は」だけでなく「が」に関しても論考しており, 以下のように説明する.
　(i) a.　総記を表わす「が」
　　　　　ジョンが学生です.
　　　b.　中立叙述を表わす「が」
　　　　　雨が降っています.
　　　c.　目的格を表わす「が」
　　　　　僕は花子が好きだ.　　　　　　　　　　　　　(久野 (1973: 28))
本論文では,「は」を中心に扱い,「が」については考察の対象外とする. ただ,「総記」の「が」の扱いについては, 第4節 (特に, 4.4) で, かき混ぜられた目的語が持つと思われる「網羅的焦点」という解釈・概念と重なる部分もあると思われる. これについては今後の課題としたい.

(4)　ジョンはその本は買った．

　Yanagida (1995) では，(4) のように，「は」が 1 文中に複数生じる場合は，後の「は」には強勢が置かれ，CF として解釈される，と分析する．この文の英文訳を，Yanagida (1995) は "As for John, THAT BOOK he bought" とし，2 つの「は」の違いを表記により明示している．
　また，Gill and Tsoulas (2004) は，韓国語での同様の例 (5) を挙げ，日本語の「は」に対応する *un/nun* でマークされる文頭の要素はトピック，2 つ目は CF として解釈される，と論じている．

(5)　I　　chayk-un　[Chelswu-nun e sassta]
　　　this book-Top　Chelswu-Top bought
　　　'As for this book, it was Chelswu (not others) who bought it.'
　　　(this book = topic, Chelswu = contrastive focus)
　　　　　　　　　　　　　　　　　　　(Gill and Tsoulas (2004: 129))

　本節では，久野 (1973) をはじめとする先行研究を概観した．Yanagida (1995) と Gill and Tsoulas (2004) に言及し，「は」あるいは韓国語の *nun* でマークされる句が複数生じる場合，文頭の要素はトピック，2 つ目は強勢を持つ CF として解釈される，という主張も紹介した．しかし，1 文中に「は」は，強勢を受けない「は」も含め複数生じる場合もあり，以下では，「は」で示される句を TT, CT, CF の 3 種類に分類する必要があることを論じる．
　先ず，次節では「は」が文中で果たす機能について考察する．

3. 「は」の機能

　具体的な議論に入る前に，CT を示す「は」と，CF を示す「**は**」(強勢を受けるので，太字・下線で示す) の区別をしておきたい．

3.1. 対照主題 (CT) の「は」と対照焦点 (CF) の「は」

　「は」が複数現れる (6) の例文を見てみよう．

(6)　a.　僕は村上春樹は好きだ．(ほかの作家はどうかなあ，...)
　　　b.　僕は村上春樹**は**好きだ．(でも吉本ばななは嫌い)

c.　僕は村上春樹だけ**は**／??は好きだ．

　まず，(6a) だが，「村上春樹は」は CT を示す．つまり，作家のことが話題になっている文脈で，主語がほかの作家はともかくとして，村上春樹は好きだ，と述べる．一方，(6b) では，同様の文脈で，例えば吉本ばななと比較して，村上春樹**は**好きだ，と述べており，Kuno (1973) や久野 (1973) が言う対照である．(6c) のように，フォーカスを示す「だけ」が共起できるのは，CF を示す「**は**」である．このことを考慮すると，「は」は CT を示し，「**は**」は CF を示す，として区別しておく必要がある．[4]

3.2.「は」の機能について

　この節では，文中における「は」の機能について，(7a) のような疑問文に対する答えを例にとって考察する．

(7)　a.　(学生たちの中で) 誰が何を買ったの？
　　　b.　ジョンは言語学の本は買った．
　　　c.　ジョンは言語学の本を買った．
　　　d.　ジョンは言語学の本**は**買った．

　疑問文 (7a) は，(7b)，(7c) のように答えることができる．しかし，それぞれの意味するものは異なっている．(7b) は，ジョンに関して言えば，言語学の本は買った．でも，ほかの物を買ったかどうかわからない，という意味であり，「ジョンは」は主題つまり TT を表し，「言語学の本は」は CT を表す．一方，目的語が「を」で示される (7c) では，ジョンの買った物は言語学の本だけであると予想される．更に，(7d) では，何かとの対照で，他の

---

[4] ワークショップ当日複数の参加者から，「は」は「だけ，さえ，も」と同様フォーカスを示すのではないか，との質問を頂いた．また，「君だけにはこのことを言っておく」のように，「だけ」と共起しても「**は**」にならない例も指摘して頂いた．しかし，(6a, b) のような解釈上の相違があることは事実である．また，「君にはこのことを言っておく」にした場合には，他の人と対比して，例えば「次郎には言わないけど君には言う」のような CT としての解釈が見られる．更に，「君に**は**このことを言っておく」とした場合は，CF としての解釈すなわち，「他の人には言わないけど君だけには」のような解釈が見られる．

物は買わなかったけど，言語学の本**は**買った，というCFを示す．すなわち，「は」は他のものはわからないけど，「言語学の本は」という，富岡 (2010) などが言う，不確実性を表すCTである．一方「言語学の本**は**」は例えば生物学の本は買わなかったけど言語学の本は買った，という解釈を生じさせ，CFとしての解釈を受ける．

　以下の (8) も (7) と同様の例であるが，学生たちが何らかの本を買ったという前提があり，それはどのような本なのかを聞く質問文である．

(8) a.　（学生たちの中で）誰がどんな本を買ったの？
　　b.　ジョンは言語学の本は買った．
　　c.　ジョンは言語学の本を買った．
　　d.　ジョンは言語学の本**は**買った．

そうした前提を持つ質問 (8a) に対し，(8b) は，他の物はわからないけど，少なくとも言語学の本は買った，というCTの解釈である．一方，(8c) ではジョンが買った物は言語学の本だけであると考えられる．更に，(8d) では，他の物は買わなかったけど，言語学の本**は**買った，というCFを示す．全ての文で，「ジョン」は「学生たち」の中の一人であると考えられ，TTを表す．

　2つの「は」の要素が異なる語順で現れることもある．(9) の例を観察されたい．

(9) a.　太郎はフランス語は話せる．
　　b.　太郎はフランス語を話せる．
　　c.　太郎はフランス語**は**話せる．
　　d.　フランス語は太郎は話せる．

(9a), (9b) では，文頭の「太郎は」はTTを示す．(9a) の「フランス語は」はCTを表し，他の言語はわからないけどフランス語は話せる，という解釈を生じさせる．更に，(9c) では，太郎はフランス語は話せるけど，おそらく他の言語は話せない，という意味になり，「フランス語**は**」はCFを示す．次に，「フランス語は」を前置した (9d) では，前置された「フランス語は」はTTを示す．(9d) は，フランス語に関して言えば，他の人は知らないけど，太郎は話せる，という意味を示し，「太郎は」はCTである．

同様の例が，Hara (2006) でも詳細に議論されている．[5]

(10) a. Who passed the exam?
　　 b. メアリーは受かった． 　　　　　　　　　　　(Hara (2006: 9))
　　 c. メアリーが受かった．
　　 d. メアリー**は**受かった．

(10b) は他の人はわからないけど，(少なくとも) メアリーは受かった，という意味であり，(10c) の意味は，受かったのはメアリーだけ，ということである．(10b) の「メアリーは」は本論文で言う CT を表す．誰が受験したかわかっており，「その中の少なくともメアリーは」という意味である．これは，富岡 (2010) でも議論されている，対照主題の不確実性，不完全性を示している．それに対し，(10d) では，例えば，ケンは受からなかったけど，メアリーは受かった，という CF を示す．富岡は「は」を対照主題としてとらえているが，排他性を示す，という意味では，「**は**」は CF としてとらえるべきである．

同様の例を以下に示す．

(11) a. How many people came to the party?
　　 b. 3人は来た． 　　　　　　　　　　　　　　　(Hara (2006: 18))
　　 c. 3人**は**来た．

(11b) では，「3人は」は来る可能性のある人の中で少なくとも3人，という意味であり，他の人がどうだったかわからない，ということを示している点で，CT を示す．(11c) では，来たのは3人だけになり，「3人**は**」は CF を示す．

CT と CF の区別は，日本語以外の言語にも見られる．Molnár (2006) は以下のようなハンガリー語の例を挙げ，CT と CF を区別している．

(12) a. Ki　utazott el　Stockholmba
　　　　who went to perf Stockholm-to

---

[5] この論文を教えて頂いた富岡諭氏に感謝申し上げたい．以下の例文のうち，(10a, b)，(11a, b) が Hara からの引用である．

'Who left for Stockholm?'
  b. [PÉter]_F utazott el Stockholmba
     Peter went perf Stockholm-to
     'It is Peter who left for Stockholm.'
  c. [PÉter]_CT [STOCKholmba]_F utazott el
     'As for Peter, he left for Stockholm.' (Molnár (2006: 220))

(12a) に対する答えである (12b) では，ストックホルムに行ったのはピーター 1 人であり，ピーターは CF を示す．一方，(12c) では，少なくともピーターはストックホルムに行った，という意味になり，ピーターは CT を示す．[6] このように，CF と CT の区別は，日本語以外の言語にも見られる．

以上のことをまとめると，本節では，「は」でマークされる句は文頭では TT を示し，それ以外の位置では CT を占めることを議論してきた．更に，強勢が置かれる「**は**」が CF を示すことも述べてきた．すなわち，「は」が 3 種類の意味を示すことを述べてきた．更に，ハンガリー語の例を挙げ，CF と CT とを明確に区別すべきであることを述べてきた．次節からは，「は」で示される句とかき混ぜの統語的振る舞いについて考察していく．

4. 「は」で示される句の話題化と目的語かき混ぜ

この節では，「は」で示される句が話題化の適用を受けること，更に目的語のかき混ぜがフォーカスに駆動される移動であることを主張していく．更に，それらの構造が，Rizzi (1997) が主張する精緻な CP 内部構造と合致していることを述べる．次節では，議論の準備段階として，Rizzi (1997)[7] による精緻な CP 内部構造を概観する．

4.1. Rizzi (1997) による精緻な CP 内部構造

Left periphery（左端部）に関する表現形の説明として，Rizzi (1997) は，

---

[6] (14c) では，主語「ピーター」は上昇・下降調のアクセントで示される．

[7] Rizzi (1997) の日本語での説明は，その日本語訳（長谷川 (2010) に収録）の長谷部による日本語訳を引用する．

第 8 章　トピックと焦点　　　　　　　　　　　　　　　215

まず以下のような英語の例を挙げる．

(13) a.　Your book, you should give t to Paul, (not to Bill).
　　 b.　YOUR BOOK you should give t to Paul (not mine).

(Rizzi (1997: 285))

(13a) は「トピック—コメント」形式であり，トピックはコンマイントネーションにより節のそのほかの部分と切り離されている．一方，(13b) は「フォーカス—前提」形式であり，前置された要素はフォーカスのアクセントを持ち，新情報を導入する．このような形式の違いが，イタリア語にも見られる．

(14) a.　Il tuo libro, lo ho letto
　　　　 'Your book, I have read it.'
　　 b.　IL TUO LIBRO ho letto (, non il suo)
　　　　 'Your book, I read (, not his).'　　　(Rizzi (1997: 286))

「トピック—コメント」形式は，(14a) で示されるように Cinque (1990) 以来，接語左方転移 (Clitic left dislocation (CLLD)) と呼ばれる構文で示される．一方，「フォーカス—前提」形式は，(14b) のように，焦点化とフォーカスを示す特別なストレスの付与によって示される．以下では，Rizzi (1997) に従い，フォーカス要素は大文字で示す．

　そして，こうした文頭のトピックやフォーカス要素だが，(15) の例文から分かるように，トピックは，1 文中に複数生じることがあるが，フォーカス要素は，複数は生じ得ない．

(15) a.　Il libro,　 a Gianni, domani,　 glielo daro senz-altro
　　　　 'The book, to John,　tomorrow, I'll give it to him for sure.'
　　 b.　*A GIANNI IL LIBRO 　darò (non a Piero, l'articolo)
　　　　 'TO JOHN THE BOOK I'll give, (not to Piero, the article)'

(Rizzi (1997: 290))

更に，トピック（＝CLDD）とフォーカス要素は，1 文中に共起することができる．その場合，(16) に見られるように，トピックが複数生じる場合は，「トピック」—「フォーカス」—「トピック」の順で生じ，他の語順では生じ

ない．

(16) A Gianni, QUESTO, domani, gli dovrete dire
    'To Gianni THIS   tomorrow you should tell him'
                                             (Rizzi (1997: 291))

Rizzi (1997) は更に，ForceP-FiniteP（「発話力―定性」システム）は，CP構造の全てに存在すると仮定し，「トピック―フォーカス」システムは必要とされる場合にのみ構造上に現れると考える．「トピック―フォーカス」システムは，「発話力―定性」システムに挟み込まれた形をしていると Rizzi (1997) は述べ，CP 構造は概略次のように示される．

(17) Force P   TopP   FocP   TopP   FinP   IP

次節では，この構造を出発点として，イタリア語のフォーカス，トピックの相違点を述べ，その違いが日本語にも当てはまることを示していく．

4.2. フォーカスは量化に関わるが，トピックは関わらない

量化に関する両者の違いは，Rizzi (1997) をはじめ，様々な研究で指摘されている．ここでは，Rizzi (1997) の説明を引用する．以下の例文は，数量詞 *nessuno*（＝no one）は CLDD 構造には生じない (18a) のに対し，フォーカス構造には生じる (18b) ことを示している．

(18) a. *Nessuno, lo ho visto
        'Noone, I saw him'
     b. NESSUNO ho visto t
        'noone   I   saw'   (Rizzi (1997: 290))

このことは，トピック（CLDD）構造とフォーカス構造との相違を示している．

また，(19) からは, wh 句は，トピックと共起する (19a) のに対し，フォーカスとは共起できない (19b) ことが分かる．

(19) a. A Gianni, che cosa gli hai detto?
        'To Gianni what did you tell him?'

b. *A GIANNI   che   cosa hai detto(, non a Piero)?
   'TO GIANNI what did you tell (, not to Piero)?'

(Rizzi (1997: 291))

こうした (18) や (19) の数量詞や疑問詞表現との共起に関わるデータから，Rizzi (1997) は，トピックは量化に関わらないのに対し，フォーカスは量化に関わると論じている．

次に，日本語においてトピックとやフォーカスが関わる文における数量詞の作用域について考察してみる．それにより，トピックは量化に関わらない，とする Rizzi (1997) の論を支持できるからである．先ず，(20a) と (21b) を比較してみよう．

(20) a. どの院生も（リーディングリストの）本 3 冊は読んだ．
    b. どの院生も（リーディングリストの）本 3 冊を読んだ．

(20a) では，「本 3 冊は」，はすでに話題に上っているリーディングリストの中の要素で，CT であると考えられ，リストの中の少なくとも 3 冊はどの院生も読んだが，それ以外のことはわからない，という解釈になる．一方 (20b) では，全ての院生が本を 3 冊読んだことになり，主語の全称量化詞が広い作用域を取る読みが優勢である．[8]

では，「は」で示された目的語を文頭に移動した場合はどうであろうか？

(21) a. （リーディングリストの）本 3 冊はどの院生も読んだ．
    b. （リーディングリストの）本 3 冊をどの院生も読んだ．

(21a) では，前置され「は」を伴った目的語はすでに話題に上っている「本 3 冊」すなわち TT として解釈され，作用域は取らない．これは，「リーディングリストの本 3 冊に関しては」と言い換えることも可能である．一方，

---

[8] 主語・目的語の数量詞の相対的作用域に関しては，Hoji (1985) 以来主語・目的語・動詞の語順の文では主語が広い作用域を取り，目的語がかき混ぜられた場合には曖昧性が生じる，とされている．それに対して，西垣内 (1999) は，元の文でも主語・目的語数量詞の作用域に曖昧性があると論じている．更に，Shibatani (1990) は，基底語順の文では解釈が曖昧であり，かき混ぜを含む文では，文頭に移動した目的語が広い作用域を取る，と議論している．本論文はかき混ぜられた目的語が広い作用域を取る，とする Shibatani (1990) の判断を支持する．

目的語をかき混ぜた (21b) では，その目的語が主語より広い作用域を取る解釈が優勢である．つまり，目的語をかき混ぜることにより，「本3冊」はフォーカスとして解釈されるのである．

　これら (20) や (21) で観察された読みを支持する証拠として，Cinque (1999), Endo (2007), 藤巻 (2009, 2010) で議論されている副詞の位置について見ていきたい．

(22) a. 驚いたことに（リーディングリストの）本3冊はどの院生も読んだ．
　　 b. （リーディングリストの）本3冊は驚いたことにどの院生も読んだ．

「驚いたことに」は，藤巻 (2010) によれば，文の高い位置に生起するCP内で認可される副詞だが，(22a) からわかるように文頭に生じるのが一番自然である．しかし，(22b) からうかがえるように，TT の直後にも生じうる．このことは，(21a) における「本3冊は」が CP 領域にあることを示している．

　次にこの副詞を (20b), (21b) の中に挿入してみる．

(23) a. 驚いたことにどの院生も（リーディングリストの）本3冊を読んだ．
　　 b. どの院生も驚いたことに（リーディングリストの）本3冊を読んだ．
　　 c. 驚いたことに（リーディングリストの）本3冊をどの院生も読んだ．
　　 d. （リーディングリストの）本3冊を驚いたことにどの院生も読んだ．

(23a) と (23b) はいずれも可能である．これらで，「どの院生も」が広い作用域を取ると考えられるのは，この名詞句が CP 領域内にあるためである．一方，(23c) と (23d) も両方可能であり，CP 領域内にかき混ぜられた目的語が広い作用域を取る，と考えることができる．この観察は，「は」で示される句は，作用域を持たないことからトピックであり，かき混ぜられた目的語は主語との作用域関係を持つことから，フォーカスであることの証拠にな

る．

　本節で述べているような観察は，Kuno (1973) で，以下のような例文での数量詞の作用域の違いとして，すでになされている．

(24) a. みんなが何かを食べた
　　　　　'All ate (different) something.'
　　 b. 何かをみんなが食べた
　　　　　'There is something that all ate.'　　　　(Kuno (1973: 362))

(24a) では，主語が目的語より広い作用域を取り，みんなが別々の何かを食べた，という読みになる．一方，(24b) では，みんなが食べた何かがある，という読みになり，かき混ぜられた目的語が広い作用域を取る．英文訳は，Kuno (1973) によるものである．

　Kuno (1973) は，さらに，不定名詞句が「は」と共起しないことを指摘しているが，Endo (2007) では，Tomioka (2004) から以下の例を引用し，数量詞，あるいはフォーカスマーカーとトピックを示す「は」が共起しないことが示されている．[9]

(25) *誰もは，*誰かは，*ジョンかビルは，*ジョンもは

以上の観察が正しければ，日本語でもイタリア語やハンガリー語と同様にトピックは量化に関わらず，フォーカスは関わる，と結論づけることができる．

　この節では，トピックは量化に関わらないが，フォーカスは関わる，と主張してきた．また，「は」で示される名詞句は，どの位置にあってもトピックを示し，かき混ぜられた名詞句はフォーカスを示す，と論じてきた．しかし，目的語が元位置にある場合をどのように考えればいいか，という問題が残る．そこで，次節では，フォーカスの下位区分について考える．

4.3. Information focus（情報焦点）と identificational focus（識別焦点）

　É Kiss (1998) は Information focus（情報焦点）と identificational

---

　[9] この事実は，寺村 (1991) でも指摘されている．寺村は，「どれか」，「だれか」，「なにか」のような指示対象が不特定であることを示す名詞句は「は」で取り立てることはできない，と述べている．

focus（識別焦点）の違いについて次のように述べている．ここで言う identificational focus（識別焦点）は，久野（1973）が言う「総記」の意味に近い．[10]

(26) Identificational focus expresses exhaustive identification; information focus merely marks the nonpresupposed nature of information it carries. (É Kiss (1998: 248))
（識別焦点は網羅的対象を指示するのに対し，情報焦点は単に前提されていない情報を示す(筆者訳)）

この区別の例示として，É Kiss (1998) は，ハンガリー語から (27) を提示している．

(27) a. Hol jártál a nyáron?
where went.you the summer.in
'Where did you go in the summer?'
b. Jártam OLASZORSZÁGBAN
went.I Italy.to
'I went to Italy [among many other places.]'
c. **Olaszországban** jártam
'It was Italy where I went.' (É Kiss (1998: 249-250))

質問文 (27a) に対する答えとして (27b) と (27c) が可能であるが，(27b) での OLASZORSZÁGBAN (= to Italy) は，網羅的な答えではない．他に行った場所がある可能性もある．これは information focus（情報焦点）である．それに対し，(27c) では，行った場所はイタリアだけであり，この文は exhaustive identificational focus（網羅的識別焦点）を示す．

この，ハンガリー語で言われる information focus（情報焦点）と identificational focus（識別焦点）との区別を日本語に当てはめてみると，どのよ

---

[10] 上記の注3に久野 (1973) の「総記」を示す「が」格要素の例文を提示した．以下では，かき混ぜられた要素が「網羅的焦点」を持つことを論じるが，それと「総記」解釈の「が」格名詞句と構造的，意味的にどのように異なるかなどについては本論文では扱わない．今後の課題としたい．

うなことが言えるだろうか？ まず，次の文を考えてみよう．

(28) a. 太郎はメジャーリーグのどこを応援しているの？
  b. 太郎はレッドソックスを応援している．
  c. でも太郎はマリナーズも応援している．
(29) a. メジャーリーグの中でどこを太郎は応援しているの？
  b. レッドソックスを太郎は応援している．
  c. でも太郎はマリナーズも応援している．

(28a) の質問に対する答えである (28b) における「レッドソックス」は，information focus（情報焦点）であると考えられる．無標の文では，目的語がフォーカスであると考えられるが，(28b) の目的語は網羅的なものではない．(28c) をその後に続けることができるからである．それに対して，(29a) に対する答えである (29b) では，かき混ぜられた目的語は網羅的である．(29c) を後に続けることが難しいからである．このことが正しければ，日本語ではかき混ぜの適用を受けた目的語が exhaustive identificational focus（網羅的識別焦点）である，とすることができる．[11] 今まで議論してきた3種類の「は」で示される句と，かき混ぜの適応を受け，exhaustive identificational focus（網羅的識別焦点）として解釈される目的語は，統語構造でどの位置を占めているのであろうか？ 次節でそれを考察していく．

4.4. 「は」で示される話題化と統語構造

　ここまで，「は」には2種類，**は**を含めると3種類あることを議論してきた．フォーカスが複数生じることが難しいことを踏まえると，[12] 以下のような構造を日本語に想定することができる．ここでは，上位の TopP は TT が，下位の TopP は CT が生じる位置である．Endo (2007) も Rizzi (1997) に基づき，同様の構造を仮定している．

---

[11] 更なる例文，議論は Nakamura (2009a, b) を参照されたい．また，ここでは，単に元位置の目的語は information focus（情報焦点）として解釈されると仮定する．

[12]「**花子に本を**太郎があげた」のような文が完全な非文であるわけではないが，かなり特殊な文であり，フォーカス要素は基本的には1文に1つである．

(30)　[CP [TopP [FocP [TopP [TP [vP [VP Obj V] v] T] Top] Foc] Top] C]

この構造を使い，「は」で示される句を含む文の構造を考えてみる．(31a) では，「太郎は」TT であり，「フランス語は」は CT である．一方，(31b) では，「フランス語は」は TT であり，「太郎は」は CT である．更に，(31c) では「フランス語**は**」は CF であり，FocP に移動する．(32a-c) がそれぞれ (31a-c) に対する構造である．

(31)　a.　太郎はフランス語は話せる．
　　　b.　フランス語は太郎は話せる．
　　　c.　太郎はフランス語**は**話せる．

(32)　a.　[TopP 太郎は [FocP [TopP フランス語は [TP t$_{subj}$ [vP t$_{subj}$ [VP t$_{obj}$ はな]]せる]]]]
　　　b.　[TopP フランス語は [FocP [TopP 太郎は [TP t$_{subj}$ [vP t$_{subj}$ [VP t$_{obj}$ はな]]せる]]]]
　　　c.　[TopP 太郎は [FocP フランス語**は** [TopP [TP t$_{subj}$ [vP t$_{subj}$ [VP t$_{obj}$ はな]]せる]]]]

以上，この節では，複数の TopP を想定し，上位の TopP は TT，下位の TopP は CT が生じること，また CF は FocP に生じることを見てきた．次に，目的語かき混ぜが関わる構造について議論する．

4.5.　網羅的識別焦点移動としての目的語かき混ぜ

これまで，目的語がかき混ぜの適用を受け，それが網羅的識別焦点として解釈される，と述べてきた．つまり，かき混ぜられた目的語は FocP 指定部へ移動していると分析できる．この節では，その構造の妥当性を論じる．先ず，目的語が「が」格主語や「は」格要素の前に現れる (33) を見てみよう．

(33)　a.　フランス語を太郎が話せる
　　　b.　フランス語を太郎は話せる

これらでは，かき混ぜられた目的語の「フランス語を」は共に網羅的識別的なフォーカスと解釈できる．では，その構造的位置だが，(33a) からは，主

語の「太郎が」は TP 指定部に移動していると考えれば，かき混ぜられた目的語は TP より上の位置となり，FocP 指定部へ移動していると考えることができる．また，(33b) では，「太郎は」は，TT というより CT と解釈するのが適当と思われ，それは，下位の TopP 指定部に生起すると分析できる．それらの相対的位置関係から，かき混ぜられた目的語の「フランス語を」は，FocP へと移動していると分析できる．(34a, b) が (33a, b) に対する構造である．

(34) a.　[$_{FocP}$ フランス語を [$_{TopP}$ [$_{TP}$ 太郎が [$_{vP}$ t$_{subj}$ [$_{VP}$ t$_{obj}$ はな]] せ]]]
　　 b.　[$_{FocP}$ フランス語を [$_{TopP}$ 太郎は [$_{TP}$ t$_{subj}$ [$_{vP}$ t$_{subj}$ [$_{VP}$ t$_{obj}$ はな]] せる]]]

次に，(35a, b) に対する構造は (36a, b) として表示できる．(35b) に対する構造 (36b) では，かき混ぜられた目的語が FocP 指定部へと移動する．

(35) a.　どの院生も図書館の本 3 冊を借りた．
　　 b.　図書館の本 3 冊をどの院生も借りた．
(36) a.　[$_{TP}$ どの院生も [$_{vP}$ t$_{subj}$ [$_{VP}$ 図書館の本 3 冊を　かり]] た]
　　 b.　[$_{FocP}$ 図書館の本 3 冊を [$_{TP}$ どの院生も [$_{vP}$ t$_{subj}$ [$_{VP}$ t$_{obj}$ かり]]] た]

以上，第 4.4 節では話題化が関わる構造を示し，第 4.5 節ではかき混ぜが関与する構造を示した．次節では，1 文においてその両者が関わっている例を挙げ，その構造を表示する．

4.6. 話題化と目的語かき混ぜの両方が関与する例

話題化とかき混ぜが関わる例を，(37a) の質問に対する答えの観点から観察してみよう．

(37) a.　あの家では，家事をどのように分担しているの？
　　 b.　家事は料理を花子がする．
　　 c.　家事は料理は花子がする．
　　 d.　でも，太郎も料理をする．
　　 e.　家事は料理を真面目に花子がする．
　　 f.　家事は料理を花子が真面目にする．

(37a) の答えとして (37b) と (37c) が可能である．(37b) では，「料理を」がかき混ぜられており，「料理を」は exhaustive identificational (網羅的識別的) な解釈を持ち，花子がするのは料理だけである，という解釈が生じる．(37b) に (37d) を続けることは幾分難しいことからも，その解釈を持つことが実証される．また，判断は幾分難しいが，低い位置の副詞である「真面目に」の位置に関して言うと，(37f) よりも (37e) の方が容認度が下がる．このことからも，「料理を」が CP 領域内にある，ということが証明される．それに対して，(37c) では，「料理は」は CT の読みを持つ．(38a), (38b) がそれぞれ (37b), (37c) に対する構造である．

(38) a.　[TopP 家事は [FocP 料理を [TP 花子が [vP t$_{subj}$ [VP t$_{obj}$ する]]]]]
　　　b.　[TopP 家事は [FocP [TopP 料理は [TP 花子が [vP t$_{subj}$ [VP t$_{obj}$ する]]]]]]

更に，次の例を考えてみたい．

(39) a.　学生たちは誰（の作品）を読むの？
　　　b.　作家では村上春樹を太郎が読む．
　　　c.　作家では村上春樹は太郎が読む．
　　　d.　でも吉本ばななも太郎は読む．

(39a) の質問に対する答えである (39b) では，かき混ぜられた「村上春樹を」は網羅的識別的解釈を持つ．(39d) を続けることが幾分難しいことからも，この解釈が実証される．一方で，(39c) では，「村上春樹は」は CT 解釈を受ける．つまり，他の作家はどうかわからないけど，少なくとも村上春樹は読む，という解釈になる．(40a, b) がそれぞれ (39b, c) の構造である．

(40) a.　[TopP 作家では [FocP 村上春樹を [TP 太郎が [vP t$_{subj}$ [VP t$_{obj}$ よむ]]]]]
　　　b.　[TopP 作家では [FocP [TopP 村上春樹は [TP 太郎が [vP t$_{subj}$ [VP t$_{obj}$ よむ]]]]]]

以上のように，この節では，話題化と目的語かき混ぜの両者が関わる例を分析してきた．次節では，「は」で示される句，「**は**」で示される句，そしてかき混ぜ要素との共起制限について考察する．

5. TT, CT, CF とかき混ぜとの共起について

この節では，談話主題 (TT)，対照主題 (CT)，「は」で示される対照焦点 (CF) とかき混ぜ要素が共起する場合の制限について考察したい．まず以下の例文を見られたい．

(41) a. 家事は料理を花子はする
　　 b.??家事は料理を花子**は**する
　　 c. [TopP 家事は [FocP 料理を [TopP 花子は [TP t$_{subj}$ [vP t$_{subj}$ [VP t$_{obj}$ する]]]]]]

(41a) では，「花子は」は CT を示し，容認される文であるが，(41b) はかなり容認度が下がる．これは，かき混ぜられた目的語が網羅的識別的焦点を示し，それが FocP 位置にあるので，CF の「は」とは共起しないことを示している．(41c) が (41a) の構造である．

また，以下に挙げる例文を検討してみよう．

(42) a. 家事は料理**は**花子がする
　　 b. [TopP 家事は [FocP 料理**は** [TopP [TP 花子が [vP t$_{subj}$ [VP t$_{obj}$ する]]]]]]

(42a) では「料理は」は CF を示し，FocP 指定部に移動すると考えられる．(42b) がその構造である．

更なる例文を以下で見てみたい．

(43) a. 作家では村上春樹を太郎は読む．
　　 b.??作家では村上春樹を太郎**は**読む．
　　 c. 作家では村上春樹**は**太郎が読む．

(43a) では，かき混ぜられた目的語は FocP 指定部に，「太郎は」は CT として下位の TopP 指定部に生じて正しい文である．それに対し，(43b) で示されるように，目的語のかき混ぜと「は」で示される句は共起することが難しい．(43c) では，「は」で示される句は FocP 指定部に移動しており，正しい文である．(44a, b) がそれぞれ (43a, c) に対する構造である．

(44) a. [TopP 作家では [FocP 村上春樹を [TopP 太郎は [TP t_subj [vP t_subj [VP t_obj よむ]]]]]]
   b. [TopP 作家では [FocP 村上春樹は [TopP [TP 太郎が [vP t_subj [VP t_obj よむ]]]]]]

6. 結論と残された問題

　本論文では,「は」に3種類あることを主張してきた.そして,それらを,Rizzi (1997) の提案する複層化されたCP構造を採用し,その内部の要素の意味機能の観点から分析するなら,1つ目は談話主題 (TT) であり,上位のTopPへと移動する.2つ目は対照主題 (CT) であり,下位のTopPへと移動する.更に,強勢をうける「は」は対照焦点 (CF) を示す物として区別した.この要素はFocPへと移動する.Kuno (1973) 以来,「は」は (2) で見たように「主題」と「対照」に分類されてきた.「主題」は本論文では,「談話主題 (TT)」としたが,「対照」については,強勢のない「対照主題 (CT)」と強勢のある「対照焦点 (CF)」に区別することが適当であることを様々な例文を観察して主張してきた.つまり,「は」は2種類のTT, CTという2種類のトピック要素と,CFというフォーカス要素に分類されるのである.

　本論文が次に主張してきたことは,目的語かき混ぜ (Tada (1993) の言う middle scrambling) が網羅的識別的なフォーカス移動であり,この移動はFocP指定部を着地点とする,という点である.以上の点を,数量詞の作用域と意味解釈,副詞の位置などの観点から議論してきた.

　ここで残された問題を挙げたい.Saito (2006) では,ThemeP, Miyagawa (2010) では αP が, topic, focus を表す統一的なレベルとして想定されている.本論文ではトピックとフォーカスを生じる統語位置も異なるものと考えているので,彼らの主張との違い,類似点を,CP領域に複数の機能範疇を想定する Rizzi (1997) のCP構造の妥当性も含め検討する必要がある.[13]

---

[13] Saito (2006), Miyagawa (2010) の問題点に関しては Nakamura (2010) で述べている.

更に，本論文ではトピック，フォーカスという概念を使って議論を進めたが，López (2009) のように，トピック，フォーカスという概念を使用しない研究もある。[14] しかし，López (2009) は，その中で論じられる contrastive focus（対照焦点）はハンガリー語の網羅的識別的焦点に当たる，としている。これらの概念・用語を統一的に扱うことも，今後の検討課題であると言える。

また，本論文では，(45b) のような，移動しない，元位置の目的語を information focus（情報焦点）であると仮定はしたが，その統語的振る舞いについては議論しなかった。しかし，これがフォーカスとして扱われるのであれば，vP 内部でのフォーカス位置を想定する必要があるかもしれない。[15]

(45) a. 太郎が本は読んだ．
　　 b. 太郎が本を読んだ．

こうしたことが今後に残された検討すべき重要な課題である．

参照文献

Cinque, Guglielmo (1990) *Types of A′-Dependencies*, MIT Press, Cambridge, MA.
Cinque, Guglielmo (1999) *Adverbs and Functional Heads*, Oxford University Press, New York.
É Kiss, Katalin (1998) "Identificational Focus Versus Information Focus," *Language* 74, 245–273.
Endo, Yoshio (2007) *Locality and Information Structure: A Cartographic Approach to Japanese*, John Benjamins, Amsterdam.
藤巻一真 (2009)「高い位置の副詞表現の相対的位置関係とガ格主語の解釈について」『日本言語学会第 39 回大会予稿集』, 50–55, 日本言語学会．
藤巻一真 (2010)「副詞と焦点解釈」言語学研究会『70 年代「日本語の生成文法研究」再認識――久野暲先生と井上和子先生を囲んで』におけるハンドアウ

---

[14] この本を教えてくださった Marcel den Dikken 氏に感謝申し上げる．

[15] この点については，ワークショップ当日にご指摘下さった阿部泰明，宮川繁，漆原朗子の諸氏に感謝したい．

ト.

Gill, Kook-Hee and George Tsoulas (2004) "Peripheral Effects without Peripheral Syntax: The Left Periphery in Korean," *Peripheries: Syntactic Edge and Their Effects*, ed. by David Adger et al., 121-141, Kluwer, Dordrecht.

Hara, Yurie (2006) *Grammar of Knowledge Representation*, Doctoral dissertation, University of Delaware.

Hoji, Hajime (1985) *Logical Form Constraints and Configurational Structures in Japanese*, Doctoral dissertation, University of Washington.

Kuno, Susumu (1973) *The Structure of the Japanese Language*, MIT Press, Cambridge, MA.

久野暲 (1973)『日本文法研究』大修館書店, 東京.

Kuroda, S.-Y. (1965) *Generative Grammatical Studies in the Japanese Language*, Doctoral dissertation, MIT.

Kuroda, S.-Y. (1972) "The Categorical and the Thetic Judgments," *Foundations of Language* 9, 153-185.

Kuroda, Shige-Yuki (1992) *Japanese Syntax and Semantics*, Kluwer, Dordrecht.

López, Luis (2009) *A Derivational Syntax for Information Structure*, Oxford University Press, New York.

Miyagawa, Shigeru (2010) *Why Agree? Why Move? Unifying Agreement-based and Discourse Configurational Languages*, MIT Press, Cambridge, MA.

Molnár, Valéria (2006) "On Different Kinds of Contrast," *The Architecture of Focus*, ed. by Valéria Molnár and Susanne Winkler, 197-233, Mouton de Gruyter, Berlin.

Nakamura, Koichiro (2009a) "Topic-focus Articulation and DP Scrambling as a Focus Movement in Japanese," *Proceedings of WECOL 38*, 231-240, Department of Linguistics, University of California, Davis.

Nakamura, Koichiro (2009b) "Japanese Object Scrambling as an Exhaustive Identificational Focus Movement," *Visions of the Minimalist Program: Proceedings of the 11th Seoul International Conference on Generative Grammar*, ed. by Sun-Woong Kim, 273-290, Hankuk Publishing Co., Seoul.

Nakamura, Koichiro (2010) "*Wa*-makred Topicalization Triggered by Topic Feature and Object Scrambling Triggered by Focus Feature," *Movement in Minimalism: Proceedings of the 12th Seoul International Confer-

ence on Generative Grammar, ed. by Duk-Ho An and Soo-Yeon Kim, 361-372, Hankuk Publishing Co., Seoul.

西垣内泰介 (1999)『文法構造と論理構造』くろしお出版, 東京.

Rizzi, Luigi (1997) "The Fine Structure of the Left Periphery," *Elements of Grammar*, ed. by Liliane Haegeman, 281-337, Kluwer, Dordrecht. [日本語訳「節の Left Periphery (左端部) 構造の精緻化に向けて」, 長谷部郁子(訳), 長谷川信子(編) (2010)『統語論の新展開と日本語研究: 命題を超えて』, 333-369, 開拓社, 東京.]

Saito Mamoru (2006) "Optional A-Scrambling," *Japanese Korean Linguistics* 16, 44-63.

Shibatani, Masayoshi (1990) *The Languages of Japan*, Oxford University Press, New York.

Tada, Hiroaki (1993) *A/A-Bar Partition in Derivation*, Doctoral dissertation, MIT.

寺村秀夫 (1991)『日本語のシンタクスと意味III』くろしお出版, 東京.

Tomioka, Satoshi (2004) "Pragmatics of LF Intervention Effects: Japanese and Korean *Wh*-interrogatives," ms., University of Delaware.

富岡諭 (2010)「発話行為と対照主題」『統語論の新展開と日本語研究: 命題を超えて』, 長谷川信子(編), 301-331, 開拓社, 東京.

Yanagida, Yuko (1995) *Focus Projection and Wh-head Movement*, Doctoral dissertation, Cornell University.

第 9 章

受益構文と，機能範疇としての「あげる」*

大倉　直子

1. はじめに

　日本語の受益文には，語彙動詞 V の語幹に，授与動詞「あげる」（または「やる」）が「て」を伴って接続され，(1b) のような「V-てあげる」の形を取るものがある．

(1) a.　太郎が ケーキを 作った．
    b.　太郎が 花子に ケーキを 作ってあげた．

(1b) では，(1a) の「ケーキを作る」という，それだけでも成立する動詞句に，「花子に」が受益者項として加わっている．この受益者項のような，動詞句の表す事象に関わって追加される項は，「動詞が取る項の数は，その動詞が持つ語彙情報としてあらかじめ決まっており，全ての項が深層構造で導入される」とする 80 年代生成文法の GB 理論では扱いにくいところがあった．しかし，最近のミニマリスト（極小主義）の枠組みにより，派生の途中

---

　* 本稿は，2010 年 7 月 1 日・2 日に神田外語大学において開催された，神田外語大学言語科学研究センター（CLS）10 周年言語学研究会『70 年代「日本語の生成文法研究」再認識——久野暲先生と井上和子先生を囲んで——』における発表をもとに，修正し発展させたものである．久野暲先生，井上和子先生をはじめ，参加された方々，および，CLS センター長の長谷川信子先生と CLS 井上ゼミのメンバーの方々から，多くの貴重なコメントを頂いた．ここに深く感謝したい．また，発表及び本稿は，筆者の博士論文である Okura (2009) の第 3 章を発展させたものである．岩本遠億先生，遠藤喜雄先生，宮川繁先生，Roger Martin 先生，渡辺明先生をはじめ，多くの先生方に，改訂前のバージョンを含めて，ご指導頂いた．ここに深く感謝したい．

で項を導入する機能範疇主要部の仮定が可能となり，それに関わる研究が盛んになってきた．このような状況で，まさに英語にはない「てあげる」という形式を動詞句に加え，受益者項を導入する日本語の受益構文が，改めて重要な研究対象となってきたのである．実はこの「てあげる」構文は，70 年代の生成文法研究初期の，Kuno (1973)，Nakau (1973)，井上 (1976)，柴谷 (1978) などで，盛んに議論されている．本稿では，その知見を活かしながら，(1b) のような「てあげる」構文の性質と統語構造について考察する．

　本稿の構成は，以下の通りである．第 2 節では，言語には，受益者のような新たな項を動詞句に追加項として統語上で導入する主要部 Applicative（アプリカティブ，適用態）があるという Pylkkänen (2002) の議論[1] を援用し，日本語の「てあげる」構文の「あげる」は，そのアプリカティブの具現であることを議論する．続く第 3 節では，アプリカティブである「あげる」と，それに接続された語彙動詞が，異なる主要部でありながら，非常に「近い」関係にあることを示す．具体的には，これらが，Miyagawa (1987) で議論された再構造化 (restructuring) を起こす動詞と同様に，単文構造に見られるふるまいをすることを提示し，「てあげる」構文が，形態的には 2 つの述語を含む（補文構造を取るような）構造に見えながらも，実は，主要部-主要部の関係，すなわち，機能範疇-語彙動詞という関係の構造を持っていることを議論する．最後の第 4 節では，日本語のように，授与動詞が受益文を形成するパプアニューギニアの Alamblak 語の現象を観察し，自然言語が共通して持つと考えられる機能範疇と，その具現のし方の言語間の違いについて触れる．

---

[1] 以下では，この主要部の名称としてアプリカティブを用い，樹形図などでの範疇表記は Appl とする．なお，ここでは立ち入らないが，Pylkkänen (2002) がアプリカティブを提案した意義の一つは，言語間の生成可能な構造と生成不可能な構造の違いを，その言語が有するアプリカティブの違いで説明するということである．例えば，英語では，John baked Mary a cake. のように，動詞句 [baked a cake] に受益者項 Mary を導入することは可能であるが，John ran Mary. が非文となるように，動詞句 [ran] に受益者項 Mary を導入して文を生成することはできない．しかし，後者の文も，Bantu 語の Chaga 語などでは文法的となる．この違いは，英語では統語構造上の低い位置に現れるアプリカティブ low Appl が使われるのに対して，Chaga 語では高い位置に現れる high Appl が使われるためということにより説明される．詳しくは，Pylkkänen (2002) 参照．

2. 「てあげる」構文の構造と「に」名詞句の位置

　前節で述べたように，語彙動詞の語幹に，授与動詞「あげる」（または「やる」）が，「て」を伴って接続される「てあげる」構文は，70年代から盛んに研究されてきた（最近の研究については，Machida (1996), Shibatani (2000), 長谷川 (2000, 2007), Okura (2009, 2010), Kawasaki (2010) など参照）．「てあげる」構文では，受益者項は，「に」を伴った名詞句（以下，「に」句という）で現れることが多い．[2]

(2) a.　太郎が 花子に 本を 送ってあげた．
　　b.　太郎が 花子に ケーキを 作ってあげた．

しかし，「あげる」に接続する語彙動詞は，単独では「に」句を取らない場合もある．

(3) a.　太郎が 花子に 本を 送った．
　　b.??太郎が 花子に ケーキを 作った．

(2b)と(3b)の対比から，Nakau (1973), 井上 (1976) 以来議論されてきたように，(2b) の「に」句は，語彙動詞「作る」の項ではなく，「あげる」によって認可された受益者項であると考えられる．[3] このように，もともとは動詞句になかった受益者のような項が，新たに導入される現象について，語彙動詞とは異なる機能範疇の主要部アプリカティブを仮定する議論があることを，先に述べた (Pylkkänen (2002), Marantz (1993) など参照)．この意味では，動作主もまた，機能範疇である小動詞 (little verb, v) によっ

---

　[2]「花子のために」のような「ために」を伴う句は，それ自体で独立して受益の意味を表す副詞句であり，動詞句のタイプによる制限を受けずに付加できるので，今回の考察からは省く．また，受益者項は，上に挙げた参照論文でも盛んに議論されてきたように，必ずしも「に」句で出現するわけではない．

　[3]「に」句が，「あげる」ではなく語幹動詞（語彙動詞）によって選択された着点項であるとする分析も，柴谷 (1978) 以来，提示されている．Machida (1996) では，「に」句は語幹動詞の項であるが，受益の解釈を受ける位置に PRO があるとし，長谷川 (2000) では，語彙動詞の項が，受益の解釈を受ける位置に移動すると議論している．

て動詞句 VP に導入される追加項であると言える (Hale and Keyser (1993), Chomsky (1995), Heim and Kratzer (1998)).

例えば,英語の二重目的語構文を見てみよう.

(4) a. I baked a cake.
    b. I baked him a cake.

(Pylkkänen (2002: 17))

二重目的語構文では,(4a)のような動詞と直接目的語で形成される動詞句に,(4b)のように間接目的語として受益者(ここでは him)が加えられるが,この受益者が必須の項ではないことから,もとの動詞句とどのように関わっているのか,派生を説明することが難しく,長い間,1つの問題とされてきた (Larson (1988)).これに対して Pylkkänen は,受益者を意味的にも統語的にも句構造上で動詞句に結びつける主要部として,アプリカティブを提案したのである.

この提案に従って,日本語にもアプリカティブがあり,英語ではそれを形態的に見ることができないが,日本語の「てあげる」構文の「あげる」は,その具現であると考えてみよう.

(5) 仮説
    「あげる」は,アプリカティブで,動詞句に受益者項を導入する.

(3b)の「に」句は,語彙動詞「作る」と共起しているが,作成動詞の意味からして必ずしもモノの移動やその受け取り手の存在を含意せず,「に」句の出現の容認度には語用的要因等で揺れがあるように思われる.一方,(2b)の「に」句は,(5)に述べたように「あげる」で具現された主要部によって認可された受益者項であると仮定される.そうすると,(2b)と(3b)では,「に」句の導入のされ方が異なるので,「に」句の統語的性質,すなわち,統語範疇が異なる可能性がある.そこで,分裂文を使って調べてみよう.分裂文の焦点位置では,名詞句に後続する要素が後置詞の場合は,削除すると容認度が落ちるが,格助詞の場合は,削除可能であることが観察されている.(6)は,Machida (1996)の例であるが,作成動詞に伴われて現れる「に」句は,後置詞句であることが議論されている.

(6) a. 母が ミチコに スパゲッティを 作った.
   b. 母が スパゲッティを 作ったのは ミチコにだ.
   c. *母が スパゲッティを 作ったのは ミチコだ.

(Machida (1996: 211-213))

後置詞は，それ自体で実質的な意味内容を持っていて文の解釈に関わり，また，名詞句を補部として後置詞句を形成する主要部であるため，削除することができないが，格助詞は，実質的意味内容がないので，削除できると考えられる．つまり，(6c) の文法性が落ちるのは，「に」が後置詞であり削除できないためと考えられる．

興味深いことに，この分裂文における「に」の削除可能性に関して，「てあげる」構文は異なるふるまいを示す (Okura (2006, 2009))．

(7) a. 母が ミチコに スパゲッティを 作ってあげた.
   b. ?母が スパゲッティを 作ってあげたのは ミチコにだ.
   c. 母が スパゲッティを 作ってあげたのは ミチコだ.

(7c) の「てあげる」構文では，(6c) と対照的に，「に」の削除が可能である．これは，この「に」が，後置詞ではなく，格助詞であり，以下に見る「が」格や「を」格同様，分裂文において削除可能なためと言える．

(8) a. 太郎が 講堂で 言語学の 講義をした.
   b. 講堂で 言語学の講義をしたのは，太郎φだ.
(9) a. 花子が 次郎に 言語学概論を 教えた.
   b. 花子が 次郎に 教えたのは，言語学概論φだ.

ここまでの議論をまとめておこう．

(10) a. 作成動詞に「に」句が共起することがあるが，それは後置詞句 (PP) である.
   b. 作成動詞が「あげる」に接続されると，完全な容認性で「に」句が共起するようになる．この時の「に」句は名詞句 (DP) であり，「に」は与格である.

格は機能範疇によって付与されるという一般的な仮説を取ると，この与格は，「てあげる」構文に関わる機能範疇アプリカティブによって付与された

ものと考えられる．

　次に，「に」句の統語構造上の位置を調べてみよう．日本語は，主要部後置型言語であり，語順が後になる要素ほど，構造上，高い位置にあると考えられる．もし，「に」句が「あげる」で具現される主要部によって認可・導入されているとすると，それは，語彙動詞の投射 VP よりも高い位置にあるということになる．このことを，未確定名詞句束縛 (indeterminate binding) によって検証してみよう．

　日本語の未確定名詞句である「誰」，「何」などは，以下の (11a)，(11b) に見られるように，「も」によって束縛されて全否定の解釈を受ける．この「も」は，(11c) に示されるように，未確定名詞句から離れて動詞の位置から未確定名詞句を束縛することも可能である (Kuroda (1965))．

(11) a.　誰-も 学校に 行かなかった．
　　 b.　ジョンは 何-も 読まなかった．
　　 c.　ジョンは 何を 読みも しなかった．

(11c) のような，未確定名詞句から離れた動詞の位置からの「も」による束縛に関して，Kishimoto (2001) では，興味深い観察がなされている．それは，動詞の位置からの束縛の場合，束縛される未確定名詞句が，(12) のように目的語である場合と，(13) のように主語である場合とでは，文法性に差が出るというものである．

(12) a.　太郎は 何を 買いも しなかった．
　　 b.　太郎は 誰に 会いも しなかった．
(13) a.　*誰が 笑いも しなかった．
　　 b.　*誰が 花子を ほめも しなかった．

(Kishimoto (2001: 600))

　このような，目的語と主語の非対称性を，Kishimoto は，(14) のような構造上の高さの違いに帰し，未確定名詞句の束縛領域を，束縛子「も」を含む主要部の最大投射として定義している．[4] 次の (14) の図では，束縛子「も」

---

[4] Kishimoto (2001: 601) では，束縛領域を次のように定義している．"Y is in the domain of a head X if it is contained in Max(X), where Max(X) is the least full-

を含むvPが，点線で示したように束縛領域となり，目的語はその内側にあるので，(12)で見たように束縛されるが，主語は束縛領域の外側になるので，束縛されず，(13)で見たように非文となる．

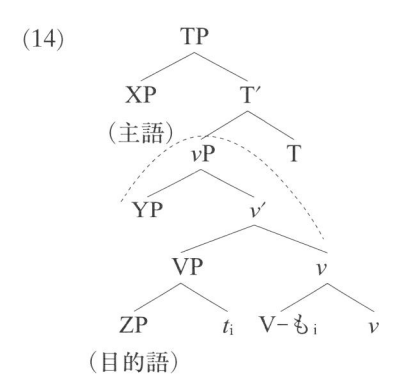

(14)
```
            TP
           /  \
         XP    T′
        (主語) / \
             vP   T
            /  \
          YP    v′
               /  \
              VP   v
             / \   / \
            ZP  t_i V-も_i v
          (目的語)
```

(Kishimoto (2001: 602) 一部表記改変)

さて，次に，問題の「てあげる」構文における受益者項の「に」句について調べてみよう．まず，「を」格で現れる直接目的語について観察する．

(15) a. 太郎は 花子に 何を 話しも しなかった．
   b. ?太郎は 花子に 何を 話しも してあげなかった．
   c. ?太郎は 花子に 何を 話してあげも しなかった．

(15a)は，語彙動詞「話す」のみが述語となっている文である．動詞に付いた「も」が，直接目的語である未確定名詞句「何(を)」を束縛している．(15b)と(15c)は，いずれも「てあげる」構文である．(15b)では，「も」は，「話す」の語幹に付き，(15c)では，「あげる」の語幹に付いている．多少，文のすわりは悪くなるものの，いずれも，未確定名詞句「何(を)」を束縛し，文法的である．では，次に，「も」による受益者項の「に」句の束縛を見てみよう．

---

category maximal projection dominating X." 「Y が Max(X) (X は主要部) に含まれていて，その Max(X) は X を支配する最小の完全範疇最大投射であるならば，Y は主要部 X の領域内にある．」(和訳は筆者)

(16) a. 太郎は 誰に 伝説を 話し<u>も</u> しなかった.
　　 b. *太郎は 誰に 伝説を 話し<u>も</u> してあげなかった.
　　 c. 太郎は 誰に 伝説を 話してあげ<u>も</u> しなかった.

先に見た例文 (15b) と (15c) は,「てあげる」構文の直接目的語が, 語彙動詞に付いた「も」によっても,「あげる」に付いた「も」によっても, 同様に束縛されることを示していた. しかし, 上の (16b) と (16c) の文法性の違いは,「てあげる」構文の受益者項である「に」句が, 語彙動詞に付いた「も」からは束縛されないが,「あげる」に付いた「も」によっては, 束縛されることを示している. つまり, 受益者項は, VP よりも高いところ, すなわち,「あげる」の最大投射内で束縛されることを示していると考えられるのである. この議論は, 以下のように図示される.[5]

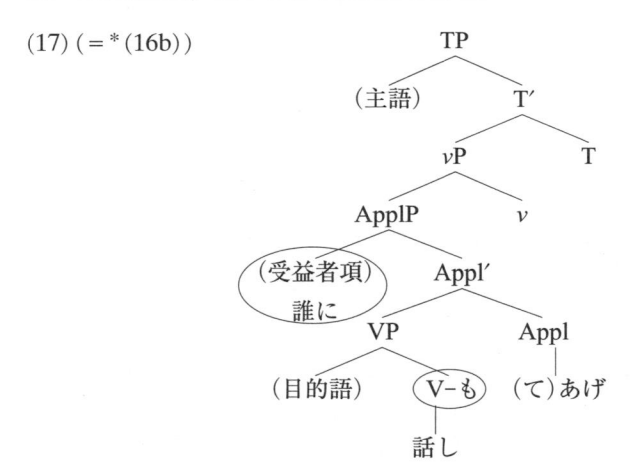

(17) (= *(16b))

```
                TP
              /    \
          (主語)    T'
                  /   \
                vP     T
               /  \
           ApplP   v
           /    \
    (受益者項)  Appl'
       誰に    /    \
             VP    Appl
            /  \
       (目的語) V-も  (て)あげ
               話し
```

---

[5] 本文の図 (14) 及び脚注 4 のように, Kishimoto (2001) では,「も」が付いた語彙動詞 V が v へと移動することを仮定し, 移動後に vP 全体が束縛領域となるが, 本稿では, 動詞の移動については仮定せず,「も」が付いた範疇の最大投射を束縛領域と考えている. また, 本文の図 (17), (18) では, 否定辞などは省略する. 動詞語幹が「も」や「さえ」などで接辞と引き離された場合, いわゆる軽動詞「する」が挿入されるが, この「する」の詳細についてはここでは立ち入らない.

(18) (= (16c))

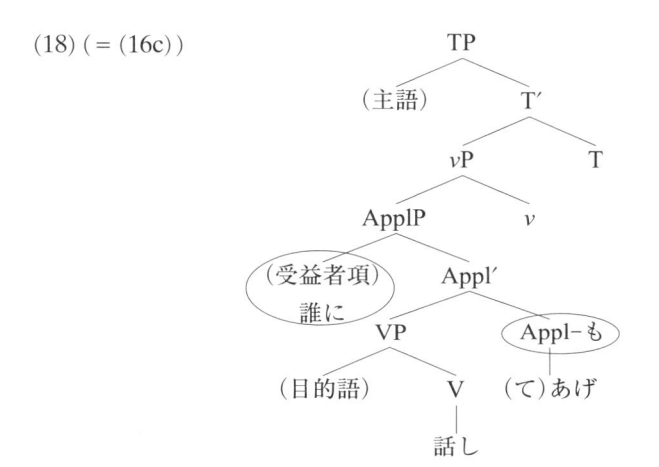

```
                    TP
                   /  \
              (主語)   T'
                     /  \
                   vP    T
                  /  \
              ApplP   v
              /   \
     (受益者項)   Appl'
         誰に    /    \
               VP    Appl-も
              /  \   (て)あげ
         (目的語) V
                 話し
```

　以上，「てあげる」構文の受益者項が，「あげる」で具現された機能範疇アプリカティブによって，動詞句よりも高い位置に導入され，またその統語範疇は名詞句であり，アプリカティブから与格を付与されることを議論した．動詞のタイプと「に」句の認可や，受益者項の位置についてのより詳細な議論は，Miyagawa and Tsujioka (2004)，Okura (2009: Ch. 3, 2010) などを参照されたい．[6]

3. 「あげる」の機能範疇としてのふるまい

3.1. 「再構造化」現象

　さて，ここまで，伝統的に（補助）動詞と呼ばれてきた「あげる」を，最近のミニマリストの枠組みを使って，項の導入に関わる機能範疇 v 系のひとつ，アプリカティブと捉えて議論を進めてきた．しかし，既に述べたように，「V-てあげる」や，それを含めた V1-V2 の形を取る複合動詞の研究は，日本語の生成文法研究初期から活発に行われてきた．大きな論点となってきたのは，V1-V2 の形が，単文構造を持つのか，補文構造を持つのか，そし

---

[6] Okura (2009: Ch. 3, 2010) では，統語構造上で ApplP が vP の上に位置すると考察しているが，本稿では，vP の下に位置すると考える．

て V2 の統語範疇は何なのか，ということである．先駆的研究である Kuno (1973) では，「てあげる」構文を取り上げ，授受動詞を助動詞として分析した．一方，井上 (1976)，柴谷 (1978) では，広く複合動詞を取り上げ，補文構造分析を提案している．また，久野 (1983) では，「動詞繰り上げ」規則により，補文構造から単文構造が派生されるという分析が提案された．さらに，2つの述語が現れながら単文としての統語的ふるまいをするというパラドックスを詳細に観察し，部門にまたがる統語派生上の構造の変化で説明しようとしたのが，Miyagawa (1980, 1987)，Kitagawa (1986) などの研究である．Miyagawa (1980) では，「V-させる」の形を取る使役構文が，単文のようなふるまいを示す統語現象を観察し，これが語彙部門で形成され，表層構造までの派生で再構造化されて，単文構造になるとした．一方，Kitagawa (1986) では，使役形態素「させる」が，LF（論理形式）で移動することによって補文構造を形成するという，接辞移動分析が提案された．

70年代に端を発するこのような研究の流れに，本稿で提案した「あげる」を機能範疇の主要部とする考え方を，どのように融合させることができるだろうか．

まず，補文構造か単文構造かという論点に関わるパラドックス，つまり，V1–V2 の複合動詞が，形式的には2つの述語から成り立っているように見えるが，単一の述語から成る統語構造を持つようなふるまいをするという問題について考えてみよう．このような現象は，「再構造化」と呼ばれ，日本語に関しては，先に触れた Miyagawa (1980, 1987) などで扱われてきた．もともと，再構造化とは，Rizzi (1978) で議論されたように，不定詞補文を取る動詞と，その補文内の動詞が，再分析されて1つの複合動詞を形成するというものであった．つまり，複文構造から，単文構造へと，派生上で構造変化を起こすのである．しかし，全ての動詞がこの再構造化を許す訳ではなく，その理由については，その動詞の性質に帰せられ，再構造化を引き起こす動詞は，再構造化動詞と呼ばれて区別されてきた．

これに対して Cinque (2006) などでは，「再構造化動詞は，機能範疇の主要部である」という提案がなされている．つまり，機能範疇の豊かな階層を仮定した最近の理論に立ち，機能範疇の主要部に生成した動詞が，語彙動詞を c-統御する構造を考えるのである．これは，派生の段階で構造変化を起こすのではなく，最初から一貫して，単文構造をなしているという主張であ

る．また，なぜ再構造化する動詞としない動詞があるのかという疑問に対しても，再構造化現象を示す動詞は，機能範疇の主要部に生成している，と，簡潔に答えることができる．本稿では，この考え方を取り入れていくが，用語としては，「再構造化」という語を引き続き使っていくことにする．この仮定に立てば，先に触れた Miyagawa (1980) や，それに続く Miyagawa (1987) で，再構造化を引き起こすことが観察された複合動詞 V1-V2 における V2 は，形態的には語彙動詞と同じでも，実は機能範疇の主要部であると考えることができる．

　ここまで議論してきたような，「てあげる」の機能範疇主要部分析がもし正しければ，単文構造であることを示す統語現象，再構造化が見られることが予測される．この予測が支持されることを，以下で見ていこう．

　Miyagawa (1987) は，再構造化する文，すなわち，述語が 2 つあるのに統語的には単文構造を示す文として，「V-にいく」のような構文をあげている．

(19)　太郎が ケーキを 買いにいく．

この「にいく」構文が，単文構造を持つことを示すテストとして，Miyagawa は，「しか～ない」を使っている．「しか～ない」は，否定極性表現の 1 つで，「NP しか」が，否定辞の「ない」と同じ節になくては解釈されない．逆から言えば，これらの要素を含む文が正しく解釈されるならば，その文が単文構造を持っていることを示している．

(20) a.　太郎が（最近は）パンしか 食べない．
　　 b.　私は［太郎が（最近は）パンしか 食べないの］を 知っている．
　　 c.　*私は［太郎が（最近は）パンしか 食べるの］を 知らない．

上の (20a) と (20b) では，「しか」と「ない」が，同じ節の中にあるので，適格文である．一方，(20c) では，「しか」が補文の中に，「ない」が主節にあり，同じ節の中にないので，非文となる．

　さて，次に，「にいく」構文と「てあげる」構文における「しか～ない」の適格性を調べてみよう．

(21) a.　僕は［太郎が 雑誌しか 借りないの］を 知っている．
　　 b.　*僕は［太郎が 雑誌しか 借りるの］を 知らなかった．

(22) a. 花子は 図書館に ［雑誌しか 借りに］いかない．
(以上 Miyagawa (1987: 276) 一部改変)
　　 b. 花子が 太郎に ［図書館で 雑誌しか 借りて］あげない（こと）．

(21a) の文は，「しか」と「ない」が，同じ節に現れているので適格文だが，(21b) の文では，「しか」と「ない」が違う節にあるので非文である．しかし，(22a) の「にいく」構文や，(22b) の「てあげる」構文は，「しか」と「ない」の構造的位置に関して，表面上は (21b) と同じであるように見えるが，適格文となっている．これは，(21b) の文と異なり，(22a) と (22b) の文が，単文構造を持っているためと考えられる．

　単文構造分析のもうひとつの証拠として，可能文における「が」格の出現可能性を見てみよう．日本語の他動詞文では，一般に目的語を「を」格で標示するが，「られ」や「え」のような形態素が現れる可能文では，目的語を「が」格で標示することもできる (Kuroda (1965), Kuno (1973))．

(23) a. 太郎が 英語 ｛を／*が｝話す．
　　 b. 太郎が 英語 ｛を／が｝話せる．

しかし，この格変化は，「が」格標示される目的語と，可能形態素の「られ」や「え」が，同じ節になくてはならない．

(24) a. ぼくは 太郎に ［本 ｛を／が｝買えるか］きく．
　　 b. ぼくは 太郎に ［本 ｛を／*が｝買うか］きける．

この文法性の違いが，「にいく」構文や「てあげる」構文ではどうなるか，見てみよう．

(25) a. ぼくは 太郎に ［ビール ｛を／*が｝買うか］きける．
　　 b. ぼくは ［ビール ｛を／が｝買いに］いける．
(以上 Miyagawa (1987: 278) 一部改変)
　　 c. ぼくは 花子に ［ビールを／が 買って］あげられる．

(25a) と，(25b), (25c) の文法性の違いにより，(25a) は複文構造だが，(25b) の「にいく」構文と，(25c) の「てあげる」構文は，単文構造であることがわかる．面白いことに，Miyagawa では，(25b) のような「にいく」構

文に行き先を表す場所句を加えると，非文になることが指摘されている．

(26)　ぼくは［ビールを／*が　買いに］新宿に　いける．

ちなみに，「新宿に」が文頭や補文の前など別の位置に置かれると，この文は適格文となる．Miyagawa は，(26) の非文法性を，主節動詞と補文動詞の間に場所句を置くことによって再構造化が阻止されるためと説明している．この現象について，先に述べた Cinque (2006) の議論，すなわち，再構造化動詞は機能範疇の主要部であるという議論を踏まえて，「いく」という動詞には，語彙動詞の「(ある場所に) 行く」のほかに，再構造化する機能範疇の「(V-に) いく」があると考えれば，次のように説明することができるだろう．すなわち，「新宿にいく」という語順にすると，「いく」が，着点項である「新宿に」を取る語彙動詞の「行く」としてしか解釈されず，「新宿に行く」という語彙動詞句を形成してしまうので，機能範疇としては解釈されず，再構造化を示さない．この場合，「ビールを買いに」は，目的節（副詞節）となり，複文構造になると考えられる．

　以上，観察してきたように，「にいく」構文も，「てあげる」構文も，共通して単文構造のふるまいを示す．「にいく」構文に現れる「いく」も，「てあげる」構文に現れる「あげる」も，機能範疇として働いていると考えられ，おそらく，前者はアスペクト系の，後者は小動詞 (v) 系の，機能範疇の主要部として具現していると言えよう．そしていずれも，もとの語彙動詞の具体的な意味は失われている．「てあげる」構文については，次節で詳しく見ることにしよう．「にいく」構文については，先にも少し触れたが，語彙動詞の「行く」とは異なり，場所句はもはや必須の項ではない．

(27)　a.　私は　（新宿に）ビールを　買いにいく．
　　　b.　私は　*（新宿に）行く．

意味的には，この「にいく」は，英語の be going to や，それに似た意味を持つフランス語の aller（行く）を使った不定詞構文のように，アスペクトや意志を表す機能的な役割を果たしていると言えるだろう．2010 年サッカーワールドカップで，日本対デンマーク戦が行われる前には，盛んに，「（勇気を出して）デンマークに勝ちにいく」のような文が聞かれた．これ

は，英語と語順は逆になるが，以下のように考えられるだろう．[7]

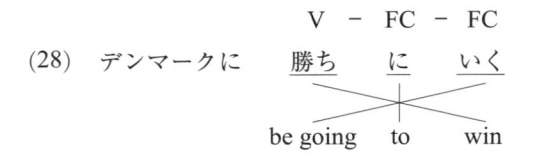

(28) デンマークに 勝ち に いく
　　　　　　　　 V － FC － FC
　　　　　　　be going to win

FC は，Functional Category（機能範疇）を表している．他にも，「V-にくる」，「V-ていく」，「V-てくる」，「V-ておく」，「V-てしまう」などのアスペクト系の FC 群があると思われる．これらの動詞も，もとは語彙動詞として使われていて，上記のように機能範疇として具現する場合は，意味の抽象化や，音韻的縮約（「ていく」→「てく」．「ておく」→「とく」．「てしまう」→「ちまう」・「ちゃう」．）が起こっている（Hasegawa (2006) 参照）．同様に，「V-てあげる」も，「V たげる」のように，主要部の連なりを音韻的に 1 語のように縮約することが可能である．ここでは，紙幅の関係で詳しく議論できないが，このように，語彙動詞と同じ形態を持つ要素が，意味的抽象化や音韻的縮約を受け，統語的にも機能範疇主要部としてふるまうことを，いわゆる「文法化」と捉えることも可能であろう（Nishiyama and Ogawa (2009)，Okura (2009: Ch. 3, 4) 参照）．

以上，「てあげる」構文の「あげる」が，その前に接続される語彙動詞と非常に「近い」関係にあり，1 つの述語であるような単文構造のふるまいを示すことを，Miyagawa (1987) の「にいく」などを扱った再構造化の議論をもとに提示した．

3.2. 「あげる」動詞の音韻的・統語的・意味的変化

ここまででは，「てあげる」構文の「あげる」を，語彙動詞の「あげる」と同じ形態を持ちながらも，アプリカティブの具現，すなわち，機能範疇の主要部として生成していることを論じてきた．この「あげる」の，語彙動詞から機能範疇への変化に伴い，音韻的・統語的・意味的変化が起きていること

---

[7]「てあげる」の「て」や，「にいく」の「に」も，機能範疇として分析されるかもしれない．Okura (2009: Ch. 4) では，「て」を時制辞のひとつとして分析している．

第9章 受益構文と，機能範疇としての「あげる」

を見ておこう．
　「あげる」という語の歴史的変遷については，前田 (2001: 36) で，「「やる」「あげる」の成立」として，次のように述べられている．

> これ（筆者注：「やる」を指す）に対して，「あげる（あぐ）」は「あがる」に対応する語で，物を実際に上方に挙げる意であったが，空間的な上方だけでなく身分的な上方である相手に物を献上する意で用い，…（以下略）

> なお，動詞の連用形に「～てあげる」が付いて，その動作を他に対してやることの丁寧な表現となった．これは「あげる」の補助動詞化と言えるものであるが，…（以下略）

前田が述べているように，「(て) あげる」が，モノの授与を表す動詞「あげる」や，ひいては，モノの上方への移動を表す動詞「上げる」まで変遷の過程を遡れるとすれば，「あげる」という動詞は，通時的に意味的抽象度を高めてきたと言える．

(29) a. 太郎が (机から) 棚に 本を 上げた．　　（移動）
　　 b. 太郎が 花子に 本を あげた．　　　　　（授与）
　　 c. 太郎が 花子に 本を 読んであげた．　　（受益）

ここで，(29b) の，授与動詞「あげる」について考えてみよう．この動詞が持つ統語的性質は，移動を表す語彙動詞 (29a) と，機能化した (29c) のどちらに近いだろうか．それぞれの動詞と共起する「に」句の性質を，数量詞遊離によるテスト (Miyagawa (1989), Miyagawa and Tsujioka (2004)) を使って調べてみよう．
　数量詞遊離とは，「3冊の本」，「3人の学生」のような「の」で繋がれた形式とは異なり，「本3冊」，「学生3人」のように，数量を示す数量詞が，関係づけられる名詞句の後に現れる形式をいう．この時，数量詞と名詞句は「近く」になくてはならないという条件があり，後置詞句では，後置詞が名詞句と数量詞をひき離すので，非文法的になる (Miyagawa (1989))．

(30) a. 太郎が 3冊の本を 買った／本を 3冊 買った．
　　 b. 太郎が 2本のペンで 絵を 描いた／*ペンで 2本 絵を 描いた．

例文 (30a) の「本を」の「を」は格助詞で，これ自体は投射を形成しないので全体としても名詞句であり，数量詞遊離を許すが，(30b) の「ペンで」の「で」は後置詞であり，数量詞遊離が不可能となる．

さて，この数量詞遊離のテストを使って調べてみると，(31a) に見られるように，移動動詞の「上げる」と共起している着点項の「に」句は，数量詞遊離が許されないので，後置詞「に」を伴う後置詞句であり，(31b) のように，授与動詞の「あげる」と共起している「に」句は，数量詞遊離が可能なので，与格の「に」で標示された名詞句であることがわかる．

(31) a. *太郎が（机から）棚に3つ 本を 上げた．
     b. 太郎が 学生に3人 本を あげた．

また，Sadakane and Koizumi (1995) でも，同様の数量詞遊離を使ったテストや，以下のような分裂文を使ったテストで，授与動詞「あげる」の「に」は後置詞ではなく格助詞であることが指摘されている．

(32) a. エミが ミカに 薔薇の花束を あげた．
     b.??エミが 薔薇の花束を あげたのは ミカにだ．
     c. エミが 薔薇の花束を あげたのは ミカだ．
(Sadakane and Koizumi (1995: 11, 12))

(33) a. 太郎が（机から）棚に 本を 上げた．
     b. 太郎が（机から）本を上げたのは 棚にだ．
     c. *太郎が（机から）本を上げたのは 棚だ．

与格を与えるのが，機能範疇だと仮定すると，授与動詞「あげる」を含む構文も，「てあげる」構文のように，句構造の中に機能範疇の主要部を何らかの形で含んでいると考えられる．さらに，「に」句の意味役割を考えてみると，それは単なる移動の着点ではなく，モノやコトを受け取る受領者であり，受け取り手の「に」句には，有生でなくてはならないという意味的な有生制約 (animacy restriction) がかかっている．この制約も，抽象的な機能範疇主要部の課す制約と考えることができる (Miyagawa and Tsujioka (2004) など参照)．

次に，音韻的変化を見てみよう．先に触れたように，機能範疇の主要部として分析が可能と考えられるアスペクト動詞，「V-てしまう」は「V-ちま

う」や「V-ちゃう」に,「V-ておく」は「V-とく」に,音韻的な縮約が起きている.「V-てあげる」も,「V-たげる」のように縮約される.

以下に,今までの観察をまとめる.

(34)

	統　　語	意　味	音韻
	「に」句の統語範疇	有生制約	縮約
a.「上げる」　（移動）	後置詞句（「に」は後置詞）	無	—
b.「あげる」　（授与）	名詞句（「に」は格標示）	有	—
c.「てあげる」（受益）	名詞句（「に」は格標示）	有	有

以上見てきたように,移動・授与・受益の「あげる」動詞は,語源の点でも,「に」句が広い意味での着点を表すという意味的な点でも,共通性を持っているが,移動の「上げる」から授与の「あげる」になった時点で,「に」句の統語範疇が変わるなど,統語的な変化が起きたと言えるだろう.

4. まとめと展望

本稿では,「てあげる」構文を取り上げ,「あげる」が機能範疇の主要部,すなわち,動詞句に追加項（受益者項）を導入して与格を付与するアプリカティブとして働いていることを議論した.具体的には,「てあげる」構文に現れる受益者項の「に」句は,アプリカティブによって導入されるので,動詞句よりも,構造上,高い位置にあることを示した.そして,この「に」句は,後置詞句ではなく,与格の「に」で標示された名詞句であることを示し,語彙動詞の着点項である「に」句とは区別されることを論じた.その一方で,「あげる」と,それに接続される語彙動詞の関係に着目し,これらが非常に「近い」関係にあること,すなわち,再構造化現象が見られることを示した.これは,再構造化現象を引き起こす動詞は機能範疇の主要部であるという Cinque (2006) の議論に合致し,「あげる」の機能範疇分析が支持されるものである.そして,「あげる」と語彙動詞の近さは,機能範疇-語彙動詞という主要部-主要部の関係であることから説明できることになる.さら

に，「てあげる」構文の「あげる」は，移動を表す語彙動詞「上げる」からの通時的な変遷の過程で，意味的・音韻的・統語的変化が起きていることを観察し，この点からも，機能範疇化していることを論じた．

　実際にこのアプリカティブが形態的に具現されるかどうかは，言語によって異なる．例えば，英語の場合は，与格構文の John sent a letter to Mary. が，二重目的語構文の John sent Mary a letter. という形式を取った時に，受益や所有などの解釈が得られるようになることは，生成文法研究初期 (Bresnan (1978, 1982) など) から広く議論されており，Larson (1988) の動詞句の層構造の提案を経て，最近の極小主義の枠組みでも，音形を持たない機能範疇の主要部が関わっていることが論じられている (Harley (1995), Pylkkänen (2002)).

　一方で，日本語と同様に，授与動詞が受益構文に現れる言語もある．例えば，パプアニューギニアの Alamblak 語では，日本語の「あげる」や英語の give のような意味を持つ授与動詞 he が，以下のような文に現れる (例文はいずれも Iwamoto (1999: 249)，一部表記改変，和訳は筆者)．

(35)　Niak-r　　Mnginda-t　　bupa-m　　tasak-<u>he</u>-më-r-(t).
　　　Niak-3SM Mnginda-3SF water-3PL fetch-<u>give</u>-RPST-3SM-3SF
　　　'Niak fetched water and gave it to Mnginda.'
　　　(Niak が Mnginda に水をくんで，それをあげた.)
　　　'Niak fetched water for Mnginda.'
　　　(Niak が Mnginda に水をくんであげた.)

上の例文では，動詞に付いている接辞 r (3SM，3人称単数男性) が，主語 Niak と一致している．注目すべきなのは，その次の接辞 t (3SF，3人称単数女性) で，これは受益者の Mnginda と一致していることがわかる．興味深いことに，この文から「あげる」に対応する要素 he を削除すると，受益者の Mnginda は認可されない．

(36)　*Niak-r　　Mnginda-t　　bupa-m　　tasak-më-r-(t).
　　　Niak-3SM Mnginda-3SF water-3PL fetch-RPST-3SM-3SF

これは，日本語でも，「Niak が Mnginda に水をくんだ」のような文が不適格になるのに似た現象である．Alamblak 語の接辞の現れ方には，さまざま

な要因が影響するので,より注意深い検討が必要だが,Iwamotoが議論しているように,「あげる」に対応する授与動詞 he が,受益者の認可に関わっていると考えられよう.日本語とは全く語族の異なる言語においても,似た現象が観察されることは,授与動詞によって具現される機能範疇アプリカティブが,人間言語の1つの特性であることが示唆されている.

このように,自然言語が持つ機能範疇が形態素で具現されるかどうかは,言語によって異なる.機能範疇主要部の研究は,最近特に活発になっているが,日本語は主要部後置型言語で,主要部が形態的に具現される傾向が強く,日本語の研究からの貢献が期待される.今後,日本語からの提言を行いながら,言語間の多岐に渡る違いを解明していくことが目指される.

参照文献

Bresnan, Joan (1978) "A Realistic Transformational Grammar," *Linguistic Theory and Psychological Reality*, ed. by Morris Halle, Joan Bresnan and George A. Miller, 1–59, MIT Press, Cambridge, MA.

Bresnan, Joan (1982) "The Passive in Lexical Theory," *The Mental Representation of Grammatical Relations*, ed. by Joan Bresnan, 3–86, MIT Press, Cambridge, MA.

Chomsky, Noam (1995) *The Minimalist Program*, MIT Press, Cambridge, MA.

Cinque, Guglielmo (2006) *Restructuring and Functional Heads: The Cartography of Syntactic Structures*, Vol. 4, Oxford University Press, New York.

Hale, Kenneth, and Samuel Jay Keyser (1993) "On Argument Structure and the Lexical Expression of Syntactic Relations," *The View from Building 20: Essays in Linguistics in Honor of Sylvain Bromberger*, ed. by Kenneth Hale and Samuel Jay Keyser, 53–109, MIT Press, Cambridge, MA.

Harley, Heidi (1995) *Subjects, Events, and Licensing*, Doctoral dissertation, MIT.

長谷川信子 (2000)「一致現象としての授動詞と謙譲語」『COE形成基礎研究成果報告書 (4):先端的言語理論の構築とその多角的な実証』,井上和子(編),47–68,神田外語大学.

Hasegawa, Nobuko (2001) "Causatives and the Role of *v*: Agent, Causer, and Experiencer," *Linguistics and Interdisciplinary Research: Proceedings of the COE International Symposium*, ed. by Kazuko Inoue and Nobuko Hasegawa, 1–35, Kanda University of International Studies.

Hasegawa, Nobuko (2006) "Casual Speech: How It Differs from Fast Speech," *Perspectives on Teaching Connected Speech to Second Language Speakers*, ed. by James Dean Brown and Kimi Kondo-Brown, 165–183, University of Hawaii, Second Language Teaching & Curriculum Center.

長谷川信子 (2007)「1人称の省略: モダリティとクレル」『日本語の主文現象: 統語構造とモダリティ』, 長谷川信子(編), 331–369, ひつじ書房, 東京.

Heim, Irene and Angelika Kratzer (1998) *Semantics in Generative Grammar*, Blackwell, Oxford.

井上和子 (1976)『変形文法と日本語(上・下)』大修館書店, 東京.

Iwamoto, Enoch (1999) "Notes on Benefactive Constructions in Alamblak," *Report (3) of Grant-in Aid for COE Research #08CE1001: Researching and Verifying an Advanced Theory of Human Language*, ed. by Kazuko Inoue, 249–258, Kanda University of International Studies.

Kawasaki, Noriko (2010) "When a Root Meets a Functional Head: Conflation and Complementation," paper presented at the workshop "The Interface between Syntax and Pragmatics/Semantics," Kanda University of International Studies.

Kishimoto, Hideki (2001) "Binding of Indeterminate Pronouns and Clause Structure in Japanese," *Linguistic Inquiry* 32, 597–633.

Kitagawa, Yoshihisa (1986) *Subjects in Japanese and English*, Doctoral dissertation, University of Massachusetts.

Kuno, Susumu (1973) *The Structure of the Japanese Language*, MIT Press, Cambridge, MA.

久野暲 (1973)『日本文法研究』大修館書店, 東京.

久野暲 (1983)『新日本文法研究』大修館書店, 東京.

Kuroda, S.-Y (1965) *Generative Grammatical Studies in the Japanese Language*, Doctoral dissertation, MIT.

Larson, Richard (1988) "On the Double Object Construction," *Linguistic Inquiry* 19, 335–391.

Machida, Nanako (1996) "On the Notion of Affectedness and the Null Beneficiary in Benefactive Constructions in Japanese," *Academia (Literature and Language)* 61, 203–224, Nanzan University.

前田富祺 (2001)「「あげる」「くれる」成立の謎――「やる」「くださる」などとの

関わりで」『言語』4月号, 34-40.

Marantz, Alec (1993) "Implications of Asymmetries in Double Object Construction," *Theoretical Aspect of Bantu Grammar*, ed. by S. Mchombo, 113-150, CSLI Publications, Stanford.

Miyagawa, Shigeru (1980) *Compound Verbs and the Lexicon*, Doctoral dissertation, University of Arizona.

Miyagawa, Shigeru (1987) "Restructuring in Japanese," *Issues in Japanese Linguistics*, ed. by Takashi Imai and Mamoru Saito, 273-300, Foris, Dordrecht.

Miyagawa, Shigeru (1989) *Structure and Case Marking in Japanese: Syntax and Semantics* 22, Academic Press, San Diego.

Miyagawa, Shigeru and Takae Tsujioka (2004) "Argument Structure and Ditransitive Verbs in Japanese," *Journal of East Asian Linguistics* 13, 1-38.

Nakau, Minoru (1973) *Sentential Complementation in Japanese*, Kaitakusha, Tokyo.

Nishiyama, Kunio and Yoshiki Ogawa (2009) "Atransitivity and Auxiliation in Japanese V-V Compounds: Implications for Thematic Structures and Restructuring," ms., Ibaraki University and Tohoku University.

Okura, Naoko (2006) "Possessor Ascension and Split vP," *JELS* 23, 200-209, English Linguistic Society of Japan.

Okura, Naoko (2009) *Applicative and Little Verbs: In View of Possessor Raising and Benefactive Constructions*, Doctoral dissertation, Kanda University of International Studies.

Okura, Naoko (2010) "Benefactive Raising in Japanese," *Scientific Approaches to Language*, No. 9, Kanda University of International Studies.

Pylkkänen, Liina (2002) *Introducing Arguments*, Doctoral dissertation, MIT. [Published by MIT Press, Cambridge, MA, 2008.]

Rizzi, Luigi (1978) "A Restructuring Rule in Italian Syntax," *Recent Transformational Studies in European Languages*, ed. by Samuel Jay Keyser, 113-158, MIT Press, Cambridge, MA.

Sadakane, Kumi and Masatoshi Koizumi (1995) "On the Nature of the "Dative" Particle *Ni* in Japanese," *Linguistics* 33, 5-33.

柴谷方良 (1978)『日本語の分析』大修館書店, 東京.

Shibatani, Masayoshi (2000) "Japanese Benefactive Constructions: Their Cognitive Bases and Autonomy," *Syntactic and Functional Explora-*

tions: In Honor of Susumu Kuno, ed. by Ken-ichi Takami, Akio Kamio and John Whitman, 185–205, Kurosio, Tokyo.

第 10 章

タイ語の関係節構文*

高橋　清子

1. はじめに

　日本語の関係節（連体修飾節）に関する論考は数多い．生成文法の枠組みでは 1970 年代に井上 (1976) によって日本語の関係節に関する詳細な分析が提示された．井上 (1976: 163-164) によると，名詞句（埋め込み文を含む複合名詞句）の内部構造に含まれる埋め込み文には以下の 3 種類（①関係節 (1)，②同格節 (2), (3)，③名詞化構造 (4)）があるという．

(1)　宇宙中継で放映された大会の実況が今日の話題になった．
　　「関係節」
(2)　大会の実況が宇宙中継で放映されたとのニュースが伝わった．
　　「同格節」
(3)　議長は会議が定刻に始められなかった事実を重視している．
　　「同格節」
(4)　大会の実況が宇宙中継で放映されたことが報告された．
　　「名詞化構造」

　関係節が同格節と名詞化構造から区別されるのは，関係節には「基底構造

＊ 本稿は神田外語大学言語科学研究センター 10 周年言語学研究会『70 年代「日本語の生成文法研究」再認識——久野暲先生と井上和子先生を囲んで——』(2010 年 7 月 1-2 日，神田外語大学，千葉) で発表した内容に加筆修正を施しまとめ直したものである．同研究会の参加者の方々から有益な指摘や批評をいただいた．特に長谷川信子氏からは執筆の過程で多くの貴重なコメントをいただいた．感謝申し上げたい．本稿の誤りや不備はすべて筆者に帰することは言うまでもない．

に主名詞と同一の名詞句を仮定できる」という特色があるからであると井上 (1976) は説明する．言い換えれば，関係節によって修飾される主名詞と同一の名詞句が関係節（埋め込み文）の中で主語や目的語などとしての文法上の役割を果たしていると解釈されるということである．例えば (1) の主名詞「大会の実況」は関係節の中で述語「放映された」の主語の役割を果たしていると解釈され，主名詞と同一の名詞句を含む基底文「大会の実況が宇宙中継で放映された」を仮定できるという．

本稿の分析対象はタイ語[1]の関係節である．日本語の関係節構文は関係節化形式（関係節を形成するときに使われる形式）を含まないが，タイ語の関係節構文には関係節化形式 thîi, sûŋ, ʔan[2] を含むものと含まないものがある．現代タイ語の関係節構文は関係節化形式の種類によって以下のように大きく3種類（①関係節化形式 thîi を含む thîi 関係節構文 (5)，②関係節化形式 sûŋ を含む sûŋ 関係節構文 (6)，③関係節化形式を含まない裸の関係節構文 (7)）に分類できる．

---

[1] タイ語は，声調言語，孤立語，「主語，動詞，目的語」，「被修飾語，修飾語」という基本語順を持つ言語，複数の動詞句が接続詞を介さずに連続することを許す動詞（句）連続言語，統語上の概念（主語など）よりも情報構造上の概念（主題など）のほうが優位に働いて文章が構成されていく主題卓越言語，などと分類されることが多いが，印欧語研究者には馴染みの薄い「理解し難い」特徴を数多く持っており，それらの特徴にも留意すべきである．いくつか例を挙げれば，内容語と機能語は連続体を成し両者を区別することが難しいこと，文法範疇概念の特定化が必須ではない（文法範疇の必須標識がない）こと，必須項はなく，動詞と名詞句の結びつきはかなり自由で，動詞の項（主語，目的語）と非項（斜格名詞句，補語，付属語など）を区別し難いこと，動詞が名詞句を項として支配する階層構造を成す文という単位を規定できないこと，などである．

[2] 関係節化形式 ʔan は現代タイ語において口語的な表現には使われず，文語的な表現にしか使われない．例えば，ʔan を含む (i) がおかしいのは，ʔan が使えるほどの堅い内容の表現ではないからである．
 (i) ? khâaw ʔan nĭaw
   米 関係 粘る
  （意図する意味）粘る米

また，関係節化形式 ʔan は類別詞と共起しない（注4）．ʔan は現代では関係節化形式よりも類別詞として使われる頻度が高いからであろう．このように ʔan の関係節化形式としての用法には制約があり，本稿では ʔan 関係節構文については考察しない．

(5) khâaw　thîi　nǐaw　　「thîi 関係節構文」
　　 米　　 *関係*　粘る
　　 粘る米（米，粘るもの）
(6) khâaw　sûŋ　 nǐaw　　「sûŋ 関係節構文」
　　 米　　 *関係*　粘る
　　 粘る米
(7) khâaw　Ø　　 nǐaw　　「裸の関係節構文」
　　 米　　　　　粘る
　　 粘る米（米は粘る／もち米）[3]

　本稿では (5)-(7) のような 3 種類の関係節構文を取り上げ，タイ語話者がそれらをどのように使い分けているのかを探っていく．先行研究の中には，タイ語の典型的関係節は thîi 関係節であり，thîi 関係節は制限的な（主名詞句の指示領域を制限し，下位集合を特定する）関係節であると説明するものがある．また 18～20 世紀のタイ語の通時的言語資料を調べた Prompapakorn (1996) は，関係節化形式の使用頻度がその時期に増大したこと，中でも特に thîi の使用頻度が顕著に増大したことを発見した．使用頻度の点から言えば，確かに現代タイ語の典型的関係節は thîi 関係節であると言ってよいように思える．しかし本稿の分析結果から筆者は以下の結論に至った．①タイ語の典型的関係節は非制限的な（情報付加の機能を持つ）sûŋ 関係節 (6) である．②非制限的でも制限的でもあり得る thîi 関係節 (5) は，構造的にはむ

---

[3] (7) の「khâaw nǐaw」は，主名詞句「khâaw '米'」を関係節「nǐaw '粘る'」が修飾し「粘る米」という関係節構文を成立させていると見ることもできるが，主語名詞句／主題名詞句「khâaw '米'」と述語動詞句「nǐaw '粘る'」が結びつき「米は粘る」という意味を表していると見ることもできる．さらに，「khâaw nǐaw」は「もち米」という意味を表す複合語（慣用表現）としても定着している表現である．
　関係節化形式を含む (5), (6) は関係節構文であることが形の上からはっきりわかるのに対し，関係節化形式を含まない (7) は文脈がなければ関係節構文であるのかどうかわからない．その理由として，タイ語では動詞に定性の形態的区別（定動詞・不定動詞の区別）がないこと，連体修飾形式「被修飾語の名詞句＋修飾語の動詞句」と叙述形式「主語の名詞句＋述語の動詞句」の語順や音調が変わらないこと，形態論，統語論の観点から分類される形容詞という語類がないこと（属性や状態などを表す語は動詞の下位分類とみなされること），句や節や文などの統語単位があいまいで句読点をつけられないこと，等々を挙げることができる．

しろ井上（1976）の言う同格節（2），（3）や名詞化構造（4）に近く，いわば周辺的関係節である．③定形になり得ない（話し手のモダリティ解釈やアスペクト解釈を含み得ない）裸の関係節（7）は複合名詞句に限りなく近い．

本稿の目的は，タイ語の関係節構文に関する先行研究を概観し，タイ語の主要な3種類の関係節構文の意味機能の異同をより基本的な分析概念を用いて明示的に説明することである．まず現代タイ語の関係節構文の特徴を具体的に見ていく（第2節）．次にタイ語の関係節化形式の多義性，多機能性について説明し（第3節），これまでのタイ語の関係節構文の分類を紹介する（第4節）．そして新たな分析を提示し（第5節），最後に本稿の分析によって得られた仮説をまとめる（第6節）．

2. タイ語の関係節構文の特徴

タイ語の連体修飾の語順は「名詞句（被修飾語）＋修飾語」である．関係節構文は「主名詞句＋関係節」の語順となる．関係節構文に生起可能な構成素の生起順序を（8）に示した．まず主名詞句，次に類別詞,[4] その次に関係節

---

[4] タイ語の関係節構文では類別詞が主名詞句と関係節の間に生起し得る．類別詞があると，主名詞句の指示物はより具体的な個体として解釈される．
 タイ語の類別詞は類別化（classification）という基本的機能を持つ他，数量詞と共起したときは個別化（individualization）の機能を持ち，指示詞と共起したときは単一標示（singulative）の機能を持ち，形容詞（属性や性質などの静的状態を表す動詞，いわゆる状態動詞）と共起したときは定標示（definiteness）の機能を持ち，また，指示詞あるいは形容詞と共起したときには対比標示（contrast）の機能も持つとされる（Bisang (2009: 40-43))．

(i)　khâaw　　mét　　rii
　　米　　　類別　　先細りの形だ
　　先細りの形をした米
(ii)　? khâaw　　rii
　　米　　　先細りの形だ
　　（意図する意味）先細りの形をした米

粒状の形態を持つものに適用される類別詞「mét」を含む(i)では，類別詞によって米粒としての米が指示され，その米粒が先細りの形をしているのだということがわかる．一方，類別詞を含まない(ii)はタイ語話者にとって容認できない表現である．なぜならタイ人にとって「khâaw '米'」とは輪郭のはっきりした個体ではなく，輪郭のはっきりしない物質なので，類別詞によって粒として具体的に指示されない限り，形状について修飾することができないからである．ただしこの説明は，(i)，(ii)のように内部構造が単純な複合名詞句や裸

化形式，最後に関係節である．(9) の関係節構文を例にとると，まず主名詞句「dèk '子供'」，次に類別詞「khon」，その次に関係節化形式「thîi / sûŋ」，最後に関係節「maa sǎay '遅刻して来る'」という順番である．[5]

(8)　主名詞句 + {Ø / 類別詞} + {Ø / thîi / sûŋ} + 関係節 [...]
(9)　dèk　　(khon)　　(thîi / sûŋ)　　maa　　sǎay
　　 子供　　(*類別*)　　(*関係*)　　　来る　　遅い
　　 遅れて来た子供

　Keenan (1985) や Lehmann (1986) による類型論的分類では，タイ語の関係節構文は，関係節の外に主名詞句があり主名詞句の後ろに関係節が置かれるタイプ (external-head, postnominal type) に分類される．関係節の中に主名詞句を指示する形式が入らない空所方略 (gap strategy) が採用されること

の関係節構文に適用されるものであることに注意されたい．(iii) のように関係節化形式が主名詞句の後ろに生起して関係節を形成する場合は，修飾されるのが「米」であり修飾内容が「米粒の形状」についてのものであったとしても，類別詞「mét」は生起しなくともよい．
　(iii)　khâaw　　thîi　　rii
　　　　 米　　　 *関係*　先細りの形だ
　　　　 先細りの形をした米（米，先細りの形をしたもの）
第5節で論じるように，thîi 関係節構文を構成する主名詞句と関係節の関係は「特定名詞句＋特筆的内容を添える名詞句」という並列関係であり，sûŋ 関係節構文を構成する主名詞句と関係節の関係は「主題名詞句＋評言補文節」という弱い従属関係である，と筆者は考える．それらの関係は，複合名詞句や裸の関係節構文を構成する構成素同士の関係とは異なり，ある程度独立した構成素同士の関係であるから，主名詞句の後ろに類別詞が生起するかどうか（主名詞句の指示物がより具体的な個体として指示されるかどうか）によってその関係性が左右されることはないといえる．
　Bisang (2009) が指摘するように類別詞は形容詞（状態動詞）と共起すれば定標示の機能を持つが，類別詞を含む関係節構文の主名詞句が常に定とは言えない．5.4 で論じるように，類別詞を含むと含まざるとにかかわらず thîi 関係節構文の主名詞句は定の場合も不定の場合もある．本脚注の冒頭で述べたように，類別詞が使われた場合は描写されるものの具体度が増すのであって，その具体度は定性（第5節）とは直接関係がない．

[5] ただし (i) のように類別詞 ((i) の場合は人間に適用される「khon」) が主名詞句である場合もあり，その場合は「類別詞（＝主名詞句）＋ {Ø / thîi / sûŋ} ＋関係節 [...]」という語順になる．
　(i)　khon　　(thîi / sûŋ)　　maa　　sǎay
　　　 類別　　(*関係*)　　　来る　　遅い
　　　 遅れて来た子供

が多いが，主名詞句を指示する代名詞が入る代名詞残存方略（pronoun retention strategy）が採用されることもある．例えば，(10) の関係節には主名詞句「náŋsɯ̌ɯ '本'」を指す代名詞「man 'それ'」が含まれている（代名詞残存方略）．しかし (11) のように代名詞を含まないことのほうが多い（空所方略）．

(10) náŋsɯ̌ɯ　thîi　cɛ̀ɛk　man　nay　ŋaan
　　　本　　　関係　配る　それ　中　催し
　　　催しの中で（それを）配る本

(11) náŋsɯ̌ɯ　thîi　cɛ̀ɛk　Ø　nay　ŋaan
　　　本　　　関係　配る　　　中　催し
　　　催しの中で配る本

関係節はこれまで言語類型論の分野で広く研究され，Keenan and Comrie (1977) によって提案された名詞句接近度階層（noun phrase accessibility hierarchy）という仮説が有名であるが，Yaowapat and Prasithrathsint (2009) はその仮説に基づき，タイ語における関係節化を許す名詞句の意味役割，文法役割（格）について調査した．その結果，タイ語では，名詞句接近度階層の最上位に位置するもっとも関係節化されやすい主格名詞句（主語）から，最下位に位置するもっとも関係節化されにくい比較対象物格名詞句まで，すべての格の名詞句が関係節化され得ると結論付けた．[6]

3. タイ語の関係節化形式の多義性，多機能性

thîi と sʉ̂ŋ は多義語，多機能語である．関係節構文の中では関係節化形式として機能するが，他の構文の中では別の意味機能を担う．本節ではそうした thîi と sʉ̂ŋ の多義性，多機能性について調べ，thîi と sʉ̂ŋ の性格の違いについて考察する．まず thîi の多義性，多機能性について．thîi の文法化経路については Bisang (1996)，Singnoi (2000)，Kullavanijaya (2008) が異な

---

[6] タイ語の関係節構文の主名詞句の格に関しては，Yaowapat and Prasithrathsint (2009) より前に Sornhiran (1978: 144-145) が，主格，対格以外に所有者格や場所格などの斜格も容認されることを指摘した．

る説を提示しているが，いずれの説も名詞「thîi '場所'」が関係節化形式 thîi の起源語であるとしている．(12)–(19) に示すように thîi は典型的な多義語，多機能語である．[7]

(12) thîi   din
      場所   土
      土地

(13) thîi   prúksăa
      ところ 相談する
      相談役

(14) dèk   dèk   thîi   bâan
      子供 子供 前置 家
      家の子供たち

(15) nám   chaa   sɔ̌ɔŋ   thîi
      水   茶   2   類別
      2人前のお茶

(16) rûaŋ   thîi   kháw   mây   thǐaŋ
      話 補文化 彼 否定 反論する
      彼が反論しないという話

---

[7] (12) では名詞「thîi '場所'」が名詞「din '土'」によって修飾され「土地」という複合名詞（慣用表現）を形成している．(13) では (Bisang (1993) が類名詞 (class noun) と呼ぶ) 抽象レベルの意味を表す名詞「thîi 'ところ'」が動詞「prúksăa '相談する'」によって修飾され「相談役」という複合名詞（慣用表現）を形成している．(14) では名詞句「dèk dèk '子供たち'」が前置詞「thîi '～にて'」を含む前置詞句「thîi bâan '家にて'」によって修飾され「家の子供たち」という名詞句を形成している．(15) では名詞句「nám chaa 'お茶'」が類別詞「thîi '～人前'」を含む数量詞句「sɔ̌ɔŋ thîi '2人前'」によって修飾され「2人前のお茶」という名詞句を形成している．(16) では名詞「rûaŋ '話'」が補文化形式（補文を形成するときに使われる形式）thîi に導かれた補文「thîi kháw mây thǐaŋ '彼が反論しない'」によって修飾され「彼が反論しないという話」という名詞句を形成している．(17) では補文「thîi kháw mây thǐaŋ '彼が反論しない'」が動詞「dii cay '嬉しい'」の補語として機能し「彼が反論しなくて嬉しい」という意味を表している．(18) では thîi が日本語のいわゆる形式名詞（「の，こと」など）に似た名詞化形式（名詞句を形成するときに使われる形式）として機能し「thîi kháw mây thǐaŋ '彼が反論しないこと'」という名詞句を形成している．(19) は関係節化形式 thîi を含む関係節構文である．これらの例の中で thîi が sûŋ と交代可能であるのは (19) の thîi（関係節化形式）だけである．

(17)　dii cay　thîi　kháw　mây　thǐaŋ
　　　 嬉しい　補文化 彼　　否定　反論する
　　　 彼が反論しなくて嬉しい
(18)　thîi　kháw　mây　thǐaŋ
　　　 名詞化 彼　　否定　反論する
　　　 彼が反論しないこと
(19)　mɯaŋ　thîi　chán　yùu
　　　 街　　　関係　私　　位置する
　　　 私が住む街

　実は，(19) のような関係節構文に使われる thîi の名称は先行研究で一致しているわけではない．本稿では便宜的に関係節化形式と呼ぶことにしたが，Bisang (1996) と Kullavanijaya (2008) は関係節標識 (relative marker, relative clause marker) と呼び，Singnoi (2000) は関係代名詞 (relative pronoun) と呼んでいる．これらの呼び名から，後者は thîi を完全な関係節標識であるとは見ていないことがわかる．

　次に関係節化形式 sɯ̂ŋ の多機能性について．sɯ̂ŋ にはかつて対格を標示する機能があり，現代タイ語でも文語的表現に限り対格標識 sɯ̂ŋ は使われている．Kitsombat (1981) によると，20 世紀まで thîi と同様の名詞化形式 (18) の用法があったというが，現代では一般に sɯ̂ŋ は名詞化形式として使用されない．また sɯ̂ŋ には補文化形式 (16), (17) の機能もない．したがって現代タイ語の sɯ̂ŋ の機能は関係節化形式と対格標識の 2 つである．しかし対格標識としての使用は非常に稀で，関係節化形式にほぼ特化しているといえる．[8]

　thîi と sɯ̂ŋ の用法を比べると，両者の大きな相違点は名詞的用法の有無にあることがわかる．現代タイ語において，sɯ̂ŋ は名詞的用法を失っているのに対し，thîi は今なお名詞的用法 ((12) のような実質名詞の用法，(13) のような類名詞の用法，(15) のような類別詞の用法など) を保持している．

---

　[8] その他，「sɯ̂ŋ kan lɛ́ʔ kan 'お互いに'」，「nam maa sɯ̂ŋ + 結果状態を表す名詞句 '～をもたらす'」，「hây dây {maa/pay} sɯ̂ŋ + 結果状態を表す名詞句 '～をもたらすように'」など，sɯ̂ŋ を含む慣用表現はいくつかある．また，関係節化形式 sɯ̂ŋ が導く関係節によって修飾されるものは前置の名詞句だけに限らず，前置の節や先行談話全体の場合もある．

4. タイ語の関係節構文の分類

本節ではこれまでタイ語の関係節構文がどのように分類されてきたのか，その分類のあり方を紹介し，それらの分類に対する筆者の見解を簡潔に述べる（見解の根拠は次節で述べる）．表1はこれまで提案されてきたタイ語の関係節構文の分類一覧である．

表1: タイ語の関係節構文の分類

A: 関係節構文らしさの程度	「関係節化形式を含む関係節構文 (overtly marked relative clause)」vs.「裸の関係節構文 (bare relative clause)」(Singnoi (2000))
B: 関係節化形式の種類	「関係節標識 (relativizer, linker)」(チャウェンギッジワニッシュ (2002), Kullavanijaya (2006), Yaowapat and Prasithrathsint (2009))，「補文標識 (complementizer)」(Sornhiran (1978)) vs.「関係代名詞 (relative pronoun)」(Singnoi (2000))
C: 主名詞句の指示領域を制限するか否か	「thîi 関係節は制限 (restrictive) 関係節」vs.「sɯ̂ŋ 関係節は非制限 (non-restrictive) 関係節」(Ekniyom (1971), Kullavanijaya (2006), Sindhvananda (1970), Singnoi (2000))
D: 特徴付けが個人的か否か	「thîi 関係節は個人的特徴付け」vs.「裸の関係節は一般的特徴付け」(Kuno and Wongkhomthong (1981))

Aの分類は Singnoi (2000) によるものである．彼女はタイ語の関係節構文を関係節構文らしさの程度によって2種類に大きく分けた．より関係節構文らしい関係節化形式を含む関係節構文 (5), (6) と，より複合名詞句らしい裸の関係節構文 (7) である．第1節の (7)「khâaw nǐaw ' 粘る米，もち米'」からもわかるように，裸の関係節構文と複合名詞句との間に明瞭な区分はなく，両者は連続しているというのが彼女の主張である．筆者も同意見である．[9]

---

[9] Savetamalya (1996: 642–645) は，裸の関係節構文とみなされることが多い「khon kháp

Bは関係節化形式の分類である．thîi, sûŋ を指示機能のない（名詞性を失った）関係節標識あるいは補文標識であると考える研究者もいれば，一方で，指示機能を残した（名詞性を失っていない）関係代名詞であると考える研究者もいる．筆者は，sûŋ は完全な関係節標識だが thîi は今なお名詞性を失っていないと考える．

　Cの「制限」対「非制限」という分類は言語学者の間ではおそらくもっとも有名な関係節の2分類である．制限関係節とは，例えば「焼いた魚」の「焼いた」のように，主名詞句の指示領域を制限し，下位集合を特定する役割を果たす関係節である．非制限関係節とは，例えば「すぐにかっとなる彼の性格」の「すぐにかっとなる」のように，主名詞句指示物に対する情報付加の役割を果たす関係節である．この分類基準を使ってタイ語の関係節構文を分類し，thîi 関係節は制限関係節であり，sûŋ 関係節は非制限関係節であると説明するタイ語研究者も少なくない．しかし筆者は，「制限」対「非制限」という区別はタイ語の主要な3種類の関係節構文の弁別特徴にはならないと考える．

　Dは Kuno and Wongkhomthong (1981) の分類である．sûŋ 関係節については言及がないものの，thîi 関係節は「個人的特徴付け」に使われ，裸の関係節は「一般的特徴付け」に使われるという，2つの関係節の対比的特徴を豊富な具体例をもとに実証的に論じている．例えば，thîi 関係節を含む (20) は容認されるが，裸の関係節を含む (21) は容認されないという．

(20)　phǒm kamlaŋ càʔ　　khǐan náŋsɯɯ　　thîi　　sanùk
　　　私　今にも〜する　　書く　本　　　　関係　面白い
　　　私は面白い本を書こうとしている

---

rót '人，運転する，車: 車を運転する人，車の運転手' のような表現は裸の関係節構文ではなく，慣用的職業概念を表す複合名詞句であると主張する．その根拠として，統語的な振る舞いに関する制約が強い（「毎日車を運転する」といった副詞修飾や「車を運転し楽曲を聴く」といった動詞句の連接が不可能である）ことを指摘する．このような複雑な複合名詞句は，「khon rák rót '人，愛する，車: 車を愛する人'」のような裸の関係節構文と「khon dii '人，よい: 善人'」のような単純な複合名詞句の間をつなぐ両範疇の中間タイプの表現といえよう．

(21) *phǒm kamlaŋ càʔ   khǐan náŋsɯ̌ɯ   Ø   sanùk
　　　私　　今にも〜する　　書く　　本　　　　　　面白い
　　（意図する意味）私は面白い本を書こうとしている

　Kuno and Wongkhomthong (1981) の考えでは，(20) の thîi 関係節によって修飾された「本」は話し手「私」が個人的に「面白い」と判断する本である．自分が面白いと思える本を書こうとすることは当然可能なので，(20) は容認される．一方，(21) の裸の関係節によって修飾された「本」は当該文化の中で一般的に「面白い」と判断される本である．しかし一般の人々にとって面白い本になるかどうかは書こうと思い立った時点ではわからない．(21) が容認されないのはそのような事情による．

　thîi 関係節による個人的特徴付けとは，話し手が特定的な実在物として認定した上で，その顕著な特徴に言及することであると言い換えてよいだろう．thîi 関係節には Ionin (2006) が言うところの「話し手が意図した特定の指示物の顕著な特徴（特筆性 (noteworthiness)）」を標示する機能があるといえる．一方，裸の関係節による一般的特徴付けという概念は，複合名詞句によって表される高度に慣用化された概念と基本的に変わらないであろうと筆者は考える．つまり裸の関係節構文によって表される事柄は，よく目にするありきたりの事柄であり，抽象レベルの類型的概念として定着しているものである．[10]

---

[10] 三上 (1999) は形容詞（属性や性質などを表す状態動詞）を含む場合の thîi 関係節構文の意味と裸の関係節構文／複合名詞句の意味を比較し，後者について以下のような見解を述べている．「thîi がない場合は（修飾要素の）形容詞は名詞の分類作用を果たし，表現全体が名詞の類，タイプとして理解される．[...] khon dii [人，よい（善人）] をはじめ，dèk dii [子供，よい（よい子）], khon con [人，貧しい（貧者）] などの thîi を含まない表現] はカテゴリーとして認知された表現である．」(三上 (1999: 212–213))
　Kuno and Wongkhomthong (1981) も，裸の関係節構文の特徴は "the public's evaluation" (ibid.: 223)（「世間一般の評価」（筆者訳））あるいは "the concept of a 'well-established set that is pragmatically relevant'" (ibid.: 225)（「『語用論的に関連性を持つ，定着したセット』の概念」（筆者訳））を表すことであるとする．

5. 新たな分析

本節では，表2に挙げた5つの分析概念を導入し，前節で述べた筆者の見解の根拠を明らかにする．

表2: 本稿でタイ語の関係節構文の分類に用いる分析概念

①	関係節の「断定性」(assertiveness) (Croft (2001: 360))，「定形性」(finiteness) (Givón (1990: 852-864), Bisang (2007: 118))，「文としての性質の強さ弱さ，Modalityの存否・濃淡」(寺村 (1992: 191))
②	関係節の主節への「統合度」(the degree of integration) (Givón (1990: 514-561), Hopper and Traugott (1993: 168-177), Fox and Thompson (2007))
③	関係節化形式の「指示機能」，「名詞性」(referentiality, existential qualification) (Givón (1973: 120))
④	主名詞句の「同定性」(identification, the coordination of reference) (Langacker (2009: 180))，「定性」(definiteness) (Chafe (1976: 39), Givón (1978: 296), Ionin (2006: 207), Langacker (2009: 177))
⑤	主名詞句の「特定性」(specificity) (Lyons (1999: 59), Inonin (2006: 187))

①「関係節の断定性，定形性」とは，関係節の文らしさの度合いを問う概念である．寺村 (1992: 191) の言葉を借りれば「文としての性質の強さ弱さ，Modality の存否・濃淡」ということである．前節で紹介したA「関係節構文らしさの程度による分類」の基盤はこの分析概念であると考えられる．

②「関係節の主節への統合度」は「関係節の断定性，定形性」と相反する関係にある概念である．「関係節の断定性，定形性」が関係節の自立度（主名詞句との結びつきの弱さ）を問うものであるとすれば，「関係節の主節への統合度」は関係節の依存度（主名詞句との結びつきの強さ）を問うものである．すなわち①と②は同じ基準（関係節と主節の関係性，お互いの結びつきの程度）から見た正反対の値（結びつきが弱い，強い）を問題にした対の概念である．したがってこの分析概念もまたAの分類に関わっている．

③「関係節化形式の指示機能，名詞性」とは，関係節化形式に指示機能という名詞的性質がどれだけ残っているのか，その程度のことである．前節で紹介したB「関係節化形式の種類による分類」の基盤はこの分析概念であると考えられる．

④「主名詞句の同定性，定性」とは，話し手のみならず，聞き手も主名詞句の指示物を同定できる，つまり話し手と聞き手がお互い同じ指示物を同定する，その可能性の程度ということである．主名詞句の定性が高ければ高いほど，その主名詞句は前提とされやすく，より強い主題性を持ちやすいということができる．前節で紹介したC「主名詞句の指示領域を制限するか否かを基準とする分類」にこの分析概念が関わっていると考えられる．

⑤「主名詞句の特定性」とは，主名詞句で表されるものを話し手が特定的な実在物として認定し指示しているかどうかを問題とする概念である．前節で紹介したD「関係節による特徴付けが個人的か否かを基準とする分類」にこの分析概念が関わっていると考えられる．

以下の小節では，①〜⑤それぞれの分析概念を取り上げ，それらの概念を用いることによってタイ語の主要3種類の関係節構文の意味機能がどのように記述され得るのかを論じる．

5.1. 関係節の断定性，定形性

Givón (1990) や Bisang (2007) の考えに従えば，タイ語の節の定形性はアスペクト概念やモダリティ概念を明示化できるかどうかによって見分けることができるといえる．文法範疇のパラダイムが成立しておらず，明示化が必須とされる文法標識のないタイ語において，定形性という文法概念もまた必須標識はないのだが，「アスペクト標識やモダリティ標識が生起し得ない節は（断定性の程度が低い）非定形である」と考えることが可能である．断定性が高く，文らしさの度合いが高い節には，アスペクト標識やモダリティ標識が無理なく生起する（ただし必ず生起するとは限らない）．

(22) dèk thîi càʔ maa sǎay phrûŋ níi
　　 子供　非現実　来る　遅い　明日
　　 明日遅れて来る子供（子供，明日遅れて来るもの）

(23)　dèk　sûŋ　cà?　　maa　sǎay　phrûŋ níi
　　　子供　非現実　来る　遅い　明日
　　　明日遅れて来る子供

(24) #dèk　Ø　cà?　　maa　sǎay　phrûŋ níi
　　　子供　非現実　来る　遅い　明日
　　　（意図する意味）明日遅れて来る子供[11]

　(22) の thîi 関係節と (23) の sûŋ 関係節にはモダリティ標識の一種である非現実性標識 cà? が生起している．つまり thîi 関係節と sûŋ 関係節は定形になり得る，言い換えれば，文らしくなり得るということである．それらは1つの言語単位としての自立度が高く，主名詞句への依存度が弱いと言える．一方，(24) の裸の関係節に cà? は生起できない．裸の関係節は常に非定形であり，話し手によるアスペクト解釈やモダリティ解釈を明示化できないということである．その点で，裸の関係節構文は非定形の構成素で成り立つ複合名詞句に近い．裸の関係節と複合名詞句構成素は1つの言語単位としての自立度が低く，主名詞句への依存度が高いと言える．

5.2. 関係節の主節への統合度

　Fox and Thompson (2007: 293) が指摘するように「主節と関係節の統合度が強まり単一の節に近づけば近づくほど，関係節化形式の生起が難しくなる」ということからすると，関係節化形式を含む thîi 関係節構文と sûŋ 関係節構文は，裸の関係節構文よりも，主節と関係節の統合度が低いと言える．しかし thîi 関係節の主節への統合度と sûŋ 関係節の主節への統合度には違いが見られる．(25) と (26)，(27) と (28) の対照例を見てほしい．

(25)　lǎay　lêm　thii diaw　　thîi　sanùk
　　　多くの　類別　まったくもって　関係　面白い
　　　面白いまったくもってたくさんの本（まったくもってたくさんの本，面白いもの）

---

[11] (24) は関係節構文ではなく，「子供は明日遅れて来る」という意味の叙述形式として理解される．

(26) *lǎay   lêm   thii diaw   sǔuŋ   sanùk
     多くの 類別 まったくもって 関係   面白い
     (意図する意味) 面白いまったくもってたくさんの本
(27) thəə   nîi ʔeeŋ   thîi   bɔ̀ɔk   kháw[12]
     あなた こそ   関係   告げる 彼
     彼に告げたあなた（あなたこそ，彼に告げたもの）
(28) *thəə nîi ʔeeŋ   sǔuŋ   bɔ̀ɔk   kháw
     あなた こそ   関係   告げる 彼
     (意図する意味) 彼に告げたあなた

　(25), (27) の thîi 関係節構文では主名詞句と関係節の間に強調修飾語句（(25) では副詞「～ thii diaw 'まったくもって～'」，(27) では副助詞「～ nîi ʔeeŋ '～こそ'」）がそれぞれ生起している．一方，(26), (28) の sǔuŋ 関係節構文ではその位置にそのような強調修飾語句を入れることはできない．これらの例から読み取れることは，関係節と主名詞句との結びつきの強さの違いである．sǔuŋ 関係節は主名詞句に対して従属関係にあるのに対し，thîi 関係節は主名詞句に対して並列関係にあると言ってよいのではないかと筆者は考える．[13] すなわち，sǔuŋ 関係節と裸の関係節が主名詞句との間に強調修飾語句の挿入を許さないのは，自立度が低く（従属的で）主名詞句との結びつきが強いからであり，一方 thîi 関係節が主名詞句との間に強調修飾語句の挿入を許すのは，自立度が高く（並列的で）主名詞句とそれほど強く結びついて

---

[12] (27) のように主名詞句の後ろに強調修飾語句が挿入された関係節構文をチャウェンギッジワニッシュ (2000) は「提示的連体構文」と呼び，非制限的修飾（情報付加）機能を持つ関係節構文の１種として分類している（注20）．

[13] Shibatani (2009) も，本稿の議論とは異なる文脈においてではあるが，次のように関係節の非従属的性格に言及している．

　"[W]hat has been identified as relative clauses/sentences are in fact nominalized entities, lacking some crucial properties of both full clauses and sentences. [...] these nominalized forms are neither syntactically nor semantically subordinate to, or dependent on, the nominal head they modify." (Shibatani (2009: 163))（「これまで関係節，関係文と同定されてきたものは，実際は，名詞化されたものであり，完全な節，完全な文としての何らかの重要な特質を失っている．[...] これらの名詞化形式は，それが修飾する名詞的主要部に，統語論的にも意味論的にも従属していない，あるいは統語論的にも意味論的にも依存していない．」（筆者訳））

いるわけではないからである．

5.3. 関係節化形式の指示機能，名詞性

　主名詞句と thîi 関係節が並列の関係にあると捉えられ得るのは，つまるところ，thîi が今なお名詞性を保持しているからだと筆者は考える．第3節で見たように thîi には名詞化形式 (18) の用法がある．したがって thîi 関係節は名詞化形式 thîi とその補文から成る名詞句であり，主名詞句とその名詞句は並列の関係（いわば同格関係）にあると見ることが可能である．タイ語話者が thîi 関係節を使うのは，その主名詞句と並列的な名詞句（すなわち thîi 関係節）によって補足的に，主名詞句の指示物に対する話し手の主観的な説明を付け加えたい場合であると言えるのではないだろうか．

(29)　khâaw　　thîi　　nǐaw
　　　米　　　*関係*　粘る
　　　粘る米（米，粘るもの）

　例えば (29)（= (1)）では話し手は主名詞句で表されている特定的な米を（「特定性」については 5.5 節を参照せよ）自らの観点から「nǐaw '粘る'」と描写し，主名詞句と並列的な同格の名詞句「thîi nǐaw '粘るもの'」を使って言い換えていると考えられる．[14]

5.4. 主名詞句の同定性，定性

　sûŋ は，第3節で見たように，現代においては名詞化形式の用法をすでに失い，関係節化形式にほぼ特化している．そうした関係節化形式に特化した sûŋ を含むタイ語の典型的関係節というべき sûŋ 関係節は，5.2 節の (26)，

---

[14] thîi 関係節による補足的かつ主観的修飾は，補文節，同格節による修飾（例: the news that he died）あるいは井上（1976: 191-203, 232-242）の言う「疑似関係（限定関節）」（例: ジョンが申し込みを取り消した理由，一行が到着した気配，国連で中共が承認された有様）や「同格名詞句」（例: 彼らが無事だったとの知らせ，台風の上陸はどこかとの問い合わせ），寺村（1992: 202）の言う「内容補充的修飾」（例: さんまを焼く匂い，それが正しいという意見），Croft（2001: 348）の言う「名詞句補文 (nominal complements)」（例: 学生が本を買った事実），堀江・パルデシ（2009: 67）の言う「補足的修飾」（例: 雑誌をひもで縛る作業，首相が辞職したニュース）などと重なる特徴があると思われる．

(28) からわかるように主名詞句から切り離すことができない（強調修飾語句の挿入を許さない，主名詞句との結びつきが強い）という特徴を持っている．それはなぜかといえば，主名詞句と sûŋ 関係節の関係は「主題 (topic, theme)」(Kuno (1973)[15]) と「評言／解説 (comment, rheme)」という相互依存の関係（一方がなくては一方が成り立たないというお互い切り離し不可能な関係）にあるからであろうと筆者は考える．並列の関係にある主名詞句と thîi 関係節では，主名詞句だけを副詞などによって強調的に修飾し，さらに続けて並列的な thîi 関係節によって補足的に主名詞句を修飾することが可能である．しかし「主題―評言」という相互依存の関係にある主名詞句と sûŋ 関係節では，主名詞句だけを副詞などによって強調的に修飾し，さらに続けて従属的な sûŋ 関係節によって主名詞句を修飾することができないのであろう．

「ʔaray '何か'」という不定の主名詞句であればほとんどの場合 thîi 関係節が続き sûŋ 関係節は続きづらいようだ．[16] このことから，sûŋ 関係節構文の主名詞句は定である（話し手と聞き手が同一の指示物を同定することが想定されている）ことがうかがえる．話し手は主名詞句の指示物を定と想定し，その定の指示物（主題として立てたもの）について情報付加的な修飾を加えるために sûŋ 関係節を使うのではないかと考えられる．（定の主名詞句に対する）情報付加の機能を持つと言われる非制限関係節に近いといえる．[17]

---

[15] Kuno (1973: 243) は日本語の関係節について次のような仮説を提示した．
  "[W]hat is relativized in a relative clause is not an ordinary noun phrase, but a noun phrase followed by the thematic particle *wa*."（「関係節内で関係づけられているもの（主名詞句）は，普通の名詞句ではなく，主題小辞「は」が後続する名詞句（主題化された名詞句）である．」（筆者訳））
タイ語の sûŋ 関係節構文の意味機能を考察するにあたり，「日本語の関係節構文の主名詞句には主題性が備わっている」という久野暲氏の考えを参考にした．

[16] 研究会での口頭発表の際に井上和子氏から「主名詞句が something や anything という意味の場合，タイ語ではどの種類の関係節が使われるのか」という質問を受けた．そうした不定の主名詞句と sûŋ 関係節との親和性の低さに気付くことができたのは，この質問による．

[17] 益岡 (1995: 150) は「情報付加型の非制限的連体節表現は「主題―解説」の表現の性格を持ち，制限的連体節表現はそのような性格は持たない」と主張する．その主張の根拠として，「主名詞が主題の性格を有するには，その主名詞が連体節の叙述とは独立にその指示対

一方 thîi 関係節の場合は，その主名詞句の指示物は (30) のように不定の場合もあれば，(31) のように定の場合もある．[18]

(30) mii　khɛ̂ɛk thîi　yàak　càʔ　maa　hǎa　khun
　　　ある　客　　関係　欲する　非現実　来る　訪ねる　あなた
　　　sǎam　khon
　　　3　　類別
　　　これからあなたを訪ねたい客が3人いる

(31) khɛ̂ɛk thîi　khun　cəə　mûa waan　maa　hǎa　ʔìik
　　　客　　関係　あなた　会う　昨日　　　来る　訪ねる　再び
　　　昨日あなたが会った客が再び訪ねてきた

　主名詞句が不定である (30) の thîi 関係節は（不定の主名詞句に対してその指示領域を制限する）制限関係節でしかあり得ないが，主名詞句が定である (31) の thîi 関係節は（定の主名詞句に対してその指示領域を制限する）制限関係節でも（定の主名詞句に対して情報を付加する）非制限関係節でもあり得る．具体的に言い換えれば，(30) の「これからあなたを訪ねたい」は不定の客を制限的に修飾してその不定の客の指示領域を制限しているが，(31) の「昨日あなたが会った」は定の客を制限的に修飾してその定の客の指示領域を制限していると解釈することもできるし，定の客を非制限的に修飾してその定の客についての情報を付加していると解釈することもできる，ということである．[19] つまり thîi 関係節の場合，制限関係節か非制限関係節

象が同定可能でなければならない」が，その通り，「非制限的連体節表現の主名詞は，一般の主題の場合と同様に，その名詞のみによってその指示対象は同定可能である」ことを挙げている．

[18] (30), (31) は峰岸 (2006: 117) から引用した．ただし逐語訳は筆者による．
　タイ語では，存在動詞「mii 'ある'」の後ろに生起する名詞句は不定かつ特定的な新情報の読みとなる (Ekniyom (1982: 119-120))．したがって (30) の「mii 'ある'」の後ろの「khɛ̂ɛk '客'」は不定かつ特定的な客を表している．

[19] これに関連して，井上 (1976: 167-168) は「唯一の指示を持った名詞句でも，関係節の意味によって，制限，非制限の解釈が成り立つ」と指摘する．例えば，固有名詞（唯一指示を持った名詞）は通常，「地球からもっとも近い月」の「月」のように非制限用法的に解釈されるが，「住みよい地球」の「地球」のように普通名詞として扱われ制限用法的に解釈される

かという区分はほとんど関係がないようである．そうであるとすれば，thîi 関係節は制限関係節であり，sûŋ 関係節は非制限関係節であるという先行研究に散見される定言的な分類は不適切な分類であると言わざるを得ない．[20]

5.5. 主名詞句の特定性

thîi 関係節構文の主名詞句を特徴付けているのは，その「特定性」であると筆者は考える．特定性の概念に関与するのはあくまでも話し手自身の知識状態や意図性である．話し手があるものを別のものと厳密に区別して特別のものとして指示しようとするとき，特定性の意味が生じる．特定性の概念には聞き手の知識状態（聞き手が指示物を同定できるかどうか）は関係しない．前節で見たように，thîi 関係節の主名詞句は「（聞き手が指示物を同定できる）定」の場合も「（聞き手が指示物を同定できない）不定」の場合もあるのはそのためであろう．

5.3 節で具体的に (29) に即して説明したように，話し手が意図した特定の指示物（話し手が特定的な実在物として認定し指示するもの）の顕著な特徴（特筆性）を表現したいときにタイ語話者は thîi 関係節（並列の同格節による補足的，主観的修飾）を使うのではなかろうか．それが本稿の考察の結果得られた筆者の仮説である．

6. まとめ

本稿は，「thîi 関係節は主名詞句を制限的に修飾し（指示領域を制限し），sûŋ 関係節は主名詞句を非制限的に修飾する（情報を付加する）」いう先行研究に散見される見方を再考し，より基本的な分析概念を使ってタイ語の主要な 3 種類の関係節構文の意味機能を再定義しようと試みた．本稿の分析

こともある．

[20] チャウェンギッジワニッシュ (2000) によると，非制限的修飾（情報付加）機能を持つとされるタイ語の関係節は，実際は①「情報付加」と②「場面限定（眼前描写）」の機能を持ち，前者の機能はさらに①-1「名詞句への情報付加」，①-2「無題の述定的裝定」(益岡 (1995: 145, 147))，①-3「提示的連体構文」の 3 つに分類できるという．①-1 と①-2 には普通 sûŋ が使われるが，強調されるときには thîi が使われ，①-3 と②には thîi だけが使われるという．

によって導かれた仮説を以下に要約する．

①thîi 関係節は主名詞句を制限的に修飾する（指示領域を制限する）こともあれば，非制限的に修飾する（情報を付加する）こともある．補足的言い換えに似ており，その特徴は，話し手が意図した特定の指示物の顕著な特徴（特筆性）を表現するところにある．thîi 関係節構文とは，「特定名詞句」と「特筆的内容を添える名詞句」という2つの構成素が並列関係で結ばれた構文であると定義できる．

②sɯ̂ŋ 関係節は主名詞句を非制限的に修飾する（情報を付加する）．タイ語の典型的関係節であり，その特徴は，主名詞句を主題とし，その主題について評言を添えるところにある．sɯ̂ŋ 関係節構文とは，「主題名詞句」と「評言補文節」という2つの構成素が弱い従属関係で結ばれた構文であると定義できる．

③裸の関係節は複合名詞句の構成素と同様，常に非定形で，話し手によるアスペクト解釈やモダリティ解釈を明示化できない．かなり慣用化され固定化された紋切り型の概念を表すのに適している．

(32)　khruu thîi　　chán　rúu càk
　　　先生　関係　　私　　知っている
　　　私が知っている先生（先生，私が知っているもの）
(33)　khruu sɯ̂ŋ　　chán　rúu càk
　　　先生　関係　　私　　知っている
　　　私が知っている先生
(34) #khruu Ø　　　chán　rúu càk
　　　先生　　　　私　　知っている
　　　（意図する意味）私が知っている先生

本稿の仮説に従えば，(32)-(34)の異同は次のように説明される．(32)の「先生」は話し手にとって特定的な存在であり，「私が知っている」という特筆すべき特徴を持っていることが thîi 関係節の修飾からわかる．(33)の「先生」は話し手と聞き手が同定できる存在で，sɯ̂ŋ 関係節の修飾によってその「先生」について「私が知っている」という情報が付け加えられている．(34)は「先生は（先生について言えば）私が知っている」という叙述形式として解釈され，「私が知っている先生」という連体修飾の意味には解釈され

ない．その理由として，1つには「私が知っている」という修飾内容自体が紋切り型の概念を表す裸の関係節に適合しないこと，もう1つには，裸の関係節構文が成立するためには関係節の中に主語名詞句があってはならない（主名詞句と関係節内の主語名詞句の2つの名詞句が隣接してはならない）こと，が挙げられる．

　今後は，大規模タイ語コーパスから関係節構文の実際の用例を多数収集して詳しい談話分析を行い，これらの仮説の妥当性を検討したい．

参照文献

Bisang, Walter (1993) "Classifiers, Quantifiers and Class Nouns in Hmong," *Studies in Language* 17.1, 1–51.

Bisang, Walter (1996) "Areal Typology and Grammaticalization: Processes of Grammaticalization Based on Nouns and Verbs in East and Mainland South East Asian Languages," *Studies in Language* 20.3, 519–597.

Bisang, Walter (2007) "Categories that Make Finiteness: Discreteness from a Functional Perspective and Some of Its Repercussions," *Finiteness*, ed. by Irina Nikolaeva, 115–137, Oxford University Press, Oxford.

Bisang, Walter (2009) "On the Evolution of Complexity: Sometimes Less Is More in East and Mainland Southeast Asia," *Language Complexity as an Evolving Variable*, ed. by Geoffrey Sampson, David Gil and Peter Trudgill, 34–49, Oxford University Press, Oxford.

Chafe, Wallence L. (1976) "Givenness, Contrastiveness, Definiteness, Subjects, Topics, and Point of View," *Subject and Topic*, ed. by Charles N. Li, 25–55, Academic Press, New York.

チャウェンギッジワニッシュ，ソムキャット (2000)「日本語・タイ語における「非制限」の連体修飾節」『国際交流基金バンコック日本語センター紀要』3, 15–31.

チャウェンギッジワニッシュ，ソムキャット (2002)『「限定」「非限定」の連体修飾節の研究——日本語とタイ語の対照——』博士論文，筑波大学.

Croft, William (2001) *Radical Construction Grammar: Syntactic Theory in Typological Perspective*, Oxford University Press, Oxford.

Ekniyom, Peansiri (1971) "Relative Clauses in Thai," Master's thesis, University of Washington.

Ekniyom, Peansiri (1982) *A Study of Informational Structuring in Thai Sentences*,

Doctoral dissertation, University of Hawaii.

Kitsombat, Pornthip (1981) "The Usage of /thîi/, /sûŋ/ and /ʔan/," Master's thesis, Chulalongkorn University.

Fox, Barbara A. and Sandra A. Thompson (2007) "Relative Clauses in English Conversation: Relativizers, Frequency, and the Notion of Construction," *Studies in Language* 31.2, 293-326.

Givón, Talmy (1973) "Opacy and Reference in Language: An Inquiry into the Role of Modalities," *Syntax and Semantics* 2, ed. by John P. Kimball, 95-122, Seminer Press, New York.

Givón, Talmy (1978) "Definiteness and Referentiality," *Universals of Human Language, Vol. 4: Syntax*, ed. by Joseph H. Greenberg, 291-330, Stanford University Press, Stanford.

Givón, Talmy (1990) *Syntax: A Functional-Typological Introduction, Volume 2*, John Benjamins, Amsterdam.

Hopper, Paul J. and Elizabeth Closs Traugott (1993) *Grammaticalization*, Cambridge University Press, Cambridge.

堀江薫・パルデシ, プラシャント (2009)『言語のタイポロジー：認知類型論のアプローチ』研究社，東京.

井上和子 (1976)『変形文法と日本語(上)』大修館書店，東京.

Ionin, Tania (2006) "*This* Is Definitely Specific: Specificity and Definiteness in Article Systems," *Natural Language Semantics* 14, 175-234.

Keenan, Edward L. (1985) "Relative Clauses," *Language Typology and Syntactic Description, Vol. 2: Complex Constructions*, ed. by Timothy Shopen, 141-170, Cambridge University Press, Cambridge.

Keenan, Edward and Bernard Comrie (1977) "Noun Phrases Accessibility Hierarchy and Universal Grammar," *Linguistic Inquiry* 8, 63-99.

Kullavanijaya, Pranee (2006) "Attributive Clause Constructions: Relative Clauses and Complement Clauses," *Controversial Constructions in Thai Grammar: Relative Clause Constructions, Complement Clause Constructions, Serial Verb Constructions, and Passive Constructions*), ed. by Amara Prasithrathsint, 7-65, Chulalongkorn University Press, Bangkok.

Kullavanijaya, Pranee (2008) "A Historical Study of /thîi/ in Thai," *The Thai-Kadai Languages*, ed. by Anthony V. N. Diller et al., 445-467, Routledge, London.

Kuno, Susumu (1973) *The Structure of the Japanese Language*, MIT Press, Cambridge, MA.

Kuno, Susumu and Preeya Wongkhomthong (1981) "Relative Clauses in Thai"

Studies in Language 5.2, 195-226.

Langacker, Ronald W. (2009) *Investigations in Cognitive Grammar*, Mouton de Gruyter, Berlin.

Lehmann, Christian (1986) "On the Typology of Relative Clauses," *Linguistics* 24, 663-680.

Lyons, Christopher (1999) *Definiteness*, Cambridge University Press, Cambridge.

益岡隆志 (1995)「連体節の表現と主名詞の主題性」『日本語の主題と取り立て』, 益岡隆志・野田尚志・沼田善子 (編), 139-153, くろしお出版, 東京.

三上直光 (1999)「タイ語における連結形式と意味の関係について」『慶應義塾大学言語文化研究所紀要』31, 209-223.

峰岸真琴 (2006)「タイ語の名詞句構造」『東南アジア大陸諸言語の名詞句構造』, 東南アジア諸言語研究会 (編), 89-118, 慶應義塾大学言語文化研究所.

Prompapakorn, Praparat (1996) "Variation and Change in Relative Clauses in Thai during the Ratanakosin Period," Master's thesis, Chulalongkorn University.

Savetamalya, Saranya (1999) "Verbal Relative Clauses as Adnominal Modifiers in Thai," *Pan-Asiatic Linguistics: Proceedings of the 4th International Symposium on Languages and Linguistics, Vol. 2, January 8-10, 1996*, ed. by Institute of Language and Culture for Rural Development, Mahidol University at Salaya, Thailand, 627-646.

Shibatani, Masayoshi (2009) "Elements of Complex Structures, where Recursion Isn't: The Case of Relativisation," *Syntactic Complexity: Diachrony, Acquisition, Neuro-Cognition, Evolution*, ed. by Talmy Givón and Masayoshi Shibatani, 163-198, John Benjamins, Amsterdam.

Sindhvananda, Kanchana (1970) *The Verb in Modern Thai*, Doctoral dissertation, Georgetown University.

Singnoi, Unchalee (2000) *Nominal Constructions in Thai*, Doctoral dissertation, University of Oregon.

Sornhiran, Pasinee (1978) *A Transformational Study of Relative Clauses in Thai*, Doctoral dissertation, University of Texas at Austin.

寺村秀夫 (1992)『寺村秀夫論文集 I―日本語文法編―』くろしお出版, 東京.

Yaowapat, Natchanan and Amara Prasithrathsint (2009) "A Typology of Relative Clauses in Mainland Southeast Asian Languages," *Mon-Khmer Studies* 38, 1-23.

第 11 章

日本語の空主語とモダリティ[*]

上田　由紀子

1. はじめに

　本稿は，主語名詞句に焦点をあて，特に，ある特定の解釈において空でなくてはならない主語（義務的空主語）には，Kuno (1973) および久野 (1973, 1978) 以来議論されてきた日本語における省略現象とは異なる認可システムがあることを論じる．本稿では，この義務的空主語が文末に現れるモダリティ形式との一致関係によって生起することを明らかにし，その認可システムと日本語の CP 構造を提案する．Rizzi (1997) のいうところの主要部 Force が，少なくとも［人称］素性と［題目$_{主語}$］素性の 2 つの素性に関与していると議論した上でこの義務的な空主語化は，以下の 3 つの統語操作の帰結であることを示す: (i) 主要部 Force の持つ［人称］素性と主語名詞句の［人称］素性の一致（AGREE），(ii) 主要部 Force の持つ［題目$_{主語}$］素性と主語名詞句の［題目］素性の一致（AGREE）による話題化および Force 指定部への話題化された主語名詞句の可視統語での移動，(iii) Rizzi (1997) の指摘を元にした Hasegawa (2005) および長谷川 (2008, 2010) の機能範疇素性の指定部と主要部の音韻形態的具現についての原則（つまり，

---

　[*] 本稿は，神田外語大学 CLS 10 周年言語研究会『70 年代「日本語の生成文法研究」再認識――久野暲先生と井上和子先生を囲んで――』（2010 年 7 月 1 日～2 日: 於神田外語大学）における口頭発表を元に，加筆・修正したものである．以下の方々の貴重なコメントに心より感謝申し上げる．井上和子氏，岩本遠億氏，上原由美子氏，漆原朗子氏，遠藤喜雄氏，大倉直子氏，神谷昇氏，北川善久氏，久野暲氏，富岡諭氏，中村浩一郎氏，長谷川信子氏，長谷部郁子氏，藤巻一真氏，宮川繁氏，三宅知宏氏．特に長谷川信子氏には細部に渡り貴重なご指摘を頂いた．ここに感謝申し上げる．全ての誤りは私自身のものである．

機能範疇素性は指定部か主要部のいずれかで具現されるとの提案)の適用.
本稿の重要な提案の1つは,この日本語の義務的空主語現象には,上田 (2007a) 以来指摘してきた[人称]素性の一致と共に,[題目$_{主語}$]素性の一致と一致する主語名詞句の指定部への移動が関与しているとする点である.義務的空主語化には,上田 (2007a),Ueda (2008, 2009b),長谷川 (2008, 2010) 同様,[人称]素性の一致は必要条件であるが,[人称]素性の具現化に対して,(iii) の長谷川の原則が適用されるのではなく,[題目$_{主語}$]素性の具現化に対して,長谷川の原則が適用されることを主張する.

　本稿の構成は,以下の通りである.第2節では,1970年代に久野氏によって行われた日本語の省略現象についての研究を振り返り,本稿が扱う義務的空主語化が久野氏の扱った名詞句の省略現象とは異なることをみる.第3節は,題目解釈の名詞句とその統語位置を Rizzi (1997) の提案した CP 領域を仮定し,議論する.第4節では,日本語の空主語化に関する長谷川 (2008, 2010) の提案を紹介し,その問題点を示す.第5節において,代案を提案し,第6節は,本稿全体をまとめる.

2. Kuno (1973), 久野 (1973, 1978) における主語名詞句の省略

　1970年代の久野暲氏の一連の日本語研究 (Kuno (1973), 久野 (1973, 1978)) で扱われた代表的な言語現象の一つが,日本語における「省略」現象である.久野氏の上記一連の研究では,多岐にわたる省略現象をいわゆるセンテンスを越えた視点から,すなわち,文脈をも含んだ言語分析を試み,「「省略」は,根本的には,談話法上の問題である.(久野 (1978: 7))」として,(1) に示す「省略の根本原則」を提案した.

(1)　省略の根本原則
　　　省略されるべき要素は,言語的,或は非言語的文脈から,復元可能 (recoverable) でなければならない.　　　(久野 (1978: 8))

上記 (1) は,省略される様々な文要素に適用されうる根本原則であるが,本稿では,主語名詞句の省略に焦点を絞り,一連の久野の提案を振り返る.
　Kuno (1973) および久野 (1973) は,日本語の主語の省略に関して,(2)-(3) のような例をあげ,(3b) の非文法性を説明するものとして (4) の仮説

を提案した．

(2) 東京ハ世界一ノ大都会デスカ．
 a. ハイ，東京ハ世界一ノ大都会デス．
 b. ハイ， Ø　世界一ノ大都会デス．
(3) 東京ガ世界一ノ大都会デスカ．
 a. ハイ，東京ガ世界一ノ大都会デス．
 b. *ハイ， Ø　世界一ノ大都会デス．
(4) 主文の主語としての「名詞句＋ガ」は省略することができない．主語が省略されている文は，全て「名詞句＋ハ」(すなわち主題) の省略に由来する．
 (久野 (1973: 222))

上記仮説 (4) の妥当性は，(5a) のように，「ガ」のみが許され，主題の「ハ」が許されないような環境においては，主語が省略された (5b) は，非文法文となることからも明らかである．

(5) 机ノ上ニ本ガアリマスカ．
 a. ハイ，机ノ上ニ　本 { ガ / *ハ } アリマス．
 b. *ハイ，机ノ上ニ　Ø　　　アリマス．
 (久野 (1973: 222))

　久野 (1973) での提案をより発展させ，久野 (1978) では，上記 (4) の仮説は，(6) に示した談話法文法の一つである「省略順序の規制」に集約できると提案している．

(6) 「省略順序の規制」
 省略は，より古い (重要度のより低い) インフォメーションを表わす要素から，より新しい (より重要な) インフォメーションを表わす要素へと順に行う．即ち，より新しい (より重要な) インフォメーションを省略して，より古い (重要度の低い) インフォメーションを表わす要素を残すことはできない．
 (久野 (1978: 15-16))

久野 (1978) によれば，(7) (＝(3)) の問いの答えとして (7b) が不適格な

のは，(6) の規制により以下のように説明されると述べている．

(7)(=(3))　東京ガ世界一ノ大都会デスカ．
　　a.　ハイ，東京ガ世界一ノ大都会デス．
　　b. *ハイ，　Ø　世界一ノ大都会デス．

(6) に従えば，(7b) の不適格性は，より新しいインフォメーションを表わしている「東京ガ」を省略し，より古いインフォメーションである「世界一ノ大都会デス」を残しているからと説明できる．久野は，(8) のような省略を説明するには，仮説 (4) だけでは不十分であるとし，仮説 (4) が「省略順序の制約」(6) に集約されるべきであると述べている．(8) では，括弧 [ ] 内が全て省略されている．

(8)　東京ガ世界一ノ大都会デスカ．
　　　ハイ，[東京ガ世界一ノ大都会デス]．

(8) が適切な省略である事実は，上記仮説 (4) に反し，「主語＋ガ」の句も実は省略されうることを示し，仮説 (4) のみで，これを説明するには，特別な条件を付加しなければならない．一方，(6) の「省略順序の制約」の元では，より新しいインフォメーションもより古いインフォメーションも共に省略されている (8) のような場合，どちらの情報が残っているかといったこととは無関係になり，「省略順序の制約」に抵触せず，適格文となると説明できる．

　上記に見た 1970 年代の久野氏の一連の日本語研究は，文脈，さらに，文脈に関わる情報の新旧といった視点から，日本語の省略現象を包括的かつ体系的に明らかにしたと言える．しかしながら，久野氏の一連の日本語の省略現象の研究の中で取り上げられなかった (9) のような主語名詞句に関わる「省略」現象がある．

(9) a.　Ø　最後まできれいに食べなさい．
　　b.　Ø　一緒に行きましょう．
　　c.　Ø　そんなこと言うな．

(9) の主語名詞句の省略には，久野氏のあげた談話情報依存の省略とは異なる 3 つの特徴が観察される．

(10) a. 文末に特定のモダリティ形式が現れる．
　　 b. 特定のモダリティ形式は，その主語の人称を制限している．
　　 c. その主語は題目解釈としては義務的省略を受けなければならない．

まず，(10a) に関して言えば，(9)（(11) として再録）の例文の文末は，全て，発話・伝達モダリティ形式が現れている（井上 (1976, 2006a, 2006b, 2007)，仁田 (1991)，長谷川 (2007, 2008, 2010)，上田 (2006, 2007a)，Ueda (2008, 2009a, 2009b, 2011)）．

(11) a. Ø　最後まできれいに食べ<u>なさい</u>．（命令）
　　 b. Ø　一緒に行き<u>ましょう</u>．（意志）
　　 c. Ø　そんなこと言う<u>な</u>．（禁止）

(11a) は，「命令」の発話・伝達モダリティ形式，(11b) は「意志」，(11c) は「禁止」として伝統的な国文法や日本語学でも議論されてきたものである．

　2番目の (10b) の特性として，(12a-c) にあげるように，それぞれのモダリティ形式は，その省略された空主語に特定の人称の解釈しか与えないことが指摘されている（仁田 (1991)，上田 (2007a)，Ueda (2008, 2009a, 2009b, 2011)）．

(12)　主語の人称解釈と発話・伝達モダリティ形式

	1人称 話し手	2人称 聞き手	3人称 太郎	例文
a.	*	√	*	最後まできれいに食べ<u>なさい</u>．（命令）
b.	√(複)	*	*	一緒に行き<u>ましょう</u>．（意志）
c.	*	√	*	そんなこと言う<u>な</u>．（禁止）

省略された音形のない場合の解釈を考えてみよう．「命令」の発話・伝達モダリティ形式の「ナサイ」は，その主語に2人称を指定し，それ以外の人称の主語の解釈は許さない．また，「意志」の発話・伝達モダリティ形式としてしられる「マショウ」は，1人称（複数）を，そして，「禁止」のモダリティ

形式「な」は，2人称を指定し，その他の人称解釈は許さないことがわかる．(12)において，3人称の「太郎」は許されると主張する人がいるかもしれない．しかしながら，(12)の文が発話された時点での「太郎」は，もはや3人称とはいえず，あくまでも発話によって働きかけられている「聞き手」，つまり「2人称」となってしまうことに留意されたい．太郎のいないところで，「太郎はそんなこというな」とは言えないことからも明らかである．

最後に3つ目の特徴は，省略の義務性である．(4)であげた久野（1973）の省略の例（(13)として再録）では，「東京ハ」は，省略されてもされなくても文の解釈に変わりはない．

(13)　東京ハ世界一ノ大都会デスカ．
　　　ハイ，{東京ハ / Ø} 世界一ノ大都会デス．

一方，(9)で省略された主語は，音韻形態的に具現化されてしまうと題目としての中立的な解釈はなくなってしまい，明らかに対照の解釈が優先してしまう．[1] (14a)–(14c)の * 印は，音韻形態的にゼロ形式であるときと同様の題目解釈として不適格という意味である．

(14) a.　{Ø / *あなたは} 最後まできれいに食べなさい．
　　 b.　{Ø / *私たちは} 一緒に行きましょう．
　　 c.　{Ø / *きみは} そんなこと言うな．

本稿の目的は，(14)で観察されるような題目解釈を持つ主語名詞句に生じる義務的省略現象の仕組みを発話・伝達モダリティ形式との共起関係および主語名詞句にかかる人称制限の観点から提案することである．

---

[1] 本稿では，久野（1973）に従い，「は」と「が」はそれぞれ以下のような意味機能を持つと仮定し，本稿を通して，久野氏の用語を借用し，議論を進めることとする．
　　(i)　「は」：「題目」「対照」
　　　　「が」：「中立叙述」「総記」

3. 主語名詞句の解釈と統語位置

　前節で観察したように，発話・伝達モダリティ形式との共起関係において，もっとも中立的な題目解釈の主語名詞句の現れ方は，音形のない Ø（ゼロ）形式であった．もし，主語解釈の名詞句が，「は」を伴って現れたとしても，そこでは「題目」解釈は薄れ，「対照」の解釈が強くなる．[2] また，「が」を伴って表れれば，「総記」の解釈が非常に強くなる．さらに，筆者が上田（2007a）以来の一連の研究で主張するように，発話・伝達モダリティ形式は，その主語名詞句に対して人称制限を行う．日本語の母語話者ならば，音韻形態的に Ø（ゼロ）形式であっても，ふさわしい主語の人称，すなわち，(15a) と (15b) は 2 人称主語，(15c) では 1 人称主語で，これらの文を解釈する．

(15)　題目解釈における主語名詞句の人称
　　　a.　Ø　早くこっちへ来い．　　　（命令）［＋2 人称］
　　　b.　Ø　そんなこと気にするな．　（禁止）［＋2 人称］
　　　c.　Ø　行きましょう．　　　　　（意志）［＋1 人称（複）］

日本語学の研究においても，古くから発話・伝達モダリティ形式と題目解釈の主語名詞句は共起しないと観察され，仁田（1991）には以下のような記述がある．

(16)　仁田（1991）
　　　a.　働きかけの文（対人的）は，題目を共起させない．
　　　b.　表出の意志の文は題目を共起させない．

本節では，(15) で観察するような発話・伝達モダリティ形式が，何故，音形を持つ題目解釈の主語名詞句と共起しないかを考察していく．
　発話・伝達モダリティ形式が，「命令」「疑問」といった文タイプを決める

---

　[2] 富岡諭氏より，発話・伝達モダリティ形式が音形的に具現化されている場合でも，音形のある主語に対し，題目解釈は可能なのではないかとの指摘を受けた．筆者の内省としては，やはり主語が音韻形態的に具現化されると，「対照」の解釈が最も自然であるように思われ，本稿では，筆者を含め数名の母語話者への確認をした上で，(14) での「は」格主語句が「対照」を表すとする直感の記述を基本とする．

という点からしても，長谷川（2007, 2008, 2010）での議論および遠藤（2009b）の2種類の副詞節とその内部に現れうる文要素の表出可能性の分析が主張するように，発話・伝達モダリティ形式が，文構造における機能範疇 Force（発話の力）との関わりが深いと想定することは妥当であると思われる．[3] 従って本稿では，ForceP の主要部の形態的具現化として，発話・伝達モダリティ形式が現れ得ると仮定する．この発話・伝達モダリティ形式が主要部 Force の形態的具現化と考えることは，(17) に示した Rizzi (1997) 以来の CP システムにおいても妥当であると考える（長谷川（2004, 2007, 2008, 2010））．説明の便宜上，ここでは，Rizzi (1997) において，構造的に上にある Top を Top1 とし，構造的に下にある Top を Top2 と呼ぶことにする．

(17)　CP 領域
　　　Force　　　Top1　Foc　Top2　…　Fin
　　　文のタイプ　題目　焦点　題目（対照）　定形／非定形

先ず，(18) の文から考えてみる．(18) は，日本語においても Rizzi のいうところの Top1（題目）が Foc（焦点）よりも構造的に上位にあることを示している．

(18)　A:　この法律は　誰が　制定したのですか？
　　　B:　a.　これは　エリザベス女王が　制定なさいました．
　　　　　　 Topic 　　　Foc
　　　　　b.??エリザベス女王が　これは　制定なさいました．
　　　　　　　 Foc 　　　　　　Topic

(18) において，「誰が制定したのか？」という問いに対し，その答えとなる「エリザベス女王」は，焦点化されているはずである．そして，話者 A の台詞の中に出てくる「この法律」を受けた「これは」は，特別な強勢がない限

---

[3] Ueda (2009a, 2009b, 2011) では，終助詞をその主要部の具現化とする CP 領域内の第4の機能範疇 F4 という独立した機能範疇をさらに仮定することを提案しているが，本稿では，紙面の関係上，終助詞については，充分に議論できず，言及しないため，便宜上，Force までの表記にとどめる．

り，(18-B-a)の語順において，題目解釈が最も自然である．一方，(18-B-b)の語順においては，単純な題目としては解釈が難しく，対照の解釈が強くなり，Aの質問に対する答えとしては，談話の流れとして不自然である．すなわち，(17)のTop1よりも構造的に低い位置に，Focは仮定され，さらに，対照の解釈をもつ「は」，すなわちTop2は，Focよりもさらに構造的に下の位置で解釈されることが(18-B-a)と(18-B-b)の対比から分る．(17)におけるRizziのCP構造でいうところのFocの右側にでるTop2は，日本語の事実から言えば，対照の解釈をもつ「は」の位置となる．言い換えれば，Focよりも右に現れる「は」は，対照の解釈でしか現れない．

さらに，以下の(19)-(20)の示す事実は，Forceの主要部が持つ[人称]の素性一致が，あくまでもChomsky (2000, 2001, 2008)のいうところの一致（AGREE）であり，一致要素の移動を促す主要部のEPPとは連動していないことを示している．

先ず，(19)は，(18)と異なり，主語以外の題目（ここでは，目的語の「この本」を題目化した「これは」）は，Forceの主要部として具現化した発話・伝達モダリティと共起可能であることを示している．

(19) 学生： 誰がこの本をレポートしましょうか？
  a. 先生： <u>これは</u>（そうだなあ）君が レポート<u>しなさい</u>．「命令」
  b. 先生： <u>これは</u>（そうだなあ）私が 説明<u>しましょう</u>．「意志」

さらに，(20)は，人称制限が，Forceの指定部以外でも，現れ得ることを示している．(20)では，Foc（焦点）の指定部にあると思われる主語の名詞句が「命令」「意志」の発話・伝達モダリティ形式が指定する人称に制限されていることがわかる．

(20) 学生： 誰がこの本をレポートしましょうか？
  a. 先生： これは ｛君／*私｝が レポート<u>しなさい</u>．「命令」
  b. 先生： これは ｛私／*君｝が 説明<u>しましょう</u>．「意志」

ここでの焦点解釈の「が」格主語名詞句が，(18)で示した題目解釈の主語名詞句と大きく異なるのは，Foc（焦点）の場合は，たとえ[人称]素性の一致が要求されていても(21)が示すように，その一致を起こした主語名詞句

は，音形をもって現れなければならない点である．[4]

(21)　学生：　誰がこの本をレポートしましょうか？
　　　 a.　先生：　これは　君が／*∅　レポートしなさい．「命令」
　　　 b.　先生：　これは　私が／*∅　説明しましょう．「意志」

　Force は，[人称]素性を持ち，Force の主要部に最も近い文要素である主語名詞句と[人称]素性において一致（AGREE）を起こし，また，長谷川 (2008, 2010) や遠藤 (2009a, b) が提案しているように，Endo (2007) および遠藤 (2009b) がいうところの主語基準（Subject Criterion）を満たすために，主語名詞句は Fin の指定部を占めているのかもしれない．しかし，(19)–(21) の事実が示している最も重要なことは，その主語名詞句をForce の指定部に要求する Force の EPP と連動しているのは，あくまでも[題目$_{主語}$]素性であるということである．[5] なぜなら，上記 (21) で示したように，もし一致を起こした主語名詞句が焦点解釈を受けるならば，その名詞句は，Foc の指定部に現れなくてはならず，その名詞句は，主語以外の題目解釈の名詞句より右側に，対照解釈の名詞句より左に出現するからである．では，発話・伝達モダリティ形式を伴った「命令」や「意志」を表す文において，題目解釈の主語名詞句が音形を持って現れ得ないのは，どのような統語的仕組みによるのだろうか．次節では，この義務的空主語化には，CP 領域内における[人称]素性の一致（AGREE）だけでなく，[題目]素性の一致（AGREE）に伴う Force 指定部への題目解釈の主語名詞句の移動が関与していること，また，この題目主語名詞句の移動先である Force に対し，Hasegawa (2005) および長谷川 (2008, 2010) の提案する主要部

---

　[4]「が」格は省略されないことは，久野 (1973) における久野氏の仮説 (i) からも予測できるかもしれない．しかしながら，本稿第 2 節で述べたように，久野 (1978) において，「名詞句＋ガ」の省略が存在することが指摘されている（議論の詳細は，久野 (1978) および本稿第 2 節参照）．

　　(i)　主文の主語としての「名詞句＋ガ」は省略することができない．主語が省略されている文は，全て「名詞句＋ハ」（すなわち主題）の省略に由来する．
　　　　　　　　　　　　　　　　　　　　　　　　　　　　　　　（久野 (1973: 222)）

　[5] 或は，これらの要素は，Chomsky (2008) でも示唆しているように，素性による移動ですらなく，解釈の時点で，ふさわしい統語的位置に位置していることが要求されているにすぎないのかもしれない．

と指定部の形態的具現化の原則が働いていることを主張する．

次節へ進む前に，CP 領域に観察された今までの事実と関連する機能範疇をまとめると (22) のようになる．

(22)
	Force	Top	Foc	Top	Fin
主要部の具現化	発話・伝達モダリティ	Ø		Ø	Ø
主要部の持つ素性	［人称］［題目$_{主語}$］	［題目$_{非主語}$］	［焦点］	［対照］	
指定部の具現化	題目$_{主語}$	題目$_{非主語}$	焦点	対照	

4. Force の指定部の具現化

Force の主要部が発話・伝達モダリティ形式に関与していると考えることは長谷川 (2007, 2008, 2010)，遠藤 (2009b) 同様，本稿も異論のないところであるが，題目解釈の主語が Force の発話・伝達モダリティ形式と共起できない点は，微妙に見解を異にする．長谷川 (2008, 2010) では，(23) のような主張を行っている．

(23) 空主語（主語の省略，無声化）の認可条件
主語の省略は，機能範疇 (IP や CP) の主要部の人称素性の一致により可能となる．　　　　　　　　　　　（長谷川 (2008: 21, 2010: 50)）

すなわち，長谷川は，空主語の条件には，人称素性の一致が関与していると述べている．長谷川 (2010) では，命令文における主語の省略を (24) のような CP 構造を想定して以下のように説明している．

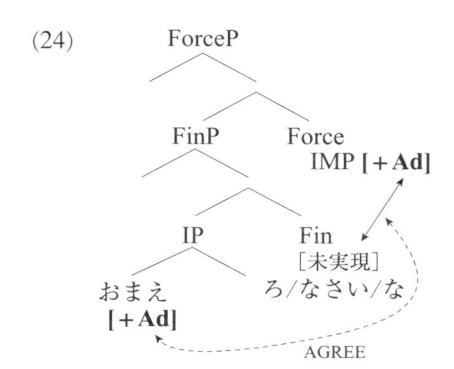

(24)
```
          ForceP
         /      \
      FinP      Force
      /  \      IMP [+Ad]
    IP    Fin
   /  \   [未実現]
 おまえ   ろ/なさい/な
 [+Ad]
         AGREE
```

（長谷川 (2010: 47)）

長谷川 (2010: 51) では,「Force の命令 IMP が特定の Fin タイプ［未現実］を指定し,さらに,IMP は,主語に人称素性［＋Ad］要素との一致を要請し,それが局所的に満たされることを条件として,主語の省略が可能になるのである」と説明している.さらに,長谷川 (2010: 47) は,「この Force の要請 (IMP のこと) は,形態的に Fin で,「命令形」として具現し,その探査領域の IP 内で［＋Ad］素性を持つ名詞と「一致」する.」と述べている.IP 内で,「一致」を受けた主語名詞句は,上記 (23) に従い省略可能であることになる.

しかしながら,長谷川 (2010) では,Rizzi (1997) の指摘を元に Hasegawa (2005) が提案し,長谷川 (2008, 2010) においても採用している下記 (25) の機能範疇素性における指定部と主要部の音韻形態的具現についての原則が, (23) で提案した空主語の認可条件とどのように関連・連動しているのか明記されていない.

(25) 　語用機能 (Force) の統語的表示
　　　語用機能 (Force) は,音韻形態的に,CP システムの「主要部」もしくは,「指定部」で表示されなければならない.
　　　　　　　　　　　　　　　　　　　　　　　　(長谷川 (2010: 40))[6]

(25) を採用しているとすれば,主語が音形的に表れない事実を考えると,IP 内で一致を起こした主語名詞句は,FinP の指定部まで移動し,そこで, (25) の語用機能 (Force) の統語的表示の適用を受けていることとなる.何故なら,命令文では,主要部が音韻形態的に表れているのは,長谷川の (24) の樹形図を見てもわかるように,FinP の主要部のみだからである.

しかしながら,上記 (25) の適用を受ける主語名詞句が,FinP の指定部を占めているとする考えは,前節までに観察してきた以下 3 点に対して同時に充分な説明を与えることができない: (i) 義務的に省略された主語名詞句は,題目解釈は持てるが,音韻形態的に表れた場合は,題目解釈は持てず,対照の解釈が強くなる点, (ii) 題目解釈の名詞句は,談話の焦点,Rizzi

---

[6] (25) は,Hasegawa (2005) で提案した (i) をさらに一般化したものである.
　　(i) 　A particular grammatical function, such as questions, is MORPHOLOGICALY marked EITHER by Head OR Spec.　　　(Hasegawa (2005: 39))

(1997) によるところの Foc に現れる焦点解釈の名詞句よりも構造的に高い位置に出現する点，(iii) Foc に現れる焦点解釈の名詞句にも人称制限はあるが，音韻形態的には表れなくてはならない点．

以下に続く節では，長谷川 (2008, 2010) とは異なり，義務的主語名詞句の省略は，FinP における［人称］素性の一致（AGREE）の後に，更なる移動を伴い，その移動先において，Hasegawa (2005) および長谷川 (2008, 2010) の提案する (25) が PF で満たされることで成立することを提案する．

5. 提案

本稿では，前節にあげた問題を解決するために，全ての呼応する主語名詞句が Fin の指定部に最終的に留まるとする長谷川 (2008, 2010) の仮定を捨てることを提案する．本稿では，前節までの議論から (26a-c) の 3 点を仮定する．

(26) a. Force の主要部は，少なくとも［人称］素性と［題目$_{主語}$］素性に関与している．
  b. Force の EPP 素性は，［題目$_{主語}$］素性と連動している．
  c. Hasegawa (2005) の「主要部―指定部の形態的具現化の原則」(25) を採用，PF で満たされていればよい．

(26a-c) を仮定した上で，先ず，Force の主要部が持つ［人称］素性は，純粋な AGREE で主語基準を満たした主語名詞句と一致を起こし，その主語名詞句は，［人称］に関して認可される．[7, 8] そして，Force の主要部と適切

---

[7] 主語基準を満たした名詞句が，Endo (2007) 以来の一連の研究（遠藤 (2009a, 2009b)）が提案するように，Fin の主要部との関係で Fin の指定部にいるか，或は，TP の指定部にいながら Fin によって基準をみたしているかは，ここでは，深くは議論しない．

[8] Ueda (2002) からの一連の研究 (Ueda (2003, 2007b, 2009c)) からすれば，遠藤の一連の研究 (Endo (2007), 遠藤 (2009a, 2009b)) が主張するように，主語基準を満たすのは，CP 領域の Fin であることは望ましい．ただし，実際の主語名詞句が，Fin の指定部まで移動して上がってきているのか，或は，Fin よりも構造的に低い位置にいるのか，或は，基底生成された vP の指定部に留まっているのかは，Fin の主要部の具現化の可能性によって，両方の可能性があるのではないかと考える．TP の指定部の使用に関しては，Ueda

な［人称］素性の一致を起こした主語名詞句が，［題目］素性を有していれば，それは，Force の持つ［題目$_{主語}$］素性とさらに一致を生じる．

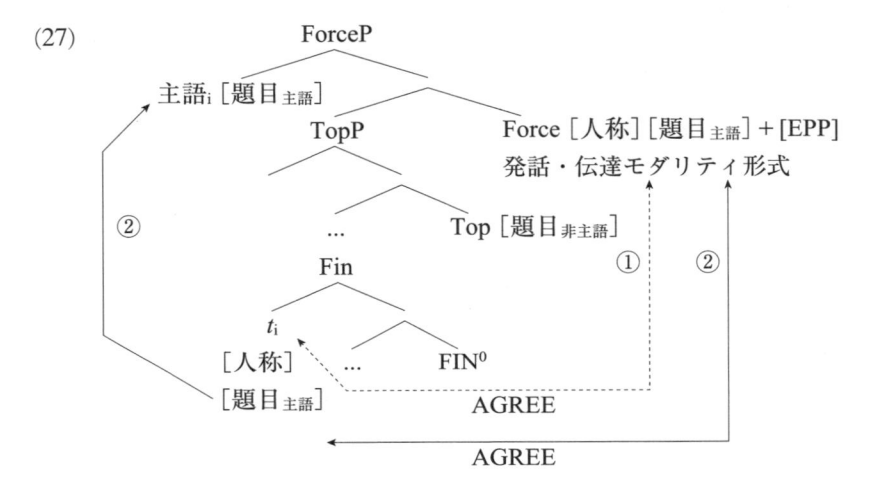

(27)
```
                    ForceP
        主語ᵢ[題目主語]
                    TopP              Force [人称][題目主語] + [EPP]
                                      発話・伝達モダリティ形式
              ②                ...    Top [題目非主語]
                      Fin                        ①    ②
                       tᵢ
                    [人称]    ...    FIN⁰
                    [題目主語]              AGREE
                              AGREE
```

(27) の状態で，Force の主要部と指定部の間に，Hasegawa (2005) および長谷川 (2008, 2010) の (25) が PF で適用すると仮定し，Force の主要部で「命令」「意志」といった発話・伝達モダリティ形式が形態的に具現化していれば，その指定部の題目解釈の主語名詞句は，具現化されないこととなる．一方，前節の (21)（(28) として再録）のように，Force の持つ［人称］素性と AGREE を起こした主語名詞句が［焦点］素性を持つような場合は，(29) のような派生を持つ．そして，(29) では，焦点解釈の主語は，Foc の主要部に述語の形態として具現化される要素がないため，主語自身が具現化されなければ，PF において (25) を満たすことができなくなるため，省略は許されないことも正しく予測されるのである．(29) は，(28) の樹形図で

(2002, 2007b, 2009c) 等を参照のこと．そこでは，Chomsky (2008) での主張とは異なり，日本語においては，C の主要部に生成された Φ 素性は C に留まり T の主要部まで浸透して降りて来ないと仮定し，日本語の T の主要部は，賦活化 (activate) されるには不完全であり，その結果，日本語の T の主要部は probe になることはない．すなわち，日本語は派生レベルでの統語操作には，T の主要部も指定部も参加できない（見えない）と主張している．

ある．

(28)　学生：　誰がこの本をレポートしましょうか？
　　a.　先生：　これは　君が／*∅　レポートしなさい．「命令」
　　b.　先生：　これは　私が／*∅　説明しましょう．「意志」

(29)　CP 領域

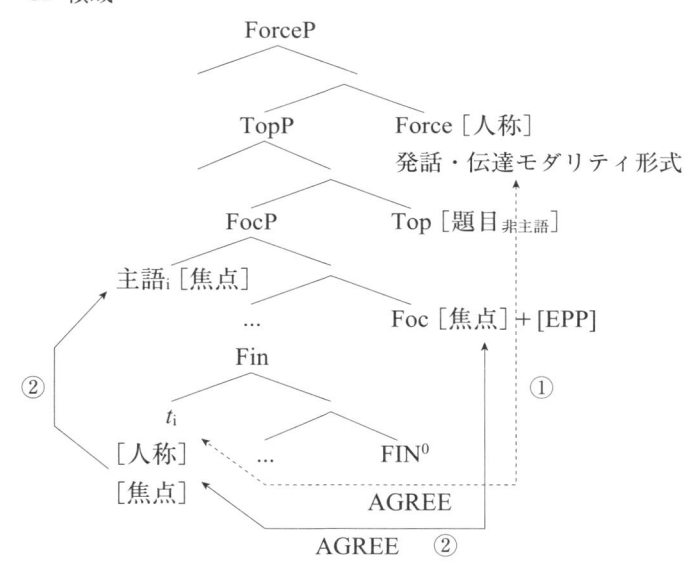

```
                    ForceP
                   /      \
                TopP       Force [人称]
               /    \      発話・伝達モダリティ形式
            FocP     Top [題目非主語]
           /    \        \
       主語ᵢ[焦点]  ...   Foc [焦点] + [EPP]
                          \
                          Fin
                         /    \
                       tᵢ    ...   FIN⁰
                    [人称]
                    [焦点]         AGREE
                              AGREE   ②
```

　①　②

6. まとめ

　本稿は，久野（1973, 1978）における日本語の省略現象に関する現象とは異なるタイプの主語名詞句の義務的省略現象をモダリティ形式の出現との関連から考察した．長谷川による一連の研究（長谷川（2004, 2007, 2008, 2010），Hasegawa（2005））を踏まえた上で，日本語のモダリティ形式が示す様々な統語的特性から上田（2006, 2007a）および Ueda（2009a, 2009b, 2011）が提案した CP 領域の統語構造の妥当性を示し，さらに精密化した主語名詞句の空主語化の仕組みを提案した．

　義務的な空主語化は，以下の 3 つの統語操作の帰結であることを提案した：(i) 主要部 Force の持つ [人称] 素性と主語名詞句の [人称] 素性の一致

(AGREE), (ii) 主要部 Force の持つ［題目$_{主語}$］素性と主語名詞句の［題目］素性の一致（AGREE）による題目要素（主語）の Force 指定部への移動, (iii) Rizzi (1997) の指摘を元にした Hasegawa (2005) および長谷川 (2008, 2010) の機能範疇素性の指定部と主要部の音韻形態的具現についての原則の適用. すなわち, 日本語の義務的空主語現象には, 上田 (2006) 以来指摘してきた［人称］素性の一致と共に, ［題目$_{主語}$］素性の一致と主語名詞句の Force 指定部への移動が関与している. 義務的空主語化は, 長谷川 (2008, 2010) 同様, ［人称］素性の一致は必要条件であるが, (iii) の長谷川の原則は［人称］素性の具現化に対して適用されるのではなく, ［題目$_{主語}$］素性の具現化に対して適用されることを主張した.

本研究は, 日本語の主語名詞句に関わる義務的な省略現象を説明しようと試みたものであるが, 従来, その意味や語用に目が向けられがちであった日本語のモダリティ分析に統語的な分析の可能性を広げるものとなった. この分析の広がりを可能にしたのは, 談話という観点を多岐にわたる統語現象の分析に導入した久野暲氏, 井上和子氏等の 1970 年代の体系的な日本語研究に寄与するところが大きい. さらに, 近年の CP 領域を命題領域と談話領域の接点として扱おうとする Rizzi (1997) 等の IP や CP 領域に関する多くの研究からの知見に拠る. そして, 統語構造において, 文の語用的機能の表示も明示できる CP 領域を想定することで, 日本語の主語名詞句に特化した統語位置を CP 領域内に仮定することも可能となった. 筆者が Ueda (2002) 以来主張する主語解釈を受ける名詞句の C による認可, 厳密に言えば, CP 領域内の機能範疇による認可, の可能性にさらなる証拠を提示することにもなった.

参照文献

Chomsky, Noam (2000) "Minimalist Inquiries," *Step by Step: Essays on Minimalism in Honor of Howard Lasnik*, ed. by Roger Martin, Davis Michaels and Juan Uriagereka, 89–155, MIT Press, Cambridge, MA.

Chomsky, Noam (2001) "Derivation by Phase," *Ken Hale: A Life in Language*, ed. by Micheal Kenstowicz, 1–52, MIT Press, Cambridge, MA.

Chomsky, Noam (2008) "On Phases," *Foundational Issues in Linguistic*

Theory, ed. by Robert Freidin, Carlos Otero and Maria Luisa Zubizarreta, 133-166, MIT Press, Cambridge, MA.

Endo, Yoshio (2007) *Locality and Information Structure: A Cartographic Approach to Japanese*, John Benjamins, Amsterdam.

遠藤喜雄 (2009a)「トピックのカートグラフィー」『日本語学』第28号 (4), 50-59.

遠藤喜雄 (2009b)「話し手と聞き手のカートグラフィー」『言語研究』第136号, 93-119.

長谷川信子 (2004)「一人称の省略:統語構造による分析 (A Preliminary Analysis)」『「テクスト理解と学習」科学研究費(基盤研究 (B) 研究報告書)』, 33-60, 神田外語大学.

Hasegawa, Nobuko (2005) "The EPP Materialized First, Agree Later: Wh-Questions, Subjects and *Mo* 'also'-Phrases," *Scientific Approaches to Language* 4, 33-80, Kanda University of International Studies.

長谷川信子(2007)「1人称の省略:モダリティとクレル」『日本語の主文現象:統語構造とモダリティ』, 長谷川信子(編), 331-369, ひつじ書房, 東京.

長谷川信子 (2008)「節のタイプと呼応現象:CPシステムと空主語の認可」『文の語用的機能と統語論:日本語の主文現象からの提言 (1) 科学研究費(基盤研究 (B) 研究報告書)』, 5-36, 神田外語大学.

長谷川信子 (2010)「CP領域からの空主語の認可」『統語論の新展開と日本語研究:命題を超えて』, 長谷川信子(編), 31-65, 開拓社, 東京.

井上和子 (1976)『変形文法と日本語(上)』大修館書店, 東京.

井上和子 (2006a)「日本語の条件節と主文のモダリティ」*Scientific Approaches to Language* 5, 9-28, 神田外語大学.

井上和子 (2006b)「主文のモダリティと日本語の条件節」*Scientific Approaches to Language* 6, 1-28, 神田外語大学.

井上和子 (2007)「日本語のモーダルの特徴再考」『日本語の主文現象:統語構造とモダリティ』, 長谷川信子(編), 227-260, ひつじ書房, 東京.

Kuno, Susumu (1973) *The Structure of the Japanese Language*, MIT Press, Cambridge, MA.

久野暲 (1973)『日本文法研究』大修館書店, 東京.

久野暲 (1978)『談話の文法』大修館書店, 東京.

仁田義雄 (1991)『日本語のモダリティと人称』ひつじ書房, 東京.

Rizzi, Luigi (1997) "The Fine Structure of the Left Periphery," *Elements of Grammar*, ed. by Liliane Heagman, 281-337, Kluwer, Dordrecht.

Ueda, Yukiko (2002) *Subject Positions, Ditransitives, and Scope in Minimalist Syntax: A Phase-Based Approach*, Doctoral dissertation, Kanda

University of International Studies.
Ueda, Yukiko (2003) "Subject Positions in Japanese," *Japanese/Korean Linguistics Conference* 11, 529-542.
上田由紀子 (2006)「人称制限と統語構造」*Scientific Approaches to Language* 5, 161-180, 神田外語大学.
上田由紀子 (2007a)「日本語のモダリティの統語構造と人称制限」『日本語の主文現象：統語構造とモダリティ』, 長谷川信子(編), 261-294, ひつじ書房, 東京.
Ueda, Yukiko (2007b) "F_{quant}-matching before the EPP-Satisfaction," *Formal Approaches to Japanese Linguistics: Proceedings of FAJL 4*, MITWPL, 55, 241-252.
Ueda, Yukiko (2008) "Person Restriction and Syntactic Structure of Japanese Modals," *Scientific Approaches to Language* 7, 123-150, Kanda University of International Studies.
Ueda, Yukiko (2009a) "The Right-Periphery in the Japanese CP," *Scientific Approaches to Language* 8, 95-118, Kanda University of International Studies.
Ueda, Yukiko (2009b) "Person Restriction in CP-Domain," *Proceedings of the 5th Workshop on Altaic Formal Linguistics*, MITWPL, 58, 345-359.
Ueda, Yukiko (2009c) "On Scope and Phases: Reconsidering Structure Building and Interpretation," *The Dynamics of the Language Faculty—Perspectives from Linguistics and Cognitive Neuroscience*, ed. by Hiroto Hoshi, 111-134, Kurosio, Tokyo.
Ueda, Yukiko (2011) "Functions of CP-Domain: An Interface between Information Structure and Syntactic Structure,"『発話と文のモダリティ——対照研究の視点から』, 武内道子・佐藤裕美(編), 139-157, ひつじ書房, 東京.

第 12 章

受益性のない事象における「ていただく」について
——「〜に V してもらう」構文の機能的分析から——*

上原　由美子

1. はじめに

　日本語の授受表現に関する研究は，70 年代の Kuno (1973)，久野 (1978) による「視点」と「共感度」に基づく分析を契機とし，現在にいたるまで，文法研究の分野のみならず，社会言語学や日本語教育などの分野においても数多くの論考が発表されている．本稿では，補助動詞「てもらう」の謙譲語の形である「ていただく」のある種の用法に着目し，高見・久野 (2002) による「「〜に V してもらう」構文の機能的分析」に基づいて，考察を試みる．
　「てもらう」やその謙譲語の「ていただく」は，通常，(1), (2) の例が示すように，話し手が，主語名詞句の指示物（多くの場合は話し手自身）が恩恵を受けると認識する事象を表す場合に用いられる．

(1) a.　(私は) 友だちに論文の下書きを見てもらった．
　　b.　(私は) 先生に論文の下書きを見ていただいた．
(2) a.　先日来てもらった時は，留守をしていてごめんね．
　　b.　先日お越しいただいた際は，留守をしておりまして失礼いたしました．

---

* 本稿は，2010 年 7 月 1〜2 日に神田外語大学で開催された神田外語大学 CLS 10 周年言語学研究会『70 年代「日本語の生成文法研究」再認識——久野暲先生と井上和子先生を囲んで——』における口頭発表の原稿に加筆・修正したものである．久野暲先生をはじめ，会場において貴重なコメントをくださった多くの方々に，および原稿執筆にあたり貴重な助言をくださった長谷川信子氏に心より感謝の意を表する．本稿の不備・誤りはすべて筆者の責任である．

(1)では，(1a)の「てもらう」(1b)の「ていただく」とも，「友だち／先生が話し手の論文の下書きを見る」という行為によって，話し手は，よりよい論文を書くことができる等の利益を得，それをありがたいと感じていることが表されている．同様に，(2a, b)では，「聞き手が話し手の家に来た」という出来事について，話し手がそれをありがたいと認識しているものとして表されている．

このように，「てもらう」「ていただく」は，基本的に，その事象によって主語名詞句指示物（多くの場合は話し手自身）が恩恵を受けるものと話し手が認識していることを表す場合に用いられる．しかし，このうち，特に謙譲語の「ていただく」の方に関しては，サービス業等の場面において，話し手が直接的に恩恵を受けるとはいえない事象を表す場合にもよく使われている（山本 (2003)，上原 (2007)）．例えば (3) のような例である．

(3) （デパートで）
    客 ： すみません．タオルの売場はどこでしょうか．
    店員：二つ目の角を右に曲がっていただくと，左側にございます．

これは，デパートの店員が客から売場の場所を尋ねられた時の説明として用いた「ていただく」の例である．この状況においては，客の「二つ目の角を右に曲がる」という行為自体によって店員がなんらかの恩恵を受けるとはいえないが，それにもかかわらず「ていただく」が使われている．

本稿では，このような，主動詞（「ていだたく」が接続する動詞）が表す事象自体によって話し手が恩恵を受けるとはいえない（以下，「受益性のない」と表す）場合でも「ていただく」が用いられる例について，その使用・運用の語用的状況を明らかにし，その上で，なぜ受益性がなくても「ていただく」が使えるのか，「ていただく」の非謙譲語の形式である「てもらう」の構文の機能的分析（高見・久野 (2002)）に基づいて考察する．さらに，これらの文が特定の語用的場面（以下でより詳しく述べるが，サービス業等の場面）で多く使われる理由を，日本語における対人的な配慮のしくみの観点から考察する．[1]

---

[1] 本稿で扱う受益性のない用法に限らず，一般的に，近年「ていただく」の使用が拡大し

なお，本稿が，非謙譲語の「てもらう」を考察の対象に含めず，謙譲語の「ていただく」だけを対象とするのは，ここで扱う現象が「ていただく」の文に顕著に見られ，非謙譲語の「てもらう」の文においては使用例が限られるためである．ただし，地域や個人によっては，同じ現象が非謙譲語の「てもらう」にも多く観察されることもあり，「てもらう」が本稿で扱う現象と無関係というわけではない．[2] 本稿で扱う現象が，非謙譲語の「てもらう」において，どの程度実現されているかについては，地域差を考慮に入れた調査が別途必要であると思われる．

　また，主語名詞句指示物が恩恵を受けるか否か（「受益性」があるかないか）に関する区別は，今のところ，客観的な判断基準はない．一般的には，(1), (2)のように，主語名詞句に付随する事物（(1)の「論文の下書き」，(2)では明示されていないが「家」「職場」など），あるいは主語名詞句自体が主動詞の項である場合は，受益性のある「ていただく」になるといえることが多い．ただし，文脈によっては，項であっても「(うちに)来てもらっては迷惑だ」など，受益性を表さない場合もあり（仁田（1991），熊井（2002），山田（2004）等），一方では，項ではない場合にも，「(レースで相手に)ころんでもらって助かった」など，受益性を表す場合もある．受益性のある「ていただく」と受益性のない「いただく」の客観的な区別については，文脈の影響も含め，稿を改めて考察したい．

　「てもらう」には，上に挙げた「(うちに)来てもらっては迷惑だ」をはじめ，「間違ってもらっては困る」のように，文脈によっては話者にとってことさら迷惑なことがらを表す用法がある（仁田（1991），熊井（2002），山田（2004）等）．同様に謙譲語の「ていただく」についても，「間違っていただいては困ります」のように用いられることがあるが，この用法は本稿の考察

ていることが指摘されている（金澤（2007），秋田（2010）等）．また，「てくださる」と「ていただく」の両者が入り得る文においても，「ていただく」の方が高い割合で選択されているという調査がある（金澤（2007））．

　[2] 山田（2004: 74）は，「(道で)そこを右にまがってもらってまっすぐ行ってもらうと駅にでますよ」の例について，「この用法には地域差があると考えられる」としている．また，「大阪制作の料理番組では，概して〜テモローテの形式を用いて料理手順を指示することが多い」と述べている．

の対象とはしない．つまり，本稿の対象は，(3) に見られるような，受益性もなく，また迷惑なことでもないと考えられる事象を表す文とする．

　本稿の構成は以下の通りである．以下，第2節では受益性のない「ていただく」について現象を整理する．第3節では第4節以降の考察の基盤となる高見・久野 (2002) の「～に V してもらう」構文の機能的分析を概観する．第4節では，高見・久野 (2002) の分析に基づいて，受益性のない「ていただく」の文がどのように成立するか考察する．第5節では，なぜサービス業等の場面において，受益性のない「ていただく」が多く使用されるのか，その理由を日本語の配慮のしくみの観点から考察する．第6節は，まとめと今後の課題である．

2. 受益性のない「ていただく」の現象の整理

　本節では，受益性のない「ていただく」の文について，その語用的な意味・機能，使われる場面，統語的特徴の観点から現象を整理する．

2.1. 受益性のない「ていただく」の文の語用的な意味・機能

　まず，日常生活の中から，受益性のない「ていただく」の例文を収集して，語用的な意味・機能の観点から整理してみたところ，以下のように，(I) 指示を表す用法，(II) 許可・可能性の提示を表す用法，として用いられていることがわかった．(I) と (II) にわけて例文を挙げる．

(I)　指示を表す用法

　指示を表す用法に関しては，例文 (4)-(7) に見るように，サービス業等の場面において，サービスを提供する側（従業員等）が提供される側（客等）に対して，その場での指示をする際よく用いられる．

(4)　（スポーツジムのインストラクターが，体の動きを自分でやってみせながら，受講生に指示する）
　　　このように両手を上げていただいて，それからゆっくりおろします．
(5)　（病院の受付で，受付職員が患者に手続きを指示する）
　　　この用紙に記入していただいて，受付にお出しください．順番にお

第 12 章 受益性のない事象における「ていただく」について 299

　　　名前をお呼びします．
(6)　（グループ旅行のガイドがツアー客に指示する）
　　　あすは，1 階のレストランで各自 (a) お食事をしていただいたあと，
　　　8 時にロビーに (b) 集合していただきます．遅れないようにお願い
　　　いたします．
(7)　（商談で，売り手が客に書類をめくることを指示する）
　　　それでは，次のページに行っていただいて…（客が書類をめくる）．
　　　では，次に，○○についてご説明いたします．

指示を表す場合，(6b) の「ていただきます」のように文末で言い切る場合
も，(4), (5), (6a) の「ていただいて」「ていただいたあと」のように文中で
使われる場合もある．また，(7) のように，言い差しのまま，その文が終わ
る場合もある．文末で言い切る形式については，非謙譲語形の「てもらう」
についても，「8 時にロビーに集合してもらいます．遅れないように．」のよ
うに指示を表す用法があることが指摘されている（山田 (2004) 等）．しか
し，文中で「〜てもらって」「〜てもらったあと」のように使われることは，
筆者の観察では，「ていただく」ほど多くない．ただし，脚注 2 で述べたよ
うに，地域による違いもあるようである．
　次に，指示を表す用法の一種として，仮定を表す「〜と」「〜ば」節等で用
いる用法や，「〜ていただくのがいい」などの勧めの表現など，聞き手への
間接的な指示を表す以下のような用法がある．

(3)　再掲（デパートで）
　　　客　：すみません．タオルの売場はどこでしょうか．
　　　店員：二つ目の角を右に曲がっていただくと，左側にございます．
(8)　（テレビの通販番組で，出演者が商品である AV 機器の説明をする）
　　　まずふたを開けていただいて，ここに DVD を置いていただければ，
　　　こうやって DVD とテレビを両方見ることができるんですね．
(9)　（テレビの通販番組で，出演者が商品である浄水器の説明をする）
　　　まずコップを置いていただきます．そして，このボタンを押してい
　　　ただくと，こちらから水が出てきます．
(10)（ニュース番組で，夏の暑さで熱中症になる人が多いという話題がと
　　　り上げられ，医者が記者の取材に答える）

暑いときには，適度な塩分を<u>とっていただく</u>のがいいと思います．

(4)-(7) が直接的な指示を表すのに対して，(3), (8), (9), (10) は，道案内や手順の説明など，ある目的を達成するための方法を説明するために用いられる間接的な指示を表す用法といえる．例えば，(3) における，「二つ目の角を右に曲がる」という行為は，聞き手が「タオルの売場にたどり着く」という目的を達成するためにすべきことであり，文全体では，「タオルの売り場にたどり着くためには，二つ目の角を曲がってください」という間接的な指示を表しているといえる．このような用法は，特に，店やテレビ通販等で売り手が商品の使い方を説明する際や，専門家が一般の人にアドバイスする際などによく用いられている．手順など，いくつかのステップを説明する際には，(8) のように，「～ていただいて，～ていただければ」と重ねたり，(9) のように，まず「～ていただきます．」といったん文を終わらせてから，次の手順を説明するところで「いただくと」と仮定を表す表現が出てくることもある．

(II) 許可・可能性の提示を表す用法

次に，以下の (11)-(13) のような許可・可能性の提示を表す用法について見る．この用法についても，サービスを提供する側（従業員等）が提供される側（客等）に対して用いることが多い．[3] 口頭だけでなく，チラシや書面の案内などにもよく使われている．

(11) （店の割引券について，店員が客に説明する）
　　　この割引券は，当社の全店舗で<u>お使いいただけます</u>．
(12) （菓子のパッケージの説明書き）
　　　冷蔵庫で<u>冷やしていただくと</u>，いっそうおいしく<u>お召し上がりいただけます</u>．
(13) （テレビの通販番組で，出演者が商品の説明をする）
　　　ケースのお色は，この4色の中から<u>お選びいただく</u>ことができます．

---

[3] 許可・可能性の提示を表す形式として，尊敬語の「～になれる」（「この割引券は，当社の全店舗でお使いになれます」等）も用いられるが，筆者の観察では「～ていただく」の方が多く使われている．

以上，受益性のない「ていただく」について，語用的な意味・機能の観点から整理し，(I) 指示を表す用法，(II) 許可・可能性の提示を表す用法に分けて，例文を見てきた.[4]

2.2. 受益性のない「ていただく」が使われる場面

次に，受益性のない「ていただく」が使われている場面について考察する．上述したように，受益性のない「ていただく」は，サービス業等の場面においてよく聞かれる．話し手と聞き手の関係としては，売り手と買い手，病院関係者と患者，放送の送り手と視聴者，講師・インストラクターと受講者などである．まとめると，話し手と聞き手が，サービスを提供する側とされる側という社会的立場にある場面でよく使われているといえる．

受益性のない「ていただく」が，なぜ，このような，話し手と聞き手が，サービスを提供する側とされる側という社会的立場にある場面で使われるのかという点については，第5節で考察する．

2.3. 受益性のない「ていただく」の統語的特徴①

2.3節と2.4節では，受益性のない「ていただく」の文の統語的特徴について2つの点を挙げる．まず，受益性のない「ていただく」の文は，以下に見るように，「ていただく」の部分がなくても文が成立し，文の知的意味が変わらないという性質を持つ．以下の (3′)–(13′) は，それぞれ，上で見た受益性のない「ていただく」の例文 (3)–(13) から「ていただく」を取った文である．(3)–(13) の再掲と共に示す．

---

[4] ここに挙げた (I) 指示を表す用法，(II) 許可・可能性の提示を表す用法以外にも，受益性のない「ていただく」を耳にすることがある．例えば，筆者が実際に聞いた文であるが，店で服を購入し，一度洗濯したら色落ちしてしまったとして商品にクレームをつけに来た客に，店員が「一度洗濯していただいて，色が落ちてしまったということでございますね.」と確認していた．「客が洗濯をする」ということによって店員が利益を受けるとは考えられないが，自社の商品に関する行為であるという点で配慮をこめて「ていただく」を使ったものと考えられる．このような例は，改めて文法性判断をすると不自然であると判断されることが多いが，実際には使用が増えているように感じられる．今後，データを収集し，使用状況を調査する必要がある．

(3)　(デパートで)
　　　客　：　すみません．タオルの売場はどこでしょうか．
　　　店員：　二つ目の角を右に曲がっていただくと，左側にございます．
(3′)　(デパートで)
　　　客　：　すみません．タオルの売場はどこでしょうか．
　　　店員：　二つ目の角を右に曲がると，左側にございます．

(4)　このように両手を上げていただいて，それからゆっくりおろします．

(4′)　このように両手を上げて，それからゆっくりおろします．

(5)　この用紙に記入していただいて，受付にお出しください．順番にお名前をお呼びします．

(5′)　この用紙に記入して，受付にお出しください．順番にお名前をお呼びします．

(6)　あすは，1階のレストランで各自 (a) お食事をしていただいたあと，8時にロビーに (b) 集合していただきます．遅れないようにお願いいたします．

(6′)　あすは，1階のレストランで各自お食事をしたあと，8時にロビーに集合します．遅れないようにお願いいたします．

(7)　それでは，次のページに行っていただいて…(客が書類をめくる)．
　　　では，次に，○○についてご説明いたします．

(7′)　それでは，次のページに行って…(客が書類をめくる)．
　　　では，次に，○○についてご説明いたします．

(8)　まずふたを開けていただいて，ここに DVD を置いていただければ，こうやって DVD とテレビを両方見ることができるんですね．

(8′)　まずふたを開けて，ここに DVD を置けば，こうやって DVD とテレビを両方見ることができるんですね．

(9)　まずコップを置いていただきます．そして，このボタンを押していただくと，こちらから水が出てきます．

(9′)　まずコップを置きます．そして，このボタンを押すと，こちらから水が出てきます．

第12章 受益性のない事象における「ていただく」について 303

(10) 暑いときには，適度な塩分を<u>とっていただく</u>のがいいと思います．
(10′) 暑いときには，適度な塩分を<u>とる</u>のがいいと思います．

(11) この割引券は，当社の全店舗で<u>お使いいただけます</u>．
(11′) この割引券は，当社の全店舗で<u>使えます</u>．

(12) 冷蔵庫で冷やしていただくと，いっそうおいしく<u>お召し上がりいただけます</u>．
(12′) 冷蔵庫で冷やすと，いっそうおいしく<u>召し上がれます</u>．

(13) ケースのお色は，この4色の中から<u>お選びいただく</u>ことができます．
(13′) ケースのお色は，この4色の中から<u>選ぶ</u>ことができます．

　以上のように，受益性のない「ていただく」の文は，「ていただく」がなくても文が成立し，知的意味が変わらないという性質をもつ．この現象については，次のように説明できる．上記の (3)-(13)（「ていただく」の文）では，主語名詞句は明示されていないが，意味上は，話し手自身を指している．これは，非謙譲語の「てもらう」の主語が話し手以外を指すことがあるのと異なり，「ていただく」の主語は，その謙譲語という性質から，通常は話し手自身を指す（Kuno (1973: 130)）ということによる．また，(3)-(13)（「ていただく」の文）において，「ニ」格名詞句も明示されていないが，こちらは聞き手を指している．これは，受益性のない「ていただく」の文の機能は，上述したように「指示」や「許可・可能性の提示」を表すが，これらは話し手が聞き手に働きかける機能であることから，必然的に，「ニ」格名詞句は，第三者ではなく聞き手を指すということによる．つまり，受益性のない「ていただく」の文においては，主語および「ニ」格名詞句が第三者を指示する可能性は排除され，主語は話し手に，「ニ」格名詞句は聞き手に限定されるのである．これに対し，(3′)-(13′)（「ていただく」のない文）は，人称の指定のない，一般的な説明を表すが，商品の説明等の文においては，一般的に，動詞が表す動作を行うのは客（つまり聞き手）と想定するため，結果として，(3)-(13) と (3′)-(13′) は，共に，話し手から聞き手への「指示」や「許可・可能性の提示」を表し，同じ知的意味を持つことになる．

　このように，「ていただく」がある文とない文は，統語的には異なるものであるが，受益性のない「ていただく」の文は主語および「ニ」格名詞句の

指示対象が，それぞれ，話し手と聞き手に限定されるという理由から，結果として，両者の知的意味は変わらないということになるものと説明できる．

2.4.　受益性のない「ていただく」の統語的特徴②

次に，受益性のない「ていただく」は，「てくださる」に言い換えられないという特徴を持つ．受益性のある通常の「ていただく」は，一般的に「てくださる」に言い換え可能な場合が多い．冒頭に挙げた (1b), (2b) の「ていただく」を，それぞれ「てくださる」に言い換えたのが (1b″), (2b″) である．

(1b)　　（私は）先生に論文の下書きを見ていただいた．
(1b″)　先生が（私の）論文の下書きを見てくださった．
(2b)　　先日お越しいただいた際は，留守をしておりまして失礼いたしました．
(2b″)　先日お越しくださった際は，留守をしておりまして失礼いたしました．

一方，受益性のない「ていただく」は「てくださる」に言い換えることができない．(3″)-(13″) は，受益性のない「ていただく」の例文 (3)-(13) の「ていただく」を「てくださる」に言い換えた文である．すべて非文か，またはかなり不自然な文となる．

(3″)　（デパートで）
　　　　客　：すみません．タオルの売場はどこでしょうか．
　　　　店員：*二つ目の角を右に曲がってくださると，左側にございます．
(4″)　*このように両手を上げてくださって，それからゆっくりおろします．
(5″)　*この用紙に記入してくださって，受付にお出しください．順番にお名前をお呼びします．
(6″)　*あすは，1階のレストランで各自お食事をしてくださったあと，8時にロビーに集合してくださいます．遅れないようにお願いいたします．
(7″)　*それでは，次のページに行ってくださって…（客が書類をめくる）．では，次に，○○についてご説明いたします．

(8″) *まずふたを開けてくださって，ここにDVDを置いてくだされば，こうやってDVDとテレビを両方見ることができるんですね．
(9″) *まずコップを置いてくださいます．そして，このボタンを押してくださると，こちらから水が出てきます．
(10″) *暑いときには，適度な塩分をとってくださるのがいいと思います．
(11″) *この割引券は，当社の全店舗でお使いくだされます．
(12″) *冷蔵庫で冷やしてくださると，いっそうおいしくお召し上がりくだされます．
(13″) ??ケースのお色は，この4色の中からお選びくださることができます．

(11″)，(12″) に関しては，そもそも「くれる」「くださる」は可能形にならないので当然，非文になるが，「ことができます」を付加した形式である (13″) もかなり不自然である．

以上見てきたように，受益性のない「ていただく」は，「てくださる」には言い換えられない．この点は，次の第3節で概観する高見・久野（2002）による「てもらう」と「てくれる」の違いに関する分析と関わる重要な点である．第4節で再度考察する．

以上，本節では，受益性のない「ていただく」の文について，その特徴を見てきた．内容を表1にまとめる．

表1: 受益性のない「ていただく」のまとめ

文の語用的な意味・機能	（I）指示を表す （II）許可・可能性の提示を表す
使われる場面	話し手と聞き手が，サービスを提供する側とされる側という社会的立場にある場面
統語的特徴	①「ていただく」がなくても文が成立する（文の知的意味は変わらない）
	②「ていただく」を「てくださる」に言い換えられない

3. 「〜に V してもらう」構文の機能的分析: 高見・久野 (2002)

本節では，高見・久野 (2002) の「「〜に V してもらう」構文の機能的分析」を概観する．この分析は，次節にて，受益性のない「ていただく」が成立するしくみについて考察する際の基盤となる．なお，本稿で対象としているのは，謙譲語である「ていただく」であるが，本節では，ひとまず敬語に関する問題は考慮に入れず，授受表現の基本的な機能として，非謙譲語の「てもらう」と「てくれる」の相違について，高見・久野 (2002) の内容をまとめ，次の第4節にて，これを敬語の「ていただく」「てくださる」の考察に援用することとする．

3.1. 「てくれる」「てもらう」の基本的機能

高見・久野 (2002) は，「てくれる」と「てもらう」は一般に，(14a, b) のように言い換えが可能であるが，中には，(15a, b) のように「てくれる」が適格でも「てもらう」が不適格な場合があるとしている．

(14) a. 教科書を忘れたので，隣の人が見せて<u>くれた</u>．
　　　b. 教科書を忘れたので，隣の人に見せて<u>もらった</u>．
(15) a. 池の水が<u>凍ってくれて</u>，スケートができるようになった．
　　　b. *池の水に<u>凍ってもらって</u>，スケートができるようになった．

　　　　　　　　　　　　　　　　　　　　（高見・久野 (2002: 283) 下線は筆者）

高見・久野 (2002) は，(15a, b) に見られる，「〜に V してもらう」構文（以下，「てもらう」構文）と「〜が V してくれる」の構文（以下，「てくれる」構文）の文法性の違いが何に起因するか詳細に分析している．以下，これについて見ていくが，先に結論を述べると，両構文の基本的機能は，それぞれ (16), (17) であるとしている．

(16) 「てくれる」構文： 主語指示物が行う行為や関与する事象を，話し手が自分（または非主語指示物）にとって好都合である（利益になる）と考えていることを示す．　　　　　　　　　　　　　(ibid.: 349)
(17) 「てもらう」構文：「ニ」格名詞句指示物が行う行為や関与する事象を，話し手が主語指示物にとって好都合である（利益になる）と考え，

その利益が「ニ」格名詞句の指示物のおかげであると考えていることを示す．　　　　　　　　　　　　　　　（ibid.: 350. 下線は筆者）

(16), (17)をまとめると，その事象が話し手の利益になる，と話し手が考えているという点は両構文に共通であるが，「てもらう」構文においては，話し手がその利益は「ニ」格名詞句の指示物のおかげであると考えていることも同時に示しているのに対し，「てくれる」構文にはこの機能はなく，この点が両構文の違いであるということになる．これは，以下に見るような，副詞句の共起関係の違い，および格助詞「ガ」と「ニ」がもともと持っている性質の違いから説明されている．

副詞句の共起関係の違い
(18) a.　驚いたことに，太郎がアパートに来てくれた．
　　 b.　*驚いたことに，太郎にアパートに来てもらった．
(19) a.　頼みもしないのに，太郎がアパートに来てくれた．
　　 b.　*頼みもしないのに，太郎にアパートに来てもらった．
　　　　　　　　　　　　　　　　　　　　　　　　　　　　　（ibid.: 295）

(18)の「驚いたことに」，(19)の「頼みもしないのに」という副詞句は，それぞれ(a)「てくれる」とは共起し，(b)「てもらう」とは共起しない．高見・久野 (2002) は，この共起関係の違いから，「てくれる」構文は，「受益者（話し手や与格名詞句の指示物）が主語指示物（中略）に働きかけたり，頼んだりしなくても，主語指示物がある行為を行ったり，ある事象を引き起こし，その結果，その行為や事象が受益者の利益になる点を示している．（中略）受益者は，働きかけてもいない主語指示物に感謝しているのではなく，主語指示物が行ったり，引き起こした「事象自体」が，自分（あるいは自分の身近な人）にとって好都合であると思っているものと想定（あるいは仮定）できる．」（同: 295. 下線は筆者）としている．一方，「てもらう」構文については，これらの副詞句と共起しないという事実から，「主語指示物（中略）が「ニ」格名詞句指示物（中略）に働きかけて，ある行為や事象を引き起こさせたり，あるいはある行為や事象が起こることを望んだり期待していて，その行為や事象が起こり，その結果，主語指示物が利益を得ることを示している．（中略）利益を受ける主語指示物は，働きかけたり期待をかけた「ニ」

格名詞句指示物に感謝していると言える．」(ibid.: 295-296．下線は筆者)
としている．

　また，高見・久野 (2002) は，格助詞の「ガ」と「ニ」がもともと持っている機能の違いからも，「てもらう」と「てくれる」の違いを説明している．

格助詞「ガ」と「ニ」がもともと持っている機能の違い
(20) a.　　私は，花子が合格することを期待する．
　　 b.　　私は，物価が下がることを期待する．
(21) a.　　私は，花子に合格することを期待する．
　　 b. ??/*私は物価に下がることを期待する．　　　　　　　　(ibid.: 296)

　(20)，(21) についての高見・久野 (2002: 296) の説明をまとめると，以下のようになる．(20) に見るように，「ガ」でマークされる名詞句は，「花子」のような人間で，主節の主語「私」からなんらかの働きかけや影響 (effect) を受け得るものでも，あるいは「物価」のような無生物で，そのような働きかけや影響を受けないものでも可能である．一方，(21) に見るように，「ニ」格でマークされる名詞句は，「花子」のように主節の主語からなんらかの働きかけや影響を受け得るものでなければならず，「物価」のようにそれらを受けられないものであってはならない．この違いを「てもらう」構文と「てくれる」構文に適用すると，「てもらう」構文では，「ニ」格名詞句は，主節主語の指示対象からなんらかの働きかけや影響を受けることを表しており，主語指示物は，そのような働きかけや影響を与えた「ニ」格名詞句指示物に対して感謝しており，自分の受けた利益を「ニ」格名詞句指示物のおかげだと考えていることになる．一方，「ガ」格は，主節主語から働きかけや影響を受ける必要がないため，「てくれる」構文では，「ガ」格名詞句が行った行為や関与する事象が話し手等にとって好都合だったことのみが示されることになる．

　以上のように，高見・久野 (2002) は，副詞句の共起関係，および，格助詞「ガ」「ニ」のもともとの性質という二つの観点から，「てくれる」構文の基本的機能は，話し手等が事象によって利益を得ることを示すことであり，一方「てもらう」構文の基本的機能は，話し手等が事象によって利益を得ることを表すことに加え，利益が「ニ」格名詞句の指示物のおかげであると考えていることを示すことであると分析している．

3.2. 文の適格性に関わる4つの語用論的要因

　さらに，高見・久野 (2002) は，「てくれる」「てもらう」構文の適格性が，上の基本的機能から生じる4つの語用論的要因によって，段階的に決定されることを示している．4つの語用論的要因とは，「てもらう」構文の場合，(i)「ニ」格名詞句が，「てもらう」構文の「ニ」格名詞句になりやすいかどうか（左側の要素ほど「ニ」格名詞句になりやすいという階層をなしている：人間＞動物＞自然の力＞無生物），(ii)「ニ」格名詞句が自ら引き起こす事象かどうか，(iii)「～てもらう」が現れる節のところまでで主語指示物に対する利益の意味が示されているかどうか，(iv)「～てもらう」の後続文脈で主語指示物に対する利益の意味が示されているかどうか，の4つである．この4つの要因の観点から見て，「てもらう」の文の適格性が最大となるのは (22) のような文である．

(22)　先生に励ましの言葉をかけてもらい，元気が出てきた．　　(ibid.: 339)

(22) では，(i)「ニ」格名詞句「先生」は「人間」であり，(ii)「励ましの言葉をかける」という事象は「先生」が自ら引き起こす事象であり，(iii)「てもらう」の前に「励ましの言葉」という利益を表す内容が明示されており，(iv)「てもらう」の後続文脈でも「元気が出てきた」と利益が明示されていることから，適格性は最大となる．一方，適格性が最小となるのは (23) のような文である．

(23)　*皿に割れてもらった．　　(ibid.: 340)

(23) では，(i)「ニ」格名詞句「皿」は「無生物」であり，(ii)「割れる」という事象は「皿」が自ら引き起こす事象ではなく，(iii)「てもらう」の前に利益を表す内容が示されておらず，(iv)「てもらう」の後続文脈でも利益を表す内容が示されてされていないことから，適格性は最小となる．

　高見・久野 (2002) では上記の4つの語用論的要因をそれぞれ階層に沿って，「＋2点」から「－3点」の範囲内で数値化し，それを合算することで文の適格性の値を出すシステムを考案している．例えば，語用論的要因の (i)「ニ」格名詞句が「てもらう」構文の「ニ」格名詞句になりやすいかどうか，という点に関しては，「ニ」格名詞句が人間の場合は「＋2点」，動物の場合は「＋1点」，自然の力の場合は「0点」，無生物の場合は「－1点」がそれぞ

れ与えられる．（紙幅の都合で (ii)-(iv) の要因については省略するが，同様に，それぞれの階層に沿った値が与えられている．）このシステムで計算した結果として，上記の (22) は適格性として最大値の「+7点」が，(23) は最小値の「-7点」が，それぞれ与えられている．また中間的な適格性をもつ例文も，4つの要因の計算によって得られた適格性の値とともに多数挙げられている．

　以上は，「てもらう」構文の適格性に関わる語用論的要因であるが，「てくれる」構文に関しては，若干異なる点があるとしている．それは，(i) 主語名詞句になりやすいかどうかという点に関して，(24) に見るように，「てくれる」構文は，「てもらう」構文と異なり，人間，動物，自然の力，無生物のいずれであってもかまわない，という点である．

(24) a. <u>太郎</u>がアパートに来てくれた．（人間）
　　 b. <u>愛犬</u>が私の帰りを嬉しそうに出迎えてくれた．（動物）
　　 c. <u>雨</u>が降ってくれて，木々の緑がいちだんと鮮やかになった．
（自然の力）
　　 d. <u>この有害ゴミ</u>が燃えてくれて，助かった．（無生物）
(ibid.: 341．下線は筆者)

　また，(ii) 主語名詞句が自ら引き起こす事象かどうか，という点に関しても，「てくれる」の適格性には関係しないとしている．これは，詳細は省略するが，「てくれる」の基本的性質において，主語名詞句のおかげであると考えていることを示す機能がないことから生じているという．(iii) と (iv) の「てくれる」の前と後に利益を表すことが示されているかどうかという点は，「てもらう」の場合と同様に適格性に関わるとしている．

　以上，高見・久野 (2002) の分析をまとめると，以下のようになる．「てもらう」構文と「てくれる」構文は，それぞれ，その事象によって主語名詞句，「ニ」格名詞句が利益を得ることを表しているが，両者の違いとして，以下の3点が挙げられる．

　　① 「てもらう」構文は「ニ」格名詞句への感謝の気持ちを示す機能があるが，「てくれる」構文には，主語名詞句への感謝を表す機能はない．
　　② 文の適格性に関わる語用論的要因として，「てもらう」構文では

「ニ」格名詞句のなりやすさの階層が関係するが，「てくれる」構文の主語名詞句は，人間，動物，自然の力，無生物のいずれであってもかまわない．
③ 同じく文の適格性に関わる語用論的要因として，「てもらう」構文の事象は「ニ」格名詞句が自ら引き起こす事象かどうかという点が関係するが，「てくれる」構文では関係しない．

4. 受益性のない事象における「ていただく」が成立するしくみ

　前節で概観した高見・久野（2002）の分析は，非敬語の形式である「てもらう」「てくれる」に関するものであったが，本節ではこの分析を敬語の形式である「ていただく」「てくださる」の考察に援用し，本来は受益性を表す「ていただく」が，なぜ受益性を表さない用法で使われ得るのか，また「ていただく」と「てくださる」は本来は共に受益性を表す形式であるにもかかわらず，なぜ「ていただく」だけに受益性のない用法があるのかという点について考察する．

　第3節で見たように，高見・久野（2002）では，「てもらう」構文と「てくれる」構文は，それぞれ，「ニ」格名詞句指示物，主語指示物が事象によって利益を得ることを表しているが，「てもらう」構文に「ニ」格名詞句への感謝の気持ちを示す機能があるのに対し，「てくれる」構文には，主語名詞句への感謝を表す機能はないとしている．この分析を敬語の「ていただく」と「てくださる」の構文に援用すると，「ていただく」の構文には「ニ」格名詞句の指示物への感謝の気持ちを表す機能があるが，「てくださる」の構文にはそれを示す機能がないといえる．[5]

　以上を踏まえ，ここで，なぜ「ていただく」には，本稿で考察の対象としているような受益性のない用法があり，「てくださる」にはその用法がないのかという点について，次のような仮説を立てて考えてみたい．

---

[5]「てくださる」は，尊敬語であるという点においては，当然聞き手に対する配慮を示す機能を持つ．

(25) 仮説：
「ていただく」には，①事象によって利益を得ることを表す，②「ニ」格名詞句への感謝を示す，という2つの基本的機能があるが，「てくださる」には，①事象によって利益を得ることを表す，という1つの機能しかない．そこで，「ていただく」は，2つある機能のうちの一方（①事象によって利益を得ることを表す）を実現しなくても，もう一方（②「ニ」格名詞句への感謝）を実現することで，典型的な用法ではなくとも文として成立することが可能となるが，「てくださる」は1つの基本的機能（①事象によって利益を得ることを表す）しか持たないため，これを実現しない文は成立しない．

つまり，基本的機能が2つあれば，1つを実現するだけでなんとか成立できる可能性があるが，そもそも1つしかない場合にはそれを実現しなければ文が成立しないのではないか，という考え方である．受益性のない「ていただく」において，2つの基本的機能のうちの一方である，「②「ニ」格名詞句への感謝を示す」という機能は，常に実現されているものと考えられる．それは，第2節で見たように，これらの文は，話し手と聞き手が，サービスを提供する側とされる側という社会的立場にある場面で使用されるのであるが，このような場面は，主には金銭等の授受が発生する場面であり，話し手と聞き手は利害関係にあるといえる．このことを考慮すると，話し手（サービスを提供する側）は聞き手（サービスを提供される側）に感謝を示す必要があり，したがって，受益性のない「ていただく」においては，「②「ニ」格名詞句への感謝を示す」というこの機能は必ず実現されているものと考えられる．

この仮説については，他のさまざまな構文において，このように複数の機能のうちの一部のみを実現することによって，典型的な用法ではなくても文として成立している例などを検討し，検証していく必要がある．

次に，受益性のない「ていただく」において，第3節で見た4つの語用論的要因がどのように関わってくるのかについて考察する．受益性のない「ていただく」における，4つの語用論的要因の程度は (26) のようになる．

第 12 章　受益性のない事象における「ていただく」について　　　313

(26)　受益性のない「ていただく」における，4つの語用論的要因の程度
　　(i)　「ニ」格名詞句になりやすいかどうか（人間＞動物＞自然の力＞無生物）
　　　　⇒「ニ」格名詞句は，サービスを受ける者であり，「人間」である．（最高値）
　　(ii)　「ニ」格名詞句が自ら引き起こす事象かどうか．
　　　　⇒サービスを受ける「人間」が自ら引き起こす事象である．（最高値）
　　(iii)　「〜てもらう」が現れる節のところまでで，主語指示物に対する利益の意味が示されているかどうか．（⇒事象自体に受益性がないので，この要因は適用されない）
　　(iv)　「〜てもらう」の後続文脈で，主語指示物に対する利益の意味が示されているかどうか．（⇒事象自体に受益性がないので，この要因は適用されない）

このように，受益性のない「ていただく」においては，4つの語用論的要因のうち，適用される (i) と (ii) の値は最高値となる．以上のように，4つの語用論的要因のうち，適用される2つの語用論的要因の適格性の値が最大であることは，受益性のない「ていただく」が，「ていただく」の2つの基本的要因のうちの1つだけを実現しているにもかかわらず文として成立するための大きな支えとなっているものと考えられる．

　以上のように考えてきた上で，本来は受益性を表す形式である「ていただく」が，なぜ受益性を表さない用法で使われ得るのか，という点について本稿では以下のように考える．

　受益性を表さない「ていただく」の文は，「ていただく」の2つの基本的機能のうち一方（①事象によって利益を得ることを表す）は実現していないが，もう一方（②「ニ」格名詞句への感謝を示す）は必ず実現していること，さらに「ていただく」の適格性に関わる4つの語用論的要因のうち，適用される2つの要因の適格性の値が最大であることにより，典型的な用法ではないが文として成立することが可能になるのではないかと考えられる．

5. 「指示」や「許可・可能性の提示」を表す際に，受益性のない「ていただく」が多く使われる理由

　最後に，本節では，受益性のない「ていただく」の文が，なぜサービス業等の場面で「指示」や「許可・可能性の提示」を表す際に多く使用されているのか，その理由を，蒲谷・川口・坂本 (1998) に基づいて，日本語における配慮のしくみの観点から考察する．

　第2節で見たように，受益性のない「ていただく」は，「指示」および「許可・可能性の提示」を表す文で使われる．また，場面としては，サービス業等の場面で，サービスを提供する側から提供される側に対して使われる．これを，日本語における対人的な配慮のしくみの観点から考えてみる．

　「指示」や「許可・可能性の提示」という行為は，話し手が聞き手の行動をコントロールする機能を持つ表現であるといえる．相手の行動をコントロールするということは，相手を動かす力を持つことになるが，サービス業等の場面でこのような機能を円滑に実現させるには，対人的な配慮をする必要が発生する．対人的な配慮の問題と言語表現の機能との関係を説明する概念としては，相手と自分の負担と利益の多寡に基づく「気配りの原則 (tact maxim)」(Leech (1983)) や，相手や自分の「フェイス」を脅かす可能性のある行為かどうかという点に着目する FTA (face threatening act) (Brown and Levinson (1987) 等) 等が用いられることが多いが，ここでは，特に日本語を対象とし，日本語における対人関係の配慮のしくみを詳しく調べて類型化している，蒲谷・川口・坂本 (1998) の枠組みを用いて，考えてみたい．

　蒲谷・川口・坂本 (1998) では，「行動展開表現」(相手あるいは自分がなんらかの行動を起こすことを意図する表現) を，「忠告・助言」「勧誘」「依頼」「指示・命令」「許可与え」「申し出」「許可求め」「確認」「宣言」の9つの機能に分けた上で，①「行動：だれが行動するのか」，②「決定権：だれがその行動の決定権を持つのか」，③「利益：だれがその行動によって利益を受けるのか」という3つの観点から分類している．この観点から見ると，最も「敬語表現」的（配慮ある表現）になるのは，①「自分が行動し」②「相手が決定権を持ち」③「自分が利益を受ける」ということを表す表現であるという．一方，最も「敬語表現」的でないのは①「相手が行動し」②「自分が決

定権を持ち」③「相手が利益を受ける」ということを表す表現であるとしている．ここで挙げられている9つの機能のうち，本稿で扱った，受益性のない「ていただく」がよく使われるのが，「指示・命令」と「許可与え」に当てはまるが，この2つは，共に①「相手が行動し」，②「自分が決定権を持つ」表現であり，この点で「敬語表現」的でないとされている機能である．また，「許可与え」表現については，③「相手に利益があると表明する」という点で，そこに挙げられている9種類の「行動展開表現」の中で，最も「敬語表現」的でない表現と位置づけられている（蒲谷・川口・坂本 (1998: 44, 121)）．[6]

　この類型化に基づくと，受益性のない「ていただく」が，「指示」および「許可・可能性の提示」で使われているということは，次のように説明できる．これらの表現は，蒲谷・川口・坂本 (1998) で言うところの「敬語表現」的でない表現，つまり，話し手が聞き手の行動をコントロールするという点で失礼になりやすい表現である．それと同時にこれらの表現は，サービス業等においては，配慮を示さなければならない立場にある聞き手に向けて使用される表現である．そこで，「ていただく」を使用することによって，あたかも「自分が利益を得る」かのように表現し，その危険を緩和するものと考えられる．[7] 本稿で扱った，受益性のない「ていただく」が，非謙譲語の「てもらう」では多く実現されていないということも，そもそも敬語を使わない間柄では，上記のような配慮を示す必要性がない，ということから説明できる．

　蒲谷・川口・坂本 (1998) は，「行動展開表現」は，基本的には上記の①②③によって「丁寧さ」が決定されるが，常にそのまま実現されるわけではな

---

[6] 「指示・命令」に関しては，③「相手に利益がある，自分に利益がある，どちらでもない」の3つの場合があるとしている．

[7] 蒲谷・川口・坂本 (1998) では，「あたかも表現」の例として，駅員による「すみませんが危険ですので，白線の内側に下がっていただけますか」という例が挙げられている．これは本来は，基本的には相手の「利益」のための表現であるが，あたかも自分の「利益」であるように表現され，形式としては「命令・指示」ではなく，あたかも「依頼」表現であるかのようにしているとしている (p. 126)．

く，相手への配慮に基づいて様々な表現上の工夫がなされており，その工夫の一つとして，本来の表現意図と異なる表現を用いることがあるとしている．このような表現は「あたかも表現」と名づけられているが (p. 125)，本稿で扱った受益性のない「ていただく」は，その事象によって直接的には自分に利益がないにもかかわらず，あたかも自分が利益を得るかのように表現する「あたかも表現」の一種と考えられる．

6. まとめと今後の課題

　本稿では，受益性のない「ていただく」について，現象を整理し，その語用的な意味・機能，使用される場面，統語的特徴についてまとめた．そして，本来，受益性を表すはずの「ていただく」が，どのようにして受益性を表さない文として成立するのかという点について，高見・久野 (2002) の「「～にVしてもらう」構文の機能的分析」に基づいて考察し，最後にこれらの文がサービス業等の場面において，「指示」や「許可・可能性の提示」を表す際に多く使われる理由について，日本語における対人的な配慮のしくみの観点から考察した．今後の課題として，実際にデータを収集し，受益性のない「ていただく」の使用状況を明らかにすること，および第4節で挙げた仮説を，他の構文における典型的ではない用法の文の成立過程と照らし合わせて検証することが挙げられる．

　今まで，「ていただく」については，本稿のような切り口ではほとんど取り上げられてこなかった．文法書や文の論理的意味を中心的に考察する研究では，謙譲語の「ていただく」は，非謙譲語の「てもらう」の一形態として簡単に扱われることが多い．一方，敬語や待遇表現に関する研究や日本語教育で使用される教科書や参考書では，「ていただけますか」「ていただけると幸いです」のような定型の依頼表現は項目として取り上げられているものの，本稿で扱ったような用法は特に説明されていない．しかし，このような表現の使用が，様々な場面で広範囲にわたって観察されている以上，現代の日本社会における日本語使用の実態と，その背後の適切な一般化を把握しておくことは日本語教育の場にとっても重要である．また，本稿で提示した考察は，広く日本語における対人的な配慮を表す表現の統語的・語用的考察にも関わるものであると思われる．

参照文献

秋田恵美子 (2010)「「いただく」の過剰使用傾向について」『創価大学別科紀要』第 20 号, 32-60, 創価大学別科.
Brown, Penelope and Stephen C. Levinson (1987) *Politeness: Some Universals in Language Usage*, Cambridge University Press, Cambridge.
蒲谷宏・川口義一・坂本恵 (1998)『敬語表現』大修館書店, 東京.
金澤裕之 (2007)「「～てくださる」と「～ていただく」について」『日本語の研究』第 3 巻第 2 号, 47-53.
熊井浩子 (2002)「テモラウに関する一考察――非受益を表すテモラウを中心として――」『静岡大学留学生センター紀要』第 1 号, 3-22.
Kuno, Susumu (1973) *The Structure of the Japanese Language*, MIT Press, Cambridge, MA.
久野暲 (1978)『談話の文法』大修館書店, 東京.
Leech, Geoffrey N. (1983) *Principles of Pragmatics*, Longman, New York. ［池上嘉彦・河上誓作 (訳)『語用論』紀伊國屋書店, 東京.］
仁田義雄 (1991)「ヴォイス的表現と自己制御性」『日本語のヴォイスと他動性』, 仁田義雄 (編), 31-57, くろしお出版, 東京.
髙見健一・久野暲 (2002)『日英語の自動詞構文』研究社, 東京.
上原由美子 (2007)「「ていただく」の機能――尊敬語との互換性に着目して――」『神田外語大学言語科学研究センター紀要』第 6 号, 185-207.
山田敏弘 (2004)『日本語のベネファクティブ――「てやる」「てくれる」「てもらう」の文法――』明治書院, 東京.
山本裕子 (2003)「授受補助動詞の対人的機能について」『名古屋女子大学紀要』第 49 号, 269-283.

第13章

助動詞「まい」の形態統語的分析*

漆原　朗子

1. 序

　言うまでもなく，法 (modality) は，時制 (tense)・相 (aspect) と並んでギリシア・ローマ時代の文法以来，多くの言語について様々な枠組みから分析されてきている．本稿では，法要素 (modal elements) に関する1970年代生成文法における先駆的かつ直感的な分析（例えば英語については Jackendoff (1972)，日本語については井上 (1976) など）をふまえつつ，1990年代後半以降の機能範疇を仮定した分析，とりわけ Cinque (1999) に代表される「統語構造地図 (cartography of syntactic structures)」の新しい枠組みによってそれらをとらえることにより，より普遍性の高い説明が得られることを示すものである．具体的には，日本語のいわゆる否定推量の助動詞「まい」について，その承接と解釈の対応に関する形態統語的説明を行う．さらに，「まい」文と「が」格の共起制限についての考察を行う．

　井上 (2009) は，日本語の法要素は (1) に挙げる観点から「真正モーダル」と「疑似モーダル」に分類されると論じている．

---

　*　本稿は，『70年代「日本語の生成文法研究」再認識――久野暲先生と井上和子先生を囲んで』(2010年7月1日・2日，於神田外語大学) での発表のうち，「まい」の分析を中心に加筆・修正したものである．出席者からは有益な質問やコメントをいただいた．また，執筆にあたっては，編集者の長谷川信子氏および長谷部郁子氏から構成・内容等に関する的確な助言をいただいた．ここに深く感謝する．むろん，その他の不備は筆者によるものである．

(1) 「真正モーダル」の特徴（井上 (2009: 115ff.)）
  a. 発話伝達のモーダルが範疇として独立しており，認識モーダルと区別される．
  b. １つの文に１つしか音形をもって現れない．
  c. 発話伝達のモーダルは，主文に１つだけ必ず現れる．補文に現れることはない．認識モーダルで終わっているように見える文もゼロの発話伝達モーダルが存在すると仮定する．
  d. 引用節を除く他の埋め込み文には許容されない．
  e. 時制の分化がない．
  f. 否定形がない．
  g. 先行文に時制辞を許さない．

そのような観点からみた場合，井上 (2009) も例として挙げている通り，いわゆる意志・推量の助動詞「う・よう」およびその否定である否定意志・推量の助動詞「まい」は (1) に挙げた特徴を有しており，真正モーダルといえる．

(2) a. 太郎はこの本を読むまい（ね）．[1]
  b. *この山に登ろうまい． (井上 (2009: 116))
  c. 太郎が本を読んだ．[2]
  d. *太郎が読むまい本[3]

---

[1] 博多方言では次のように否定形に「まい」の変異形が接続する．このような構文については，今後の課題としたい（なお，「ば」は格助詞／対格標識「を」の変異形である）．
  (i) 太郎はこの本ば読まんめいが．

[2] 平叙文を表す「発話伝達のモーダル」(indicative marker) は東京方言では形態的には実現されないが，東北方言の多くや朝鮮語では，時制辞とは独立した範疇として存在し，共起可能である．
  (i) 太郎が本を読んだだ（よ）．（東北方言の多く）
  (ii) Taro-ka   chayk-ul ilk-ess-ta. 「太郎が本を読んだ．」
       Taro-nom book-acc read-[+past]-ind

[3] 「まい」に対応する「う・よう」は本来の真正モーダルの形式では埋め込み文に表れないが，文法化された形式である「だろう」「であろう」は埋め込み可能である．

    e. *太郎は来るまかった．
    f. *太郎は来るまからない．
    g. *太郎は来たまい．[4]

以下，第2節では，これまであまり細かく観察されてこなかった「まい」の2種類の解釈を通言語的見地もふまえて分析する．また，第3節では，「まい」が示す「主文現象」の特徴の一つである「が」格主語との共起制限（長谷川 (2009) など参照）については，統語的説明ではなく，語用論的説明が適切であることを示す．第4節では，「まい」に対峙する肯定推量の「う・よう」およびその文法化された形式「だろう」について考察し，[5] それらの法要素の振舞いが活用および投射に関して示唆するところを第5節で述べる．

2. 法要素の解釈と「まい」の分析

2.1. 英語の法助動詞に関する事実

通言語的に，法要素は根源的 (root/deontic) な解釈と認識的 (epistemic) な解釈を持つ．よく知られるように，英語の法助動詞は文脈によって2通りの解釈が可能であり，そのことは (3) の各例からも明らかである．

    (i) *太郎が読もう本／?太郎が読むだろう本／太郎が読むであろう本
2番目と3番目の文法性の差異については，そもそも，「だ」は「である」の，「です」は「であります」の縮約形であり，そのような縮約は引用節も含む主文においてのみ適用されることから，「だろう」も同様であると考えれば当然である．しかし，「だ」「です」の疑問文の場合，(iv) の文法性はそのような説明のみでは解決されない．
    (ii) あれは誰だ．／*あれは誰だか．
    (iii) あれは誰です．／あれは誰ですか．
    (iv) あれは誰だか知っていますか．

[4] 注3と並行して，「だろう」「であろう」は先行文に時制辞が生起可能である．この2点から，文法化された「だろう」「であろう」は疑似モーダルであると言える．これについては第4節でも触れる．
    (i) *太郎は来たよう．／太郎は来た（だ）ろう．／太郎は来たであろう．

[5] 関連する法要素「べし／べき（だ）」「はず（だ）」も包含したより包括的な通時的変化に関する考察については，Urushibara (2009) を参照されたい．

(3) 法助動詞の解釈：　根源的 (root/deontic) vs. 認識的 (epistemic)
    a.　John must be on time.　　　b.　John may come.
    c.　John can be late.　　　　　d.　John will go abroad.
    e.　John should be taller than other members.

しかし，統語的環境によって優勢な (salient) 解釈が決定される場合も多い．例えば，完了形で，特に状態述語や非対格動詞が主たる述語の場合は，認識的解釈が優先される．(4) の各文は認識的解釈が優勢である．

(4) a.　John must have been on time.[6]
    b.　John may have come.

また，should に関しては，完了形になると状態述語であっても根源的解釈のみとなる．

(5)　John should have been taller than other members.

2.2. 法助動詞の解釈と統語構造の対応

前節で見た根源的解釈および認識的解釈と統語構造の対応も 1970 年代より指摘されている．一般的には根源的解釈は VP を，認識的解釈は S/TP をその作用域に取るといわれる (Jackendoff (1972) 他)．

また，上で見た通り，英語では，解釈にかかわらず法助動詞は常に相助動詞に先行しなければならないが，カタラン語では，英語と異なり，両方の語順が可能であり，Picallo (1990) によると線的順序が解釈および作用域と対応している．degut は must に相当する法助動詞であるが，認識的解釈（「に違いない」）しか持たない．そのため，(6a) のように det-haver の語順は文法的であるが，havia-degut は許容されない．

(6) a.　*En Pere havia degut venir.　　　(Picallo (1990: (22a)))
       Pere　　had　must　come
      'Pere has had to come.'　（根源的解釈）

---

[6] しかし，must の完了形でも根源的解釈が優勢である場合もある．
   (i)　The applicant must have received a doctorate degree by March.

b. En Pere det haver venir.
　　Pere　　 must have come
　　'Pere must have come.'（認識的解釈）

一方，may に相当する pot は根源的解釈，認識的解釈の両方を持ち，語順によって解釈が決定される．

(7) a. En Joan pot haver anat a Bayoles　（Picallo (1990: (23a))）
　　　Joan　　may have gone to Banyoles
　　　'Joan may have gone to Banyoles.'（認識的解釈）
　 b. En Joan ha pogut anar a Baynyoles.（Picallo (1990: (23a))）
　　　Joan　　has could go　to Banyyoles
　　　'Joan has been allowed to go to Banyoles.'（根源的解釈）

2.3. 「まい」の承接と解釈
2.3.1. 「まい」の承接に関する事実

　ここで，「まい」の承接について観察すると，少なくとも現代日本語では，動詞活用の種類[7]によって二種類の承接がある．まず，五段活用（子音）動詞およびカ行変格活用・サ行変格活用（不規則）動詞の場合，終止形に承接する．

(8)　五段（子音）・カ変・サ変（不規則）動詞
　　a.　太郎は本を読むまい／*読ままい／*読みまい．
　　b.　太郎は来るまい／?来（こ）まい／*来（き）まい．
　　c.　太郎はそんなことはするまい／すまい／*しまい／*せまい．

---

　[7] 活用の種類については，国語学における五段動詞，上一段・下一段動詞，変格動詞はそれぞれ Bloch (1946) における子音動詞，母音動詞，不規則動詞に対応する．以下では国語学における分類のみ示すが，動詞語幹の認定については，音節（文字）に基づく国語学の分類より音素レベルの Bloch の分類の方が記述的には妥当であり，後述するように，五段動詞，例えば「読む」においては yom-,「起きる」「食べる」などの上一段・下一段動詞では oki-, tabe- が V の実現であると考える．

一方,上一段・下一段(母音)動詞においては,未然形[8]と終止形の双方への承接が可能である.[9]

(9) 上一段・下一段(母音)動詞
 a. 太郎は起きまい／起きるまい.
 b. 太郎は食べまい／食べるまい.

2.3.2. 「まい」の承接と解釈の対応

前節では,「まい」は五段動詞・変格動詞に接続する場合は終止形,上一段・下一段動詞の場合は未然形・終止形接続の両方が可能であることを見た.本節では,それらがどのような解釈を取るかについて考察する.まず,五段・変格動詞の場合,主語の人称にもよるが,基本的には根源的・認識的解釈の両方が可能である.

(10) 五段(子音)・カ変・サ変(不規則)動詞
 a. 私／太郎は本を読むまい.
 b. 私／太郎は来るまい.
 c. 私／太郎はそんなことはするまい.

もちろん,(10)の各文において,一般的には,主語が「私」の場合は根源的

---

[8] 音韻的には上一段・下一段動詞の未然形と連用形は同一であるが,ここでは,とりあえず歴史的対応などから「未然形」としておく.

[9] 国語学における観察としては,五段動詞は終止形承接,上一段・下一段動詞は未然形接続とされている(橋本(1967),北原(1981)他).さらには,中世以来,「まい」の元となる「まじ」について,特に変格動詞においては活用の混乱が観察されている.例えば,サ行変格動詞では「するまじ」と並んで「せまじ」(未然形承接)と「すまじ」(終止形接続)の例が見られる.また,ラ行変格活用では「ありまじ」は見受けられず,「あるまじ」(連体形)が優勢である.ちなみに,(2d)でも観察したように,現代語の「まい」は主文にしか現れない「主文現象」を形成するが,対応する古典語「まじ」は関係節(連体修飾節)にも生じる.その際も,ラ行変格動詞の場合は上のような連体形接続のみで,現代語にも化石化して残っている.
 (i) a. 人来まじき隠れ家(『源氏物語』) (カ行変格活用)
   b. あるまじ物おもひ(『源氏物語』) (ラ行変格活用)
   c. 学生にあるまじき行為   (ラ行変格活用)

解釈が,「太郎」の場合は認識的解釈が優勢となる．ただし,これは,「まい」の承接に固有の特性ではなく,主語の人称によるものである．一般に,一人称主語の文については,文主語と発話者が同一であるから,未来の事象について語る場合は主語の意志（＝根源的解釈）の法を持つことが当然となる．逆に,三人称主語の文については認識的解釈が優勢となるが,これは,主語で指示される人物とは異なる話者がその主語の意志について言明するのはあり得ない状況だからである．

一方,「まい」が上一段・下一段動詞に承接する場合,少なくとも未然形接続と終止形接続の両方を許容する話者にとっては承接する形式と意味解釈には1対1対応が見られる．すなわち,(11) のうち,未然形接続では根源的解釈（意志）が優勢となり,終止形接続では認識的解釈（推量）が優勢となる,分業が生じるのである．そのため,(12) のように三人称主語の場合,前者の解釈は若干得られにくく,何とか解釈しようとする場合は,「三人称主語（この場合「太郎」）が意志的に当該行為／動作を行わないということを話者が語っている」という解釈の「強制」ともいうべき操作が行われている．

(11) a.　私は起きまい／起きるまい．
　　 b.　私は食べまい／食べるまい．
(12) a.　太郎は起きまい／起きるまい．
　　 b.　太郎は食べまい／食べるまい．

未然形接続は話者でもある主語の意志を表す解釈なので,非常に得やすい．それに対し,終止形接続の場合,主語である「私」を観察する「超自我」としての話者の「私」がいわば一人称小説の語り手のような形で自らのこれからの行為の不成立について推量しているという形で認識的解釈がなされる．

2.3.3.　「まい」の承接・解釈と統語構造

日本語は主要部末端言語のため,語順による統語的証拠を示すことは往々にして困難である一方,形態的変化が統語構造を反映することが多い．ここで,未然形（および連用形）は VP の主要部である V,終止形は TP の投射における V と T の実現形と仮定すると,上で述べた上一段・下一段動詞における承接が解釈と一致し,説明可能である．つまり,VP を補部とする場

合は根源的解釈（「食べない」という主語の意志）で，作用域も VP となり，一方，TP を補部とする場合は認識的解釈（「主語名詞句は食べないであろう」という話者の推量）で，作用域も文全体となる．

ここで，Cinque (1999), Rizzi (2004), Endo (2007) の統語構造地図 (cartography of syntactic structures) の分析を採用し，日本語の主文は (13) のような構造を持つと考える．

(13)　統語地図（cartography）

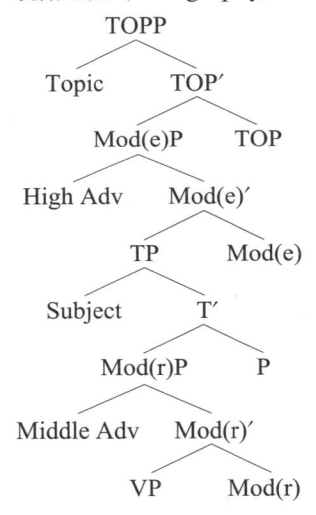

```
             TOPP
           /      \
       Topic     TOP'
                /    \
            Mod(e)P   TOP
           /      \
      High Adv   Mod(e)'
                /      \
              TP      Mod(e)
             /  \
        Subject  T'
                /  \
           Mod(r)P   P
          /      \
     Middle Adv  Mod(r)'
                /      \
              VP      Mod(r)
```

そして，「まい」は $Mod_{epistemic}$ あるいは Mod_{root} のいずれかに生成されると考える．

(13) の中の High Adv, Middle Adv はそれぞれ Endo (2007) の 'high adverbs', 'middle adverbs' を示す．副詞を含む副用語・副用表現に関しても，生成文法・国語学・日本語学・形式意味論等で膨大な研究がある（渡辺 (1983), Cinque (1999) 他）が，ここでは Quirk et al. (1985), Endo (2007) などの分類を採用する．それらによると，副用語は「話者志向 (speaker-oriented)」の副詞（Endo の 'high adverbs'），「主語志向 (subject-oriented)」の副詞（Endo の 'middle adverbs'），「様態 (manner)」の副詞（Endo の 'low adverbs'）の少なくとも 3 種類がある．

(14) 副用語（adverbials）の分類
 a. 「きっと」「たぶん」「おそらく」： 話者の判断／認識「話者志向」
 b. 「死んでも」「意地でも」： 主語の意志「主語志向」

そして，Endo (2007) は Cinque (1999: 55) によって提案された3つの機能範疇 $Mod_{epistemic}$, Mod_{root}, $Asp_{declarative}$ を採用し，上述の3種類の副詞はそれぞれこれらの機能範疇の指定部の位置に生成され，その主要部によって認可されると論じている．そこで，(11), (12) の各文において，主語の人称からの解釈の干渉等をより明示的に排除するために，副用語との共起によるテストを行う．[10]

(15) a.　太郎はきっととんこつラーメンを食べるまい．（話者の認識）
 b. ?*太郎はきっととんこつラーメンを食べまい．
(16) a.　太郎は死んでもとんこつラーメンを食べるまい．（主語の意志）
 b.　太郎は死んでもとんこつラーメンを食べまい．
(17) a.　私はきっととんこつラーメンを食べるまい．（話者の認識）
 b. ?*私はきっととんこつラーメンを食べまい．
(18) a.(?)私は死んでもとんこつラーメンを食べるまい．（主語の意志）
 b.　私は死んでもとんこつラーメンを食べまい．

(15a) は完全に文法的であるのに対し，(15b) は容認性が低い．これは，前述したように，「食べまい」が主語の意志を表すのに，主語は三人称であり，しかも用いられている副詞が話者志向というミスマッチが生じているからである．(16b) は (15b) と異なり，主語志向の副用語が用いられている．そのため，主語の意志を表す承接と合致し，文法的である．一方，(16a) については，予測では文法性が低くなるはずであるが，解釈可能である．これについては，一種の「橋（bridge）」の効果が表れていると考えれば説明がつ

---

[10] Keyser (1968), Jackendoff (1972) 以来多く議論されているように，英語においては副詞は様々な位置に生じ（Transportability Convention），また位置によって，文副詞として，あるいは様態副詞として解釈されるなどの事実がある．日本語は「かきまぜ規則」によるいわゆる「比較的自由な語順」のため，解釈と判断は文脈や話者によりさらにゆれが生じる．ここでは，副用語が主語の直後に生じる場合のみ扱うが，その他の場合については今後より細かい事実について考えたい．

く．つまり，英語などに見られるように，否定要素はしばしば節境界を超えて作用することが可能である．

(19)　I do not think/expect [Taroo will eat Tonkotsu Ramen at all].

この文は否定対極項目 (negative polarity item) である at all が一見して肯定文である従属節の中にあるにもかかわらず，文法的である．このことから，主節の否定辞 not が何らかのメカニズムにより節境界を超え，従属節もその作用域に含んでいることが分かる．さて，「まい」はそもそも [否定] という素性と [意志] あるいは [推量] という法的な素性を合わせ持つ複合的法要素である．そこで，(20) に示すように，その素性の束のうち [否定] のみが従属節の内側で解釈され（そこで主語の意志が認可される），主文としては「命題（事態）に対する話者の推量」を表すと分析すれば，この文は文法的であるということとなる．

(20)　[太郎は [Ø 死んでもとんこつラーメンを食べない [否定意志]] [推量]]

次に，一人称主語の場合であるが，(17a) は上述の「物語」の文脈において成り立つ文である．一方，(17b) は，「きっと」という話者志向副詞と主語志向（主語の意志）を表す動詞承接の間の不一致から容認度が下がる．(18a) もまた (16a) と並行的にとらえることが可能である．つまり，主節の「まい」の否定素性が従属節において解釈を受け，「超自我」である主語の「私」が，同一指示の空主語（「私」）を主語とする従属節（解釈上は否定文）の事態を推量するという解釈を「強制」しているのである．(18b) は副用語，承接ともに主語志向であり，問題ない．

ここで，(13) のような構造を仮定すれば，上述の上一段・下一段動詞における意味解釈の分業も含め，統一的に説明することができる．すなわち，(21a) (= (15a))，(22a) (= (18b)) はそれぞれ (21b)，(22b) のような構造を持つ．

(21)　a.　太郎はきっととんこつラーメンを食べるまい．
　　　b.　[TOP 太郎は [MOD(e)P きっと [TP [VP とんこつラーメンを食べ] る] まい]]
(22)　a.　私は死んでもとんこつラーメンを食べまい．

b. [_TOP_ 私は [_TP_ [_MOD(r)P_ 死んでも [_VP_ とんこつラーメンを食べ] まい]]]

3. 「まい」文と「が」格の共起制限

(23) に見られる通り，主語の人称にかかわらず，「まい」文は「が」格を許容しない．

(23) 太郎／私　は／＊が　とんこつラーメンを食べ（る）まい．

これについて，例えば，「まい」文が表す命題内容が「認識」あるいは「未来」にかかわるから「が」格は不適切であるといったような説明は成立しない．なぜなら，肯定的な推量を表す文法化された形式「だろう」においては，解釈は様々だが，「は」も「が」も可能だからである．[11, 12]

(24) a. 太郎はとんこつラーメンを食べるだろう．（主題／対照）
     b. 太郎がとんこつラーメンを食べるだろう．（中立叙述／総記）
(25) a. 私はとんこつラーメンを食べるだろう．（主題／対照）
     b. 私がとんこつラーメンを食べるだろう．（＊中立叙述／総記）

そこで，意味論・語用論で論じられるように，否定文（否定の命題）はその前提として肯定文（肯定の命題）を持つという見地に立って考察を行う．例えば，(26a) の文は (26b) あるいは (26c) のような前提を持つ．

---

[11] 「主題」「対照」「総記」「中立叙述」は Kuno (1973) および久野 (1973) による．

[12] しかしながら，「だろう」の原型である意志・推量の「う・よう」においては，「が」格との共起制限が見られる．後述するように，おおむね 1970 年代以降の日本語（特に話し言葉）においては，「う・よう」は意志のモダリティ（根源的解釈）しか表さなくなってきたが，1970 年代以前において，特に公的な文体においては，「う・よう」は意志だけではなく，推量も表すことが可能であった．当時の解釈はだいたい以下の通りとなる．
  (i) a. 太郎はとんこつラーメンを食べよう．(epistemic/*root)（主題／対照）
    b. ＊太郎がとんこつラーメンを食べよう．(epistemic/*root)（中立叙述／総記）
  (ii) a. 私はとんこつラーメンを食べよう．(epistemic/root)（主題／対照）
    cf. 私はとんこつラーメンを食べていよう．
    b. 私がとんこつラーメンを食べよう．(*epistemic/root)（*中立叙述／総記）
この点については，今後の課題としたい．

(26) a. 太郎は本を読まない.
　　 b. There is an entity x, x ≠ books, such that John reads x.
　　 c. There is an event x, x ≠ read books, such that John does x.

このような否定文と前提に関する多くの哲学，意味論，語用論等からの議論については，太田 (1980)，Horn (1989: 45ff.) をはじめとする様々な文献で概括されている．上のような立場については，反論もあるものの，哲学においては Hegel (27) や Bosanquet (28) をその先駆とする．

(27) "A 'pure negative judgment' like *The rose is not red* suggests that a different predicate from the same semantic class applies to the subject: "To say that the rose is not red implies that it is still coloured (*Logic*, §178, Hegel 1812: 306). 'If the rose is not red, it is assumed it has a colour — some other colour' (Hegel [1812: 16] 1929: 275). Such a 'simply negative' judgment does not constitute total negation; the judgment — that is, the relation of subject and predicate — is still 'essentially positive', and the subject is 'untouched' by negation."　　　　　(Horn (1989: 64))
(「ばらは赤くない.」といった純粋な否定判断文は，同一の意味的類に属する異なった述語が主語に適用されることを示唆している．つまり，「ばらは赤くない.」と言うことは，それでもまだ「ばら」が何らかの色をしていることを暗示しているのだ．(ヘーゲル『論理学』1812: 306).「もしばらが赤くないとしても，それはまだ色，何か別の色があると仮定されている．」そのような「単に否定的な」判断というのは完全な否定をなしていない．判断，つまり，主語と述語の関係は，それでもなお「本質的には肯定的であり」，主語は否定によって影響を受けないのである．)　　　（ホーン (1989: p. 64) 筆者訳）

(28) a. The surface is not black.
　　 b. The surface is (e.g.) green.
　　 c. There is a color x, x ≠ black, such that this surface is x.
　　　　　　　　　　　　　　　　　　　　　(Horn (1989: 64))

　Kuno (1973)，久野 (1973) はじめ多くの文献において論じられている通

り，主題および対照の「は」を持つ名詞句は述部の「外側」にあって，述部によって陳述されている．一方，「が」名詞句は中立叙述の場合は述部と不可分で新しく提示された命題内容の一部をなすし，また総記の場合も，述部を旧情報とした場合の新しい，あるいはその時点の文脈において唯一の対象となる名詞句を示す．「まい」は否定を含むことから，上述したような前提を持つと考えると，それを含む文が示す命題内容が全くの中立叙述であったり，あるいは主語名詞句のみが新情報であったりすることは不可能である．そのため，「が」格は容認されないということになる．

4. 「う・よう」の意味の限定と「だろう（であろう）」の文法化

「う・よう」を含む (25a) のような文のモダリティは現代ではもっぱら話者の意志と解釈される．したがって，三人称主語を持つ (29b) や天候文 (29c) は容認可能性がきわめて低い．

(29) a. 私は英語を勉強しよう．
　　　b.?*太郎は英語を勉強しよう．
　　　c.?*明日は雨が降ろう．

しかし，前節脚注12でも指摘したように，1970年代までは，特に公的な文体において「う・よう」は認識的解釈も可能であった．

(30) a. 太郎はきっとやり遂げよう／やり遂げましょう．
　　　b. 明日は雨が降ろう／降りましょう．（気象予報など）

この用法は現代でも (31a) のような構文には残っており，(31b) のような英語の may の認識的用法と合致する．

(31) a. 雨が降ろうが降るまいが
　　　b. No matter whether it may rain or not

ここで起こった変化は，「う・よう」に加え，認識的意味（推量）を表すモダルとして文法化された「だろう」「であろう」が出現した結果，「う・よう」の意味が根源的意味（意志）に限定されたということである．このことは通言語的一般化とも同様な変化であると言える．つまり，一般的に，単文では

あいまいであるが，複文など迂言的構文になると意味は限定され，モーダルの場合は認識的意味に限定される傾向がある．

(32) a.　John must/may come.
　　 b.　It must/may be that John will come.

(32a)は文脈によって根源的解釈も認識的解釈も可能だが，(32b)は認識的解釈のみである．このことから，「だろう」のような文法化された，迂言的表現が根源的意味よりは認識的意味を表すことも通言語的に矛盾しない現象である．このことは，構造的には，根源的モーダルはVPを，認識的モーダルはIPをその作用域として取るという，Jackendoff (1972)以来の分析とも合致する．

そして，「だろう」によって認識的意味が表されるようになると，本来あいまいであった「う・よう」は，その認識的意味を「だろう」に譲り，根源的意味のみ表すこととなる．いわば意味の分業が成立しているのである．

なお，脚注3および4でも触れたように，「だろう」は「う・よう」とは異なり，従属節に生起可能，また時制辞が出現することから，井上 (2009) の判断基準（冒頭の (1)）に従えば疑似モーダルとなる．

5. 活用と投射に関する考察

最後に，これまでの分析や事実の観察を活用という観点から捉えなおした場合，投射の理論についてどのような関連があるかについて考察したい．井上 (2009: 117) は真正モーダルは動詞の活用接辞であるのに対し，疑似モーダルは述語の一種であると述べている．確かに，日本語においては（真正）モーダルは「助動詞」として分類され，橋本文法では「活用する付属語」とされている．ただ，同時に，古典語においても，活用が不完全なものが多いのも事実である．それに対し，「述語」であるということは，独自の項構造を持ち，補部を取るということである．

このことは投射の理論においてはどのようなことを意味するのであろうか．Grimshaw (1990) が提案した「拡大投射 (extended projection)」によれば，V, T, Cはそれぞれ最大投射を持つが，その3つは範疇的には同一 ([+V, −N]) で，拡大投射を成している．N, D（およびP）も名詞

([−V, +N]) の拡大投射である．そして，C および D あるいは P は完全投射 (perfect projection) であり，それぞれの拡大投射を「閉じる (close off)」範疇である．言い換えれば，例えば T と V は句構造上は VP が T の「補部」になっているものの，その間の関係は「選択」ではなく「拡大投射」であり，逆に「選択」は完全投射の範疇にしかあり得ないという帰結となる．

　Urushibara (1994) では，「ある」(-ar) は日本語の繋辞 (copula) であり，形容詞は [−past] の無標の文以外で拡大投射 (T) に連なる場合は繋辞を必要とするから「美しい」に対して「美しかった」となる（一方，名詞およびいわゆる形容動詞はその「名詞的」性格から無標の文でも繋辞を必要とするため「学生である」「静かである」となる）と主張した．ここで，真正モーダルは動詞の拡大投射（つまり井上 (2009) が「活用の一部」と指摘すること）であり，一方疑似モーダルは独立した述語であるから，それは完全投射である補部を選択すると考えると，以下の各文において繋辞としての「ある」の必要性の有無が説明される．

(33) a.　食べるまい／*食べるあるまい．
　　 b.　*美しいまい／美しくあるまい．
(34) a.　食べよう／*食べるあろう．
　　 b.　*美しいよう／美しかろう．
(35) a.　食べる（の）だろう／*食べるある（の）だろう．
　　 b.　美しい（の）だろう／美しくある（の）だろう．

　まず，真正モーダル「まい」「う・よう」は動詞の拡大投射であるから，動詞と接続する場合には繋辞は不要である．したがって，(33a)，(34a) において，不要な「ある」が挿入された形式は非文法的である．一方，形容詞は無標文以外では動詞の拡大投射に連なるためには繋辞（動詞要素）が必要であるから，(33b)，(34b) においては逆に「ある」が必要となる．一方，疑似モーダル「だろう」はそれ自体としてすでに補部とは切り離された述部であり，補部も完全投射なので，投射の「連続性」は要求されず，したがって (35a) において「ある」は不要であるばかりでなく，(35b) では，「ある」が入った形式は文法的ではあるものの，ない形式とは意味的に異なってくる．すなわち，(35b) の「美しいだろう」は状態 (state) に関する推量であるのに対し，「美

しくあるだろう」は，何らかの事象（event）に関する推量という微妙な差異が生じる．これは，動詞という範疇に付随する事象性によると思われるが，精密な分析は今後に譲りたい．

6. まとめ

本論文では次の2点について論じた．まず，「まい」の形態統語的振舞いとその解釈については，統語地図に $Modal_{epistemic}$ と $Modal_{root}$ という機能範疇を仮定し，それぞれが TP および VP を取り，異なる副用語はそれぞれの指定辞位置で認可されるという仮定のもとで説明可能であると論じた．

次に，「まい」と「が」格の共起制限は，否定文はその肯定の命題を前提として持つという意味論的・語用論的前提により析出されるとした．

最後に，歴史的には新しく文法化された法要素である「だろう」が疑似モーダルとして真正モーダルの機能分業のために出現し，「う・よう」の意味を限定していった過程を観察した．

このような流れは，本来膠着性言語である日本語が，その史的変遷にしたがって分析性言語の特徴を併せ持ってきていることの表れとも見ることができよう．例えば，(33b) において「美しくあるまい」という形式を挙げたが，中古においては，意味は同じ認識的解釈であるものの，形式はいわゆる「文節」すら形成せず，完全に活用の一部であった．

(36) 「長かるまじきなりけり」と ...
　　　（長くあるまいだろうなと／長いことはないだろうなと ...）
　　　　　　　　　　　　　　　　　　　　　　　　　　　　（『源氏物語』）

それが時代を経るにしたがい，より分析的になっていく過程で，「長かるまじ」も「長くあるまい」，「う・よう」も「だろう」という形への分化が生じた．また，現代語においても以下のように方言による差異は存在する．

(37) a.　寒いだろう．（東京方言）
　　　b.　寒かろう．（博多方言を含む北部九州方言）

(37b) は東京方言の場合かなり高齢者に限られると思われるが，北部九州では老若男女問わずに用いられる．その他，東京方言では感情形容詞を進行相

で用いる場合には接尾辞「がる」の接辞化によって派生された複合動詞を用いる (38a) が，工藤 (2007) などによれば，熊本方言の一部では，(38b) のような形式が用いられる．

(38) a.　太郎は悲しがっている．
　　 b.　太郎は悲しかりよる．

(38b) も Urushibara (1994) の提案に従えば，有標の相要素「よる」があるため，形容詞に繋辞「ある」が連結して動詞の活用（投射）へと連なった結果であると考えられる．これも，上述のような膠着的形式と分析的形式の一例であり，後者への変化が言語的に革新的な地域から進んでいることの一つの表れであると捉えられる．

参照文献

Bloch, Bernard (1946) "Studies in Colloquial Japanese I: Inflection," *Journal of the American Oriental Society* 66, 97–109.
Cinque, Guglielmo (1999) *Adverbs and Functional Heads: A Cross-linguistic Perspective*, Oxford University Press, Oxford.
Endo, Yoshio (2007) *Locality and Information Structure: A Cartographic Approach to Japanese*, John Benjamin, Amsterdam/Philadelphia.
Grimshaw, Jane (1990) "Extended Projections," ms., Brandeis University.
長谷川信子 (編) (2009)『日本語の主文現象：統語構造とモダリティ』ひつじ書房，東京．
橋本進吉 (1967)『助詞・助動詞の研究』岩波書店，東京．
Horn, Laurence (1989) *A Natural History of Negation*, University of Chicago Press, Chicago.
井上和子 (1976)『変形文法と日本語 (上) (下)』大修館書店，東京．
井上和子 (2009)『生成文法と日本語研究』大修館書店，東京．
Jackendoff, Ray (1972) *Semantic Interpretation in Generative Grammar*, MIT Press, Cambridge, MA.
Keyser, Samuel J. (1968) "Review of Sven Jacobson Adverbial Position in English," *Language* 44, 357–374.
北原保雄 (1981)『日本語助動詞の研究』大修館書店，東京．
工藤真由美 (2007)『日本語形容詞の研究：標準語研究を超えて』ひつじ書房，東

京.
Kuno, Susumu (1973) *The Structure of the Japanese Language*, MIT Press, Cambridge, MA.
久野暲 (1973)『日本文法研究』大修館書店,東京.
太田朗 (1980)『否定の意味』大修館書店,東京.
Picallo, Carme M. (1990) "Modal Verbs in Catalan," *Natural Language and Linguistic Theory* 8, 285-312.
Quirk, Randolph, Sidney Greenbaum, Geoffrey Leech and Jan Svartvik (1985) *A Comprehensive Grammar of the English Language*, Longman, London.
Rizzi, Luigi (2004) "Locality and Left Periphery," *Structures and Beyond*, ed. by Adriana Belletti, 223-251, Oxford University Press, Oxford.
Urushibara, Saeko (1994) *Syntactic Categories and Extended Projections in Japanese*, Doctoral dissertation, Brandeis University. [Published from University Microfilms, Inc.]
Urushibara, Saeko (2009) "A Morphosyntactic Analysis of the Japanese Modal Element *-mai*," *Sophia Linguistica* 57, 171-188.
渡辺実 (1983)『副用語の研究』明治書院,東京.

第 14 章

「が」と文の情報タイプ

ヨフコバ四位　エレオノラ

1. はじめに

　日本語学習者にとって習得が難しい日本語文型の1つに，助詞「は」と「が」がある．学習過程の極めて早い段階において定着する「は」に比べて，「が」の定着が遅く，学習者の発話には「は」の用例が目立つ．その理由の1つとして，「は」に対し「が」の意味や用法の明確な区別がなされていないということが挙げられる．本稿では，日本語教育への応用も視野に入れ，「が」に焦点を当て，主格を示す「が」の意味について考察する．

　「は」と「が」の研究は，歴史が長く，先行研究の数も多い．それでも，本稿で敢えてこの問題に焦点を当てようとするには理由がある．「は」と「が」は，それらの意味記述をめぐって，膨大な研究があり，それぞれの理論的背景も関わり，様々な概念が提案されている．しかし，そうした研究で提案される概念やその定義，およびそれらによる使用法の記述は，同じ助詞の異なる働きに複数の概念が用いられていることもあり，日本語学習者にとっては極めて難しく，混乱を招きかねないのが現状である．また，多くの先行研究では，「が」は「は」との対比で考察されることから，「が」本来の意味を「は」との対比の見られない場合も含めて包括的に考察するという視点が乏しかったように筆者には思われる．

　本稿では，日本語学習者にとっても馴染みやすい「が」の意味記述の概念を提案したい．また，その概念を用いて，「が」のあらゆる用法を概括して記述したい．[1] しかし，それは，単に学習者への便宜のみを考慮して提案す

---

[1] 本稿の考察対象は，基本的には主文に表れる「が」である．従属節内に表れる「が」に

るわけではない．本稿で提示する概念は，第2節でより詳しく述べるが，トルコ語やブルガリア語といった他言語での現象にも通じる「通言語的」なものであり，それが「が」の記述に包括的な意味を与えるものだからである．

　従来の多くの研究（cf. 春日（1918/1978），佐久間（1940/1983），三尾（1948），Kuroda（1972），三上（1953/1972），久野（1973），野田（1996））は，「は」と「が」の意味記述の際に，叙述のタイプに着目している．本稿では，文の情報タイプに着目して，「新情報」という概念を用いて，「が」の記述に挑みたい．

　「新情報」という概念を用いた「が」の記述は決して目新しいことではない（cf. 松下（1928/1974），久野（1973），黒田（1976））．しかし，「が」の用法の中には，一見「新情報性」を持たない「が」もあり，それらについては，従来の研究で提示された「新情報」の概念では記述が十分ではない．本稿では，こういった特殊な用法に着目し，これらの用法にも「新情報性」を求め，そうした用法の「が」から，従来用いられてきた「新情報」という概念の定義とその意味領域を見直し，「が」全体の使用に通じる概念を提示したい．

2.　情報構造と「新情報」

　伝統的に，「旧情報」との対比において，「新情報」という概念は「未知」の情報，すなわち発話の文脈においてまだ存在しない情報を指すために用いられることが多い．一方，久野（1973: 209）に次の興味深い指摘がある．「与えられた構成要素が，その文の中で新しいインフォーメイションを表すか古いインフォーメイションを表すかという概念は，その構成要素が指す事物が既に話題にのぼったことがあるか否かという概念（anaphoricity）とは別のものである」．

　また，Akatsuka（1985）は，情報の受け止め方は発話時における話者の認識的状態（speaker's consciousness at the time of the utterance）に深く関係していると主張し，新情報の領域には，通常位置付けられる「未知」の情報以外に，「驚異, surprise」や「突然認識, sudden realization」（I

ついては，稿を改めて考察したい．

didn't know this until this moment) または「否定的信念, negative conviction」(I know that this is not the case) といった心的態度を表す情報も位置付けている.

　日本語では, これらの概念を「が」格の使用と関連付けることが多いが, それは他言語の現象も考慮すれば, 格の使用に限定されるものではない. 例えば, Slobin and Aksu (1982) は, 話者の意識が出来事を受け入れるための準備ができていない (unprepared mind) 場合は, その情報がすぐに消化されないため, 話者がその出来事を距離のある出来事として感知している (When a mind is unprepared events cannot be immediately assimilated. [略] The speaker thus feels distanced from the situation he is describing. (Slobin and Aksu (1982: 197–198)) と述べており, Slobin and Aksu は, この主張を裏付けるために, 1974 年に起きたアメリカのニクソン大統領とトルコのエジェヴィット首相の 2 つの辞任に関するトルコでの報道の仕方に関する次の例 (op.cit.: 198) を挙げ, トルコ語の述語の形態の違いを情報に対する話者の心的態度の観点から記述している.

(1) 　Nixon　　　　　　istifa et*ti*.
　　 ニクソン：NOM　辞任する：AOR 3SG
　　 「ニクソンは辞任した.」
(2) 　Ecevit　　　　　　istifa et*miş*.
　　 エジェヴィット：NOM　辞任する：EVID 3SG
　　 「エジェヴィットが, なんと, 辞任した.」

(1) では, ニクソン大統領の辞任は, すでに予測されていたため, 定過去形, AORIST (-*di*/-*ti*) によって伝えられた. 一方, (2) では, 同じ時期に辞任したトルコの首相の辞任は, 思いがけないことだったため, トルコ語の evidential である -*miş* 形によって伝えられた.[2] トルコ語では, このように, 出来事の受け止め方の違いを表現する言語手段の 1 つとしては, 2 つの過去

---

[2] トルコ語の -*miş* 形は evidential を示す形態である. evidentiality に対する日本語訳は「証拠性」であるが, 言語の形式を示す用語の説明としては, 仁田 (1989: 44) の「徴候の存在の元での推し量りを表すもの」が最も近いと思われる. 以下では継続して evidential を用いる.

形の使い分けがある．

　モダリティに関してはトルコ語に類似を示しているブルガリア語にも似たような言語状況がある．ブルガリア語では，未確認の情報（推量や伝聞など）を表すために用いられる evidential の形式（いわゆる -*l* 分詞）は，話者が確認している出来事の生起に対する「驚異」を表すことにも用いられる．

(3)　Dǎsterja　Vi　　　　　svire*l*a　　　　　mnogo
　　娘: NOM　あなた: POSS　弾く: EVID FEM　とても
　　hubavo na piano!
　　上手に　で ピアノ
　　「娘さんがなんてピアノが上手に弾けるんだ.」

　また，Aronson (1967) は，その逆の状況，つまり話者が出来事の生起に関する確信があれば，その出来事の生起を目撃していなくても（つまり，確認していなくても），通常期待される evidential の形式ではなく，話者の確信 (confirmativity) を表す定過去形の用法が許容されると指摘し，その指摘を根拠付けるために，Balan (1886) からの引用である次の例を挙げている．

(4)　Edna　zvezda　　padna:　　　　　kaza
　　一つ　星: NOM　落ちる: AOR 3SG　言う: AOR 3SG
　　Martin.　　　Njakoj　　　umrja.
　　マルティン: NOM　だれか: NOM　死ぬ: AOR 3SG
　　「あっ，流れ星だ．一人死んだ．」，とマルティンが言った．

　日本語も，Akatsuka (1985: 632) が指摘するように，「新しく知った情報」(newly-learned information) と「知識の状態」(state of knowledge) の認識的区別に関して敏感な言語である．以下では，「が」の考察を通じて，Akatsuka のこの指摘に注目し，Akatsuka と Slobin and Aksu (1982) の研究で提案されているような意味での「新情報性」，すなわち，話者の意識が出来事を受け入れる準備ができていないこと (unprepared mind) のために生じる「意外性」や「驚き」または「否定的信念」としての「新情報性」という概念こそが，「が」全体の使用に通じる概念であることを論じる．

3. 「が」と新情報

まず、「が」と文の情報構造の関係を久野 (1973) の分類をもとに見てみたい．久野は，主語を示す「が」の用法として次の2つを区別する．1つは「総記」(「太郎が学生です」)，もう1つは「中立叙述」(「雨が降っています」，「おや，太郎が来ました」) である．「総記」の場合は，「が」がつく名詞句が新情報 (「焦点」) を担っている部分である．一方，「中立叙述」では，命題全体が新情報を表しているとされる．「が」のすべての用法が久野の分類のどちらかのタイプに属するのであれば，「が」と「新情報」の関係は簡単に立証できる．しかし，実際，どちらにも分類できない特殊な用法がある．本稿では，次の3つに着目したい：①眼前描写，②先行文脈には前提か既出の情報がある用法，③「が」による倒置指定である．

4. 「が」の特殊な用法

4.1. 「眼前描写」

では，まず「眼前描写」という用法を見てみよう．久野の上記の分類の例を見ると，「眼前描写」は「中立叙述」として分類されているようである．「眼前描写」という用法の分類は研究によって異なり，また「現象文」と混合されることもあるので，少しばかり分類の問題に触れておきたい．

仁田 (1991: 122–125) は，「無題文」である「現象文」に「眼前描写」も含め，文全体が新情報の文であると述べている．一方，野田 (1996: 85) は，「現象文」と「無題文」は，重なる部分が多いが，別のものだと主張し，「無題文」として「眼前描写」(「何か音が聞こえるわ」)，「現象叙述」(「きのう合格発表があった」)，「法則叙述」(「ボタンを押すと，音が出る」) を分類する．

「現象文」と「眼前描写」が重なることもある (「あっ，雨が降っている」) が，必ずしも一致しているとは言えない．本稿では，「眼前描写」という用法を，「話者の眼前に生起し，存在している出来事の描写」と定義し，「眼前描写」は場合によって現象の記述も含んでいると考える．「眼前描写」の例としては，一般的に指摘される (5) と (6)，および (7)，(8) (下線は筆者) を挙げたい．

(5) あっ，犬が走っている．
(6) あっ，空が青い．
(7) あっ，財布がない．
(8) エレベータに乗ってからも管理人はぶつくさ言っていた．管理人が鍵を開けた．香代が先に入った．異臭がした．電気をつける．香代は天まで届くような声で悲鳴を上げた．<u>冬美がキッチンの床に倒れている</u>． （藤田宜永『女が殺意を抱くとき』，p. 51）

　仁田 (ibid.) は「眼前描写」も含めた「現象文」は新情報の文であると述べているが，その根拠は明示していない．久野 (1973: 210) も「中立叙述」の「新情報性」は指摘するものの，その裏付けは挙げていない．ただ，「中立叙述」のような文が疑問文になりにくいという指摘の際，「新情報性」の派生を根拠付ける次のような指摘がなされているのである：「全く予想できない [*斜体は筆者による*]（新しい）出来事の真偽を問う質問をしなければならないようなシチュエイションはあまりない」(op.cit.: 214)．

　話者の目の前で生起する出来事，すなわち話者が「真実性」を確認できる出来事（「新情報」の伝統的な定義から見れば，「新情報性」が見当たらない出来事）の命題には，一体何故「が」が使われているのであろうか．

　「眼前描写」の文と「新情報性」の関係のヒントを指し示す指摘は野田 (1996: 124) にある．野田は，主題を持たない文になりやすい文は，その文が表す内容に「意外性」や「驚き」がある文であると指摘する．筆者も論じたように（ヨフコバ四位 (2010)），その「意外性」や「驚き」こそが「が」の用法を裏付けているものである．

　話者の「驚き」を引き起こす「突然認識」は，話者が出来事を認識する時点より以前の何らかの認識的状態（例えば，過去の思い込みなど）を前提とし，またその以前の認識状態が現において話者が認識したことに反するという前提を伴う（たとえば，「あっ，財布がない」と言った場合は，「財布があると思っていたが，現において違うことが発覚した」というような含意を含んでいる）．つまり，Akatsuka (1985) が言う「こんなことは今までは知らなかった」(I didn't know this until this moment) または「今知ったことは以前思い描いていた状況とは異なる」という前提が働いているのである．

4.2. 「先行文脈には前提か既出の情報がある用法」

次に，先行文脈には前提か既出の情報があるという用法について見てみよう．まず，次の例から見られたい．

(9)　A:　僕たちは既成の大手プロダクションが作るアイドルには興味はありません．むしろ，僕たちはアイドルがメジャーになっていく過程や，マイナーなアイドルが提供してくれる身近な環境を楽しんでいるのです．
　　　B:　それが楽しいのですか．　　　　　　　　（今野敏『イコン』p. 37)

(9) の B の発言の焦点となっているのは述部（「楽しい」）であり，話者は「楽しいかどうか」を問いかけているのである．「焦点」となっているのが述部の内容であるにもかかわらず，主格が，予測される「は」ではなく，「が」に示される理由は一体何であろうか．言い換えれば，「は」が使われる同じ命題（「それは楽しいのですか」）とは何が違うのだろうか．その理由を求めるに当たって，B の意味について少しばかり考えてみよう．B を発言する話者は，その発言でもって，A の発言に対して「不信」を表している．つまり，「A さんが楽しいと言っているが，そんなはずがない」というような意味なのである．

尾上 (1973/2001: 20) は，単文で用いられる「が」の 3 つの特殊な用法として「選択指定」，「眼前描写」，「問い返し」を指摘する．その中の「問い返し」という用法は，上記の (9) に極めて近い性質を持っている．尾上は，「問い返し」の例として，次の会話文を挙げている．

(10)　A:　見ろよ．こんな大きいねずみを取ったぞ．
　　　B:　大きくはないよ．小さいよ．
　　　A:　このねずみが小さい＼↗．

尾上 (ibid) はこのタイプの用法を「相手の発言内容の中核的部分を一旦自分の言葉に直して受けとめ，文末のイントネーションとともに相手に投げ返して，驚き，不信などを表すものである」と定義付けている．

尾上が例に挙げているのは対話文であるが，(11) が示しているように，同じような用法の独話文もある．

(11)　レポーター：
　　　　［目撃する前］このお寺の鐘はどうなっているんですか？
　　　　［目撃した後］あっ，鐘がドラム缶！　　　　　　（テレビ番組より）

(11)には「眼前描写」の要素も混在しているが，発話のタイプから言えば，先行文脈には前提か既出の情報（「鐘」）があるという用法（例(10)）と同様である．ただ，(10)と違い，(11)では，話者は「不信」ではなく，「驚き」を表しているのである．

　(9)のBが表している「不信」はAkatsuka(1985)が指摘する「否定的信念」である．また，(11)の「驚き」はAkatsuka(op.cit.)が指摘する「突然認識」に基づく「驚き」である．Akatsukaに従うと，そういった心的態度を表す情報は新情報のドメインに属するものである．(9)から(11)のような例における「が」の用法はAkatsukaが指摘するようなタイプの「新情報性」にこそ根拠付けられていると言える．

　話者の未確認の情報（例えば「推量」）を表す形式が「不信」も表すという状況はブルガリア語にもある（詳しくは，ヨフコバ四位(2003)，Yovkova-Shii(2004)，ヨフコバ四位(2010)を参照）．(12)にあるように，evidentialの形式（-l 分詞）は話者の「不信」を表すのに用いられている．

(12)　Malkijat　　razpravi,　　　če　　iskal
　　　坊や: NOM　言う: AOR 3SG　PTCL　ほしがる: EVID 3SG
　　　da　　stava muzikant. Dori ne　　e
　　　ようになる　音楽家　　　さえ NEG AUX 3SG
　　　dokosval　　　　　s　prăst piano　a　　muzikant
　　　触る: EVID MASC　で　指　ピアノ しかし　音楽家
　　　štja*l*　　　　　　　　da　mi　stava.
　　　FUT PTCL: EVID MASC　ように　なる
　　　「坊やは音楽家になりたいんだって．ピアノは触ったこともないのに．音楽家なんかなれるわけがない．」

このような言語の事実から，言語的手段は，日本語では主語に「が」格，ブルガリア語では述語に -l 分詞と異なるものの，情報の受け止め方や提示の仕方に関しては，日本語とブルガリア語（トルコ語も同様）は類似を示して

いると言えよう．

4.3. 「倒置指定」

　最後に，第3の特殊な用法，いわゆる「が」による倒置指定について見てみよう．通常，倒置指定文の主語には「は」が現れるが，天野（1995）が指摘するように，「が」による特殊な倒置指定文が存在する．

(13)　ところで皆さん，今まで説明した中でもっとも<u>自信があるのが実はこれなんです</u>．　　　　　　　　　　　（天野（1995）による例）

　(13) は「指定文」ではなく，「倒置指定文」であるということを立証するために，天野 (op.cit.) は，[**A が QW だと思う？，B だよ**] というテストを行っている．

(13′)　ところで皆さん，今まで説明した中でもっとも自信があるのが [**どれだと思いますか**] 実はこれなんです．

　天野は日本語には2種の倒置指定文があることを認めなければならないと主張するが，その違いについては述べていない．
　では，「は」による倒置指定文と「が」による倒置指定文は一体何が違うのであろうか．分析に入る前に，もう少し例を見てみよう．

(14)　この村で一番若いのが私です．[3]　　　　　　（テレビ番組より）
(15)　「伊達の十役」を見に行ったんです．一番驚いたのが悪役です．
　　　　　　　　　　　　　　　　　　　　　　　　（テレビ番組より）
(16)　アイスクリームにさらなる進化をもたらしたのが産業革命です．
　　　　　　　　　　　　　　　　　　　　　　　　（テレビ番組より）

　まず，天野のテストを用いて，(14)-(16) は「倒置指定文」であるのか確認したい．

---

　[3] この文の発話状況は次の通りである：話者は自分の村の高齢化（住人は皆70～80歳代である）について語り，その中，50歳代である自分が若いという皮肉も込めた驚きの事実を述べている．

(14′) この村で一番若いのが【だれだと思いますか】私です．
(15′) 「伊達の十役」を見に行ったんです．一番驚いたのが【何だと思いますか】悪役です．
(16′) アイスクリームにさらなる進化をもたらしたのが【何だと思いますか】産業革命です．

　上記のテストが示しているように，(14)-(16)のどの文も「が」に後続する部分が焦点となっており，すなわち「倒置指定文」である．では，これらの文に「が」が使われているのは一体何故であろうか．言い換えれば，「は」の倒置指定文とは何が違うのであろうか．

　この問いに答えるために，まず少しばかり「は」による倒置指定文について見てみよう．「は」が使われている倒置指定文（「この村で一番若いのは私です．」，「「伊達の十役」を見に行ったんです．一番驚いたのは悪役です．」，「アイスクリームにさらなる進化をもたらしたのは産業革命です．」）では，「は」に後続する部分（下線の部分）は未知の情報の解説を与えているのみである．すなわち，「一番若いのはだれですか→私です」，「一番驚いたのは何ですか→悪役です」，「アイスクリームにさらなる進化をもたらしたのは何ですか→産業革命です」ということである．一方，「が」が使われている倒置指定文では，「が」に後続する部分は，未知の情報の解説を与えているのみならず，「が」が示す部分と意外な関係を持つという付加的な意味が加わる．すなわち，文全体が何らかの「驚き」または「意外性」を表しているのである．(14)-(16)が使われている文脈からその意味を見てみよう．(14)は，脚注(3)で記したように，決して若いとは言えない50歳代の人が若いと思われるという意外な事実を表している．(16)も，「アイスクリーム」と「産業革命」の関係が通常考えかねるので，意外性を伴っている．(15)は，少し特殊で，「驚き」の意味が内容にも明示されているので，「は」文も「驚き」を表しているようには感じられるが，「は」文は，すでに述べたように，「驚いたのは何か」ということに対する解説を与えているのみである．一方，「が」文は，「悪役」が驚きの対象であること（言い換えれば，「他に驚いてもいい役があるのに」）が意外であるという意味合いを伴っているのである．

　すでに見てきたように，「驚き」と「意外性」は「新情報」の領域に分類される（Akatsuka (1985)）．これに従い，上記の(14)-(16)に関しても「新

情報性」を認めることができる．また，そのタイプの「新情報性」こそが「が」の使用を正当付ける要因であり，主格に「は」が使われている同様の命題と区別させているものであると考える．ヨフコバ四位 (2008) で述べているように，日本語には 2 種の倒置指定文が存在するのは，「驚き」や「意外性」という意味を伴っている文とそうでない文を区別させる必要があるためである．

「が」による倒置指定文が「驚異」や「意外性」という意味を含んでいるということは，「が」による倒置指定文の述部には「発見性を強調する」（用語は森本 (1994) による）副詞（例えば，「なんと」）がしばしば使われる[4] ということによっても裏付けられているのである．

(17) 楽天トラベルがほこるプラチナコレクションホテルのお部屋がなんと，お 1 人様あたり 4.250 円〜． （楽天ホームページより）
(18) その人を追いかけてみた．着いたのがなんと，水上の村だった．
（テレビ番組より）

上記の (14)–(16) は，この副詞を使うと，意味がより明確となる．

(14″) この村で一番若いのがなんと私です．
(15″) 「伊達の十役」を見に行ったんです．一番驚いたのがなんと悪役です．
(16″) アイスクリームにさらなる進化をもたらしたのがなんと産業革命です．

すでに述べたように，トルコ語とブルガリア語では，情報の受け止め方の違いは 2 つの過去形の使い分けによって明示される．(4) が示したように，話者が出来事の生起に関して確信を持っていれば，その出来事の生起を確認していなくても，話者の確信を表す定過去形の使用が許容される．しかし，話者は，出来事の生起に関して確信を持っておらず，または確言的発言を避けたい場合は，-l 分詞の使用によって（"njakoj e umrjal"「だれかが死んだらしいです」）その態度を表すことができる．つまり，文の情報構造という

---

[4] 天野が挙げている (13) の「実は」も同じである．

ものは流動的なものであり，出来事の認識の際に現れる話者の認識的状態または出来事の捉え方に依存し，それによって構成されるのである．

5.「接続語」

ここまで見てきた「が」の用法を伴っている「新情報性」, すなわち「驚き」や「意外性」としての「新情報性」は，「が」が現れる接続語の用法にも根拠付けられる．ここで，「ところが」と「それが」という2つの接続語に焦点を当て，少しばかり考察したい．前者が完全文法化しているため，考察は後者を中心に行いたい．

「ところが」は「しかし」と同じ対比の意味を表しているが，用法が「しかし」の用法にはない「意外性」という意味を伴っている．

(19)　食堂に行った．しかし，今日は休みだった．
(20)　食堂に行った．ところが，今日は休みだった．

(19) は，前件と後件の単なる対比を表しているが，(20) は，後件の出来事が話者にとって「思いがけない」出来事だという付加的な意味が加わっている．筆者は，「ところが」の用法を伴うこのような付加的な意味は「が」の用法に基づいているものであると考えるが，「ところが」が文法化されており，「が」の意味の痕跡が残っていないため，考察を根拠付けるためには，文法化の途中[5]と考えられる (cf. ヨフコバ四位 (2008))「それが」を分析したい．

考察に入る前に，「それが」のいくつかの例を見てみよう．

(21)　A:　道路は混んでいますか．

---

[5]「それが」の文法化の状況は，「もの」の文法化の状況に似ている（「もの」の文法化に関しては，Fujii (2000) は詳細な研究がある）．Fujii の次の例は，2重の解釈があり，1つは，「もの」の実質的な意味を保持する用法に基づき，もう1つは，「もの」の文法化（デカテゴリゼーション）に基づいているものである．

　　(i)　　母親はいつも子供のために犠牲になるものだ．
　　　　　a.　もの＝「者」（実質的意味）
　　　　　b.　もの＝「当然だ」／「〜ならなければならない」（文法的意味）

　　　　B：　それが混んでいないんですよ．　　　　　　（ラジオ放送より）
(22)　田中：　　きのうの講演会，どうでしたか．
　　　ファン：　それが，聞いているうちに眠くなってしまって…
　　　　　　　　　　　　　　　　　　　　　　　　　　（「日本語初中級」）
(23)　この町には昔は一万人が住んでいました．それが，いまは千人に減少．
　　　　　　　　　　　　　　　　　　　　　　　　　（テレビ番組より）

　上記の例が示しているように，「それが」の用法は対話でも独話でも可能である．
　「それが」について論じている研究者（浜田（1993），庵（1996））は，「それが」の「意外性」，「思いがけない」といった意味は，「それ」と格助詞「が」の意味の単純な組み合わせとしては説明できないと主張する．一方，筆者は，「それが」を，指示的機能を保持している「それ」と助詞「が」の組み合わせとして考慮してもよいと考える．つまり，「それが」の意味要素である「意外性」は「が」の働きによってもたらされているのである（cf. ヨフコバ四位（2008））．以下，この主張の根拠について述べる．
　(21)-(23)の「それ」は，先行文脈において特定の指示物はないが，先行文脈とは指示的関係にある．その指示的関係とは正保（1981: 82）が指摘する以下の例と同様のタイプのものである．

(24)　A：　お金を貸してください．
　　　B：　これ／それは困りました．

すなわち，特定の名詞が指示対象となっている通常の指示作用と違って，(21)-(23)の「それ」のスコープには先行する全発話が入るというような異質な指示性があり，それは以下のようになっている．

(21′)　A：　道路は混んでいますか．
　　　 B：　それ＝（道が混んでいるかということ）が混んでいないんですよ．
(22′)　田中：　　きのうの講演会，どうでしたか．
　　　 ファン：　それ＝（きのうの講演会がどうだったかというとこと）が聞いているうちに眠くなってしまって…
(23′)　この町には昔は一万人が住んでいた．それ＝（この町には昔は一万人

が住んでいたこと）が，いまは千人に減少．

　「それ」が完全に指示的機能を失っていないということの裏付けとしては，庵自身の考察にもある（ただ，庵は「それが」の「それ」の指示的機能は認めていない）．庵（1996: 37）は，「それで」の用法をめぐって，次の例をもとに，指示的用法と接続的用法の違いについて論じ，接続的用法の場合は「それ」の省略が可能であるのに対して，指示的用法の場合は「それ」の省略は不可であると述べている．

(25)　昨日新しい包丁を買った．(a)それで［指示詞＝「それ」の省略不可］／(b)Ø で［接続詞＝「それ」の省略可］野菜を刻もうとしたら，切れすぎて，指を切ってしまった．

　庵（1996）の考察をもとに，(21)-(23) について「それ」の省略が可能か否か見てみよう．

(21)　A:　道路は混んでいますか．
　　　B:　*Ø が混んでいないんですよ．
(22)　田中:　　きのうの講演会，どうでしたか．
　　　ファン:　*Ø が，聞いているうちに，眠くなってしまって…
(23)　この町には昔は一万人が住んでいました．Ø が，いまは千人に減少．

　(21) と (22) は「それ」の省略に伴い，非文法性が生じるが，(23) は省略が可能である．このことから，「それが」は指示的性質を保ちつつ，文法化，すなわち浜田や庵が主張するような接続語への転換の過程も進んでいると結論付けられる．

　では，次に「それが」の意味について見てみよう．意味に関しては，浜田（1993）は，「それが」の性質を「P それが Q」というように記述し，その中の「P」は「既知情報」，「Q」は「話者関与性の弱い」ものであると指摘する．浜田の記述によると，「それが」は，P の内容から予測される結果と Q で述べられている内容が異なる（浜田は「いいよどみ」という用語を用いている）ということを表している (op.cit.: 63, 65)．

　また，庵（1996）は独話を中心に「それが」の機能を取り上げ，その意味を，「「予測裏切り的関係」を表示する」と定義する (op.cit.: 30)．

意味に関する浜田（1993）と庵（1996）の考察から，「それが」の文には「意外性」があり，またその「意外性」は「が」に後続する部分の内容によって表されていることがわかる．しかし，浜田も庵も，「それが」について指摘する意味を特定の文法要素とは結び付けておらず，例えば浜田が，「いいよどみ」の意味は，PとQの関係から生じるという指摘に留めている．浜田と庵の研究では「それが」の意味の由来が明示されなかった理由の1つとしては，「それが」が指示詞「それ」と格助詞「が」の単純な組み合わせとして考慮されなかったということが挙げられる．しかし，「それが」の意味を，「が」の用法に求めれば，「それが」の命題が表す「意外性」は簡単に説明できる．ただ，そのためには，「それが」を「それ」という指示詞と「が」の組み合わせとして考える必要がある．ここまでの考察が示したように，このような見解は可能である．

この見解に従い，(21)-(23)をパラフレーズしてみよう．

(21″) A: 道路は混んでいますか．
B: 道が混んでいるかということ（＝それ）に関して言えば，混んでいると予測していたが，実は混んでいない．→ それが混んでいない．

(22″) 田中: きのうの講演会，どうでしたか．
ファン: きのうの講演会がどうだったかということに関して言えば（＝それ），おもしろいと思って期待していたが，始まってみれば，つまらなくて，聞いているうちに眠くなってしまって，→ それが聞いているうちに眠くなってしまって．

(23″) この町には昔は一万人が住んでいたということ（＝それ）が，意外に変わっており，今は千人まで減少している．→ それが今は千人に減少

6. おわりに

本稿では，「が」の使用の背後には，従来の研究でも検討された「新情報」が関わることを認めた上で，「新情報」という概念の意味範囲は「未知の情

報」から「驚き」や「意外性」または話者の「否定的信念」まで幅広い心的態度を表している情報タイプを含んでいることを，ブルガリア語やトルコ語の述語形態の記述にも言及して論じた．この「が」の意味記述は，「は」の意味記述とは独立して捉えることができ，そうすることで，「は」との対比のない状況にも包括的に適用できることを示した．それにより，「ところが」や「それが」といった文法化の進行しつつある接続語の意味機能をも含めて「が」の意味機能が捉えられたわけである．さらに，この「が」の特徴付けは，日本語教育へも応用できる．学習者にとっては，様々なタイプの「が」を「は」との対比を通して学ぶより，「が」を本稿で示した話し手の「驚き」，「意外性」といった心的態度の表れとして捉える方が，「が」の使用法を把握しやすいと思われるのである．

本稿では，主文の主格を示す「が」に焦点を当て，その意味について論じてきた．本稿で取り上げられなかった複文の従属節の主格に現れる「が」の意味記述は今後の課題としたい．

参照文献

Akatsuka, Noriko (1985) "Conditionals and the Epistemic Scale," *Language* 61.3, 625–639.

天野みどり (1995)「「が」による倒置指定文」『人文科学研究』88, 1–21, 新潟大学人文学部.

Aronson, Howard I. (1967) "The Grammatical Categories of the Indicative in the Contemporary Bulgarian Literary Language," *To Honor Roman Jakobson*, vol. 1, 82–89, Mouton, The Hague.

Balan, Aleksandăr T. (1886) "Neuspehăt po bălgarski v našite učilišta," *Periodičesko spisanie na bălgarskoto knižovno družestvo*, 21–22.

Fujii, Seiko (2000) "Incipient Decategorization of MONO and Grammatizalization of Speaker Attitude in Japanese Discourse," *Pragmatic Markers and Propositional Attitude*, ed. by G. Andersen and T. Fretheim, 85–118, John Benjamins, Amsterdam/Philadelphia.

浜田麻里 (1993)「ソレガについて」『日本語国際センター紀要』3, 57–69, 国際交流基金日本語国際センター.

庵功雄 (1996)「「それが」とテキストの構造」『阪大日本語研究』大阪大学文学部日本語学講座 8, 29–44.

春日政治 (1918/1978)「主格につく「ガ」と「ハ」」『日本の言語学 3』, 服部四郎・大野晋・阪倉篤義・松村明(編), 563-568, 大修館書店, 東京.

久野暲 (1973)『日本文法研究』, 大修館書店, 東京.

Kuroda, Shigeyuki (1972) "The Categorical and the Thetic Judgement," *Foundations of Language* 9, 153-185.

黒田成幸 (1976)「日本語の論理・思考」『岩波講座 日本語 1』, 139-176, 岩波書店, 東京.

松下大三郎 (1928/1974)『改撰標準日本語文法』勉誠社, 東京.

三尾砂 (1948)『国語法文章論』三省堂, 東京.

三上章 (1953/1972)『現代語法序説』くろしお出版, 東京.

森本順子 (1994)『話し手の主観を表す副詞について』くろしお出版, 東京.

仁田義雄 (1989)「現代日本語のモダリティの体系と構造」『日本語のモダリティ』, 仁田義雄・益岡隆志(編), 1-56, くろしお出版, 東京.

仁田義雄 (1991)『日本語のモダリティと人称』ひつじ書房, 東京.

野田尚史 (1996)『「は」と「が」』くろしお出版, 東京.

尾上圭介 (1973/2001)「文核と結文の枠──「ハ」と「ガ」の用法をめぐって」『文法と意味』I, 15-49, くろしお出版, 東京.

佐久間鼎 (1940/1983)『現代日本語法の研究』くろしお出版, 東京.

正保勇 (1981)「コソアの体系」『日本語教育指導参考書 8 日本語の指示詞』, 国立国語研究所, 51-122.

Slobin, Dan and Ayhan Aksu (1982) "Tense, Aspect and Modality in the Use of the Turkish Evidential," *Tense-aspect: Between Semantics and Pragmatics*, ed. by Paul Hopper, 185-200, John Benjamins, Amsterdam.

ヨフコバ四位エレオノラ (2003)『ブルガリア語の l 分詞の語用論的研究──いわゆる Evidential のカテゴリーに関連して』博士論文, 東京大学.

Yovkova-Shii, Eleonora (2004) "Evidentiality and Admirativity: Semantic-functional Aspects of the Bulgarian *l*-participle," 『言語研究』126, 1-38.

ヨフコバ四位エレオノラ (2008)「助詞「が」の二つの特殊な用法をめぐって」『多摩留学生教育研究論集』6, 1-9, 東京学芸大学留学生センター／東京農工大学国際センター／電気通信大学国際交流推進センター.

ヨフコバ四位エレオノラ (2010)「情報構造と文法形式の働き」『東京大学言語学論集』29, 335-346.

資料文献

今野敏 (1998)『イコン』講談社.

日本語初中級（1995），名古屋 YWCA 教材作成グループ．
藤田宜永（2002）『女が殺意を抱くとき』徳間書店．

索　引

1. 「事項」は，日本語のものはあいうえお順で示し，英語で始まるものは ABC 順で最後に一括してあげた．「人名」は ABC 順であげた．
2. 数字はページ数を示す．

事　項

[あ行]

アスペクト素性　125-127
あたかも表現　316
アプリカティブ　234 → Applicative
意外性　340，342，346，347，349，351，352
意地汚くも　71，74，76，78，80
一致 (agreement)　12，286
　一致現象 (agreement)　10，14
移動　62
　移動規則　44，45
　移動の動機　63
意味記述　337
動き　134，136
埋め込み文　172 → 従属節
英語の応答文　14
英語の省略文　11
応答文に現われる省略形式　30
驚き　340，342，344，346，347，352
思いがけない　348，349
音韻的な縮約　247

[か行]

「か」　153，155，162

「が・の」交替　190
解釈規則　125，127，128，130
　解釈規則（強制）による投射構造の空虚化を禁ずる制約　142
階層　69，70
　階層構造　28
概念　337，338
概念意味論　124，140
概念構造　130，131
ガ格　77
　ガ格局所性条件　106，113，115
　ガ格焦点　114
　ガ格焦点化　111，115
　ガ格名詞句　72
かき混ぜ　96，112，115-117，221
　副詞のかき混ぜ　68
確信 (confirmativity)　340
拡大投射 (extended projection)　332
「格の枠」(Kase-grid)　10，12
活用接辞 (inflectional affix)　19
可能文における「が」格の出現　242
関係節標識　262
関係代名詞　262
間接疑問文　156
完全解釈 (Full Interpretation)　98
眼前描写　341
擬似モーダル　1，6，7，16，17，19-21，23，24，27-30，332，333

擬似モーダルの位置付け　22
擬似モーダリティの真正化　23
擬似モーダルの統語構造　27
擬似モーダルの特徴　21
擬似モーダルは述語の一種　17
機能的分析　306
機能範疇（C, I, D）　10
　機能範疇ｖ系　239
義務的　67
驚異　338
強制　124
許可・可能性　300
局所性　112 → ガ格局所性条件
敬語表現　314
形式名詞　179, 185
継続性　129, 130, 145, 146
継続的　131, 141, 145
継続動詞　126, 128
結果　146
結果継続（結果残存）　125, 128, 129, 135, 143, 145
限界化関数　137
現象文　33
語彙範疇（A, V, N）　10
構造保持束縛　133, 134, 136
　構造保持束縛理論　142
膠着性言語　334
行動展開表現　314
こっそり　71, 74, 76, 78, 79
コピュラ　46, 167
語用機能（Force）の統語的表示　288
根源的（root/deontic）な解釈　321
根源的モーダル　5, 34

［さ行］

サービス業　301
再帰代名詞　39, 41, 42
再構造化　240
作成動詞　234
３種類の省略文　10
「しか〜ない」　241 → 否定極性表現
指示　298
　指示機能　265
　指示的機能　349, 350
指示詞　351
事象投射構造　132, 133, 143
事象投射理論　123, 130, 131, 134, 142, 146
時制辞　32, 33
　時制辞句（tense phrase = TP）　3, 34
　時制辞の役割　32
事態　142
指定文　345
シテイル　123
終助詞　33
従属関係　267
従属節　8, 23 → 埋め込み文
受益者　234
　受益者項　232, 233 → 与格
「主格・主語」構文　40
主語　14
　主語・目的語構文（ガ格目的語構文）　38
　主語繰上げ　45, 48
　主語指向の副詞　74
　主語尊敬形　39, 40
　主語尊敬形マーキング　48
　主語名詞句の省略　278
　多重主格（主語）構文　85, 87
主語化（Subjectivization）　85, 91
　主語化規則　38
主題　106, 108, 114, 209, 269
　主題および対照の「は」　331
　主題化　86, 107, 111
　主題句　78
　主題の「は」　192, 194

[±主部前置] 2
主文現象 46
主文に属する言語現象 23
主要部後置型言語 249
授与動詞「あげる」(または「やる」) 231
循環規則 44, 49, 51
瞬間動詞 128
正直言うと 71, 73, 76-78
状態 131, 142
　一時的状態 131
　状態化 142
　状態化構文 143
　状態文 129
　恒状的状態 131
焦点 103, 108, 109, 341
　焦点化 106
　焦点句 67, 77-80
省略順序の規則 279
省略に関係する部分の構造 11
省略の根本原則 278
省略のストラテジー 13
叙実述語 188, 199
叙実性 189, 200, 203
叙実的 (factive) 述語 186
叙述様式判断型 25, 26
叙述類型論 131
所有者分離 93, 96, 97, 104-108, 114
　所有者分離規則 89
所有受動文 88, 89, 94, 95, 105
真実性 342
新情報 338, 342, 346, 351
真正モーダル 1, 5, 6, 16, 17, 20, 23, 27, 29, 320, 333
　真正モーダルの構造 17
　真正モーダルは活用接辞 17
　真正モーダルは非定形時制文を選択 20

心理動詞 126
数量詞遊離 245
制限関係節 262
生成語彙論 124, 140
接語左方転位 (Clitic left dislocation (CLLD)) 215
接続語 348
ゼロフォームコピュラ 46
先行文に時制の分化を許す 22
先行文脈には前提か既出の情報がある用法 343
前提 169, 171, 177, 186, 188, 343
総記 66, 72-75, 77-80, 98, 105, 106, 110, 114, 341
相強制 141, 142, 145, 146
　相強制（解釈規則）140
「そうだ」応答文 25
　「そうだ」応答文の構造分析 24
　「そうだ」を使った応答文 26
相変換関数 136, 137
　相同項への相変換関数並行適用の原則 138, 139, 144
　相同的 133, 134
素性群（人称，数，性）33
　人称素性 286
それが 348
存在判断型 25
存在文 91, 96

[た行]

「ダ」ストラテジー 14, 15
　「ダ」ストラテジーの条件 14
大主語 85, 96
対照 209, 283
　対照主題の不確実性，不完全性 213
題目 283 → 主題
高い位置の副詞 77

ダケ　101
多重 wh 疑問文　172
多重主格（主語）構文　85
達成　126
「だろう」　7, 22
　　「だろう」の特徴　24
　　「だろう」の分布上の特徴　22
単一化　140
断定性　264
断面化　143
　　断面化関数　137, 145
中央埋め込み (center-embedding)　54
中立叙述　33, 72, 73, 75, 78, 98, 341
重出　21
　　重出可能　7, 27, 30
　　重出した擬似モーダルの意味　19, 20, 22, 23
　　重出モーダルの統語構造　27
直接受動文　94
追加 wh 語効果　173
「てあげる」構文　232, 234
定過去形　339
定形性　264
定性　265
「です」　160, 167
「伝達」　18, 25
問い返し　343
同一節内規則　41, 42, 50
統合度　264
統語構造地図 (cartography of syntactic structures)　326
動作　126
動作継続（進行）　125, 128, 129, 135, 143, 145
動作動詞　143, 145
動詞で終わる疑問文　155, 164
投射　132, 137
　　投射関数　137

投射の原理　2, 3 → EPP
到達動詞　136
倒置指定　345
　　倒置指定文　345
同定性　265
特定性　265
特筆性　263
ところが　348
突然認識　338, 342, 344
トルコ語　339

[な行]

「なぜ」　153, 161
「何を」　161
「に」句　233 → 受益者項
　　「に」句の統語構造上の位置　236
「にいく」構文　241
二重主語構文　37
　　二重主語複文構造仮説　42
二重目的語構文　234
二重ヲ格の禁止　92, 93, 97, 104
日英語のモーダルの主要対照点　9
日本語教育　337
任意　63, 67
認識的 (epistemic) な解釈　321
認識的バイアス　170
認識モーダル　4, 5, 7, 21, 34
　　「認識モーダル句」(ModP$_1$)　31
　　認識モーダルに昇格　23
　　認識モーダルを許容する従属節　8
　　「断定」の認識モーダル　25
人称　281
　　人称制限　283
「の」　153, 155, 161, 162
　　「の」で終わる疑問文　155
　　「の」を伴う wh 疑問文　171
　　「の」を伴わない wh 疑問文　171

「の」を伴わない疑問文　154
「のだ」　25, 26
「のですか」で終わる疑問文　155

[は行]

発見性を強調する　347
発話・伝達モダリティ形式　281
発話行為の一つ　34
発話行為の副詞　71, 72, 73, 75
発話行為のモーダル　4, 7, 18, 23, 32
「発話行為のモーダル句」(ModP$_2$)　31
発話動詞　179, 182, 184, 196, 203
発話内の力　153, 158
　　発話の力 (Force)　102, 103
場面設定　69
「非規範的」二重主語構文　40
非継続的　141
非限界化関数　137
非叙実述語　188, 199, 200
非叙実的 (non-factive) 述語　186
非制限関係節　262
非対格自動詞　94, 95, 105
非対格他動詞　94, 105
　　非対格他動詞文　89, 95
　　非対格非動作主他動詞　95
否定, 時制, 認識モーダル　28
否定極性表現 (Negative Polarity Items)　42-44, 100
　　否定極性表現ライセンシング　48, 50
否定的信念　339, 340, 344, 352
否定文　329
評言　269
表層構造規則　44
非連続性　135
非連続的　136
富化合成　124, 141, 142
付加的な意味　346

不完結相　143
複合動詞　239
副詞　347
　　副詞のかき混ぜ　68
　　主語指向の副詞　74
　　高い位置の副詞　77
　　発話行為の副詞　71, 72
　　様態副詞　73, 74, 75
不信　343
不定名詞　100, 101
ブルガリア語　340, 344
プルツィオの一般化　94
分析性言語　334
文タイプ　103 → 発話の力
文体論　62
文頭の主語の位置　20
文の基本構造　2, 5
文の情報タイプ　338
文法化　179, 182, 244, 331, 348, 350
分裂文　88, 97, 108-111, 234
　　分裂文における「に」の削除　235
並列関係　267
変化　134, 136, 146
変化動詞　129, 143, 145
変形規則　62
飽和 (saturate) 状態　12
補文化辞句 (complementizer phrase = CP)　3 → CP
補文標識　178, 185, 203, 262
　　分析的補文標識　162
　　融合的補文標識　162
本動詞反復による応答文　25
本動詞反復のストラテジー　13, 15, 25

[ま行]

未確定名詞句束縛 (indeterminate binding)　236 → 不定名詞

未確認の情報　340
未知　338, 351 → 新情報
名詞性　265
モ　101
モーダル　4, 9 → 擬似モーダル，真性モーダル，認識モーダル，発話行為のモーダル
　モーダルに対する答え　15
　モーダルの有無　15
　モーダルの概観　4
目的語　66
　目的語からの所有者分離　91, 105
モダリティ　192 → モーダル

[や，ら，わ行]

有生制約 (animacy restriction)　246
様態副詞　74
与格　235 → 受益者項
流動的　348
理由を表す「何を」　154
類型論　143
連続　132
　連続性　135
　連続的　136
話者以外の者の認定　24
話者の認識的状態　338

[英語]

affirmation (認定)　32, 34
　Affirmation Phrase　34
Alamblak 語　248
AORIST　339 → 定過去形
Appl　232
Applicative (アプリカティブ，適用態)　232
assertion (断定)　32, 34

Cartographic Approach　34 → 統語構造地図
CF を示す「は」　211
Control Structure　45
CP　29, 102–104, 108
　CP 構造　287
　CP 領域の構造　31
C 段階の従属節　8
D 段階にある発話行為のモーダル　8
EPP　285 → 投射の原理
Equi NP Deletion Structure　45
evidential　339, 340, 344
exhaustive identificational focus (網羅的識別焦点)　220, 221
Extraposition (外置)　54, 55
Fin　158, 161, 288
　FinP　32, 33
Foc (焦点)　160, 285
　Foc の活性化　167
Force (発話の力)　32, 158, 160, 161, 284
　ForceP　161
[±head initial]　2
Int　161
　IntP　161
Licensee (認可される要素)　50
Licensor (認可する要素)　50
Major Subject　→ 大主語
perché　158
Performative Analysis (遂行分析)　5
pro　10
unprepared mind　339
「V-てあげる」　231
「V-にいく」　241
Verb-Final　54–56
Verb-Second　54
vP　3
　vP 内部でのフォーカス位置　227

人名

Akatsuka, N. 338, 340, 342, 344
天野みどり 345
Bloch, B. 322
Bošković, Ž. 164
Chomsky, N. 285
Cinque, G. 215, 218, 240, 326
Comrie, B. 129
Dowty, D. 135
É Kiss, K. 65
Endo, Y. 69, 218, 326
遠藤喜雄 284
藤巻一真 218
Gill, K.-H. and G. Tsoulas 210
Grimshaw, J. 332
浜田麻里 349–351
Hara, Y. 213
原田信一 62
Hasegawa, N. 89, 94, 98, 100, 108
長谷川信子 88, 89, 94, 98, 102, 287
Hiraiwa, K. 45
Hiraiwa, K. and S. Ishihara 109
Hoji, H. 45, 47
Horn, L. 330
Horn, S. 45
井上和子 62, 103, 123, 190, 193
庵功男 349–351
Iwamoto, E. 248
岩本遠億 124, 130
Jackendoff, R. 124, 130, 133, 135, 137, 140, 322
Josephs, L. 201
影山太郎 124, 135, 141
蒲谷宏 314
Kato, Y. 49
川口義一 314
Kiparsky, P. and C. Kiparsky 186
Kishimoto, H. 100, 101, 236
岸本秀樹 100
工藤真由美 123, 124, 130
Kuno, S. 45, 85, 198, 209, 219, 303, 330
久野暲 72, 85, 177, 209, 278, 306, 330, 338, 342
Kuno, S. and Y. Johnson 40, 41
Kuno, S. and E. Kaburaki 41
Kuroda, S.-Y. 88, 100, 101
Kuwabara, K. 68
López, L. 227
Machida, N. 234
前田富祺 245
益岡隆志 193
南不二男 8, 103, 192
Miyagawa, S. 63, 226, 241
Molnár, V. 213
Nakamura, K. 65, 226
仁田義雄 283, 341, 342
野田尚史 69, 76, 77, 338, 341, 342
Ogihara, T. 124, 130
奥田靖雄 129, 130, 134
小野尚之 124, 140
尾上圭介 343
Picallo, C. M. 322
Pustejovsky, J. 124, 135, 140
Pylkkänen, L. 232, 234
Rizzi, L. 31, 75, 102, 103, 157, 158, 162, 284
Romero, M. and C. Han 169
Sadakane, K. and M. Koizumi 246
Saito, M. 45, 62, 99, 116, 173, 226
坂本恵 314
Shibatani, M. 39, 40, 217
柴谷方良 39, 40
Shirai, Y. 124

Slobin, D. and A. Aksu 339, 340
高見健一 306
Takano, Y. 45
Takezawa, K. 100
竹沢幸一 130
Takubo, Y. 45
田窪行則 8, 193
寺村秀夫 219

Tomioka, S. 169
富岡諭 213
上田由紀子 103
Vendler, Z. 126, 134
渡辺実 326
Yanagida, Y. 209
安井美代子 10

執筆者紹介
(論文掲載順)

井上　和子（いのうえ　かずこ）
　1964 年　ミシガン大学 Ph.D. (Linguistics)
　神田外語大学・名誉教授，同大学言語科学研究センター・顧問
　理論言語学，統語論，日本語学
　主な業績：『変形文法と日本語 上・下』（大修館書店，1976），『日本語の文法規則』（大修館書店，1978），『生成文法と日本語研究』（大修館書店，2009）

久野　暲（くの　すすむ）
　1964 年　ハーバード大学 Ph.D. (Linguistics)
　ハーバード大学・名誉教授
　機能構文法論，談話文法，英語学，日本語学，日英対照言語学，計算言語学
　主な業績：『日本文法研究』（大修館書店，1973），『談話の文法』（大修館書店，1978），*Functional Syntax* (University of Chicago Press, 1987)

藤巻　一真（ふじまき　かずま）
　2009 年　神田外語大学　博士（言語学）
　神田外語大学言語科学研究センター・研究員，文教大学・非常勤講師
　理論言語学，対照言語学，統語論，語形成
　主な業績："On the Position of Nominative NPs in Japanese: The Possibility of Nominative NPs in-Situ" (*Scientific Approaches to Language* 4, 神田外語大学，2005)，『ガ格及びノ格名詞句の位置と認可の方法』（博士論文，神田外語大学，2009），「ガ格名詞句の統語地図上の位置」（『言語科学研究』別冊（談話のカートグラフィー研究：主文現象と複文現象の統合を目指して），神田外語大学大学院，2010）

長谷川　信子（はせがわ　のぶこ）
　1981 年　ワシントン大学 Ph.D. (Linguistics)
　神田外語大学言語科学研究科・教授，同大学言語科学研究センター・センター長
　理論言語学，統語論，日英対照言語学，日本語学
　主な業績：『生成日本語学入門』（大修館書店，1999），『日本語の主文現象：統語構造とモダリティ』（編著，ひつじ書房，2007），『統語論の新展開と日

本語研究: 命題を超えて』(編著, 開拓社, 2010)

岩本　遠億（いわもと　えのく）
1993 年 オーストラリア国立大学 Ph.D. (Linguistics)
神田外語大学言語科学研究科・教授
言語学, 日本語学, 意味論
主な業績: "Inalienable Possession Constructions in Alamblak" (*Linguistics: In Search of Human Mind*, Kaitakusha, 1999),「経路移動事象の両義的限界性と増分性」(『レキシコンフォーラム』5, 2010),『事象アスペクト論』(開拓社, 2008)

桒原　和生（くわばら　かずき）
1993 年 獨協大学外国語学研究科　博士（英語学）
神田外語大学外国語学部・教授
理論言語学, 統語論
主な業績:『補文構造』(共著, 研究社, 2001), "Two Types of Interrogatives in Japanese" (『言語研究の宇宙』, 開拓社, 2005),「日本語疑問文における補文標識の選択と CP 領域の構造」(『統語論の新展開と日本語研究: 命題を超えて』, 開拓社, 2010)

眞鍋　雅子（まなべ　まさこ）
2007 年 神田外語大学言語科学研究科修士（文学）
神田外語大学言語科学研究センター・非常勤研究員, 國學院大學文学部日本文学科・兼任講師
日本語学, 日本語教育学
主な業績:「意味と統語から見たトイウの機能」(『言語科学研究』14, 2008),「統語と意味からみた X ナラ」(『文の語用論的機能と統語論: 日本語の主文現象からの提言』科学研究費助成金報告書, 神田外語大学, 2009),「口頭発表クラスにおける段階的な評価活動——学習者の意識の変化」(『国学院大学日本語教育研究』2, 2011)

中村　浩一郎（なかむら　こういちろう）
1994 年 関西学院大学文学研究科博士後期課程満期退学（英語学）
広島女学院大学文学部英米言語文化学科・教授
理論言語学, 比較統語論
主な業績: "Japanese Object Scrambling as an Overt Scope Shifting Operation" (*Chicago Linguistic Society* 40, 2008), "Topic-Focus Articula-

tion and Scrambling as a Focus Movement in Japanese" (*Western Conference on Linguistics* 38, 2009), "*Wa*-marked Topicalization Triggered by Topic Feature and Object Scrambling Triggered by Focus Feature" (*Seoul International Conference on Generative Grammar* (*Movement in Minimalism*) 12, Hankuk Publishing, 2010)

大倉　直子（おおくら　なおこ）
2009年　神田外語大学　博士（言語学）
神田外語大学言語科学研究センター・非常勤研究員，明治学院大学文学部・非常勤講師
理論言語学，統語論，日英対照言語学
主な業績："Possessor Ascension and Split *v*P" (*JELS* 23, 日本英語学会, 2006), *Applicative and Little Verbs: In View of Possessor Raising and Benefactive Constructions* (博士論文, 神田外語大学, 2009), "Benefactive Raising in Japanese" (*Scientific Approaches to Language* 9, 神田外語大学言語科学研究センター, 2010)

高橋　清子（たかはし　きよこ）
2001年　チュラロンコン大学 Ph.D. (Linguistics)
神田外語大学国際言語文化学科・准教授
タイ語学，意味論・統語論
主な業績："Access Path Expressions in Thai" (*Conceptual and Discourse Factors in Linguistic Structure*, CSLI Publications, 2001), "Basic Serial Verb Constructions in Thai" (*Journal of the Southeast Asian Linguistics Society* 1, 2009),「タイ語における他動性と使役性」(『自動詞・他動詞の対照』くろしお出版, 2010)

上田　由紀子（うえだ　ゆきこ）
2002年　神田外語大学　博士（言語学）
秋田大学教育文化学部・准教授
理論言語学，統語論，日英対照言語学
主な業績：「日本語のモダリティの統語構造と人称制限」(『日本語の主文現象：統語構造とモダリティ』ひつじ書房, 2007), "On Scope and Phases: Reconsidering Structure Building and Interpretation" (*The Dynamics of the Language Faculty — Perspectives from Linguistics and Cognitive Neuroscience*, Kurosio, 2009), "Functions of CP-Domain: An Interface between Information Structure and Syntactic Structure" (『発話と文のモ

ダリティ——対照研究の視点から』ひつじ書房，2011)

上原　由美子（うえはら　ゆみこ）
2005 年　神田外語大学　言語科学研究科博士後期課程満期退学（言語学）
神田外語大学留学生別科・准専任講師
日本語学，言語学，日本語教育
主な業績：『テイル文の概念構造』(修士論文，神田外語大学，2002)，「「ていただく」の機能——尊敬語との互換性に着目して——」(*Scientific Approaches to Language* 6，神田外語大学言語科学研究センター，2007)，「実際使用アクティビティーにおける日本語学習者の会話参加——勧誘談話の終結部を中心に——」(『異文化コミュニケーション研究』21，神田外語大学異文化コミュニケーション研究所，2009)

漆原　朗子（うるしばら　さえこ）
1994 年　ブランダイズ大学 Ph.D. (Linguistics and Cognitive Science)
北九州市立大学基盤教育センター・教授
理論言語学，形態論，形態統語論，日朝対照言語学
主な業績："Facets of the English Past Participle" (*Studies in English Linguistics: A Festschrift for Akira Ota on the Occasion of His Eightieth Birthday*, Taishukan, 1997)，「相の統語的認可と形態的実現：東京方言，北部九州方言および英語の比較による考察」(『現代形態論の潮流』，くろしお出版，2005)，"Aspect Markers in two Dialects of Japanese and Korean: Variation and Division of Labor" (*Proceedings of the 18th International Congress of Linguists*, 2009)

ヨフコバ四位　エレオノラ（よふこばしい　えれおのら）
2003 年　東京大学　博士（学術）
神田外語大学留学生別科・講師
対照言語学，日本語学，日本語教育
主な業績："Evidentiality and Admirativity—Semantic-Functional Aspects of the Bulgarian *l*-participle" (『言語研究』126，日本言語学会，2004)，「助詞「が」の二つの特殊な用法をめぐって」(『多摩留学生教育研究論集』6，2008)，「情報構造と文法形式の働き」(『東京大学言語学論集』29, 2010)

70年代生成文法再認識
──日本語研究の地平──

ISBN978-4-7589-2170-1 C3081

編 者	長谷川信子
発行者	武村哲司
印刷所	東京電化株式会社／日之出印刷株式会社

2011 年 11 月 21 日　第 1 版第 1 刷発行 ⓒ

発行所　株式会社　開拓社

〒113-0023 東京都文京区向丘 1-5-2
電話　（03）5842-8900（代表）
振替　00160-8-39587
http://www.kaitakusha.co.jp

JCOPY ＜(社)出版者著作権管理機構　委託出版物＞

本書の無断複写は，著作権法上での例外を除き禁じられています．複写される場合は，そのつど事前に，(社)出版者著作権管理機構（電話 03-3513-6969, FAX 03-3513-6979, e-mail: info@jcopy.or.jp）の許諾を得てください．